ROSA
LUXEMBURG
STIFTUNG

总主编 [德]德特莱夫·纳卡德

德国统一的左翼观点

文献与研究

第一卷

外交与安全政策

本卷主编 [德]艾哈德·克罗默

翻译 王超 岳伟 王莹

审校 邢来顺 孙文沛

社会科学文献出版社
SOCIAL SCIENCES ACADEMIC PRESS (CHINA)

德方出版前言

迄今为止，1989 年至 1990 年间德国迈向统一之路经常成为当代史、政治学研究及其出版物的主题。德国统一是民主德国和东、南欧一些国家发生政治转型的结果，在第二次世界大战结束后，这些国家在其政治和社会发展过程中遵从了苏联的社会主义模式，它们是 1949 年 1 月 25 日成立的"经济互助委员会"以及 1955 年 5 月 14 日成立的"华沙条约"组织的成员国，华约组织是由苏联领导的东欧国家军事联盟。民主德国隶属于这两个组织，并在其中发挥了积极作用。

1949 年 5 月 23 日，在西方三大国的支持下，联邦德国议会委员会通过了《基本法》，联邦德国宪法正式生效，随后不久，在苏联的主导下，1949 年 10 月 7 日，民主德国在苏占区宣告成立，并从建立伊始就在政治、军事和经济上依附于苏联。

在民主德国 1990 年 10 月 3 日通过《统一条约》加入联邦德国《基本法》第 23 条适用范围之前，世界上并存着两个德意志国家，它们拥有截然对立的政治、经济和社会制度。民主德国与中国于 1949 年 10 月建交，联邦德国同中国于 1972 年 10 月建交，两个德国均与中国保持着外交关系。两德间的政治关系受 1972 年 12 月 21 日缔结的《基础条约》规范。此后，联邦德国和民主德国在 1973 年被同时接纳为联合国成员国，它们还于 1975 年积极参加了欧洲安全与合作会议，并共同签署了《赫尔辛基最后文件》。在 1990 年《统一条约》签订之前，《两德基础条约》是两德间最重要的条约，两德间缔结的其他国家条约排在其后。

在德国完成统一 30 年后，德国罗莎·卢森堡基金会（柏林）和中国社会科学院世界历史研究所（北京）的学者们启动了一个题为"德国统一的左翼观点"的翻译出版项目。

2016 年 10 月，项目第一次筹备会议在北京举行。在随后的几年里，合作双方举办了几期联合工作坊。经双方共同商定，罗莎·卢森堡基金会的德国历史学家和政治学家负责为四卷本《德国统一的左翼观点》选编文件和文献，主题涉及"外交和安全政策""德国政策和两德关系""经济、金融和环境政策""两德的社会、文化政策与内部进程"，然后交由中方人员翻译并出版中译本。选编的材料来自20世纪90年代以来刊登在各类杂志、文集或书籍出版物上的德语文本。此外，还有从德国档案馆精选的关于两德历史的档案文件，其中包括"德国联邦档案馆民主德国党和群众组织档案"。从档案中挑选出来的资料还包括一些具有重要政治意义的文件，如统一社会党总书记埃里希·昂纳克或其后上任的民主德国总理汉斯·莫德罗与联邦德国以及苏联政治家（如苏联共产党中央委员会总书记米哈伊尔·戈尔巴乔夫）的会谈纪要。

本卷为四卷本《德国统一的左翼观点》中译本的第一卷。它由德国历史学家和政治学家艾哈德·克罗默（Erhard Crome）博士选编，主题为"外交与安全政策"，由中方专家进行翻译。

罗莎·卢森堡基金会、扬·图洛弗斯基（Jan Turowski）教授及其同事孙巍领导的罗莎·卢森堡基金会（德国）北京代表处（成立于2009年）与中国社会科学院世界历史研究所以及该所组织的中国大学的德国史学者们共同合作，为本书的出版做出了很大的贡献。我们要感谢所有的同事，包括出版此书的社会科学文献出版社的员工，对这个项目给予的大力支持和帮助。

德特莱夫·纳卡德（Detlef Nakath）博士

柏林，2020年9月

中方出版前言

众所周知，纳粹德国作为二战的策划者和起源地之一，在二战结束时受到了严厉惩处。德国被苏美英法军队分区占领。1949 年，在美英法占领区和苏联占领区先后成立了德意志联邦共和国和德意志民主共和国，作为战前的统一国家，德国至此被一分为二，成为两个各自独立的国家。这是二战的产物，也是冷战的产物。分裂后的德国，东西两部分走过了不同的发展道路，政治经济体制和社会文化氛围，都有着不小的差异，但是，德意志民族的内在统一性仍然真实存在，生活在两个德国的德国人，也不认为德国应该永久分裂，相反，他们都认为，德国的分裂是人为干预的结果，德国迟早是要统一的。

1989 年，东欧剧变，冷战结束，两个德国面对的内外环境发生了很大变化，为德国的统一创造了现实的契机和可能。正是在这种变化中，德国统一成为东西两个德国的共同诉求，在各方努力下，经过一系列跌宕起伏的过程，1990 年 10 月，两个德国实现了最终的统一，结束了战后 45 年德国的分裂局面。

战后德国由分裂走向统一的进程，自其酝酿发生之日起，便受到各界的关注。在这个过程完成 30 年之后的今天，德国统一早已成为学界关注的话题。德国统一需要什么样的环境？有哪些内外因素的作用？德国统一的进程对德国东西双方各自意味着什么？有什么样的经验教训可以汲取？等等，都是学界关注和讨论的问题，并已有了不少研究成果。坦率地说，因为德国统一基本采取的是西部吸纳东部的方式，联邦德国成为统一的主体，民主德国在这个过程中消失了，因此，在有关德国统一的言说和解读中，西部的话语权远远大于东部，而因为东西两部分的政治体制和意识形态差异，便导致了对德国统一的"右翼"言说的话语权远远大于"左翼"。原先生活在民主德国的人们，上自各级领导人，中至知识分子和学者，下至广大的普通民众，在对德国统一诸问题的言说中，往往是失语的，是沉默的。历史是复杂的，历史言说也需要多样化的面相，对德国统一的分析评价同样如此。如果我们只看到德国统一解说的一个面相，而不知其另一个面相，这样的历史就不是完整的历史，也可能是有缺憾的历史，不利于我们对真实世界发生的复杂历史的全面认知和理解。

正因为如此，自 2016 年起，中国社会科学院世界历史研究所和德国罗莎·卢森堡基金会通过友好商谈，达成合作共识，自 2018 年开始，启动了"德国统一的左翼观点"翻译出版项目。这个项目的主要内容是，由罗莎·卢森堡基金会提供有关德国统一过程的档案文献史料，并由德国学者对这些史料加以整理和编辑，形成史料集。这些档案文献史料，都是原始文件，内容包括统一前后各方高层（东西德国、苏联、西方）的交涉、有关统一问题的具体讨论、讨论过程中的争执及其解决，等等；形式多种多样，有民主德国执政党的会议记录，东西双方高层会谈讨论纪要、东西双方和苏联等国领导人的会谈记录，等等，具有高度的权威性和反映历史真实面相的可靠性。这部分史料，有些过去出版过，有些过去没有出版过，但是，过去出版过的史料，因其特定的编排方式，未必能够体现其多方位的意义，而过去没有出版过的史料，更是因为一些特定的原因被隐去，不利于反映德国统一历史的复杂面相。这次，德方以不同的主题将各种史料尽可能收入，尤其是统一过程中的种种争执及其解决，以反映德国统一历史的全貌。同时，德国学者撰写了若干篇论文，对这些史料分主题进行了深入的研究，以左翼观点立论，解读了德国统一的历史缘由、进程及其对两个德国的不同意义，从而也可以使研究者和读者，从不同的角度，了解有关德国统一历史的不同观察和分析评价。因此，这本书结合了档案文献汇编和历史研究，具有文献性和研究性的双重特点，较一般性的文献汇编或研究论著更具意义。德方提供的文件，经过了所藏档案馆的允可，来源真实可靠，罗莎·卢森堡基金会对这些文件拥有完全的版权。德方学者的论文，则为他们精心研究的结果，具有原创性和开拓性。

在德国罗莎·卢森堡基金会提供的文献和论文的基础上，由世界历史研究所组织学者翻译，形成为中文译本，并根据中文的语境，做了必要的文字调整和技术处理，使其更便于中国读者的阅读和学者的利用。中国国内目前翻译出版的关于德国统一的文献和论著，较多反映了西部的看法，而本书着重发掘并运用来自德国东部的有价值的历史文献资料，反映左翼对德国统一诸问题的看法，从而有利于更为客观全面地反映德国统一这一重大历史事件的多重面相。当然，德国学者的看法是出自他们所在的环境及其认识，与中国学者的看法可能相同，也可能不相同，本着文责自负的原则，我们尊重他们的历史认识，但不等同于我们完全认同他们的看法，这也是我们对学术研究中百家争鸣的应有体认。

这次翻译出版的，只是这个项目的第一卷，主题为"外交与安全政策"，接下来，我们还将继续翻译出版本书的第二、三、四卷，主题分别为"德国政策和两德关系""经济、金融和环境政策""两德的社会、文化政策与内部进程"。4卷全部完成翻译出版后，将为德国统一这一历史性事件勾画出左翼的基本观点和看法，从而为德国统一的历史，建立更多元的观察角度，并得出对这段特定历史的更为多样化的结论。

值本书出版之际，我们谨对合作方德国罗莎·卢森堡基金会，罗莎·卢森堡基金会（德国）北京代表处，德方参与该项工作的学者专家，中方参与翻译的学者专家，出版本书的社会科学文献出版社，支持本书出版的中国社会科学院国际合作局、科研局等，表示衷心的感谢！

最后，我们还应该表示对本书总主编德特莱夫·纳卡德博士的诚挚怀念与崇高敬意！作为与民主德国几乎同时出生并与其共始终的历史学家，纳卡德博士的研究起步于德国史尤其是两德关系史，可谓术业有专攻。两德统一后，纳卡德博士也经历了人生中的不凡变故，但他从未停止学术研究的步伐。他以学者的身份继续从事研究工作，取得了令人瞩目的成就。他还致力于学术组织工作，领导编辑出版了多部文献汇编和学术著作，为后人从特定角度了解和研究德国统一史提供了难得的材料。本项目的启动和实施，与纳卡德博士的积极努力是分不开的。他不顾年事渐高，代表罗莎·卢森堡基金会，不辞辛劳，为这个项目多次往返于德国和中国，平时也通过各种方式如电话、电邮、社交媒体等，联络各方，推动这个项目的最终落实。他还担任本项目的总主编和第二卷主编及主要作者，为项目的编辑出版殚精竭虑。他在北京世界历史所举办的项目讨论会上热情洋溢的发言，以及求真务实、科学严谨的学术立场，体现了真正的学者风范，给项目组的中方同仁留下了深刻印象！非常遗憾的是，在本书第一卷即将付梓之际，纳卡德博士却于2021年10月不幸染病离世，但他为本书付出的辛劳和做出的贡献，将为所有这个项目的参与者所铭记！

过往虽逝，未来可期。通过本书的出版，我们希望反映一段真实的历史，以利于得出正确的历史认知，并将使我们的后代以史为鉴，砥砺前行！

汪朝光

世界历史研究所研究员

2021 年 12 月 18 日

第一卷序言

读者看到的这本书，是罗莎·卢森堡基金会与中国社会科学院世界历史研究所合作翻译出版项目《德国统一的左翼观点》第一卷《外交与安全政策》。

本卷述及民主德国的终结。同时，它还涉及 1990 年的德国统一以及由此引发的欧洲转型。东欧"现实社会主义"制度的终结——包括民主德国在内——是 20 世纪向 21 世纪过渡的决定性转折点。在 21 世纪的头十年，无休止的战争，政治、军事和经济紧张局势的加剧，资本主义的狂妄扩张，以及加速的重新武装，似乎重现了 20 世纪初的景象。那个时候，英国的全球霸权时代行将落幕，如今美国的全球霸权时代也接近尾声。

苏联是 20 世纪下半叶第二个超级大国。1945 年，它是第二次世界大战的主要战胜国之一，随之其军队进驻到了德国的中部。苏联拥有核战略武器系统，可以维持与美国的核平衡。随着《华沙条约》的签署，苏联在中东欧建立了在军事上与北约势均力敌的联盟体系，并在第三世界有同盟国，拥有海外军事基地和强大的海军部队。1957 年苏联成功发射世界上第一颗人造地球卫星，1961 年第一个进入太空的地球人尤里·加加林是苏联公民。然而，在 1985 年至 1991 年短短的几年里，这个世界强国走向终结，1991 年，苏联正式解体，原苏联加盟共和国放弃了"苏维埃社会主义共和国"的特征，各自开始定义一个新的或恢复各自的国家认同，并在国际舞台上进行政治对抗。此前，1989 年，在中东欧的其他社会主义国家里，共产党领导的政府已被颠覆或在选举中遭遇失利。民主德国于 1990 年消亡，并入统一的德国。

当然，自 1917 年俄国十月革命以来，社会主义制度一直受到资本主义世界体系和帝国主义国家的政治打压。早在 1918 年，一些外国势力对苏俄的军事干预就开始了，外交封锁一直持续到 20 世纪 20 年代中期，美国和苏联直到 1933 年才建立外交关系。1941 年纳粹德国对苏联的入侵是军事上摧毁这一制度的又一次重大尝试。这种侵略企图遭到粉碎后，美国和西方国家随之对苏联及其同盟国展开冷战。

然而，"现实社会主义"制度失败的最终原因不在于外部压力，而在于内部压力。政治制度的侵蚀是在执政的共产党最高官僚机构和大多数民众之间相互作用的过程中逐渐发生的，直到它在1989—1991年因自身问题而裂变乃至瓦解。

裂变的内部原因

1914年，第一次世界大战摧毁了统治世界400多年的欧洲"旧世界"。这是20世纪初的一个决定性事件，也是历史进一步发展的起点。俄国十月革命是一个社会历史进程，从逻辑上讲它是被第一次世界大战的大屠杀催生出来的。

资本主义本身的出发点始终是追求另一个社会。它一方面不断地创造和再造新的财富，另一方面也不断地制造贫穷，这个社会问题使它受到人们的质疑。自19世纪30年代以来，社会问题在欧洲已经以工人问题的形式出现：通过雇佣劳动获得收入的无产者如何参与现代社会，即以工业为基础的社会？它具有社会的维度，涉及工资和收入、社会保障、家庭保障、住房、教育、文化获得。它也具有政治的维度，即普选权、自由权利和参与权被提上议事日程，最终是国家权力的问题。

正如马克思、恩格斯等人所预想的那样，社会主义革命就是通过工人阶级政党在"无产阶级专政"中接管政权以及没收资本家的财产来解决这两个问题。"社会民主"——正如19世纪末工人阶级政党所呼吁的那样——是这种努力的政治表现，它是为了工人和整个下层人民的利益解决社会问题。自19世纪90年代以来，在社会民主党内部，特别是德国社会民主党内部，出现了这样的争议，即在有疑问的情况下，民主是否应处于首要地位，执掌政权要参与选举以及获得议会多数，或者为了迅速没收资本家的财产，革命是否必须是优先选项。

第一次世界大战被认为加剧了资本主义经济体制及其相应政治制度的所有内部矛盾。第一次世界大战爆发之前，国际工人运动中的知识分子早就认为，欧洲战争在经济领域造成的可怕动乱和破坏将是一场重大灾难，将资产阶级社会拉入深渊。从这个意义上讲，第一次世界大战似乎是资本主义及帝国主义造成的灾难，社会主义作为解放力量必须从中摆脱出来。

1914年，面对这场战争，德国、法国、俄国以及其他国家的大多数社会民主党人都支持他们的政府及其战争行为。因此，他们背叛了工人运动的理想，致使社会民主党左翼在政治上对他们进行指责。工人运动的分裂也始于1914年的背叛，它在1918—1919年以来的共产主义运动中——现在与继续存在的社会民主党并存——找到了有组织的政治表达。

同时，自马克思主义兴起以来，有关新社会的设想被这种观点所塑造，即市场和利润本身是消极的，必须予以废除，作为现实科学的"社会主义计划经济"是可行的。共产主义者和社会民主党人在社会发展的"合法性"、废除市场和利润等设想上没有根本性的不同，但在强调手段运用方面——民主与革命——以及评价他们在第一次世界大战期间以及之后的政治行为方面，两者的想法完全不同。

东欧"现实社会主义"的产生是基于特定的历史背景，同时它获得了自身的体系特征，这从政治和意识形态上讲是合理的。其核心是基于马克思的理解，即社会主义世界将从根本上区别于资本主义世界，它将为人民带来更高程度的自决和更高的劳动生产率。在列宁及随后的斯大林执政期间，前者没有得到完全的实现。然而，相当一部分人希望有一个更美好的世界，这是社会主义建设的条件，是对提高劳动生产率的期望，它将带来更美好的生活。自20世纪50年代以来，个人在生活方式方面拥有的回旋余地增加了，但实现更高的劳动生产率还有很长的路要走。如果说在20世纪60年代以前，与西方发达国家的经济差距已然缩小，但在这之后两者的经济差距再次被拉大。

"现实社会主义"存在的时间越长，最初承诺的可信度就可能越低。由于资本主义及其带来的利润应被消灭，诸如利息、信贷等现代制度也被废除了，最终导致"社会主义计划经济"表面上是作为物质资源分配以及中央向企业下发生产要求来运行的。即使在诸如匈牙利这样尝试使用金融调控机制的国家，政治领导最终也没有放弃动用资源的权力；经济改革总是存在局限性，即企业应该获得定价、确定工资和雇佣工人的权限。最后，生产服从于政治领导意味着，没有人能够对国民经济和个别经济部门或企业进行真正的成本效益核算。科技创新变得愈发困难。经济政策的回旋余地越来越小，直到20世纪80年代末，东欧社会主义国家最终无力偿还西方的债务。

约瑟夫·斯大林在20世纪50年代初提出了这样的基本看法，即社会主义国家也建立了自己的世界体系或世界经济体系，与之相反，世界经济学家伊曼纽尔·沃勒斯坦则认为，"所谓的社会主义国家……从来就不是自治实体，始终在资本主义世界经济的框架内运行，受国际体系的行为方式约束，它无法作为替代性的历史制度发挥作用……"①

"现实社会主义"的稳定性问题

俄国十月革命爆发后不久，罗莎·卢森堡强调了马克思主义"无产阶级专政"的立场，但同时强调它应该是工人阶级的工作，而不是"小部分以阶级名义的少数领导者"的任务，它必须"不管到哪里都是从群众的积极参与中产生出来的"。这是"无产阶级的历史任务，如果要执掌政权，那就要建立社会主义民主而不是资产阶级民主，更不是废除一切民主"。但这也是她指责俄国十月革命领导人列宁和托洛茨基的原因：废除她所理解的"民主"，导致"全国的政治生活受到压制"，并最终走向"少数政客"的专政，而非无产阶级的专政。②

喀琅施塔得——位于圣彼得堡附近的一个海边要塞、港口和驻军城镇，而且圣彼得堡直到1918年还是俄国首都——主要居住着工人和成千上万的士兵和水手，他们自1917年以来一直积极支持俄国十月革命。1921年3月，在这里爆发了第一次工人起义，反对布尔什维克党独揽大权，人民群众实际上没有参与执政：如果已经是工人阶级专政，那么就由工人自己执掌政权。这次起义随后被平息，并被宣布为"反革命"事件。

这不是要追溯苏联或苏联共产党的历史，而只是想指出：在列宁时代，工人们已经感觉到，尽管他们被宣布以自己的名义执政，但他们往往并没有真正参与其中。因此，罗莎·卢森堡批评的"民主"条件缺乏是东欧"现实社会主义"的主要问题。此外，前南斯拉夫游击队将军和共产党干部米洛万·吉拉斯提到了涉及东欧和民主德国的问题。他区分了原发的社会主义革命和输出的社会主义革命。他提到的原发革命，就是俄国革命、南斯拉夫革命和中国革命，而其他东欧国家的社会主义制度基本上是在苏联的军事胜利及其红军的胜利进军之后出现的。

---

① 伊曼努尔·沃勒斯坦（Immanuel Wallerstein）：《乌托邦幻想，还是21世纪的历史选择》（Utopistik. Historische Alternativen des 21. Jahrhunderts），维也纳（Wien），2002年，第80页。

② 罗莎·卢森堡（Rosa Luxemburg）：《论俄国革命》（Zur russischen Revolution），载《罗莎·卢森堡全集》（第四卷）（Gesammelte Werke, Band 4），柏林（Berlin），1974年，第362页。

在这方面，东欧的社会主义国家不得不应对一系列的不满情绪，这些不满情绪导致了动乱，部分原因在于民众对执政的共产党缺乏支持，部分原因源自党的领导层的政治错误。第一次动乱于1953年6月17日在民主德国爆发。参与这次反抗的主要人群是工人。由于对德国法西斯的胜利仅过去8年，德国业已分裂，受到占领法约束，柏林西部也遭到大规模干涉，它被美国、英国和法国的军队所占领。这次动乱被苏联军队镇压，政治上被定性为"法西斯政变"。1956年6月，波兰波兹南发生罢工和抗议活动，波兰统一工人党随后改变了政策。1956年10月底，匈牙利爆发了动乱，11月初再次被苏联军队镇压。1968年，捷克斯洛伐克共产党的领导人试图参照西方模式民主地开放社会，苏联领导人再次以苏联和其他华沙条约国的军事入侵作为回应。

20世纪80年代初，当波兰各地爆发罢工和动乱时，苏联领导人不再有能力进行军事干预。由于苏联在不久前入侵阿富汗，它在国际上已经面临足够多的问题，而且并不能确定波兰局势将如何升级。虽然捷克斯洛伐克军队在1968年一直留在兵营，以避免与苏联军队的军事对抗，但苏联领导人不能肯定这一点也会在波兰发生。1981年，波兰政府试图通过实行紧急状态来重新控制局势，但以失败告终。波兰强大的反对派组织在天主教会的支持下，站在执政党和政府的对立面。一些人无法掌权是因为另一些人拥有军队和武器；反过来，后者无法以早先的方式恢复他们的权力，因为缺乏民众的支持。

在这种情况下，双方领导人同意达成妥协。这是在圆桌会议上达成的。在波兰发挥作用之后，匈牙利和民主德国内部也缔结了类似的协定。在选举过程中，不同政党可以相互竞争，最终组成一个不再由共产党领导的新政府。米哈伊尔·戈尔巴乔夫当时在苏联执政，他明确表示，苏联不会对其他东欧国家进行军事干预。这一进程一旦启动，就导致所有东欧国家的"现实社会主义"被颠覆。

历史过渡

圆桌会议协议是一种真正的妥协。共产党放弃了宪法规定的"领导作用"，同意举行无限制的选举。因此新的政党能够自由组建并参与这些选举。与此同时，以前的共产党同样平等地参加了选举。在大多数情况下，它们对自身进行了改造，采用了新的党名，制定了新的纲领，其纲领大多数具有社会民主主义特征，并且同意将资本主义关系引入经济和社会领域。

这种情况的发生有几个前提条件。苏联领导人正在通过与美国和其他西方国家达成协议，结束军备竞赛，特别是在核战略领域，并缓和国际形势，因为军备竞赛的负担大大加剧了苏联内部的经济问题。苏联对其他社会主义国家的军事干预将会导致与西方关系进入一个新的"冰河时代"，破坏政治缓和的结果，而且——苏联领导人显然已经考虑到——会导致新一轮军备竞赛。

自 20 世纪 70 年代以来，与西方国家的经济差距——列宁已经将劳动生产率描述为社会主义与资本主义斗争的最终决定性因素——再次被拉大，这种差距先前曾经缩小过。包括苏联在内的所有东欧国家的经济问题都在增加。苏联认为，这个问题首先应通过与西方国家的深入合作来解决。改革和"公开性"的目的是在苏联内部开辟新的发展前景，尽管经济发展没有为此提供基础。正因为如此，苏联不能军事干涉别国内政。

同时，苏联早先的武力介入不仅被相关社会主义国家的领导人所接受和授权，而且被中层干部所贯彻执行，因为他们相信这会有助于建设未来"更美好"的社会。在 20 世纪 80 年代的那种情形下，这种信念在所有东欧国家中已不复存在。权力部门仍然迟钝麻木，国家干部与民众一样普遍怀有一种悲观情绪，不能再像以前那样继续下去了。

阿富汗战争使苏联的和平声誉不仅在国际上，而且在其本国以及其他东欧国家中受到严重的损害。同时，1986 年 4 月苏联切尔诺贝利核电站发生的事故表明，当局已无力应对这种情况。随着改革的不断推进，经济状况不但没有得到改善，反而恶化了。罢工和政治冲突不断增加。因此，在其他国家，特别是在波兰这样一个开创"圆桌会议"的国家，国家和共产党的代表也没有视"圆桌会议"为投降，而是把它看作就社会问题进行全国对话的机会。

召集"圆桌会议"时，使用武力的可能性被排除之后，财产问题变得特别重要。生产性资产主要属于国有，在这方面，资产也移交给政治决定，而这反过来又取决于不同政治力量的平衡。同时，"圆桌会议"的主要参与者，如政府和反对派代表，在经济问题上几乎都认为，国家资产是低效和失败的，它应该被更多的私有财产所取代。对此，有各种概念："凭证"私有化，即国家所有公民应获得国家资产基金的股份，或由国家出售私有化，而后者要么主要面向国内申请人，要么从一开始就面向外国公司。由于所有东欧国家都遭受资金短缺的困扰，国际公司的重要性逐渐增加。"凭证"最终流入资本市场，导致集中在少数人手中。

最后，生产性资产的分配有两种基本类型：在民主德国，转变的过程导致德国统一，原来的国家资产由联邦政府指定的部门出售。85%的生产性资产流向了联邦德国申请者，9%流向了国外的申请者，6%给了前民主德国的申请者。这是资产分配的一极。另一极是俄罗斯的私有化：这里的申请者最初主要是前苏联共产党和政府机关的人员，他们成了资产所有者。在其他国家，根据政治权力的平衡，通常在政府和反对派双方代表之间进行分配。双方通常同意将外国资本引入该国，因为他们自己的投资能力不足。

在政治、经济和社会领域都进行了力量的重塑。历史的最终结果是，主要来自欧盟的外国公司，在某些情况下还有美国的公司，成为东欧生产性资产的所有者。在世界经济中，中东欧和东南欧再次成为西欧资本主义中心尤其是德国的外围。

德国历史上的民主德国

西方国家对民主德国的看法偏向于指责它是一种专横的构建物、纯粹出于意识形态考量的结果、一个外国势力的植入物。也有另一种看法。例如，联邦德国政治学家克里斯蒂安·哈克（Christian Hacke）说，自德国统一以来，德国在地缘政治上发生了许多变化："德国人口从6300万增加到了8000万，即增加了约四分之一。德国统一后领土从24.8万平方公里增加到了37.5万平方公里"。①这两种说法实际上都是完全错误的。这种人口数量相当于民主德国自愿"加入《基本法》的适用范围"，即1990年加入联邦德国所产生的人口数量；根据1945年的《波茨坦协定》，德国的领土范围包括之后被1949年至1990年的两个德意志国家以及西柏林占据的领土。然而，如果直到1990年为止，德国只是联邦德

---

① 克里斯蒂安·哈克（Christian Hacke）：《国家利益在德意志联邦共和国外交政策中新的重要性》（Die neue Bedeutung des nationalen Interesses für die Außenpolitik der Bundesrepublik Deutschland），载《国会周报副刊·来自政治与当代史》，第1-2号，1997年1月3日（Aus Politik und Zeitgeschichte. Beilage zur Wochenzeitung das Parlament, Nr. 1-2 vom 3. Januar 1997）。

国，那就从未出现过两个国家政权，而是一个省的幸福回归，现在这个省要重新殖民化。

当前有关民主德国的问题讨论在许多方面都是一个雷区，是在科学和政治上颇受争议的领域。在今日德国，官方对历史的描述或多或少是这样的：联邦德国是真正的德国，而民主德国是苏联占领下的虚假德国，一个"本应属于德国但被他国控制的地区"通过德国统一得到解救。这是卡洛·施密特（社民党）提出的立场，1948 年 8 月他在议会委员会关于《基本法》发展的政策辩论中讲道：我们不是要建立一个"西部国家"，而是联邦德国作为"德国本体"，要求"代表整个德国"。①在这方面，像前述哈克那样的立场被视为对西德成立谎言持续不断的后续合理化。

事实上，德国的分裂是德国历史的一部分，是第二次世界大战和希特勒帝国垮台后合乎逻辑的结果。占领国在各自的占领区大力扶持在政治上最接近它们的政治力量。为了解释德国东部的后续发展，往往会提及1944—1945 年苏联领导层的内部计划和构想。1945 年以来德国东部的发展确实与斯大林的世界政治构想分不开（正如德国西部的发展与美国、英国和法国的世界政治构想紧密相连一样），但不能仅以这些理由来解释。为了在德国塑造条件，德国内部各种政治力量在追求自身政治利益和政治构想的同时，与各自的占领国进行各种讨论。这是一个相互关联的关系：占领国寻求那些符合其政治目标的政治力量，并给予他们支持；德国内部不同的甚至对立的政治力量都在寻求各占领国的支持，这些占领国的基本利益与他们自己的基本利益大抵相同。1945 年以后，德国的现实发展是战胜国和德国内部各种政治力量共同作用的结果。民主德国的建立及其历史是战后德国历史的一部分，因此是希特勒领导下的德国发起和输掉侵略战争的后果。这也是苏联将其势力范围扩展到中欧的部分尝试，它在那里遭遇了怀有类似地缘政治野心的战胜国美国和英国。

因此，德国哲学家彼得·鲁本强调：民主德国存在于世界历史的一般条件以及德国的具体情况必须加以区分。在民主德国的存在条件中，特别具有德国特色的一点是，"1918—1919 年革命中的一个内战党派成了国家形态"。从一定程度上讲，在 1949 年至 1989 年的 40 年间，德国

---

① 罗尔夫·巴德施蒂布纳（Rolf Badstübner）：《从"帝国"到两个德国，变革中的社会与政治》（Vom "Reich" zum doppelten Deutschland. Gesellschaft und Politik im Umbruch），柏林（Berlin），1999 年，第 402 页。

的土地上存在着相互对立的两股力量，一方是 1917 年国民议会中左翼党多数派的继任者（社民党、中央党、左翼自由主义者），另一方是革命的社会主义者，他们双方在 1918—1919 年革命中试图采取完全相反的方案：国民议会（即资产阶级共和国）抑或社会主义的苏维埃政权。鉴于具体的历史状况，1919 年左翼运动的失败，包括工人党在内的德国人无力阻止 1933 年希特勒的上台或在战争期间推翻希特勒政权，这导致德国共产党人特别愿意服从苏联共产党的领导，对苏联决定的依赖由此成为民主德国的存在条件。"所以，如果有人试图确定民主德国在德国历史上的位置，他将发现，正是 1918—1919 年的左翼反对派（德国共产党以及德国独立社会民主党的一部分）在苏联共产党及其胜利之师的帮助下建立了国家。民主德国是根据占领法建立起来的，这一事实仅意味着左翼反对派建国的具体历史条件。民主德国与联邦德国有着同样的命运。因此，它并不构成 1945 年以后德国政治的特殊性。它只是说明，必须将民主德国直接嵌入国际政治中来加以认识。但是，对于德国历史来说，这本身并不是一个新现象。将民主德国理解为德国特有的事件，就是把它看作德国共产主义的继承者。它其实是一个本土的伙伴，而不是混入德国历史的"外国势力的代理人"。①

　　民主德国一直被其支持者理解为是对希特勒帝国的单独回应。战争和法西斯主义再也不可能发生了，然而，这种回应却以苏联社会主义的形式出现。反法西斯主义以及宣传以现实社会主义的形式解决社会问题，赋予了民主德国自身的合法性。外界细心的观察家一直对德意志两个国家政权的持久性表示怀疑。因此，1969 年 3 月，波兰统一工人党第一书记瓦迪斯瓦夫·哥穆尔卡对苏联共产党中央委员会总书记列昂尼德·伊里奇·勃列日涅夫说：最终"民主德国会被联邦德国并吞"。他在民主德国内部发展中看到了这种根由："据我们所知，民主德国国内民众的统一倾向比联邦德国公民的统一倾向更强。在联邦德国，只有领导人在谈论统一，而民众并不关心。统一问题将日益影响到民主德国新成长起来的一代人。他们将

---

① 彼得·鲁本（Peter Ruben）：《德意志民主共和国在德国历史上的地位》（Vom Platz der DDR in der deutschen Geschichte），载《柏林评论倡议》，1998 年第 2—3 期（Berliner Debatte Initial, Heft 2–3/1998），第 23 页及其之后。

解决这个问题，但不一定符合社会主义精神和我们国家的利益。"①

20 世纪 80 年代末，在德国内部，许多人看不到国家统一的前景。因此，即便是非常睿智的西德新闻工作者和历史学家塞巴斯蒂安·哈夫纳在其最后一部著作（1987 年完成）中也认为，德意志的两个国家政权将永久存在。当时，即使是联邦德国政府也不再真正期望德国统一，而只想维持其声明性政策的形象。因此，1987 年 11 月 24 日，民主德国国家安全部在向国家领导层狭小圈子提供的一份秘密情报中，提及时任赫尔穆特·科尔总理府负责人沃尔夫冈·朔伊布勒的一次内部讲话，"他认为，作为欧洲分裂的一部分，德国分裂的克服在可预见的未来不会被列入议事日程。东西方之间持续的意识形态冲突必然导致联邦德国'坚定不移地留在西欧自由阵营中'。因此，联邦德国虽然坚持《基本法》的序言，即只有'在自由中实现统一'才能解决德国问题。然而，这在当前和不久的将来都是无法实现的"。

最后，哥穆尔卡是正确的，在民主德国成长起来的第三代人在很大程度上决定了 1989 年秋季的结局。1989 年 11 月 9 日晚，柏林人在没有等待当局批准的情况下便推倒了隔离墙。后来，半官方的历史书才指出，这要归功于联邦德国总理赫尔穆特·科尔。

民主德国的三个先天缺陷

在研究民主德国的建立、发展和失败时，其中一个错误就是从它的终结来进行思考。然而，这是一种严重的简化。起初，人们对于建立一个新德国感到欢欣鼓舞，这个国家诞生在一片废墟之上，这是由希特勒法西斯主义、它的罪行及其发动和输掉的战争所造成的。从这个意义上说，两个德意志国家是取代法西斯主义的两种不同选择，反过来它们相互之间又展开竞争。这些都符合反希特勒联盟的逻辑：社会主义苏联和资本主义列强美国、英国以及后来加入的法国，曾并肩战斗并赢得第二次世界大战，但后来彼此又陷入冷战当中。1945 年三大战胜国在雅尔塔和波茨坦会晤后，

---

① 米奇斯劳·托马拉（Mieczyslaw Tomala）：《不要胡说八道，乌布利希同志！1960 年代的波兰人民共和国和德意志民主共和国：官方的和谐与内部的不信任》（Erzählen Sie keinen Unsinn, Genosse Ulbricht! Die VR Polen und die DDR in den 60er Jahren: Offizielle Harmonie und internes Misstrauen），载《世界趋势研究杂志》，波茨坦，第 13 期，1996 年冬季（WeltTrends, Potsdam, Nummer 13/Winter 1996），第 123 页。

德国被分割成四个占领区，它们本应在德国无条件投降后由占领国共同管理，但它们在德国土地上却成为冷战的桥头堡。德国变成冷战的主战场之一。

1949年10月7日民主德国的建立，就像1949年中华人民共和国的成立一样，同属社会主义世界体系形成的第二次大潮。两者唯一的区别是，中华人民共和国是以本土革命为基础的，而民主德国是在苏联占领下建立的。这带来了三个历史问题。

首先，斯大林领导下的苏联试图在领土方面恢复俄罗斯的伟大，并尽可能收复第一次世界大战及战后革命期间所丧失的领土。因此，苏联在与美国和英国就战后秩序进行谈判时，尽一切可能维护1939年《苏德协定》所获得的领土。因此，波兰失去了其东部原有领土，并获得原德国的领土作为补偿。其结果是奥得－尼斯河成为波兰和德国之间的边界，它在1945年波茨坦会议上只是作为临时边界。然而，1950年，民主德国承认这条边界线具有约束力；1970年，更确切地说是1972年，联邦德国（1990年和1992年统一后的德国）也承认这条边界线具有约束力。生活在原德国东部地区的居民被强行迁移至奥得－尼斯河边界以西的德国。因此，民主德国的领土仅限于奥得－尼斯河和易北河之间的区域。以前位于原德国东部地区的煤矿和钢铁厂现处于波兰境内，而在欧洲具有重要意义的德国西部重工业归属联邦德国。联邦德国在其成立之初约有5000万人口，民主德国建立时只有1830万人口。

其次，苏联德国政策构想的核心，是实现全德政治解决方案，即不是建立一个西德国家和一个东德国家，而是建立一个统一的德国，这个中立的联邦制国家应该是独立的。此外，斯大林认为，这个统一的德国在资本主义和政治上应当作为一个资产阶级共和国，如同1919年至1933年的魏玛共和国。就这方面来说，随着1949年联邦德国在美国和英国的推动下宣告成立，苏联的这种战略构想就已经失败了。民主德国的成立是违背苏联本意的替代方案，直到1949年9月才在莫斯科获得通过。1952年，苏联通过斯大林照会再次试图迅速达成一项和平条约以及建立一个统一的德国。为此，苏联准备将民主德国"社会主义发展"置于其处置范围之内，并重新谈判边界问题。这些都被西方国家拒绝了。这巩固了德意志两个主权国家的地位。1961年，随着柏林墙的修建，民主德国的社会主义被证明无法在开放的边界中运行，因为每年有成千上万的人逃往联邦德国。民主德国一直处于这种强制隔离状态，直到 1989 年结束。这座隔离墙是 1961 年民主德国采取的一项紧急措施，从此被一些人视为民主德国无法有效运作的象征。

再次，苏联多年来一直犹豫不决，不知道该如何着手处理其占领区。起先，这是战争赔偿和拆卸工业厂房的根据。战胜国在雅尔塔和波茨坦决定，战争赔偿应以实物和劳务为主，但也可以以拆卸工厂的形式进行。苏联要求的赔款数额为 100 亿美元（按 1933 年的价格计算），这大约是纳粹德国对苏联被占领土所造成损失的 10%。与此同时，苏联承诺将所获赔偿的 15% 转交给波兰。[1] 1946 年 2 月，德国共产党已经要求停止这种拆卸。[2] 但这种要求没有实现。自 1954 年 1 月 1 日起，苏联和波兰免除了民主德国的进一步赔偿。自 1948 年以来，苏联一直从联邦德国获得资金和资本，而美国则通过马歇尔计划向联邦德国输入资金和资本。因此，在宣传中，民主德国要与联邦德国进行系统性竞争，美国对联邦德国进行了良好的处置，而苏联直到 1953 年都在削弱民主德国的经济基础。根据 1989 年的估计，苏联占领区和民主德国的赔款总额为 991 亿马克（按 1953 年的价格计算），联邦德国的赔偿总额为 21 亿马克。[3]

从这个意义上说，民主德国也从未有机会在经济和繁荣方面与联邦德国形成竞争。

本卷说明

本卷包含一系列文本和档案，用以阐明关于德国统一的另一种观点。艾哈德·克罗默（Erhard Crome）的四篇文章是在不同时期撰写的，旨在作为分析性文章，以帮助介绍民主德国的终结和德国统一的背景及后果。

---

[1] 西格弗里德·普罗科普（Siegfried Prokop）：《德意志民主共和国从未存在过》（Die DDR hat's nie gegeben），载《德意志民主共和国历史研究》（Studien zur Geschichte der DDR），柏林，2017，第 33 页。

[2] 《瓦尔特·乌布利希关于 1946 年 6 月 2 日与斯大林磋商的报告》（Bericht Walter Ulbrichts über eine Beratung bei Stalin am 6.2.1946），载罗尔夫·巴德施蒂布纳/威尔弗里德·洛特（Rolf Badstübner/ Wilfried Loth）编《威廉·皮克——1945—1953 年关于德国政策的记录》（Wilhelm Pieck – Aufzeichnungen zur Deutschlandpolitik 1945 – 1953），柏林，1994，第 68 页。

[3] 西格弗里德·普罗科普（Siegfried Prokop）：《德意志民主共和国从未存在过》（Die DDR hat's nie gegeben），载《德意志民主共和国历史研究》，（Studien zur Geschichte der DDR），柏林（Berlin），2017 年，第 34 页。

德国再次成为具有全球利益的地缘经济大国，也是欧盟中的霸权大国。与美国、俄罗斯、中国相比，德国在军事领域没有发挥明显的作用，与英国和法国相比，同样如此。这与1914年和1939年的情况相比有着显著差异。但是，一旦政治权力与经济能力相关，德国便再次成为世界上最有影响力的大国之一。

汉斯·莫德罗（Hans Modrow）和汉斯－J. 米塞尔维茨（Hans－J. Misselwitz）的文本是时代见证人撰写的文章。汉斯·莫德罗是社会主义民主德国最后一任总理。作为总理和民主社会主义党名誉主席，莫德罗概述了他对当时局势发展的看法，他在动乱期间赴莫斯科与苏联领导人举行了会谈，这些会谈内容已列入档案部分。汉斯－J. 米塞尔维茨曾任德梅齐埃政府的国务秘书，他积极参与了关于最终解决德国问题的二加四会谈。

沃尔夫冈·库比切克（Wolfgang Kubiczek）、克劳斯·蒙塔格（Claus Montag）、伊恩·康纳（Ian Connor）、马克·艾林森（Mark Allinson）和吉尔伯特·梅里奥（Gilbert Merlio）的文章阐明了德国统一过程中前战胜国和占领国的不同立场。除了美国总统老乔治·布什外，面对德国统一后重新崛起的局势，几乎所有人都感到担忧。围绕英国退出欧盟的争议以及法国对德国欧盟政策一再屈从的立场表明，当时的担忧绝非毫无根据。今天针对俄罗斯的紧张局势表明，戈尔巴乔夫的友好立场当时并没有导致德国和西方与俄罗斯之间关系的缓和。相反，在西方国家，那些想继续对俄罗斯实施冷战"直到胜利"的势力占了上风。

赫尔曼·施维绍（Hermann Schwiesau）的文章是一份时代文献，因为它证明了，在国际海洋法发生变化之后，民主德国与波兰之间的边界问题也变得需要进一步澄清。民主德国之所以进行这些谈判，是意识到他们的解决方案也将对未来的德国具有约束力。尽管如此，在20世纪80年代后期，事实上民主德国的所有人都没料到民主德国不久之后会突然终结。

几个世纪以来，德国问题不仅是内部问题，也是欧洲问题。因此，许多国家在冷战结束时不得不重新定位自己，重新界定其在欧洲国家组织中的位置。亚历山大·冯·柏拉图（Alexander von Plato）关于加拿大的文章以特殊的方式涉及这个问题，加拿大通常被视为美国的小伙伴，但最终在解决德国问题方面发挥了独立的作用。艾哈德·克罗默关于东欧的文章、博格丹·科泽尔（Bogdan Koszel）关于波兰立场的文章、汉内斯·霍夫鲍尔（Hannes Hofbauer）关于奥地利的文章以及赛波·亨蒂莱（Seppo Hentilä）关于芬兰的文章也涉及这个问题。冷战结束后，许多外交政策的可靠性必须重新定义。

所附档案旨在记录苏联的决策进程是如何进行的，一方面显示幻想和错误判断是如何发挥作用的，另一方面显示出与统一社会党领导人的紧密联系，而事实上有人已经准备向联邦德国政府重新解释德国问题。在这方面，无论是对于民主德国末期的戈尔巴乔夫，还是对于民主德国建立初期的斯大林而言，这个共和国在全球或欧洲范围内终究只是一个任由摆布的棋子。最后，苏联输掉了这场比赛。德国矗立在那里，就好像赢得了冷战一样。

艾哈德·克罗默博士（Dr. Erhard Crome）

2019 年 9 月 5 日

目录
CONTENTS

第一部分 文献资料

第二部分　相关论文

第一部分

文献资料

01

1987 年 11 月 24 日国家安全部的情报关于"联邦德国政府就进一步发展联邦德国与民主德国关系的基本立场"①

根据现有信息，基民盟/基社盟议会党团正在就联邦德国对民主德国的政策目标以及埃里希·昂纳克这次访问产生的影响进行讨论，联邦特别任务部部长兼联邦总理府主任朔伊布勒阐述了联邦政府"德国政策"的基础。他认为，德国分裂作为欧洲分裂的一个组成部分，德国统一在可预见的将来不会被列入议程。东西方之间持续的意识形态冲突必然导致联邦德国继续"坚定地留在西欧的自由阵营"。因此，联邦政府也坚持《基本法》的序言，只有"在自由中实现统一"才能解决德国问题。但这在今天和不久的将来都是无法实现的。因此，联邦德国政府没有改变其基本立场，即使有时它为此受到指责。反对派的发言不应当作标准。如果从推理和可信度的连续性角度来看，政治就不可能长期发挥作用。弗朗茨·约瑟夫·施特劳斯尤其支持这种观点，并决定联邦政府的行动。基于这些考虑，科尔总理要求制定与民主德国关系的概念。基督教民主联盟必须对重大问题给予回应，而不仅仅处理州内和市内的问题。它不需要针对社会民主党－统一社会党文件的另一种概念，但它需要一个文件供自己使用。

朔伊布勒认为，当务之急是在不放弃原则的情况下减轻德国分裂的后果，并维持两国德意志人民的归属感。经过 40 年的分离，联邦德国政府日益担心，德国人是否会相互疏远，从而增加改变《基本法》序言的倾向，正如社民党的讨论所要求的那样。今天国家统一主要取决于两国人民是否能够在日常生活中走到一起，可以进行接触和建立联系。

因此，联邦德国政府的政策是创造更多的接触机会，以及更好的旅行机会，这不仅仅是实用主义，而是旨在维护国家统一的目标。即使是埃里希·昂纳克访问联邦德国，也是为了这个目的。与此同时，联邦德国政府知道，民主德国是带着完全不同、相反的目标与联邦德国建立联系的。不

---

① 这份来自民主德国国家安全部情报管理总局的材料基于波恩的消息来源，根据说明递送给了昂纳克、斯多夫、阿克森、哈格、克伦茨、米塔格和菲舍尔。它被归类为"最高机密"（第 437/87 号）。

过，它相信其"团结、统一、自由的理念"在历史进程中将变得更加强大。

民主德国福音派教会在这方面发挥了特殊作用。它尽其所能、小心翼翼但坚持不懈地从东向西架起桥梁，对于民主德国政府而言，它也成为敏感事务的主要调解者，正如东柏林市长克拉克与西柏林市长迪普根在圣母教堂的会面所示。①联邦德国政府得到的印象是，民主德国的教会在国家和政党明确许可的情况下，正在承担"受控制的反对派"角色，以履行必要的阀门职能。因此，联邦政府对于增加两德福音派教会之间的联系很感兴趣，以进一步加强教会代表在民主德国不断增长的自信心。为了达到同样的目的，科尔总理还将在访问民主德国期间与福音派教会的领导人进行广泛的交谈。

从朔伊布勒的角度来看，联邦政府首先关注的是巩固民主德国所做出的让步，也就是说，尽可能让民主德国政府难以撤回其"人员交往便利化"的承诺，必须尽可能地提高民主德国违反承诺所付出的政治代价。政治庇护问题及其解决方案表明，这样的政策是成功的。民主德国在这个问题上深知联邦德国政府的决心是不容置疑的，而且相应地采取了行动。如果有必要，冷静的、明确的利益评估政策必须继续下去，联邦德国不排除对民主德国采取某些措施影响贸易往来。

朔伊布勒认为，从这一立场来看，事实上承认了民主德国是一个主权国家。之前的发展就是如此，如果不承认民主德国是一个主权国家，那么今天埃里希·昂纳克的访问——尽管具有特殊的法律性质——是不可能的。昂纳克在那里运用国家元首的职能，为了与民主德国进行接触，必须尊重这一点。这也适用于计划中的回访。当然，东柏林不是联邦德国政府所希望的目的地，但这种关系的发展不会被破坏。另一方面，正式的国事访问是完全不同的，因为它服务于国家代表的呈现。然而，战后德国分裂产生的两个国家需要以代表的方式会面。因此，联邦州在昂纳克访问期间增强了礼宾工作力度，联邦德国政府及时通知了它的立场。遗憾的是并非所有人都愿意这么做，但也无法改变世界，因为联邦德国政府负责外交政策。联邦德国政府担心的事情并没有发生，即这次访问一方面受到媒体的

---

① 1987年10月22日，柏林-勃兰登堡福音教会在东柏林圣母教堂举办柏林建城纪念日活动期间，东柏林市长艾哈德·克拉克和西柏林市长埃伯哈德·迪普根举行了一次会晤。

"欢呼",另一方面,在访问期间,未对应邀客人发表声明。

关于民主德国所谓的格拉要求①,联邦德国政府的立场将是明确的。对于联邦德国来说,永远只有一个德国国籍,因为一种不同的法规会对"柏林地位"和想要离开本国的民主德国公民造成影响。民主德国知道这一点,因此不再谈论这个问题了。因此,如果另一方的行为方式使其变得多余,萨尔斯基特尔的记录处就会消失。

朔伊布勒认为,联邦德国政府特别重视将西柏林纳入联邦德国与民主德国之间的关系中。然而,应该注意的是,联邦德国在这个问题上处于不利地位。不要使用某种东西作为酷刑装置,这最终会使你受到折磨。每一方都能够阻止对方在柏林的预期发展。尽管如此,西柏林与联邦德国的联系绝不能动摇。盟军的责任不受影响。然而,这一原则立场经常受到影响,许多西柏林人认为盟军的存在是一种占领并对此表示反对。联邦德国政府还必须注意,它的不作为最终会导致"柏林"被排除在外。因此,只要没有就西柏林达成相应的安排,它就不会对民主德国的提议做出回应,即使汉堡和汉诺威与民主德国合作开展"小规模边境交通"。

关于埃里希·昂纳克访问联邦德国产生的国际影响,朔伊布勒认为,它在扩大民主德国对其他西方国家的回旋余地方面具有一定的意义。这可以减少世界上的不信任,两个国家寻求特殊的关系。因此,联邦德国政府没有反对埃里希·昂纳克访问法国。然而,作为回报,她有兴趣加强自己与东欧和东南欧所有国家的政治联系。

为了信息来源的安全,不得在公开场合评估这些信息。

资料来源

BStU,ZA,Hauptverwaltung Aufklärung(HVA)50.

---

① "格拉要求"是由埃里希·昂纳克 1980 年在格拉市提出的,要求联邦德国政府承认民主德国的主权国家地位。核心要求是承认民主德国的国籍。联邦德国坚持这一立场,即只有一个德国国籍,其实际后果是,来到联邦德国的每个民主德国公民无须完成入籍程序,便可获得(联邦)德国的公民身份。——译者注。

02

关于 1988 年 6 月 9 日统一社会党中央政治局委员、中央书记赫尔曼·阿克森与苏联驻民主德国大使维亚切斯拉夫·科切马索夫之间的对话说明①

阿克森同志解释说，政治局已指示他就苏联科学院外交政策系主任达施契夫教授同日在联邦德国《世界报》上发表的言论做出通报。②

根据联邦德国出版的报纸，达希切夫教授在波恩面对记者说，"民主德国边界的围墙和带刺铁丝网作为冷战的残余和传统，会随着时间的推移逐渐消失"。新闻文章继续说，"为了使它们能够被移除，必须事先保障适当的安全和经济条件"。

阿克森同志敦促苏联驻民主德国大使审查这些已发表的声明，并做出相应的评论。然而，很难想象，逐字引用是虚构的。因此，达希切夫教授的言论直接损害了民主德国的主权和安全利益、华沙条约缔约国的安全利益以及我们共同的政治和防御联盟。这些言论助长了帝国主义的宣传。特别是现在，在欧洲煽动反对社会主义国家的边界，特别是反对"隔离墙"，是反社会主义宣传的重要组成部分。在这方面，阿克森同志回顾了里根去年在西柏林集会上发表的众所周知的污蔑言论，这与美国总统最近在莫斯科逗留期间的言论一样。③ 这是一项反对欧洲安全基本规定的长期运动，因为现存边界的不可侵犯性是欧洲条约的一项重大成就，也是《赫尔辛基最后文件》的一项重要规定。

总而言之，这场运动针对的是华沙条约各缔约国特别是苏联的和平政策和倡议，以及国际形势有所改善的迹象。其目的是转移人们对社会主义国家的裁军和缓和倡议以及资本主义内部危机和衰退进程的注意力。最后，同样重要的是，该活动还针对即将举行的无核武器区国际会议，该会

------

① 本说明于 1988 年 6 月 10 日完成。
② 参见《世界报》1988 年 6 月 9 日（*Die Welt*, 9. Juni 1988）。
③ 1987 年 6 月 12 日，美国总统里根访问西柏林时，在勃兰登堡门前呼吁拆除隔离墙。进一步的批评显然是针对里根 1988 年 6 月 1 日在莫斯科首脑会议结束时举行的新闻发布会上发表的声明。

议的想法在世界范围内得到了赞同的回应，侵略势力想通过诽谤来影响这次会议。

阿克森同志回顾了埃里希·昂纳克同志最近对瓦季姆·扎格拉金同志的讲话，其间他对苏联共产党的和平政策以及戈尔巴乔夫同志表示赞赏，并强调民主德国代表《华沙条约》的和平政策，不会偏离这一政策。① 与此同时，这要求对所有帝国主义的破坏活动和任何破坏缓和的煽动行为给予断然回绝。

科切马索夫同志回答说，他也注意到了上述出版物。他理解阿克森同志提出的关切。有必要仔细检查已发表的内容是否与实际陈述相符。根据以往经验，人们知道，发表的言论经常被西方媒体故意歪曲，以便给共同体打入一个楔子，给兄弟般的关系和共同的外交政策蒙上阴影。

科切马索夫同志承认，苏联一些大众媒体代表、时事评论员和其他人过去被容许在涉及民主德国问题上发表不准确的言谈。这其中包括就"隔离墙"问题的言论。

这种情况最后一个例子是莫斯科 - 波恩的"电视桥"。他代表米哈伊尔·谢尔盖耶维奇·戈尔巴乔夫同志在与埃里希·昂纳克同志谈话时解释说，具有上述目标的这些言论往往被歪曲。与此同时，他证实，在"电视桥"活动中，容许采取防御性的、被动的立场和发表不准确的言论。最重要的是，对波恩所说的话没有明确的答案。

米哈伊尔·谢尔盖耶维奇·戈尔巴乔夫同志在当时指示他申明，这种言论和退让不是一个明确的表态，与苏联共产党和苏联领导人的官方政策无关。这就是为什么苏联共产党中央委员会、米哈伊尔·谢尔盖耶维奇·戈尔巴乔夫同志以及苏联领导人坚决地与这种不正确的言论保持距离，这种言论除反映个人的意见，不会反映任何其他内容。但是，苏联共产党中央委员会不会忽视这些事实。

苏联共产党对上述问题的立场原则上是绝对明确和不变的。这些是战后秩序和我们共同安全的原则问题。它是关于基本的、具有战略重要性的立场。米哈伊尔·谢尔盖耶维奇·戈尔巴乔夫同志在莫斯科会谈后举行的

---

① 1988年6月6日，埃里希·昂纳克接见了苏联共产党中央委员会国际部部长瓦季姆·扎格拉金，后者就戈尔巴乔夫和里根在莫斯科的首脑会晤情况（1988年5月29日至6月2日）进行了通报。参见，"前民主德国党和群众组织"基金项目档案（SAPMO - BArch，DY 30 / J IV 2 / 2A / 3130）。

新闻发布会上，被问及如何看待里根关于"隔离墙"的言论时，他明确表示不愿谈论这件事。米哈伊尔·谢尔盖耶维奇·戈尔巴乔夫同志认为，"这是一个主权问题，民主德国作为一个主权国家"，就像任何其他国家一样，"必须决定如何保护自己的边界"。

苏联驻民主德国大使请求，他代表苏联共产党和苏联共产党中央政治局所说的话能够得到理解。他恳请阿克森同志相应地通知埃里希·昂纳克同志和统一社会党中央政治委员会成员。他作为大使想做出保证，他会尽一切可能防止这种错误言论的出现，他得到了莫斯科的全力支持。如果没有大使的批准，苏联的时事评论员来到民主德国，写所谓有关德国问题的文章，是不被容许的。人们已经从叶夫图申科不负责任的言论中吸取了教训，而埃里希·昂纳克同志也注意到了这一点。[①] 科切马索夫同志强调，他的行动始终以苏联共产党中央委员会制定的原则立场为指导。他的所有行动都是为了不断深化与民主德国牢固的友谊和合作。

苏联驻民主德国大使保证，他意识到阿克森同志提出这个问题的根本重要性。公开处理这类问题比保持沉默要好。他将通知苏联领导层。

阿克森同志最后说，他将向埃里希·昂纳克同志和统一社会党中央政治局通报科切马索夫同志的陈述。

资料来源
SAPMO – BArch, DY 30/IV 2/2035/60.

---

① 参见"前民主德国党和群众组织"基金项目档案（SAPMO – BArch, DY 30 / J IV 2 / 2A / 3130）第 160 页及以后。

03

1988 年 7 月 15—16 日在华沙举行的《华沙条约》缔约国首脑会议上民主德国代表团提交的德－德关系工作材料①

民主德国认为，它与联邦德国之间的关系是争取和平共处、欧洲安全和缓和的重要组成部分。因此，民主德国与联邦德国的关系远远超出了双边的范畴。

民主德国从以下基本立场确定其与联邦德国的关系：

——在业已覆灭的德意志帝国的土地上，出现了两个具有不同社会制度和联盟隶属关系的独立主权国家。它们之间存在着不可调和的社会对立。

——通过条约体系，将民主德国和联邦德国纳入联合国，"德国问题"得以解决：欧洲中心的现状已经根据国际法加以确认。因此，不存在"悬而未决的德国问题"，也没有"统一的要求"。

——根据和平共处原则，民主德国与联邦德国在国际法基础上建立关系是可能的和必要的。"特殊的德国内部关系"没有存在的余地。

——两个德意志国家之间关系的首要问题是维持和平。它们必须尽一切努力确保德意志土地上不再爆发战争，永远保持和平。

在过去 20 年中，在实践和平共处政策方面已经取得了显著的积极成果。联邦德国必须接受欧洲条约要点中的现实。基民盟和基社盟也必须以这些条约作为依据。

联邦德国做出承诺，即在德意志的土地上绝不会再次发生战争，只会保持和平。民主德国已经成功地与联邦德国的主要政治力量开展广泛的政治对话。尽管面对复仇主义势力的阻力，两德关系正常化方面仍取得了重大进展。

1987 年 9 月 7 日至 11 日，埃里希·昂纳克同志对联邦德国进行了正式访问，这对发展与联邦德国的正常关系至关重要。这次访问是《基础条

---

① 关于《华沙条约》缔约国政治协商委员会会议的决定，参见《新德意志报》1988 年 7 月 18、21 日（*Neues Deutschland*, 18. sowie 22. Juli 1988）。

约》缔结以来两德关系中最重要的事件。除《基础条约》外，1987年9月8日的联合公报也是发展两德关系的基础。这次访问彰显了民主德国的主权和平等权利。这次访问的重点是德意志两个国家对和平的责任。这次访问有助于加强具有现实主义风格的政治势力在联邦德国的地位。在重申两国边界不可侵犯的基础上，可以商定进一步的措施使两德关系正常化。

但是，两德关系全面正常化仍然存在相当大的障碍。联邦德国一再尝试不遵守国际法对民主德国的承认，并执行违反国际法的"德国内部"原则（即"德国问题的公开性"，"德国内部特殊关系"，拒绝解决公开的政治问题，如承认不干涉原则及代表机构的地位，国籍、边界的性质等问题）。

与此同时，基民盟和基社盟领导的政府还必须考虑到国际力量平衡、"东方条约"和民主德国的成功发展。它不得不在承认民主德国存在的基础上奉行务实的政策。

资料来源
BArch，DC 20，5331.

04

统一社会党中央委员会书记赫尔曼·阿克森致苏共中央委员会书记的电话，1988 年 9 月 20 日

您好！致以最好的祝福！

关于如下问题：德国统一社会党中央委员会非常惊讶苏联部长会议的报纸《消息报》于 1988 年 11 月 9 日发表了对西德苏联研究专家沃尔夫冈·莱昂哈德的采访。

众所周知，莱昂哈德在 1949 年背叛了德国统一社会党和民主德国，并作为变节者和告密者被驱逐出我们的党。① 值得注意的是，莱昂哈德从来没有在我们党内和民主德国表达过敌对的观点，而是在逃往联邦德国的滞留期间表明并阐释了他的变节立场。

自 1949 年以来，莱昂哈德以"苏联学家"的名义，一直坚决和持续地在国际垄断资产阶级最反动的圈子（特别是联邦德国和美国）当中进行反共、反苏活动。

在我党和人民中，莱昂哈德作为臭名昭著的反共宣传领导者之一的角色是众所周知的。偏偏苏联政府的报纸对莱昂哈德进行了采访，其中《消息报》编辑委员会将他介绍为"严谨的苏联研究的主要代表"之一。民主德国的共产主义者，特别是 1949 年将其唾弃为阶级敌人的统一社会党卡尔·马克思党校的教职员工对这一情况感到惊讶和困惑。

这就是为什么我们要求梅德韦杰夫同志在苏联政府中表达苏共中央委员会对此的看法，我们认为这是不可理解和不可接受的。

资料来源
SAPMO – BArch，DY 30/IV 2/2035/60.

---

① 关于其传记参阅沃尔夫冈·莱昂哈德（Wolfgang Leonhard）《革命让它的孩子离去》（Die Revolution entlässt ihre Kinder），科隆，1955（或 2 卷本，莱比锡，1990）。

05

中央委员会书记赫尔曼·阿克森就德国统一社会党抗议苏共中央委员会一事答复埃里希·昂纳克，1988 年 9 月 27 日

亲爱的埃里希！

科切马索夫（Kochemassov）同志于上午 8 点打电话给我，并向我给出了苏共中央委员会的回复。我向苏共中央书记 W. 梅德韦杰夫同志递交了德国统一社会党中央政治局所发出的通告。

《消息报》对西德所谓苏联专家莱昂哈德采访的公布不够小心，没有特别顾及 W. 莱昂哈德的政治面貌。在这方面报纸的领导已经有所察觉。

与此同时，依靠我们德国人对朋友的理解，在目前条件下，我们的新闻机构在选择主题和出版材料方面享有广泛的独立性。

通过一些苏联研究专家评估社会主义国家社会、政治进程的方法的某些转变（变化），《消息报》的编辑委员会对公开报道此次谈话的合理性进行了辩护。显然，有必要积极对西方舆论及科学、政治界的积极变化进行干预。

然而，当然，在所有情况下都必须以最大的责任感和专业知识来做到这一点。

科切马索夫同志补充说，统一社会党中央委员会的通告被极其真诚的接受并得到了相应的处置。[1]

阿克森（署名）

资料来源
SAPMO – BArch, DY 30/IV 2/2035/60.

---

[1] 1988 年 9 月 24 日，昂纳克已经收到了苏共中央委员会负责民主德国的领导人科普特尔泽夫的声明，根据该声明，莫斯科"记录了统一社会党在实施转型和开放政策方面持续存在的某些不满情绪"。苏联代表就德国问题所作的个别陈述被描述为"不负责任"的，包括对莱昂哈德（Leonhard）的采访。但是，中央委员会无法阻止"异见声明"的发布。参阅所引文献。

06

1988 年 10 月 30 日，埃里希·昂纳克与苏联外交部第三欧洲司司长兼苏共中央总书记米哈伊尔·戈尔巴乔夫特使亚历山大·邦达连科之间的对话备忘录

作为老朋友，昂纳克同志热烈欢迎邦达连科同志的到来，并表示很高兴能在柏林招待戈尔巴乔夫同志的特使。

邦达连科同志转达了米哈伊尔·戈尔巴乔夫同志、爱德华·谢瓦尔德纳泽同志以及其他苏联党和国家领导同志对昂纳克同志最亲切的问候。谢瓦尔德纳泽同志在与戈尔巴乔夫同志会谈后不久，被授命亲自向昂纳克同志通报联邦德国总理赫尔穆特·科尔在莫斯科访问的过程和成果。

关于科尔访问莫斯科的情况，邦达连科同志做了如下陈述：

这次访问最重要的部分是戈尔巴乔夫同志亲自与联邦总理科尔进行的会谈。陪同联邦总理出访的根舍部长、肖尔茨部长、里森胡贝尔部长和特普费尔部长与苏联的同级官员举行了平行会谈。在扩大范围的最后一次会议上，这些部长向代表团团长报告了他们的会谈成果。应联邦总理的请求，他与米哈伊尔·戈尔巴乔夫的第一次谈话是在私下进行的，这是最重要的一次对话。根舍对此颇为不满。在科尔出访前，根舍就告知联邦德国驻苏大使，他一定要参加这次秘密谈话。之后，苏联驻联邦德国大使克韦钦斯基通过电报将谈话内容转告了科尔的顾问特尔奇克。他在电报中说，他得知联邦德国一个高层领导人物想要参加秘密谈话。联邦总理请求苏联方面不要让其参加。随后，苏联方面应联邦总理的请求做了相应的安排。总书记的同事阿纳托利·切尔尼亚耶夫同志和联邦总理的顾问霍斯特·特尔奇克参加了这次会谈。

米哈伊尔·戈尔巴乔夫在欢迎赫尔穆特·科尔来访时表示，这次访问对双边合作和欧洲政治而言都是一项重大而非凡的事件。本次首脑会晤的举行表明了双方对这次会面的高度重视。苏联努力确保与联邦德国之间的关系建立在相互信任的基础上，以及设法使所有的参与者都按照时代精神及其要求行事。在具体讨论与联邦德国的双边关系问题时，戈尔巴乔夫同志反复强调，这些讨论必须以当前存在的现实为基础。

科尔回答道，他非常重视与苏联最高领导人建立个人关系。怀着这个信念，他作为联邦总理以及联邦德国公民造访莫斯科。

米哈伊尔·戈尔巴乔夫把第一个发言的机会让给了科尔。后者做了如下发言：

他认为，两国及其执政党各持不同的意识形态和观点。人们不应该淡化这一点，因为它是一个客观现实。不过，花费时间讨论谁的意识形态更好也没有什么必要。如果不打算改变对方的信仰，那就应该思考如何拉近彼此心灵之间的距离。在这一点上，他看到了其作为联邦总理和联邦德国公民的责任。

科尔表示，苏联的转型和深刻改革为塑造两国关系提供了巨大的机遇。在这种情况下，两国主要领导人之间的个人接触显得尤为重要。从这个意义上讲，他把对苏联的访问以及米哈伊尔·戈尔巴乔夫即将对联邦德国的访问视作一个整体。他已准备好在这两次访问中积极主动地做好工作，这是理所应当的。

科尔的原则声明应该被理解为，联邦政府有坚定的政治意愿来实现苏德关系的新发展。

关于裁军问题，科尔宣布联邦德国希望继续为解决现有问题做出贡献。他们在核武器领域的选择有限，因为他们没有核武器，也没有寻求拥有核武器。根据科尔的说法，联邦德国在常规武器方面并没有落后于美国：联邦德国是美国最重要的伙伴和盟友，这意味着美国会听取联邦德国的建议。

就经济发展水平而言，联邦德国在欧洲排名首位。可以预见，它将来无须做出任何特别的努力，便可继续保持这种领先地位。从1992年起欧洲统一市场将成为现实，这并不意味着该地区的国家会与欧洲其他国家隔离开来。那会对欧洲共同体本身产生不利的影响，没有人希望在东西欧之间竖起新的铁幕。

从这个意义上讲，科尔认为构建欧洲大厦的想法是可以接受的。为此，他指出，这座大厦要设有多扇门窗，身居其中，人们可以自由地相互沟通，没有人会阻碍商品、思想以及科学和文化成果的自由交换。他希望，在这方面，包括安全和裁军问题，联邦德国与其最重要的东方邻国苏联之间的合作将在未来取得成功。

科尔在谈到经济合作时指出，一大批知名企业代表陪同他出访并非偶然。他们为成为苏联在西方最重要的伙伴而感到自豪。他们不想将这个地位拱手让人。联邦德国恰好在经济领域拥有最大的行动自由，可以对许多事情发表意见，其中包括讨论新的合作形式。不过，科尔个人主张通过许多小的步骤来推进关系，而不是大声宣扬宏伟的计划。首先应该种植许多的树木，以便将来长成茂密的森林。

戈尔巴乔夫同志就这个问题插话说，他听说（联邦德国的）企业家想要与苏联进行合作，但被科尔总理拦住了。

科尔回答说，不能这么讲。一些重要的企业家只是出于经济上的考虑来行事。他赞成以谨慎的态度和长远的目光来展开合作。

米哈伊尔·戈尔巴乔夫在这次秘密会谈中做了如下发言：

关于双边关系的发展前景，他强调，这次会谈做出的决定不能损害盟国、合作伙伴或第三国的利益。这种关系必须服务于整个欧洲安全和国际安全事务。双边合作必须要考虑到社会和政治秩序的固有差异以及因历史原因造成的欧洲现实，并严格遵守业已缔结的条约。

米哈伊尔·戈尔巴乔夫强调，当前确实有条件使双边关系提升到一个新的水平并开启一个新的篇章。据他所知，苏联和联邦德国的人民已经为此做好准备，并心向往之。

近年来，世界形势发生了巨大的变化。政治的运作变得更具活力和更加强大。苏联、联邦德国或欧洲内部及以外的其他国家已不满足于早期的双边和多边合作方式。与此同时，米哈伊尔·戈尔巴乔夫强调，双边关系实现新发展要经历一个过程，需要一些时间。它不应该给人留下这样的印象，即苏联或联邦德国想"勾引"对方。这是一个公开而坦诚的政策，不仅对两国人民而且对其他国家的人民来说都是可以被理解和接受的。

米哈伊尔·戈尔巴乔夫强调，两国拥有不同的社会政治制度，并隶属于不同的军事政治联盟。双方都有自己的理想和价值观。不应该让任何人质疑他们对各自联盟的忠诚度。另一方面，国际关系面临的紧迫任务是确保欧洲和世界的和平与安全。只有通过在合作中增加信任和相互理解，才能在所有领域展开合作。

科尔向戈尔巴乔夫保证，这完全符合联邦德国政府的意图和目标。

米哈伊尔·戈尔巴乔夫强调，推动欧洲东西方关系发生重大变革，并开始建造欧洲大厦的时机已经成熟。苏联方面并不打算将所有欧洲国家合并为一个统一的国家，而是联合各国努力建设一个安全的世界。欧洲有能力完成这项任务。这样一种发展不仅符合苏联和联邦德国的利益，也符合美国、加拿大以及其他国家的利益。

苏联呼吁各国积极参与建设欧洲大厦。他主张将这一想法连同新的双边关系概念列入 1989 年回访联邦德国时签署的共同政治文件中。①

邦达连科同志告诉说，已经与联邦德国方面达成了一项原则性协议，以商定这样一份文件。在根舍访问莫斯科期间以及他与米哈伊尔·戈尔巴乔夫的会谈中已经达成了这项协议。苏联方面已经准备安排科尔访问莫斯科。不过，他表示，只有在苏联共产党中央委员会总书记回访联邦德国的情况下，他才倾向于商定一份共同的政治文件。苏联非官方的调查结果表明，美国的现任政府马上就要卸任了，人们正在等待新任政府的立场。

昂纳克同志插话说，美国的现任政府已经就此次访问表达了他们的抗议。

邦达连科同志指出，如果没有美国的表态，联邦德国目前不会做出任何重要的政治决定。

在与戈尔巴乔夫同志的谈话中，科尔同意了这个提议，即将戈尔巴乔夫提到的要点和双边合作的主要方向列入文件。他在这方面解释说，联邦德国也在推行一个公开和坦诚的路线。它无意于引诱任何人坠入陷阱。它关心的是建立信任。

科尔还就所谓的德国问题发表了意见。他从很远的地方讲起，并小心翼翼试探着谈及这个问题。他首先讲到，联邦德国和苏联之间存在着一些现实困境，包括在心理领域。其中包括战后边界业已改变的事实。联邦德国目前仅占据德意志帝国的部分领土。德国处于分裂状态。

现实还包括，必须遵守《莫斯科条约》以及联邦德国与民主德国和其他社会主义国家签订的条约。还有些问题没有达成一致。我们必须要注意到这个事实。科尔说，德国人说这种分裂不是最终的结果。然而，战争和暴力不再是政治手段。因此，联邦德国所说的变化只能通过和平手段来实现。或许要为此等待很长时间。然而，这并不是重新陷入复仇主义。如果联邦德国人谈到民族统一，那么这不应该被理解为沙文主义。当然，这在实践中只会在几代人的时间里有效。

---

① 参见 1989 年 6 月 13 日的《共同声明》，载《联邦政府新闻情报局公报》，1989 年 6 月 15 日。(Vgl. Die "Gemeinsame Erklärung" vom 13. Juni 1989 vgl. in: Bulletin, Presse – und Informationsamt der Bundesregierung, 15. Juni 1989.)

科尔要求将西柏林全面纳入双边关系的发展进程当中，在这件事上要考虑到《四方协定》（Vierseitigen Abkommen）。米哈伊尔·戈尔巴乔夫回答科尔说，他已经触及本次谈话中的一个重要部分，如果不加以澄清，双边关系就无法翻开新的篇章。他准备好开诚布公地谈论所有问题。

戈尔巴乔夫同志指出，通过亲密的友好联盟关系，苏联与民主德国紧密地联系在一起。苏联还主张与另一个德意志国家——联邦德国保持长期良好的关系。至于联邦总理所谈及的未来计划，最好不要试图去改写历史。米哈伊尔·戈尔巴乔夫说，任何事情在这都无法改变。在《莫斯科条约》《赫尔辛基最后文件》以及其他条约中已经确定了战后的领土和政治现实。它们为未来的睦邻友好合作指明了道路。然而，如果仍然紧紧抓住1940年代或1950年代的观念不放，只会使东西方对联邦德国政策的诚意产生怀疑。（邦达连科同志在这方面指出，米哈伊尔·戈尔巴乔夫严格遵守了昂纳克同志9月份在莫斯科工作访问期间所达成的协议。）

米哈伊尔·戈尔巴乔夫强调，当前的局势是历史发展的结果。任何企图改变历史结果的行为都可能导致无法预料和非常危险的后果。双方都应该牢记，他们各自都有盟友。对其而言，德苏关系是在什么基础上发展起来的，并非无关紧要。他没有隐瞒这样一个事实，即所有的东西欧国家都对苏联在这一问题上的立场感兴趣。他们中的许多国家直接提出质疑，一个向邻国提出要求并定期重复这些要求的政府是否值得信任。

就西柏林而言，苏联赞成这座城市最广泛地参与欧洲和国际事务。苏联无意让西柏林变为一座死城。苏联愿意考虑西柏林在经济和文化领域的具体利益。不过，所有这些都是有条件的，那就是《四方协定》所规定的西柏林的特殊地位不能受到损害。任何企图使其发生动摇或出于私利而令其发生改变的行为，只会导致双边关系发生倒退。

戈尔巴乔夫同志强调，他赞成将所有这些问题都讲出来，否则不可能建立信任关系。但是，怀念过去只会引起猜忌。联邦德国政府对此不感兴趣。不应该给欧洲人民留下这样的印象，即西德人迟早会重走对外扩张之路。

邦达连科同志指出，值得注意的是，在这次谈话之后，科尔在莫斯科的演讲中没有试图给人留下这样的印象，即苏联方面可以改变它在这些问题上的立场。他还在莫斯科的新闻发布会上说，尽管双方在这里有不同的立场，但为此进行争吵是毫无意义的，历史最终会做出判决。与此同时，他强调这不应妨碍双方开展必要和有益的合作。

邦达连科同志认为这样的表态非常值得关注，因为人们知道科尔是带着任务来到莫斯科的。右翼新闻界和齐默尔曼等右翼政界代表曾要求科尔在莫斯科用拳头捶击桌子，迫使苏联在这些问题上改变立场。他们想在这里取得突破。昂纳克同志插话说，没有实现任何突破。

关于裁军问题，戈尔巴乔夫同志做了如下说明：经常从联邦德国那边听到这样的声音，苏联和华沙条约国首先要裁减军备。就联邦国防军而言，它们应主要被视为象征性措施，尽管正如科尔自己所指出的那样，就人员配置和武器装备而言，他们是西欧规模最大的部队。

科尔回答道，联邦德国在这方面也在发生转变。作为一个例子，他提到了联邦德国政府对拆除 72 枚潘兴 Ia 型导弹的态度。邦达连科同志评论说："我听到了这个信息，但我不太相信。"

米哈伊尔·戈尔巴乔夫提醒科尔总理，联邦德国一方面同意《中导条约》，但另一方面则对外宣布希望创建一支欧洲军队。另外，联邦德国对战术核武器现代化的立场也不明确。

科尔声称，他支持将战略进攻武器削减 50%，这是毫无疑问的。北约也持相同的立场。他还提到，在化学武器问题上也持同样立场。联邦德国强烈主张完全销毁这些武器，尽管它的一些西方盟友会有一些问题。我们不应相信这样的说法，即联邦德国不想裁减军备，它一面谋求大量的武器，一面在耍一些小花招。由于其特殊的地缘位置，联邦德国比其他国家更关注裁减军备。从这个意义上讲，北约也是如此。

邦达连科同志评论说，科尔想通过这些言论转移注意力，让人不去关注联邦德国对消除战术核武器的矛盾态度。然而，米哈伊尔·戈尔巴乔夫再次请他对这个问题发表意见。谢瓦尔德纳泽同志在与根舍的谈话中也是这么做的。

邦达连科同志评价道，联邦德国对战术核武器的态度是非常矛盾的。昂纳克同志肯定记得，不久前，根舍、科尔甚至德雷格都说这些武器对德国人来说特别危险。他们要求销毁这些武器。因为美国不赞成这一立场，然后联邦德国的态度发生了逆转。

昂纳克同志插话说，联邦德国的背后有美国撑腰。

科尔和根舍在莫斯科一致表示，他们赞成销毁战术核武器。然而，这只能与削减欧洲常规武器和武装部队同时进行。在这个问题上，他们与盟友保持着密切联系。

两国外长详细讨论了其他外交政策问题。关于维也纳谈判，科尔和根舍一致认为，他们对将于11月结束的会议感兴趣。在这方面，根舍被授权进一步谈判，已经谈及的措施将在各种泛欧论坛上进一步讨论。目前，计划中将近一半的论坛遭到美国的反对，甚至包括西欧国家提议的论坛。

例如，美国反对举办涉及经济问题、环境问题以及运输和交通问题的论坛。

谢瓦尔德纳泽同志敦促根舍说，联邦德国应该利用它对美国的建设性影响，使美国的立场向更加积极的方向转变。

谢瓦尔德纳泽同志详细叙述了苏联在欧安会所有35个参与国首脑会议上的立场，以及就减少核风险和防止突然袭击设立中心的建议。

根舍和科尔表示，他们对所有这些建议持开放态度，但主张采取循序渐进的办法，让这些想法更成熟些，并使其他参与国更容易接受。

苏联方面得到的印象是，联邦德国政府原本有兴趣举办一次欧洲峰会，但它会考虑美国的态度，后者拒绝了这一建议。法国对这个项目也采取了相对积极的立场。爱德华·谢瓦尔德纳泽和根舍同意在1989年初会面，讨论米哈伊尔·戈尔巴乔夫出访筹备工作的进展情况，特别是就共同政治文件草案进行谈判。为此，在波恩和莫斯科成立了两个混合工作组。联邦德国外交部的卡斯特鲁普和苏联的邦达连科同志负责领导工作组。他们面临着一项非常艰巨的工作。

苏联方面已经提出了讨论议题，列出了应该包含在文件中的问题。这些讨论议题已经在9月初由爱德华·谢瓦尔德纳泽在纽约交给了根舍。苏联方面曾希望联邦德国在科尔访问莫斯科期间对此发表评论。然而，这些只是被联邦德国方面称为令人感兴趣的议题，联邦德国还公布了其他提议。预计它将尝试将其在"德国问题"上的立场列入文件中。

邦达连科同志指出，这些讨论议题明确包含了基于欧洲现状发展双边关系的想法。关于安全问题，苏联的建议指出，这一领域的合作必须具有伙伴关系的性质。众所周知，基民盟对此持反对意见。它认为，建立伙伴关系的时机尚未成熟。另一方面，社民党长期以来一直大力呼吁建立安全伙伴关系。统一社会党也在这方面积极与联邦德国社会民主党进行合作。他们共同的立场是，只有通过相互合作，而非相互对立，才能保障安全。这些问题已经在讨论议题中得到了更为详细地阐述。苏联方面认为，人们不能接受一份全是空洞声明的文件。

随着议题讨论的进一步展开，很快便可以看到，联邦德国在双边关系，在裁军和安全问题上愿意走多远。邦达连科同志承诺，将随时向民主德国领导人通告有关共同文件拟定工作的进展情况。

在这次访问中，也证实了联邦德国代表采取了这样的策略，即迟迟不在文件上签字，并在时间紧迫的压力下迫使合作伙伴做出让步。这一次也使用了这种战术，但没有成功。

根舍请求与亚历山大·雅科夫列夫同志进行谈话。他的请求被接受了。这是一次非常有建设性的会面。根舍强调，联邦德国十分关注苏联的成功转型。在谈话中，他相当熟悉安全伙伴关系的原则。不过，他谈到了共同的安全。根舍强调，与社会主义国家的合作条件不能因1992年欧洲单一市场的建立而恶化。

此外，科尔还与雷日科夫同志进行了一次会谈，讨论了经济合作的具体问题。访问期间签署的经济协议旨在为新的合作形式奠定基础，特别是在生产合作和建立联合企业方面。已发布的联合新闻稿列出了双方签署的关于经济文化合作、干部培训、青年交流及其他问题的协议。

这份新闻稿是联邦德国代表的主意。这个方案仅在非常短的时间内提交给了苏联方面。

里森胡贝尔、基希勒和经济部国务秘书等几位部长多次谈到建立联合企业的困难。在他们看来，这主要是因为苏联方面坚持将西德合作伙伴公司约30%的产品作为其资本投资补偿，然后必须在联邦德国或第三国实现这一点。联邦德国的所有代表都同意，他们最多将其视为特例规定，不会把它当作原则来接受。苏联方面将进一步讨论这个问题。

这次访问中的一个非常有趣的时刻是，联邦德国国防部长首次出访了苏联。记者们对此进行了大肆渲染，几乎掩盖了各代表团团长的活动。联邦德国国防部长肖尔茨和亚佐夫同志举行了会晤。在会晤中，肖尔茨支持《华沙条约》的三阶段计划，他认为减少欧洲常规武器和武装力量是合乎逻辑的。

然而，最重要的是，他在发言中重点阐述了消除不平衡和不对称问题，以及改变欧洲军队的部署。他并不否认，不平衡问题不仅要考虑到武器的数量参数，而且还要考虑到武器的质量参数。他甚至主张，苏联陆军总参谋长和联邦德国国防军总监举行一次工作会议，为考虑定性参数而制定一种共同的办法。

苏联方面同意了。具体日期仍将商定。

肖尔茨强烈反对在欧洲销毁所有的核武器。他认为，现在这样做还为时过早。联邦德国和北约目前都没有准备放弃核威慑战略。

肖尔茨表示希望亚佐夫同志陪同米哈伊尔·戈尔巴乔夫访问联邦德国。但是，他并未单独向苏联国防部长发出邀请。

邦达连科同志总结说，苏联领导层做出了整体评估，认为科尔对莫斯科的访问以及进行的谈判是有益的、多层次的、内容丰富的。尽管双方在一些原则问题上仍然存在差异，但联邦德国对发展德苏关系的兴趣得到了证实。

总体而言，米哈伊尔·戈尔巴乔夫访问联邦德国的准备工作已经取得了很大进展，尽管还有很多工作要做。进一步成功筹备这次访问取决于许多因素，包括联邦德国政府和科尔本人将如何坚定和一贯地继续朝着莫斯科确定的方向前进。这也取决于北约的状况和美国新政府的政治方向。

邦达连科同志强调，社会主义国家对联邦德国的一致态度是一个极其重要的因素。重要的是，所有社会主义国家都明确反对联邦德国政府现有的强国计划。所有社会主义国家都应坚持仍然存在着两个相互独立的德意志国家，在西柏林问题上采取坚定的统一立场，就像埃里希·昂纳克同志和米哈伊尔·戈尔巴乔夫同志商定的那样。

邦达连科同志保证，在这次访问的筹备和执行过程中，苏联方面始终执行昂纳克同志和戈尔巴乔夫同志商定的路线，以及遵守戈尔巴乔夫在访问民主德国外交部期间达成的具体约定。这在未来也不会放弃。

昂纳克同志由衷地感谢戈尔巴乔夫同志和谢瓦尔德纳泽同志的问候，并向他们致以真诚的问候。他对邦达连科同志提供的信息表示感谢，并表示政治局将在下次会议上对此进行讨论。

根据自己的了解和评估以及媒体提供的信息，昂纳克同志表示，统一社会党的领导层高度赞赏米哈伊尔·戈尔巴乔夫与联邦德国总理科尔的会晤。在访问之前，科尔显然已经把很多希望装进了他的行李箱。西方媒体上甚至有这样的漫画。不过，这些希望仍未得以实现，因为它们并非建立在现实的基础之上。

尽管如此，民主德国从一开始就对这次访问表示欢迎。昂纳克同志同意邦达连科同志的评估，即这次访问是朝着正确方向迈出的一步。显然，没有联邦德国的参与，就无法在缓和方面取得决定性的进展，欧洲大厦就不可能建立起来。与此同时，必须注意的是，联邦德国的发展前景仍不明朗。在访问期间，其内部矛盾甚至有所加剧，以至于暂时掩盖了对科尔访问苏联的报道。他指的是在最大的联邦州之一——下萨克森州正在发生的事情，基民盟在那仅以一票多数执政。那里的基民盟州主席兼内政部长哈塞尔曼因作伪证而被迫辞职。无论出于何种原因，这都导致了该联邦州目前的执政联盟存在解体的可能性。石勒苏益格－荷尔斯泰因州的事件可能会重新上演，这意味着除黑森州的局势不明朗外，美因河以北的所有联邦州都可能由社会民主党掌权。

目前，在联邦德国可以看到一股强烈赞成裁军的潮流。社会主义国家的形象开始发生改变。就苏联而言，甚至发生了根本性的变化。在涉及裁军问题时，公众对联邦德国现任政府的态度非常敏感。例如，联邦德国政府不得不放弃向中东交付龙卷风飞机，就证明了这一点。在联邦德国政府在参与"猎人90"（Jäger 90）战斗机的开发方面，也存在类似的情况。人们对此完全没有了解，成千上万的联邦德国公民仍被定罪或等待审判，他们当时正在抗议部署潘兴II型导弹和巡航导弹。现在，甚至在联盟党和自民党的内部也出现了反对进一步升级军备的声音。

尽管联邦德国政府中的一些人早先曾主张销毁射程500公里范围内的战术核导弹，但肖尔茨的态度在莫斯科发生了转变，维护了美国维持核威慑战略和"灵活反应"的立场。

在北约内部，关于这些问题的讨论存在着很大的分歧。许多国家政府反对保留战术核武器。现在就连联邦德国政府也在核规划小组会议期间重申了这一立场，即目前没有必要就战术核武器做出决策。因此，对该问题的讨论被推后了。然而，它仍然列在会议议程上。还有人指出，西欧联盟已经启动，这与创建西欧部队的企图密切相关。

总之，昂纳克同志表示，联邦德国政府巧妙地避开了裁军问题。在某些情况下，它准备同意在一定程度上裁减常规武器和武装部队，同时，正如它所说的那样，正在逐步解决战术核武器问题。……①

昂纳克同志从中得出的结论是，尽管法国和西德公开相互示好以及建

---

① 接下来是一段话，其中昂纳克简要评价了1988年10月11日在东柏林与美国副国务卿怀特黑德的谈话，以及1988年1月他与法国总统密特朗会面时发表的几句言论，这已经是几个月前的事了。

立了法国－西德联合旅，但法国仍希望保持其独立性。

昂纳克同志在谈到联邦德国政府对欧洲现状的态度时说：在欧洲，人们普遍认为，欧洲社会主义国家和资本主义国家之间沿易北河、韦拉河以及伯尔默森林的边界不容改变。就连西班牙国王以及费利佩·冈萨雷斯首相都表示，所有旨在改变这种状况的梦想都会破坏欧洲的平衡，并增加战争的危险。西班牙国王和王后明确表示，他们将于明年访问民主德国。他提到了他们的态度，因为它表达了欧洲和世界许多地方的担忧，即现在的联邦德国政府正试图通过各种手段改变第二次世界大战的结果和战后的秩序，从而引起打破原有平衡的危险。戈尔巴乔夫同志在会谈中有原则地、坦率地阐述了苏联的立场，已经达到了它的效果。

邦达连科同志插话说，戈尔巴乔夫同志也在发言中做了非常简洁的陈述。

昂纳克同志认为，这些讲话传遍了全世界。尽管由于联邦德国国内事件的升级，媒体最初对科尔出访莫斯科的相关报道显得有些黯然失色。就在今天，一些报纸发表了社论和评论员文章，指出这次访问表明，人们必须在现实的道路上前行，其他所有的选择都没有前途。媒体还指出，西欧国家长期以来一直坚持这样的立场，即沉迷于整个德国的遐想并不符合欧洲的利益。

另一方面，据美国传出来消息称，他们对于促使联邦德国成功实现中立化的尝试不感兴趣。最重要的是，美国担心联邦德国中立化后，它自己就可能被排挤出欧洲。

昂纳克同志的总结道，联邦德国和其他西欧国家中的大多数人都赞成，维持各类条约及《赫尔辛基最后文件》确定下来的均势。只有这样，今后才有可能维持和平。人民希望生活安定，他们反对核武器和常规武器的战争。这是社会主义国家联合发动的和平攻势取得成功的基础，也是苏联在这一领域的相应举措，它始于日内瓦，在雷克雅未克得到进一步发展，并在科尔最近访问莫斯科期间得到了表达。

昂纳克同志说，事实证明，对雷克雅未克一揽子计划的拆分以及继续单独谈判这些问题是正确的。这很大程度上取决于美国未来的发展。怀特黑德在访问期间称布什为总统。昂纳克同志没有直接回应，但表示他很乐意再次见到怀特黑德。

关于苏联与联邦德国双边关系的发展，昂纳克同志提到了科尔的表态，他想做事有始有终。因此他想反驳来自联邦德国国内的批评，即这次访问成果寥寥。昂纳德同志强调，民主德国赞成苏联与联邦德国之间发展关系。然而，科尔在这个问题上受到了媒体的攻击，他在这个问题上一口两舌。在昂纳克同志访问联邦德国结束时发表的联合公报中，科尔签署了一项协议，即在联邦德国和民主德国的关系中遵守边界不可侵犯、领土完整和不干涉内政的原则是对维护和平的重大贡献。

然而，当联邦德国的使者到世界各地出访时，就像现在的科尔一样，他们基本上仍然假定 1937 年边界的德意志帝国继续存在。温和地说，这与时代不符，归根结底是复仇主义。这些人仍寻求在欧洲的中心建立一个大德意志帝国，包括加里宁格勒、波兰和捷克斯洛伐克的大部分地区。然而，他们认为这只是恢复帝国的过渡阶段，正如一句古老的德国谚语所说，"吃一下，胃口就来了"。欧洲人民非常清楚这意味着什么。科尔认为，所有这些都应该"逐步地"实现。和以前一样，德意志帝国俾斯麦式的幻想仍然困扰着这些人的思想。

经济管理者对这件事的看法有所不同，因为他们对做生意感兴趣。他们担心东方贸易得不到联邦德国政府的大力支持。在西方，联邦德国的垄断企业面临来自美国和其他国家的激烈竞争。由于联邦德国政府严格遵守巴黎统筹委员会的规定，与东欧国家的贸易受到了很大的限制。鉴于美国强硬的行动，例如在日本东芝集团的审判中所表现的那样——这场审判是在美国的压力下进行的，联邦德国的企业要求政府努力废除巴黎统筹委员会的规定。商界代表们不明白科尔是巴黎统筹委员会的支持者。因为大型企业给政府施加压力，就出现了这种情况。

假设联盟党仍然还很强大，其影响力也在总体上逐渐下降。由于根舍奉行的政策，自民党的影响力得到了一些提升。总体而言，情况非常难以预测，并且可能会继续发生变化。本届联邦德国政府的怀旧情绪非常强烈，然而，它觉得自己越来越与现实相悖。这就是为什么戈尔巴乔夫同志不仅指出社会主义国家的坚定立场，而且还指出其他国家在这些问题上的坚定立场，这是非常正确的。在波恩筹备和举行会晤将进一步缓和地区局势，进一步增加了与苏联建立良好关系的需求。

鉴于这种情况，联邦德国试图使西柏林问题更加凸显出来，希望也许能在这里实现一些变化。然而，联邦德国政府在这方面的举措是不明智的，因为正是《四方协定》保障了西柏林目前在经济和文化领域的发展。

重要的是，目前联邦德国没有一家大公司将总部设立在西柏林，甚至连西门子集团也没有。在那边，没有人认为目前的情况可以在短期内改变。另一方面，自《四方协定》签订以来，西柏林的自由通行得到了保障，这座城市向西方国家的出口超过了130亿马克。昂纳克同志说，邦达连科同志肯定记得时间，因为西柏林的每一份货运单都必须加盖民主德国的印章。交通畅通为西柏林经济的发展做出了重要贡献。尽管如此，这座城市每年从联邦德国的国家财政预算中获得超过120亿马克的补贴。

从联邦德国移居到西柏林的公民也将得到资助。尽管得到了联邦德国政府的广泛支持，但西柏林的人口持续减少，外国公民的比例不断增加。1950年，西柏林有230万永久居民。今天还有190万人，包括20万外国人，他们主要是土耳其人和南斯拉夫人。

尽管联邦德国拥有强大的工业实力，但每年为来自其他国家的德国移民建造3万套公寓尚存在困难。联邦总理因此遭到指责，他一方面引诱其他国家的德意志人移居联邦德国，另一方面，却没有给他们提供住房。相比之下，昂纳克同志指出，在民主德国首都柏林，每年约有3万套公寓建成，整个民主德国约有21.5万套公寓建成。

联邦德国目前大量削减为失业救济、医疗保健和其他社会问题提供的资金。所有这些都削弱了政府的执政基础。再加上媒体上反复出现的丑闻。因此，科尔目前必须专注于内部事务的发展。

昂纳克同志指出，总的来说，这种情况是不可预测和矛盾的。如果联邦德国政府的状况进一步恶化，邦达连科同志在政治文件发表的观点将有更多成功的希望。只有自由民主党仍享有一定的声誉。没有自由民主党，联邦德国的现任政府就不可能维持至今。

总而言之，昂纳克同志强调，莫斯科谈判的结果对于欧洲的和平与缓和至关重要。在民主德国，苏联党和国家领导人在访问期间基于社会主义国家的共同立场所做的伟大工作，受到了高度的赞赏。邦达连科同志提出的会议结果完全符合民主德国的政治关切。正如在莫斯科工作访问期间与戈尔巴乔夫同志讨论的那样，民主德国与苏联及其"华约"盟友一道致力于在国际舞台上继续努力创造一个没有核武器、战争和暴力的世界。昂纳克同志说，他认为莫斯科会议的结果是朝这个方向迈出的一步。民主德国将一如既往地利用一切可能，通过对话与合作进一步加强不同社会秩序国家之间的和平共处政策，并通过新的协议开启裁军进程，包括从大西洋到乌拉尔在大幅削减武装部队和常规军备方面实现突破，将裁军持续下去并加以深化。

昂纳克同志指出，在这种情况下，继续与联邦德国进行对话是非常重要的，以便使米哈伊尔·戈尔巴乔夫赴联邦德国访问取得圆满成功。正如戈尔巴乔夫同志在最近的莫斯科会议上所表现出来的决心，也就是说，必须通过坚持原则和灵活运用策略来实现目标。我们将继续一步一步向前推进，在这件事情上现在已经很清楚了，美国在很多问题上都有发言权。

这一点在肖尔茨和科尔访问莫斯科时尚未得到证实，而被最近几天的信息证实了。在西方，一份有关存在一支美国核事故应急部队的材料已经公布了。联邦德国政府不了解这支部队的兵力、任务和装备。从美国方面获悉，这些与联邦德国政府无关。

昂纳克同志恳请转告戈尔巴乔夫同志，他对科尔的手提箱里和头脑中的复仇主义幻想的原则性态度在民主德国引起了很多关注。随着这些问题在莫斯科的提出，科尔在联邦德国失去的可能比获得的要多。一些报纸公开表示，如果联邦总理想改善与苏联的关系，他怎么能问这样的问题，它们公开对此表示诧异。民主德国在《新德意志报》发表了一些评论，以向本国人民表明，科尔的复仇主义幻想在自己的国家也得不到认同。另一方面，显然必须继续与这届联邦德国政府进行谈判，以取得某些成果。

邦达连科同志感谢昂纳克同志对联邦德国的形势以及他的社会主义国家政策进行了有趣和深入的分析。他将就此向苏联党和国家领导人报告。重要的是，昂纳克同志重申了共同立场、共同目标以及继续就讨论中的问题密切合作的意愿。苏联领导层非常清楚，联邦德国既是对手，也是伙伴。

昂纳克同志承认，必须与联邦德国展开合作，同时不要忽视这些矛盾。

邦达连科同志指出，在莫斯科，民主德国的新闻媒体在访问期间及之后的积极反应受到了极大的关注。这是对联合行动必要和及时的支持。对此，邦达连科同志转达了苏联领导人的谢意。在进一步筹备戈尔巴乔夫同志访问联邦德国活动的过程中，仍然有很多机会并且有必要就所有问题进行详谈。

昂纳克同志重申，民主德国外交部长随时准备就具体问题提出建议。如有必要，他也会随时参与其中。在提到昂纳克同志在莫斯科工作访问期间达成的原则性协议时，科切马索夫说，斯柳尼科夫同志提议按计划于1988年12月5日至7日访问民主德国，以讨论科学、技术和生产领域的具体合作问题。

昂纳克同志同意并请求与米塔格同志进一步讨论细节问题。他提到了卡尔·马克思城"弗里茨·黑克特"联合企业与苏联的外贸信息。令他无法理解的是，这个联合企业每年向苏联出口价值 10 亿外汇马克的货物，其中大约 50% 用于国防，怎么能忽略这一点呢。在那里，联合企业将向苏联将交付巴黎统筹委员会禁运列表中的机床。第二家生产同样机床的工厂只能在联邦德国找到。不过，它也对进口"弗里茨·黑克特"联合企业的产品非常感兴趣。

温特同志对梅德韦杰夫同志的言论感到非常惊讶。这可能只是一个误会。

科切马索夫同志确认了对这家联合企业的高度评价，他曾多次访问过这家联合企业。他将尽力澄清此事。

资料来源

Detlef Nakath/Gerd – Rü diger Stephan：Countdown zur deutschen Einheit. Berlin 1996，S. 125 ff. （SAPMO – BArch，DY 30/IV 2/2035/60.）

07

统一社会党中央政治局关于 1989 年 6 月苏共中央总书记米哈伊尔·戈尔巴乔夫访问联邦德国的信息①

随着米哈伊尔·戈尔巴乔夫同志（6 月 12 日至 15 日）的出访，苏维埃最高领导人自 1981 年以来首次访问联邦德国。科尔 1988 年 10 月访问苏联，这使苏联和联邦德国之间的对话和关系有了新的发展，这对整个东西方对话具有重要意义。

双方都认为，戈尔巴乔夫同志访问联邦德国具有重大的政治意义。

从苏联方面来看，这次访问的首要目标是让联邦德国更多地参与欧洲缓和和裁军进程。出发点是认识到，鉴于联邦德国在北约的突出地位，其政治、经济和军事的重要性，如果没有联邦德国的坚定参与，维持欧洲的持久和平是不可能的。此外，苏联对发展与联邦德国经济与科技关系发挥了至关重要的作用。

就联邦德国政府而言，它意识到了联邦德国与苏联关系的重要性，这是其与社会主义国家关系的核心。决定这一点的是联邦德国的利益——在不质疑与美国结盟以及与北约关系的优先地位的情况下，增加其在欧洲的政治影响力。此外，联邦德国工业的利益和愿望发挥了作用，其立场是通过多方面的接触，在"制度转变"意义上影响社会主义国家转型以及在社会主义国家之间有区别地发挥影响。其中主要针对的是民主德国。从这个意义上说，科尔将这种分裂描述为"开放式伤口"，并要求"拆除隔离墙"。

戈尔巴乔夫同志反驳说，民主德国"无可置疑的功绩"是"赫尔辛基进程中一个稳定和不断增长的因素"。科尔的诋毁在公开场合没有得到直接回应。

与科尔的言论形成鲜明对比的是，魏茨泽克的祝酒词没有包含对民主德国的攻击。

---

① 这份题为《戈尔巴乔夫同志访问联邦德国的首次总结评估》的资料显然是由统一社会党中央委员会内部递交给埃里希·昂纳克的。统一社会党中央政治局已经在 1989 年 6 月 15 日和 6 月 20 日讨论了苏联共产党总书记在波恩正式访问的结果和影响。

这次政治访问取得的最重要的成果便是签署了一份联合声明，双方均认为这份声明具有"历史性意义"。虽然联邦德国最初寻求一份关于双边关系问题的文件，这份声明是在苏联的坚持下作为一份基本文件而制定的，苏联借此成功地使联邦德国在维持和平、裁军和缓和方面做出重要的和前瞻性的声明：

——任何政策的核心都必须关注人类的生存。战争不再是一种政治手段。必须防止每场战争。

——不得以牺牲他人的安全为代价来保证自己的安全。

——对军事优势的追求是受到谴责的。

——双方主张将进攻性战略武器减半，遵守《反弹道导弹条约》，保持常规部队的平衡，禁止使用化学武器，停止核试验，建立信任和安全措施（没有关于战术核武器的声明）。

——欧洲必须成为世界和平稳定与和平竞争的榜样。特别重要的是尊重每个国家的领土完整和安全，所有国家自由选择其制度的权利，确保民族自决权，国际法准则的优先地位。

——扩大苏联与联邦德国之间合作的基础仍然是《莫斯科条约》。西柏林参与合作是参照四方协定进行的。

根据其妥协性质，该文件还包含联邦德国为实现其目标而试图利用的表述：

——双方将为克服"欧洲分裂"做出贡献。

——引入"欧洲和平秩序"一词。

——强调尊重各国人民的自决权，实现人权，促进人员和思想的交流以及消除紧张和不信任的根源的必要性（被解释为对民主德国的看法）。

除联合声明外，还签署了 11 份国家条约和协议，并发布了协调一致的新闻公告。（附件）[1]

谢瓦尔德纳泽同志和根舍在联合声明中强调，迫切需要尽快缔结以及迅速生效一项全球性、全面及可有效核查的禁止化学武器公约，将其作为军备控制和裁军的首要目标。

---

[1] 1989 年 6 月 9 日，谢瓦尔德纳泽在东柏林的一次会议上向昂纳克递交了关于波恩协定的个人报告。参见汉斯 - 赫尔曼·赫特尔，格德 - 吕迪格·斯蒂芬（Hans - Hermann Hertle/Gerd - Rüdiger Stephan）编《永远向前，绝不后退！》（Vorwärts immer, rückwärts nimmer!），柏林，1994，第 75 页及其之后。

戈尔巴乔夫同志在联邦德国经济界"东方委员会"和斯图加特露面，明确表明了苏联对于更多地利用联邦德国的经济潜力进行经济转型的浓厚兴趣。他提出了一个广泛的经济和科技合作建议〔包括在列宁格勒地区建立自由经济区；在科拉半岛开展原料开发；在造船、航空和核电工业方面进行合作；与苏联企业合作——这些企业可以转换；苏联科学机构为德国公司提供委托研究课题；参与现代通讯和运输领域的泛欧项目〕。他反对现有的贸易歧视，特别是所谓的巴黎统筹委员会名单，并表达了苏联对欧共体内部市场的关切。

联邦德国的主要商界代表表达了其对经济合作的兴趣，同时再次要求给予德苏贸易实质的便利化。

在莱茵兰－普法尔茨和萨尔州地方选举前不久以及在"欧洲"选举之前，在社民党的坚持下，戈尔巴乔夫同志与社民党领导人沃格尔（Vogel）最终举行了一次临时会晤，社民党此时担心基民党的国内声誉过高，会损害它的利益。[①]在这次讨论中，双方明确强调了第三个"零解决方案"[②] 的目标。沃格尔对这次访问给予了积极评价，并对"共同声明"表示欢迎。

戈尔巴乔夫同志访问联邦德国取得了如下的成果：

——联邦德国可以更加密切地参与缓和和泛欧合作进程。戈尔巴乔夫同志提出了维持和平和裁军问题。联邦德国必须致力于倡导裁军和安全，但它不会背离北约众所周知的立场。

——总体而言，这次访问将对东西方关系产生积极的影响。在泛欧关系的主要问题上，联邦德国必须从基本现实出发。威胁来自东方的说法被进一步削弱；反苏主义得到遏制。

——通过这次访问，联邦德国与苏联之间的关系显然已经恢复正常化。为在许多领域广泛发展关系创造了条件。

——西方联盟内部评估了联邦德国的作用和重要性。促进了联邦德国努力在与社会主义国家关系中发挥关键作用。

——在国内，科尔和基民盟/基社盟的地位得到了加强。

---

① 1989 年 6 月 13 日，米哈伊尔·戈尔巴乔夫与社民党主席汉斯－约亨·沃格尔在波恩举行了交谈。塔斯社对此发布的消息。参阅《真理报》，莫斯科，1989 年 6 月 14 日（*Prawda, Moskau, 14. Juni 1989*）。

② 20 世纪 80 年代，"零解决方案"一词被用于国际裁军辩论，表示完全放弃在欧洲对立双方两侧建立新的武器系统。——译者注

——联邦德国未能从苏联那里获得关于其民族主义目标的让步。对于西柏林来说，四方协定仍然是其法律地位的基础。

——《联合声明》为联邦德国实现其目标提供了参考点（特别是关于民主德国——提到自决权、人权、克服欧洲的分裂）。

戈尔巴乔夫同志在对这次访问过程的初步评价中强调，访问结果达到了预期。它对联邦德国民众的影响要高于预期。戈尔巴乔夫同志指出，赞赏民主德国对欧洲和平与进步的特殊贡献对联邦德国主要领导人产生了影响。总体而言，联邦德国的领导人发展与苏联和其他社会主义国家关系的压力有所增加。

戈尔巴乔夫同志 6 月 15 日出现在杜伊斯堡，他非常重视与劳动人民的团结。[1]

资料来源

SAPMO – BArch，DY 30/IV 2/2039/294.

---

① 戈尔巴乔夫出现在赫施钢铁股份公司的约 9000 名钢铁工人面前，并不是发生在杜伊斯堡，而是发生在多特蒙德。参见《新德意志报》1989 年 6 月 16 日（*Neues Deutschland*, 16. Juni 1989）；米哈伊尔·戈尔巴乔夫：《回忆录》（*Erinnerungen*），第 706 页及其之后。

08

向统一社会党政治局报送的关于统一社会党总书记兼民主德国国务委员会主席埃贡·克伦茨 1989 年 11 月 1 日在莫斯科工作访问的报告

I. 应苏联共产党中央委员会的邀请，统一社会党中央委员会总书记兼民主德国国务委员会主席埃贡·克伦茨同志于 1989 年 10 月 31 日至 11 月 1 日赴莫斯科进行工作访问。1989 年 11 月 1 日，埃贡·克伦茨同志与苏联共产党中央委员会总书记兼苏联最高苏维埃主席米哈伊尔·戈尔巴乔夫同志举行了会晤。为欢迎埃贡·克伦茨同志的来访，米哈伊尔·戈尔巴乔夫同志在克里姆林宫安排了正式晚宴。在一次国际新闻发布会上，埃贡·克伦茨通报了他与米哈伊尔·戈尔巴乔夫同志的谈话结果，并回答了记者们提出的各种问题。

II. 埃贡·克伦茨同志和米哈伊尔·戈尔巴乔夫同志在坦诚和友好的气氛中进行了广泛的私下会谈，双方就民主德国和苏联国内政治局势的关键问题、双边关系的发展、进一步发展双边关系问题以及一些国际问题深入交换了意见。

两位会谈者在进一步发展社会主义，每个社会主义国家根据具体情况进行必要的转型和改革等问题上意见完全一致。他们强调，统一社会党和苏联共产党认为，切实加强社会主义建设，增强其吸引力的主要途径是扩大社会主义的民主，让所有公民直接参与拟订、通过和执行具有社会意义的决策过程。这一发展对马克思列宁主义政党提出了新要求，它们的先锋作用对于以社会主义和科学为基础的社会进步方向至关重要。在这方面，埃贡·克伦茨和米哈伊尔·戈尔巴乔夫主张民主德国和苏联的政党和社会、科学机构之间进行更密切的合作，并充分履行该领域现有的协定。

两位政治家都同意，基于莫斯科会晤产生的动力，在以往的基础上进一步加强民主德国与苏联在社会生活各个领域富有成效的合作，并明确表达了彼此间的信任。统一社会党与苏联共产党的领导人之间持续的密切接触将有助于在政府和议会层面加强两国兄弟党的互访交流和经验交流，以及利用新形式，有目的地扩大两国间的经济和科学技术合作。

米哈伊尔·戈尔巴乔夫表示，苏联在此期间坚定地站在民主德国一边。埃贡·克伦茨重申，统一社会党完全支持苏联的转型和改革。

在访问莫斯科结束时，克伦茨出席了人数众多且具代表性的新闻发布会，从而有机会在第九届会议之后阐述统一社会党对当前问题的立场。[1]

在与雅科夫列夫同志和法林同志的谈话中，讨论了苏联共产党在实现转型方面的经验，其中包括民主德国应该避免的消极经验。在讨论诸如国际关系去意识形态化这样的问题时，态度是明确的。在这方面，要对依照国际法原则和国家间关系协定争取国家间关系去意识形态化和继续进行意识形态辩论进行区分。正如雅科夫列夫同志强调的那样，随着军事对抗的减少，这种情况将进一步增加。

在克伦茨与戈尔巴乔夫同志会晤期间，他在苏联共产党中央委员会国际部与法林同志的副手费奥多罗夫同志进行了一次谈话，统一社会党中央委员会委员、国际联络部部长京特·西贝尔、民主德国驻苏联大使格尔德·柯尼希、统一社会党中央委员会委员、国际联络部副部长布鲁诺·马洛以及国际联络部政府工作人员托马斯·雷克参加了这次会议。在此过程中，双方就进一步组织两党中央委员会之间以及两个部门之间的互访交流和经验交流，以及交流的议题和内容等问题进行了讨论。

资料来源
SAPMO – BArch，DY 30/2/2 A/3255.

---

[1] 1989 年 10 月 18 日，在柏林举行的统一社会党中央委员会第九届会议的现场录音磁带副本中，包含埃贡·克伦茨取代埃里希·昂纳克成为统一社会党总书记的内容。参见汉斯－赫尔曼·赫特尔、格德－吕迪格·斯蒂芬（Hans – Hermann Hertle/Gerd – Rüdiger Stephan）编《统一社会党的终结，中央委员会的最后一天》（Das Ende der SED. Die letzten Tage des Zentralkomitees），柏林，1997，第 103 页及其之后。

09

关于统一社会党中央委员会国际联络部部长京特·西贝尔与苏联共产党中央委员会国际部部长瓦连京·法林 1989 年 11 月 1 日在莫斯科会谈的备忘录

在统一社会党中央委员会总书记埃贡·克伦茨同志与苏联共产党中央委员会总书记米哈伊尔·戈尔巴乔夫同志举行会晤期间，统一社会党中央委员会委员、国际联络部第一副部长布鲁诺·马洛及国际联络部工作人员托马斯·雷克与苏联共产党中央委员会国际部第一副部长费奥多罗夫同志及指导员安德烈·塔拉索夫参加了这次对话。

首先，在与瓦连京·法林会面之前，拉斐尔·费奥多罗夫开启了实质性的讨论。西贝尔同志提及与克伦茨同志的协商意见，说统一社会党中央委员会考虑在不久的将来与苏联共产党中央委员进行紧急磋商，并请求苏联共产党中央委员会批准。苏联同志得到了关于这个问题的详细资料。苏联共产党中央委员会的同志承诺会迅速审议统一社会党中央委员会的建议并予以答复。

拉斐尔·费奥多罗夫就总书记、政治局和中央委员会秘书处信息系统之复杂的组织和方法做了第一次发言。他指出，在苏联共产党中央委员会，所有书面材料的页数限制为最多 8 页，标准为 5 页，至少 2 页。所有电传信息都将由有关部门，如外交部、克格勃，然后由总书记的顾问格奥尔基·沙赫纳扎罗夫进行筛选。不同部门并非通过国际部递交它们的电传信息，而是直接报送。国际部则审查由其报送的电传信息。然而，对他们来说，重要的是编写带有背景资料的分析报告，以便更好地了解事实资料。该背景资料将提交给中央委员会主管书记亚历山大·雅科夫列夫，他将继续以口头或书面形式使用这些资料。雅科夫列夫同志对由国际部编写或报送至国际部的任何资料做出决定，这些资料的分发是在政治局进行的。

西贝尔同志向法林同志重申了统一社会党中央委员会业已提出的请求，即关于接收或派驻来自广泛社会领域的专家。在提到阿巴尔金和阿赫罗梅耶夫同志时，法林同志指出，虽然苏联目前仍非常需要这些同志，但是他们肯定可以前往民主德国。①

西贝尔同志向苏联同志通报了，中央委员会第九届会议后对统一社会党提出的当前要求，以及为下一届会议所做的准备。他还详细说明了民主德国的财政状况，并推导出可能出现的结论。在这方面，西贝尔同志强调，重要的是必须抑制联邦德国的企图和期望，而不是听之任之，因为它对民主德国的情况有着广泛的了解，并可能继续加强。应迫使联邦德国政府遵守特定的行动框架。然而，在当前复杂的形势下，最重要的是让党适应必要的变化，其中包括领导层。统一社会党认为这是一个基本问题，即这些过程不会对苏联和其他兄弟国家造成任何负面影响。

法林同志感谢西贝尔同志提供的这些详细信息，它有助于了解复杂经济形势的一些新方面。不过，统一社会党发起的变革以及整个社会对根本变革的追求，让人有理由保持乐观。为了准确了解实际情况，法林同志认为有必要回答以下问题：

1. 当汇率为 1 联邦德国马克兑换 11 至 12 民主德国马克时，民主德国如何评估因不受控制的经济和金融波动对其造成的直接损失？肯定还会有其他途径每年造成数十亿马克的损失。为了精确地测定储备和风险，在这里进行准确的计算是很重要的。

2. 苏联已经注意到了，民主德国在试图分散巨额债务带来的风险。什么原因导致了这种局面？

3. 民主德国对西柏林有什么想法？可能会把它变成香港或新加坡那样吗？在这方面，开发大量的外汇收入来源和进入世界市场的前景很好。在与蒙佩尔和其他一些相关人员沟通讨论后，法林同志得出的结论是，这方面有巨大的发展潜力。②

4. 民主德国是否存在由于管理不善、计划错误导致的损失，以及坚持教条主义思维传统且目前没有任何益处的机构。在国际形势变化的背景下，裁撤过时和耗费巨大的机构实现财政节流，有利于避免复杂局势进一

---

① 列昂尼德·阿巴尔金担任苏联副总理、国家经济改革委员会主席，谢尔盖·阿赫罗梅耶夫于 1984 年至 1988 年担任苏联武装部队总参谋长，后来担任米哈伊尔·戈尔巴乔夫的军事顾问。

② 关于社民党政治家埃贡·巴尔和瓦尔特·蒙佩尔与瓦连京·法林于 1989 年 9 月 30 日至 10 月 1 日在西柏林的会晤。参见瓦尔特·蒙佩尔《临界状况：处于德国历史焦点的柏林》（Grenzfall. Berlin im Brennpunkt deutscher Geschichte），慕尼黑，1991，第 77 页及其之后一

步恶化。在此，有必要展开全面考察。敷衍应付的事情或模式都不合适，且无法提供合适的答案。很有可能改组武装部队，以及具体检查哪种武器或设备在何种配置和数量上是有用的。民主德国的裁军措施可能会成为一个巨大杠杆，能够把全民舆论"扭转"到有利于民主德国的风向上来。在欧洲的裁军步骤中，特别需要两个德意志国家的参与。其他国家面临的危险状况无法与之比拟。民主德国可以向联邦德国提出倡议。核心应该是与社民党开展联合活动，这对欧洲而言非常重要。

5. 就债务问题而言，"揭露、暴露伤口"只会暴露数据，却没有提出克服这一问题的办法，这是不可取的。方法应包括对最紧迫问题采取紧急措施以及其他选择，包括严厉的措施。否则，就会有人要求取消所有对造成这种情况负有责任的机构。届时，这种要求将比其他任何要求都更加强烈。目前的债务额给民主德国的政治、经济和社会心理带来的压力过于沉重，对每位公民来说都是负担。①

在考虑缓解局势的方法时，可以考虑以下建议：

1. 在统一社会党和所有机构中厉行节约。除教育和文化外，减少官僚主义和非生产性支出。

2. 裁减国家人民军并公布其所释放资金的用途。削减警察和安全机构以及所有类似机构，包括边境保护和管理机构。在《旅行法》通过之后，许多保护措施失去了意义，而这些机构花费了民主德国数十亿马克。

3. 自由旅行成为民主德国一个新的经济负担。据苏联估计，每年为此需要支出 60 亿 ~ 70 亿马克。民主德国向联邦德国表示，它准备筹集这些资金，条件是两国货币可以按 1∶1 的比率进行兑换，使民主德国避免损失。民主德国应该对科尔提出要求，联邦德国要对自由迁徙做出贡献，例如，可以为此创建一个专项基金，联邦德国提供 50 亿马克（民主德国同样提供 50 亿马克）。

4. 在环境保护领域提出一些要求。民主德国必须在这样的前提下进行讨论，即联邦德国必须为所有重要的东西承担费用。

5. 必须在利率问题上建立一种新的模式，例如，随着时间的推移，如果最初的利率增加了一倍以上，这对第三世界来说也是不能容忍的。

---

① 埃贡·克伦茨于 1989 年 11 月 1 日在莫斯科与米哈伊尔·戈尔巴乔夫的谈话中说，民主德国的外债约为 265 亿美元。

6. 应该更多地考虑西柏林的特殊情况。西柏林在经济上注定是维持不下去的。在这种情况下，可以利用涉及苏联的合资企业或其他形式的合作，即双边或三边合作。西柏林拥有最新的技术，可以直接在边境地区、西柏林或民主德国研发一些产品，这可以保障这座城市非常特殊的经济利益，也可以为民主德国提供资金、技术、经验和产品。应该让每个人都明白，这是转变或变化的具体结果。如果从长远来看，这里有很多机遇。

资料来源

Detlef Nakath/GeroNeugebauer/Gerd – Rü diger Stephan（Hrsg.）：Im Kreml brennt noch Licht. Die Spitzenkontakte zwischen SED/PDS und KPdSU 1989 – 1991, Berlin 1998, S. 62 ff. （SAPMO – BArch, DY 30/IV 2/2039/329.）

10

1989 年 11 月 16 日苏联驻民主德国大使维亚切斯拉夫·科切马索夫向统一社会党总书记兼民主德国国务委员会主席埃贡·克伦茨提出的建议

当前时刻，似乎非常有利于您通过电视向共和国的所有公民发表讲话。您只有专注于当前的热点话题——边界的开放和民主德国公民外出旅行的规定，这样的呼吁才会起作用。这个时候之所以非常有利，主要因为目前各个阶层的人都处于兴奋当中，这些事情和他们每个人息息相关。尽管当前问题的某些方面是尖锐和复杂的，但领导人以平静和自信的方式与人民进行公开和信任的对话，将有助于在民众中扩散对您个人的看法——您是一个团结人民的人，是一个在困难的情况下可以依靠的人。发出这种呼吁要选择恰当的时机，以便尽可能地接触每个公民，并且无论有多少日常烦恼，都要亲自去交谈。

这次呼吁尤其应该适当地强调统一社会党领导人决定开放边界的人道主义性质。应当强调这一步骤的重要性，它完全符合人民的利益，符合欧安会进程框架内，在维也纳和赫尔辛基制定的国际协定以及联合国文件的精神。做出开放边界的决定，这在 6 个月前还是不可想象的，这是一个大胆而重大的行动，证明了党的领导人不仅清楚地认识和准确地评估了国家的局势，而且还决心为克服个人与国家之间正在出现的隔阂做出贡献。这一行动充满了人道主义精神和对人权的尊重。它无疑将有助于增强民主德国的国际声誉。苏联最近提供的信息也证实了这一决定的正确性。就在最近，在苏联最高苏维埃会议上讨论了"关于苏维埃社会主义共和国公民出入境问题"的法律草案。

当然，在呼吁中也应该提到，这项决定不只是民主德国部长会议下达的有关命令。新条例将根据其生效后面几天的言论、愿望和经验教训加以完善，然后作为法案草案提交给人民议院进行审议。

重要的是，必须让共和国的人民相信，新的旅行规定不是被迫的一次性"排解压力"的短期行动，而是反映了统一社会党领导层在人道主义问题上的原则、立场。近日，许多共和国的公民前往联邦德国和（西）柏林旅行。有些人第一次接触到了那边的现实生活，有些人再次见到了他们的亲戚和朋友。有些人利用这次旅行购买了食品或工业品，结识了新的朋友。所有这些人道主义的方面都是很容易理解的，国家领导人欢迎这种接触。同时，非常重要的是，要让民众明白，您看到了某种诱惑和危险，民主德国公民可能会因涉及外汇和商品投机，陷入艰难的甚至非法的处境。联邦德国和（西）柏林的商人利用可疑的阴谋，想要诱导共和国公民的这种行为，他们应该知道这样做会扰乱正常和诚实的人际交往。

在这方面，应当重申共和国领导人保护公民利益的决心，不允许国家的经济利益被出卖。您在这个新的、不寻常的条件下呼吁民众，保持民主德国公民——一个文明、民主国家的公民的尊严，这也完全合乎情理。①

一些个别言论称"共和国已被抛售"，对此应当坚定地回应说，这样观点完全是无稽之谈，党和国家领导人永远不会允许这种情况发生。与此同时，他们充分认识到存在着某些经济危险，正有目的地就旅行的财政保障和完善海关条例等问题开展工作。尽管存在着由国家整体经济形势产生的客观困难，党的领导人将继续努力工作，尽快找到符合人民利益的解决方案。

由于这一呼吁不仅会获得共和国人民的接受，而且无疑也会在西方国家引发热烈的讨论，那么是否应该让西方国家的代表了解以下情况：如果他们对您的决定和业已开始的变革进程表示赞赏，他们应该以冷静和恰当的方式行事，不要试图利用民主德国的现状来破坏局势的稳定。

联邦德国的政治家必须从您的讲话中清楚地看到，任何企图利用目前存在的困难或在实现德国统一或修改欧洲领土秩序方面对您提出要求和"建议"，都是注定要失败的。它必须从理性和现实主义的立场出发，这需要充分认识到两个德意志国家的存在是欧洲稳定的一个因素。

那种未来可以成功地迫使民主德国不断做出让步，并最终将其吞并的想法，没有任何事实依据。他们最终要明白，将德国统一作为当前政治问题提上日程，并否定民主德国社会主义主权国家存在的企图，不仅会影响德意志两个国家公民的利益，还会影响整个欧洲大陆极其敏感的安全利益。从这个意义上说，在苏联和许多其他国家的支持下，民主德国的地位得到了显著加强。

---

① 1989 年 11 月 26 日，民主德国一些知名知识分子们发出"为我们的国家！"的倡议，参见《新德意志报》1989 年 11 月 29 日（*Neues Deutschland*, 29. November 1989）。

同时，要对外宣布，您看到，联邦德国的一些人士希望与民主德国发展平等的互利合作。您已准备好以新的方式扩大与联邦德国企业的经济合作，并尽可能地使其符合民主德国的利益。联邦德国的提案肯定会在您与联邦德国总理府部长赛特斯即将举行的会晤上进行讨论，随后便公之于众。

资料来源

Detlef Nakath/GeroNeugebauer/Gerd – Rü diger Stephan （Hrsg.）: „ Im Kreml brennt noch Licht. Die Spitzenkontakte zwischen SED/PDS und KPdSU 1989 –1991, Berlin 1998, S. 66 ff. （SAPMO – BArch, DY 30/IV 2/2039/314.）

11

苏联共产党中央委员会总书记兼苏联最高苏维埃主席米哈伊尔·戈尔巴乔夫 1989 年 11 月 24 日给统一社会党总书记兼民主德国国务委员会主席埃贡·克伦茨的信

亲爱的埃贡·克伦茨同志!

这些天,同美国总统布什会晤的准备工作已经完成。虽然本次会晤没有事先商定的议程,但其中一个议题显然是东欧的进程、其国际方面及其对欧洲和世界局势的影响。无论如何,美国人收到了这样的信号。①

处理这些问题时,我们打算从我们的共同原则立场出发,正如在布加勒斯特举行的华沙条约缔约国政治协商委员会会议以及最近在华沙举行的我们与各国外交部长会议上所采取的立场。②

尤其涉及以下几个方面:

1. 尊重各民族国家自主选择其发展道路的主权是苏联与其他国家的关系——当然还有同我们盟友的关系的重要基础。这种尊重必须是相互的,否则就不可能有建设性的国际发展。

2. 各国相互依存日益加深,这在欧洲大陆体现得尤为明显,这就需要清除冷战的残余,摒弃阵营间对抗所产生的政策和思维方式。在这方面需要改变的是什么,在什么方向上和以什么样的速度改变,这些只能在建设性的泛欧对话及其结果中加以确定。我们不需要从零开始,《赫尔辛基最后文件》的形式有一个良好的基础,即美国和加拿大平等参与的欧安会进程取得了良好进展。

苏联及其盟国已做好准备,并将通过实际行动证明这一点,将其部队和军备减少到合理的最低限度,并从几乎所有生活领域的对抗转向合作。我们已做好准备,也有充分证据表明我们已尊重人权,与任何想要发展欧

---

① 1989 年 12 月 2—3 日,苏联共产党中央委员会总书记戈尔巴乔夫和美国总统布什在马耳他进行的首脑会晤。

② 1989 年 7 月 7—8 日,在布加勒斯特举行的华沙条约缔约国政治协商委员会会议的决议,参见《新德意志报》1989 年 7 月 10 日(*Neues Deutschland*, 10. Juli 1989);1989 年 10 月 26—27 日在华沙举行的外交部长会议,参见《新德意志报》1989 年 10 月 28 日、29 日(*Neues Deutschland*, 28./29. Oktober 1989)。

洲人文主义传统、丰富欧洲文化和技术的人携手合作，共同寻求环保的文明发展方式。

3. 然而，只有维护和加强欧洲稳定的基础，我们大陆最大和最深远的变化才能取得成功和实现互利。这些变化绝不能触及现有的政策和领土现实，不得导致旧领土主张的复兴或新领土主张的出现，以及质疑欧洲国家现有的边界。因为这正是第一次和第二次世界大战爆发的根源所在。只要这个潘多拉盒子仍然被锁着，欧洲的和平就会持续下去。

4. 民主德国最近采取的众所周知的步骤，引发了关于"德国问题"、德国统一前景的大量讨论。我们不打算详细讨论这个问题，但我们坚信，这么多年来，民主德国的存在和发展一直都是维护欧洲均势、和平与国际稳定极为重要的保障。作为一个主权国家，作为《华沙条约》的成员国，民主德国过去和现在都是我们在欧洲的战略盟友。据我们所知，负责任的西方政治家很清楚这一现实。然而，引发复仇主义情绪和狂热的危险不容小觑。复仇主义情绪的高涨只会损害正在形成的信任，甚至在东西方关系发展中所有的历史性重大成就都会受到质疑，东西方关系也会出现倒退。

5. 新政治思维的一个基本特征是国家间关系的去意识形态化。它有助于在务实的、建设性的互动和建立信任方面取得积极进展。在这种情况下，试图将苏联的转型和其他一些社会主义国家的改革作为所谓社会主义失败的证据是没有道理的，也是短视的。事实上，它关系到社会主义社会的改革进程。我们需要摆脱冷战时期的思维模式，摆脱利用对方的暂时困难来实现自己意图的想法。

6. 向欧洲历史的和平时期过渡需要可靠的相互安全保障。维也纳的工作正朝这个方向发展。①这里必然会产生这样的问题，即《华沙条约》和北约组织将扮演什么样的新角色。就不久的将来而言，我们赞成将它们转变为政治防御组织，不是简单地让它们之间建立短期联系，而是让它们建立持久的互利关系，使阵营之间的合作制度化。这可以为加强欧洲安全和建立信任做出新的重大贡献，最终可以使我们考虑解散这两个联盟。

我们打算在与美国总统的谈判中对欧洲问题进行审议。

我们准备在马耳他会议结束后立即向盟国领导人通报会议结果。为

---

① 维也纳谈判促成了 1990 年 11 月 19 日在巴黎达成的《欧洲常规裁军条约》（也称作《欧洲常规武装力量条约》）。

此，可能于 1989 年 12 月 4 日在莫斯科举行一次会议。前往莫斯科的行程可安排在 12 月 4 日前半天，以便下午 3 时 30 分开始工作。

苏联方面，米哈伊尔·戈尔巴乔夫同志、尼古拉·雷日科夫同志、爱德华·谢瓦尔德纳泽同志和亚历山大·雅科夫列夫同志将出席这次会议。

请告知我们，贵国将派谁参加这次会议？

资料来源
Detlef Nakath/GeroNeugebauer/Gerd – Rü diger Stephan（Hrsg.）："
Im Kreml brennt noch Licht. Die Spitzenkontakte zwischen SED/PDS und
KPdSU 1989 –1991, Berlin 1998, S. 69 ff.（SAPMO –BArch, DY 30, IV
2/2039/336.）

12

1989 年 12 月 4 日在莫斯科举行的《华沙条约》首脑会议上民主德国代表团的报告（摘录）

米哈伊尔·戈尔巴乔夫同志，苏共中央总书记和最高苏维埃主席以苏联领袖和人民的名义真诚欢迎参会者。这次非正式会议之所以重要，仅仅是因为在动荡的时刻，它重申了联盟和继续密切合作的共同利益。会议召开的这一时期，社会主义国家、欧洲和世界正在发生深刻的变化。

苏共中央和苏联政府认为，《华沙条约》的成员国应该在这个充满变数的时期更频繁地交换意见，各级会议和接触变得至关重要。合作必须适应变化的速度、深度和维度。

所有社会主义国家都希望通过内部发展取得成功，希望深度改革能够带来内部的稳定与安全。从最广泛的意义上来说，这符合社会主义国家、欧洲和世界各国人民的利益。

兄弟国家的领导层目前负有重大责任。在此期间，保持清晰的观点并深刻分析情况尤为重要。重要的是不仅要进行预防行动，而且要对局势做出反应，否则你肯定会输掉战斗。重要的是要认识到变革的主要方向，并采取经过深思熟虑的步骤来改善这种状况。会议的所有参与者都有兴趣获得第一手资料，以免在心中产生困惑或误解。

与此同时，苏联以及其他国家的转型经验证实了政治解决方案不能来得太晚，因为这样必将在实践中付出沉重的代价。然后你将无法找到解决方案，而剩下能做的仅仅是让车辆保持在控制之下而不能放任之。

尽管兄弟国家的领导层发生了巨大的变化，但他们都需要彼此，每个人都在努力保持合作。它们必须变得更加充满活力和开放。戈尔巴乔夫同志保证苏联方面会尽一切可能遵守对他们及其盟友至关重要的所有条约。社会主义国家是世界的重要组成部分，其稳定对国际形势非常重要。

戈尔巴乔夫同志认为计划召开的重大会议要讨论社会主义国家的整体局势，而且不应放弃广泛的对话和意见交换。他赞成举行这样的会议。在这次会议中，由于时间原因，人们无法进行全面的讨论，但他们应该始终关注（大局）。

戈尔巴乔夫同志首先通告了他的意大利之行和对梵蒂冈的访问。

接下来戈尔巴乔夫同志还通告了他与美国总统乔治·布什的会面：

这次会议的气氛表现得很好，甚至是友好。对话是开放的、安静的、非常真诚的。

双方都没有最后通牒或责备。这与里根对此类谈判的做法完全不同，即在每次会议上宣读一篇具有指控和要求性质的文件。戈尔巴乔夫同志不得不多次向他解释，他不是法官而戈尔巴乔夫同志也不是被告，两者也不是老师和学生的关系。布什没有规避敏感问题，他的风格完全不是这样。

人们一直在密切关注苏联设立总统一职之事。由于必然事关总统的性格特征，这是一个曲折、困难的过程，他在做决定时非常小心，要事先听取所有意见。这一职位可能可以在这个剧变时期积极地发挥作用，……一个快速决策的人在这里当总统可能会造成很大的伤害。

在谈到欧洲局势时，布什首先欢迎苏联的转型和东欧国家的变化。在这方面，戈尔巴乔夫同志对第二次世界大战以来的发展历程提出了自己的看法。

1. 在这一时期，要维持和平，不允许有第三次世界大战。但是，世界仍然充满冲突和不安。考虑到这一点，要否定和克服与冷战有关的所有形式、方法和机制。强调暴力、军事优势和军备竞赛并没有取得任何收获。它将世界带到深渊的边缘。对抗失败了。

戈尔巴乔夫同志解释说，他提出了第一个论点，因为现在的美国政府还没有就当前的权力平衡和由此产生的政策得出明确的结论。虽然总统支持言论上的转变，但在苏联有情报表明，在美国政界甚至政府本身，自第二次世界大战以来一直顽固坚持冷战政策。

戈尔巴乔夫同志质疑这是否意味着冷战政策将继续实施下去。如果这是制定本届政府政策的基础，那么这将是一个非常严重的错误。但是，必须就未来的政治基础达成一致，因为从对抗的基本立场发展密切合作是非常困难的。

2. 如果人们同意对冷战时代的这种评估，那么人们也必须放弃对当前形势变化的批判性态度。这些都源于历史的进步，来自社会主义国家的发展成就。此外，全球形势也要求包括资本主义国家在内的所有地区做出改变。

戈尔巴乔夫同志问，美国人要求在西方价值观的基础上统一欧洲，这是否可以被理解为对社会主义的破坏。过去苏联被指控输出革命。美国现在显然是要将自己的价值观输出到社会主义国家。世界新闻界甚至在讨论这样一个问题：布什主义正在取代今天的西方价值观，而不是被诋毁的勃列日涅夫主义。① 戈尔巴乔夫同志重申，苏联坚定地认为，每个党派、每个民族和每个政府都必须自己决定如何进一步塑造自己的社会。

3. 戈尔巴乔夫同志指出，西欧和美国也需要改变。在美国，已有声音要求转型。吉斯卡尔·德斯坦在与三边委员会代表的会晤中表示，西欧很快将转变为联邦。布什对这些信息感到困惑，并咨询他的专家。

戈尔巴乔夫同志指出，新势力正在世界舞台上发挥作用，力量正在重新整合。中国正在高速发展，这将显著影响力量平衡。日本今天在政治和经济领域已成为一支强大的独立势力，明天或许也可能在政治、军事领域如此。印度和西欧也发展迅速。世界正变得越来越复杂。

社会主义国家的转型进程正在缓慢而艰难地进行，但美国在摆脱冷战思维方面也存在很大困难。

布什公开承认《赫尔辛基协定》。然而，在会谈中，他表示担心随着"欧洲之家"的成立，美国和加拿大要被迫离开欧洲。戈尔巴乔夫同志非常迫切地回答说，没有人提出如此不切实际的要求。

当被问及冷战期间出现的机制会有什么变化时，例如《华沙条约》和北约，布什回答说，任何对未来命运的考虑现在都需要华约和北约作为稳定的要素。但他同意，联盟的性质正在发生变化，必须加强其政治性质。

关于欧共体和经互会之间的关系，有人强调要求两个集团相互开放，并实现更广泛的合作。

在与布什的谈话中也讨论了德国问题。美国重申其对目前现状，战后现状以及两个德国存在的承诺。然而，与此同时，他们强调需要看到问题的情感方面，即德国人对统一的渴望。但是，他们无意强制引发事变。美国在西欧的盟友也有类似的立场。

戈尔巴乔夫同志指出，科尔现在谈到两个德国组成一个邦联。② 但是，邦联意味着共同防御、共同外交政策、共同武装力量。他们将站在哪边？

---

① 在 1989 年 7 月对波兰和匈牙利的国事访问中，布什就东欧的改革政策发表了几番讲话。
② 1989 年 11 月 28 日，联邦总理赫尔穆特·科尔在联邦议院发表了关于德国政策的十点方案。参阅《德国与国际政治学刊》1990 年第 1 期（*Blätter für deutsche und internationale Politik*, H. 1/1990），第 119 页及以下。

在北约或是在华约当中？或者它是一个中立国家？

戈尔巴乔夫同志认为，除了更多的紧张局势和破坏稳定之外，这种政治上不成熟的说法没有任何好处。对于欧洲和世界的正常发展进程来说，这可能会造成一个严重的挫折，因为德国问题，或者说两个德国之间的关系，是世界政治的一个重大问题。

戈尔巴乔夫同志随后指出，在意大利他和布什一样支持这一立场。他对内部讨论也有类似的看法。德国的社会民主党也倾向于这种观点。他的印象是科尔主要想把这个话题用于选举投机。

戈尔巴乔夫同志建议布什在布鲁塞尔的西方主要代表会议上告诉科尔，他应该避免提出这些危险的建议。

戈尔巴乔夫同志提醒总统，《华沙条约》成员国支持一种防御性军事战略，它们已经以此为基础重新调整武装力量。从欧洲撤出坦克和空降部队，武装部队保持更强的防御性特点。相比之下，北约以灵活反应原则为指导已有 20 年的历史，该原则规定在战争的第 5 天使用核武器。

布什几乎没有回答。在一些军事演习的基础上，他试图证明美国的军事学说也具有防御性。[①]

布什总统对苏联的转型，尤其是经济发展的转型深感兴趣。他特别建议广泛推行私有制，（认为）那是该国唯一的出路。

戈尔巴乔夫同志表示，社会主义和资本主义框架中均存在许多变体。如此，许多问题有不同的解决方法。例如，意大利或瑞典彼此差异很大。他呼吁在所有人类文明的背景下包容各种发展，从而获得对社会主义的新认识。在这方面，他提到苏联在租赁、刺激个人积极性和提高企业独立性等方面采用了新的形式。生产者在法律和经济上独立是很重要的。即使在资本主义经济的背景下，生产者也可能被压制。资本主义经济宣传竞争原则，但即使在社会主义中，尽管形式不同，也存在竞争。社会主义国家目前正在实现经济现代化，并将其经济与世界经济联系起来。这是进行更密切合作和建立新型关系的绝佳机会。

布什说他现在对苏联和东欧的情况有深刻的了解。他无意推测这些事件的后果。

戈尔巴乔夫同志强调说，他注意到了这一点，并认为这是美国总统非

---

① 戈尔巴乔夫和布什继续谈到了一些国际问题，特别是在阿富汗、菲律宾和中东的问题。

常重要的声明。在这场暴风雨般的剧变期间，当他们正在寻找新的价值观和关系时，任何在瓷器店中表现得像大象的人，都将是非常危险的。在世界上，目前只有一两只真正的大象，其他只是幼象。戈尔巴乔夫同志强调，由于对话的开放和直接，美国总统显然理解他的想法。

戈尔巴乔夫同志向总统通报了苏联复杂的民族问题，特别是在波罗的海和高加索地区。他强调，目前没有什么能够替代内务部部队的存在，因为就高加索而言，边界和领土的公开争端的消除，并不能排除大屠杀的可能性。这涉及重建苏维埃联邦的内部关系。

戈尔巴乔夫同志强调，会议符合他的期望。重点是他们已就如何评估当今世界的变化以及结论是什么达成一致……如果在这一领域缺乏相互理解，可能会对整个国际局势产生非常严重的影响。在戈尔巴乔夫同志发表讲话后，各代表团的领导人做了简短的评论。

民主德国部长会议主席汉斯·莫德罗同志同意戈尔巴乔夫同志（的观点）并简要介绍了东德的现状。他主张为 1990 年 1 月在索非亚（Sofia）召开的经互会会议做好准备。社会主义国家只有在社会主义共同体中更有效地开展合作，才有机会在世界经济关系中发挥作用。

关于戈尔巴乔夫同志就德国问题传达的信息，莫德罗同志指出，将于 12 月 19 日与科尔总理举行会晤。① 在他的十点计划的第三点中，科尔表明他已经通过两国之间的条约共同体回应了民主德国政府的想法。民主德国的某些势力也谈到了邦联……目前，统一社会党关注的是如何充分实现条约共同体的可能性。这是民主德国进一步塑造与联邦德国关系的建设性提议。莫德罗同志要求所有兄弟国家支持这些观点。

在讨论结束时，米哈伊尔·戈尔巴乔夫同志再次发言。他指出有必要对军事集团的立场进行重新投票，因为已经有人在会议上要求解散《华沙条约》组织。

成员国支持进一步解散军事集团。但是，这不可能是单方面的。西方国家甚至要求我们目前不采取这样的步骤。它将为目前的局势增添不可预测的因素，并可能在剧变时期进一步加剧动荡。但是，与主要代表的讨论表明，可以沿着这条道路逐步取得进展。例如，这条道路会造成维也纳谈

---

① 民主德国总理汉斯·莫德罗和总理赫尔穆特·科尔于 1989 年 12 月 19 日在德累斯顿举行了会谈。

判中军队和武装部队的减少，这将导致对抗的减少。决议不应该基于情感，而应该经过深思熟虑。在某些国家，这种思维过程可能更快，而在一些国家则更慢。例如，据计算，匈牙利人民共和国每平方公里的领土上有最多的士兵。戈尔巴乔夫同志恳求坚持谨慎周到的做法，绝不要意气用事。

在回应莫德罗同志的评论时，戈尔巴乔夫同志表示他非常理解德国朋友的观点，甚至要考虑两个德国之间新的关系进程，以便两国在条约实践的基础上建立更广泛的关系——这将逐步建立一个行政组织。但是，这两个国家的存在不会被抹杀。除了邦联没有其他可能。

戈尔巴乔夫同志说这是一个非常灵活的想法。他需要得到所有人的观点，以便在这个问题上达成共同的和更灵活的立场。主要问题是，要保留两个德国国家的存在，作为战后发展的现实。他以苏联同志的名义表示，人们会接受这个想法，并与东德的朋友一起进一步明确它。他强调，这是一个全局性的重大问题，必须得到兄弟国家的共同关注，以回应民主德国朋友的意见。

戈尔巴乔夫同志建议苏联、匈牙利人民共和国、保加利亚人民共和国、波兰人民共和国和民主德国共同宣布，1968年《华沙条约》部队入侵捷克斯洛伐克是一个错误。① 戈尔巴乔夫同志在意大利的新闻发布会上提出了他的论点。他强调，每个问题都必须纳入历史背景加以考虑才能做出准确的评价。一切其他做法都将是对历史的无知。当时，苏联人非常关注1967年12月至1968年8月捷克斯洛伐克的形势发展。这种情况最终被某些已经渗透苏联的力量所利用。另一方面，他确信到那时，并非解决所有政治问题的可能性都已不复存在。

在商定了一些具体提法后，（与会者）通过了相应的声明。

戈尔巴乔夫同志提议，就此次会谈举行简短的新闻发布会，通告此次会谈的人员和经过。该提议获得批准。

在会议结束时，戈尔巴乔夫同志对结果深表满意，并希望与会代表团在下一步的工作中也取得圆满成功。民主德国代表团向他保证将在这种困难的形势下支持苏联。

---

① 参阅1989年12月4日这项宣言中的说法，《德国与国际政治学刊》1990年第1期，第128页。

资料来源

Detlef Nakath/GeroNeugebauer/Gerd – Rü diger Stephan（Hrsg.）: „
Im Kreml brennt noch Licht. Die Spitzenkontakte zwischen SED/PDS und
KPdSU 1989 –1991, Berlin 1998, S. 74.

13

1989 年 12 月 4 日汉斯·莫德罗与苏联部长会议主席尼古拉·雷日科夫会谈备忘录①

在雷日科夫同志的热烈欢迎之后，莫德罗同志介绍了民主德国的现状。然后他谈到了民主德国与苏联双边关系的一些问题。

雷日科夫同志感谢这些信息。在苏联，人们非常密切地关注民主德国的发展。这项工作正在高速进行。在苏联，人们明白，现在民主德国政府负有非常重大的责任。因为目前实际上没有党的领导，而且重点主要是筹备党代会。

关于莫德罗夫同志提出的双边关系问题，雷什科夫同志做了如下解释：

苏联领导层坚持认为，民主德国是苏联的亲密伙伴。没有人打算改变这个立场。人们明白目前的情况非常困难。必须通过这条道路，才能恢复稳定局面。在苏联，人们的印象是，过去几周的一些决定没经过深思熟虑，而且压力很大。因此，无法充分权衡后果。

苏联在民主德国与联邦德国问题上立场坚定，绝不允许这种不仅会导致民主德国，而且会导致整个欧洲的严重不稳定的发展。民主德国是一个独立的国家，在欧洲的地位相对重要，只能在这个框架内寻找政治解决方案。

除了政治发展的结果外，雷日科夫同志还指出了经济问题的复杂性。两者密切相关。在公民继续免签证流动时，也应认真考虑这一点。雷日科夫同志问道，由于与联邦德国存在巨大的经济差异，生活水平相对较高的东德人民是否会发现自己陷入了困境。他建议不要马上对所有提议点头，而是要重新考虑。

---

① 会议是在莫斯科举行的华沙条约特别首脑会议期间举行的，该会议通报了米哈伊尔·戈尔巴乔夫与美国总统乔治·布什在马耳他会晤的结果。前一天，德国统一社会党中央政治局（包括总书记克伦茨）和中央委员会同时辞职。"工作委员会"暂时接管了党的领导。除莫德罗外，仍担任国务委员会主席的克伦茨（1989 年 12 月 6 日辞职）和外交部长菲舍尔也在莫斯科。

他支持莫德罗同志的观点，即在边界开放之前，应与联邦德国进行谈判，达成经济协议。只有这样，才能做出深谋远虑的政治决定。匈牙利现在提供了这种经验，匈牙利在经济发展和货币价值方面与奥地利有很大不同，这对该国的经济发展产生了非常明显的影响。

雷日科夫同志同意莫德罗同志的提议，举行民主的、和苏联外长之间的短期磋商，以便确定在这些问题上的立场。重要的是设定底线，并在下一步方案中不越界。

雷日科夫同志强调，双边经济关系必须不断发展和深化。作为政府首脑，莫德罗同志还有很多工作要做。遗憾的是，近年来与民主德国政府接触的特点是，很难让同志们相信时代已经变了，而且必须满足新的要求。他们一再努力使民主德国领导人认识到，必须采取新的立场，必须寻求更灵活的合作形式。社会主义国家正在进行经济改革，双边关系不能维持旧有模式。

最近，关于新的合作形式达成了某种协议，但雷日科夫认为，这些还更多停留在言语的层面，要转化为行动。目前的民主德国政府必须从零开始。

苏联正在制定下一个五年经济计划。一周内，政府将在第二届人民代表大会前宣布。[①] 它不仅涉及苏联经济复苏措施，还涉及经济改革的进一步发展。

在深入研究所有这些问题时，越来越明显的是，迄今实行的双边和多边合作原则已不能与经济改革相协调。

1990 年 1 月 9 日至 11 日在索非亚举行的下一次经济互助委员会大会上，应就经济关系的前进方向进行彻底讨论。苏联的同志们不应感情用事，而是要在经济改革的背景下深入探讨当前经济发展路径。这一立场归结为这样一个事实，即从 1991 年开始，必须在世界市场价格和货币自由兑换的基础上进行贸易。

当然，这需要时间。苏联预计过渡期为一至两年。也可以考虑签订单独的长期协议，例如原料供应。必须完成这一复杂的经济转型，不仅因为民主德国将继续发展与联邦德国密切的经济关系，还因为社会主义国家之间不再有统一的发展模式。

---

① 人民代表大会成立于 1989 年，是新的最高管理机构。它代表苏联议会。

雷日科夫同志强调，他认为情况很现实，并且相信社会主义国家如果不加强参与世界经济就无法正常发展，无法达到先进的科技水平和生活水平。但是如果想积极参与世界经济，就不能再继续维持一个封闭的集团。这不现实。社会主义国家要么继续倾覆，要么开放并适应全球经济。

苏联也理解，双边关系必须具有灵活性。在这个过渡中，任何一方都不应受到损害。最重要的是，必须有政治合作的意愿，找到经济解决办法。民主德国和苏联都有能力这样做。有一些具体问题需要进一步思考和建议。

就1990年的经济关系而言，卡图谢夫和拜尔同志已经做了大量工作并澄清了主要问题。① 苏联方面做出了一些非常困难的决定，特别是石油供应问题。雷日科夫同志公开宣称，只对民主德国才有例外。所有其他国家的供应都会减少。

就1991年至1995年的规划而言，与其他国家不同，专家和领导层已经在这方面做了大量工作。在初步谈判中，一些问题——如天然气、铝、锌、镍的供应和一些运输问题——得到令人满意的解决尚需时日。

增加汽车供应的要求使两位总理陷入困境，因为他们无法解决这些问题。

雷日科夫同志同意莫德罗同志的观点，即必须进一步发展文化、科技和人文领域的关系。

危机会过去，生活需要人们彼此进行更广泛的接触。需要在这些领域深入开展工作。

雷日科夫感谢访问民主德国的邀请，表示真的应该为此设定时间表，但这肯定会比较复杂，苏联要为此做大量的工作。

雷日科夫最后说，民主德国的同志应该知道苏联是他们的朋友，会一直支持他们。他希望莫德罗同志能够在目前极其困难的形势下取得成功。谈话在温暖的、兄弟般的氛围中结束。

资料来源
BArch, DC 20, 4973.

---

① 康斯坦丁·卡图谢夫为苏联部长会议副主席、对外经济关系部长，格哈德·拜尔为民主德国外贸部长。

14

苏联驻民主德国大使维亚切斯拉夫·科切马索夫致民主德国总理汉斯·莫德罗，关于 1989 年 12 月 11 日在西柏林与美国、英国和法国的波恩大使会谈（摘录）

四位占领国大使的会议是在前管制委员会的建筑中举行的。会议由美国大使主持。美国驻德意志联邦共和国大使 V. 沃尔特斯发表了三个西方大国大使之间达成的共识。

由此确定，美国、英国和法国认为，在未来某种程度上维持柏林及其周边地区的稳定、和平局势取决于柏林将如何适应未来东西方关系和欧洲国际关系的发展。根据四大国对管理柏林所担负的责任，美国、英国和法国迫切希望根据整个欧洲的变化，就柏林居民（状况）的实际改善达成协议，并认为这些改善是加强该地区稳定的重要因素。在目前的情况下，需要采取具体措施改善柏林及周边地区的状况，这甚至比三个盟国首次提出倡议①时更为迫切。

沃尔特斯指出，西方列强提出了在这些领域的改进。但是，他们也愿意讨论可能导致柏林改善的其他共同关心的问题。②

苏联驻德意志民主共和国大使维亚切斯拉夫·科切马索夫在演讲中强调了欧洲发生的宏大变革的历史意义，在此期间，大陆各国人民开始以全新的基础建立一个安全体系，并可以将其关系建立在信任和合作的基础上。

四方协定在发展泛欧进程方面发挥了重要作用。协议中所寄予的希望得到了实现，并在最困难的情况下经受住了考验，这些要归功于参与者的良好意愿。在通往西柏林的边界开放期间，为了维持秩序和保持平静，避免四方协议适用范围的复杂化，西方三国和苏联之间进行了极好的合作。

科切马索夫高度重视民主德国政府以赫尔辛基和维也纳精神为特色的

---

① 即 1987 年 12 月 29 日的"柏林倡议"，"柏林倡议"是美国、英国和法国向苏联政府提出的关于柏林地位的预期变化的备忘录（促进人与人之间的交流，组织国际活动，改善空中交通），莫斯科于 1988 年 9 月 15 日对它给予了否定的答复。

② 在下面的段落中，与会者讨论了具体的"航空问题""青年交流问题""体育活动问题"。美国总统布什提议在柏林举办 2004 年奥运会。

大胆举措，并表示我们支持包括东德在内的社会主义国家的民主化和改革进程。他强调，这种发展将实现和解和避免欧洲分裂。在这种情况下最重要的是，必须确保有利的外部条件来推动这些进程，并使这些国家的人民有充分的机会做出选择和实现自决权。在此附加先决条件，将意愿强加于他人和施加压力是绝对不可接受的。我们看到西方的一些人无法抗拒影响民主德国事变进程的诱惑，但我们必须从战后产生的现实，即存在两个主权德国出发。背离这些现实可能会破坏欧洲局势的稳定。这并不意味着民主德国与联邦德国之间的关系不会改变。它们之间可以而且应该发展和平合作。未来将由作为泛欧进程一部分的历史发展决定。

苏联大使提请同行注意四大国对维护欧洲稳定负有特殊责任这一事实。在这种责任下，作为战胜者的我们承诺不允许再有战祸，并为国际社会提供和平与安宁的未来。在欧洲大陆方面，重要的先决条件是消除相互不信任，尊重欧洲现有的领土和政治现实，以及谨慎、平衡和遵守赫尔辛基的原则。这种做法将使四大国能够履行其职责。关于米哈伊尔·戈尔巴乔夫最近与乔治·布什和 F. 密特朗的会面，以及 M. 撒切尔所做的陈述，苏联大使强调四大国对目前欧洲和全世界局势达成了具有重要意义的一致意见。①

出于强调苏联对司法承诺和责任的忠诚的考虑，科切马索夫宣布，准备与美、英、法讨论有助于进一步规范和改善局势的步骤，这些步骤特别要延伸到直接受四大国能力影响的地区。这尤其适用于西柏林，它应该完全融入泛欧进程，其人口与其他欧洲人一样，应该享受大陆缓和的好处。这当然必须遵守四方协议。

在这方面，苏联方面已经注意到美国、英国和法国的提议，这些提议被列入它们所谓的柏林倡议。不应忽视的是，通过修订，这一倡议本身已经对它所提出的问题给出了重要的答案。但是，如果没有四国的参与，一些问题就无法解决。这主要涉及空中交通问题。它的特点是高度复杂。除了法规中的纯粹法律和技术方面外，还需要认真考虑有关各方的权利和利益。

苏联驻东德大使宣布，我们对三大国的意图表示理解，并以适当的态度审视它们所表达的观点。当然，这里不应忽视由此产生的新的因素，这

① 戈尔巴乔夫于 1989 年 12 月 2—3 日在马耳他会见布什总统，并于 1989 年 12 月 6 日在基辅会见了法国总统密特朗。

取决于民主德国目前的发展情况以及四方协定的范围。这使得有必要进行额外的分析和投票。根据民主德国局势正常化的要求，我们已经与三大国的代表进一步接触，以便讨论与柏林倡议有关的问题。

科切马索夫强调，根据我们的理解，只有在充分稳定的条件下，确保人民和平与繁荣发展的条件，四大国的利益才能一致。他还重申，苏方愿意听取三个西方国家的其他的具体意见，这将朝着所说的方向前进，以便以建设性的精神寻求实现它的方法。他建议同意定期召开四大国大使会议，以便进行类似的意见交换。在四国大使的下一次会议之前，可以建立一个多边工作组，以确定美国、英国和法国在理解四方责任方面的共同立场，并解决由此产生的一些具体问题……

美国驻联邦德国大使沃尔特斯表示，希望四国对柏林倡议的讨论继续下去。至于苏联大使演讲中提出的其他问题，他会告知美国政府。华盛顿有兴趣维持欧洲的稳定。欧共体国家领导人所采用的声明完全符合美国的立场，美国实际上并不想从民主德国和其他东欧国家正在发生的进程中受益。美国人非常重视他们在赫尔辛基所做的承诺，并打算继续遵守这些承诺。

交换意见后，美国、英国、法国和苏联的大使就联合新闻稿的以下文本达成一致意见：12 月 11 日、星期一，法国、联合王国、美利坚合众国和苏联大使的会议在前盟军管制委员会的建筑中进行，会议持续了 2 个半小时。西方大使根据"柏林倡议"提出了他们的建议。苏联大使表达了善意和兴趣。

在会议期间，各方对保持稳定的重要性达成了共识，并表达了这样的信念，即美利坚合众国、联合王国、法国和苏联将在 1971 年四方协定的基础上为保持稳定做出贡献。

苏联大使发表一般性的评论，西方大使将这些评论传达给了本国政府。意见交换是在务实和建设性的气氛中进行的。

可以在适当的级别召开进一步的会议。

资料来源

Detlef Nakath/GeroNeugebauer/Gerd – Rü diger Stephan（Hrsg.）：„
Im Kreml brennt noch Licht. Die Spitzenkontakte zwischen SED/PDS und
KPdSU 1989 –1991，Berlin 1998，S. 93ff.

15

1989 年 12 月 13 日国际问题委员会在统一社会党执行委员会上所做的"关于 1985 年以后对苏关系不良发展"的评估

苏共中央四月全会（1985）引起的政治转向和基于此的实际措施，开启了苏联社会生活各个方面的转变。自苏共二十七大以来，尤其是自苏共中央一月全会（1987 年）和苏共第 19 次代表会议以来，这种变化与一种新的社会主义社会理念相结合，决定性地打破了斯大林主义的政治和理论遗产。越来越清楚的是，在这里，不仅苏联局势的特殊性非常重要，而且还事关一种全新的社会主义概念，其目标是重拾马克思、恩格斯和列宁的遗产，旨在建立一个新的社会主义社会。在民主和人道主义的基础上革新社会主义，客观上在所有社会主义国家都被提上了日程。行政官僚化的社会主义的彻底失败已经显露无遗。

当时统一社会党的领导层不愿意接受这些政治和思想上的冲击。在这个过程中，他们那占据统治地位的，有关世界的、阶级斗争的和社会主义的简化概念受到了影响，这是由斯大林主义对马克思列宁主义的歪曲而产生的。此外，在底层民主控制和透明度的理念下，统治集团对社会的统治遭到了威胁。

另一个出发点是，在 1971 年统一社会党的第 8 次党代会上出现了将经济和社会政策更加紧密结合的希望。埃里希·昂纳克和他的小圈子过分高估了这一点，出于对总书记的个人崇拜和空白支票的诱惑，他们总是信心满满。

这与以下事实有关：民主德国在外交上获得承认的浪潮被归为昂纳克的个人成功。在外交政策方面，他的野心和对相关协议的行动的偏好不断增长。领导人没有意识到，在签署《赫尔辛基最后议定书》之后，民主德国必须适应人权、旅行自由和透明度方面的新要求。民主德国在审慎的改革之路上滞留了十年之久，以致于它没能为在未来的欧洲获得一席之地做好准备。

1983 年，在西欧部署美国中程导弹后，苏联在世界政治中的行动能力越来越差，昂纳克呼吁现在首先要在政治上实现和平，并引起了国际社会的极大共鸣。不过，这也被视为个人成功。在 1985 年苏联通过"新思维政策"迅速重获外交能力和米哈伊尔·戈尔巴乔夫的国际声望与日俱增的同时，昂纳克集团对此并不欢迎，认为这只符合苏联自己宣布的路线，他们充满嫉妒地注视着一切。他们就此所做的主要努力是，将民主德国的外交政策与苏联的新思维政策划清界限。

不能以新的方式在民主德国内部构建新的社会关系，民主德国因此也没有准备好将外交野心恢复到与自身在世界政治中的真实地位相对应的程度。1985 年，如果我们的国家在明智的领导下，大胆且冷静地走上去斯大林化的道路，那么还可能会有一条出路。从国家的可操作性而言，当时的经济形势以及当时仍然存在的政治稳定，为一个谨慎的改革方针提供了相对有利的条件。这种可能性被第 14 次统一社会党代表大会有意排除在外。相反的事情发生了。昂纳克及其周围小圈子使我们党和国家加快了进入危机的步伐。对改革和自由化的反对只是这一灾难性进程中的一个瞬间。

因此，需要几周时间才能开始对苏共第 19 次党代会的整个成果进行认真的内部消化。① 统一社会党领导层愿意并且能够接受及进一步执行来自苏联特殊条件下的改革。由此，才能够避免在进一步塑造德意志民主共和国与苏联、统一社会党和苏共的关系时使其遭到更大的伤害。但是，它强化了对双边关系的整体性、有限性的处理。面对日益明显的东德社会问题，苏共领导和苏共中央负责同志的内部警告遭到了抨击。

在他们的行动中，前统一社会党领导人滥用了苏共以前的做法，即将其政策作为普遍政策并强加给兄弟党。在此，1986 年 11 月，统一社会党的领导在与社会主义国家兄弟党中央委员会的总书记或者第一书记的讨论中，承诺以各党平等及其在本国人民面前负责作为处理彼此之间关系的基本原则。对于该国的政党政治工作，当时的统一社会党领导层执行了这一路线。根据这条路线，苏联的发展仅仅是他们的内部事务，这一发展首先是极端危险的，而且民主德国的改革没有什么要从中吸收的。符合统一社会党第 14 次党代会决定的路线自主选择权被有针对性地突出了。

① 参阅《苏共总书记米哈伊尔·戈尔巴乔夫在 1988 年 6 月 28 日第 19 次党代会上的报告》（Bericht des Generalsekretärs der KPdSU, Michail Gorbatschow, an die XIX. Unionsparteikonferenz, 28. Juni 1988），柏林，1988 年；《苏共总书记米哈伊尔·戈尔巴乔夫在 1988 年 6 月 28 日第 19 次党代会上的讨论谈话、结束语和决议》（XIX. Unionsparteikonferenz der KPdSU, Michail Gorbatschow, Diskussionsrede und Schlußwort, Entschließungen），柏林，1988 年。

（参阅《昂纳克在 1987 年 2 月 6 日与统一社会党县委第一书记的讨论》，库特·哈格：《改变环境》）①

这在以下设定和措施中得到了反映：

——苏共的社会主义观念出现的新的理论和实践方法越多，统一社会党领导就越努力将民主德国与改革思想隔离开来并抹黑改革思想。这些包括：

——公布列宁格勒公民尼娜·安德烈耶娃反对改革的信（1988 年 3 月）；②

——在德意志民主共和国发行苏联杂志的行政禁令（从第 10/88 号开始彻底禁止发行《人造地球卫星》，从 1 - 3/88 号开始限定提供《新时代》，从 1988 年 3 月开始限制自由出售和停止订阅苏联新闻产品）；③

——禁止在 1988 年秋季在德意志民主共和国播放 5 部苏联故事片；

——单方面公布有关苏联的灾难性报告，给人的印象是，改革正在引领国家进入深渊（例如：1988 年 6 月 9 日《新德意志报》歪曲性地摘录了 4 月 9 日《消息报》的一篇社论）；

——莱比锡纪录片电影节第三十一届选片委员会决定（1988 年秋季），不接受苏联提供的一些电影；

——严格限制戈尔巴乔夫的《（我们国家与世界的）改革与新思维》一书以及四卷本《演讲和著作》（1988 年春季）的流通。

与此同时，当时的领导层积极地试图按照他们的利益对苏共的信息政策和苏联媒体产生影响。在双边会谈中不理解苏联对斯大林主义的清算并随之进行了批判。1990 年 5 月 6—7 日的《新德意志报》在已知的破坏原则的文章中公开批判苏共史学界对共产国际问题的历史书写，还多次向苏联领导人抗议苏联新闻界的出版物和苏联科学家在西方媒体上关于"德国

---

① 统一社会党政治局成员哈格拒绝对东德的改革做出如下比较：顺便说一下，如果您的邻居重新给他的公寓贴了墙纸，您就觉得他有义务觉得给您的公寓也重新贴墙纸。

② 参阅妮娜·安德烈耶娃："我不能放弃原则"（„ Ich kann meine Prinzipien nicht preisgeben "），载《新德意志报》，1988 年 4 月 2—3 日（Neues Deutschland, 2. /3. April 1988）。

③ 参阅莫妮卡·纳卡德（Monika Nakath）《一个新的'卫星'冲击？在自由化与改革紧张局势中的统一社会党》（Ein neuer„ Sputnik " - Schock? Die SED im Spannungsfeld zwischen Glasnost und Perestroika），载西格弗里德·普罗普（Siegfried Prokop）《乌托邦的转瞬即逝：被遗忘的 1989 - 1990 年的第二"民主德国"》（Die kurze Zeit der Utopie. Die „ zweite DDR " im vergessenen Jahr 1989/90），柏林，1994，第 10 页及以下。

问题"的评论。(例如,1988 年 6 月 9 日,H. 阿克森代表政治局向苏联大使提出抗议,同时引用达施契夫教授同一天刊载于《世界》的一篇文章;1988 年 4 月,昂纳克也在"莫斯科 – 波恩电视桥"对科切马索夫大使进行抗议)①

这些行为给我们党和国家之间的信任关系带来了负担。虽然双边合作基本上可以继续和扩大,但确实也受到了损害。许多潜在的合作可能难以实现。首先有以下事实需要指出:

——两党的合作这一重要活动被排除在外。这尤其涉及媒体的宣传和工作,以及国家和法律方面的领域。这些年来,这些领域没有相应负责的中央委员会书记会面。同样在有关部门一级,联系实际上已被冻结。

一个鲜明的例子是苏共发起建议,为伙伴国家的记者组织特别课程。虽然统一社会党同意接受苏联记者在中央党校的课程(1987 年秋季和1988 年的课程),但相应的反馈却无人负责。

在其他领域,各部门之间的合作也是复杂而不畅的。去年,统一社会党方面没有认真执行 1988—1989 年与苏共进行代表团交流和经验交流的决议。

——在政党层面的学生交流中,党的领导也采取了限制性的步骤。1988 年 12 月,苏共中央委员会获悉,统一社会党中央委员会决定不再向苏共中央委员会和莫斯科党校的社会科学院派出该党的干部代表团。

——有多少机会在经济领域实行有效合作需要进行彻底的分析。但是,很明显,1987 年 4 月总书记向区委第一书记发出通知可能会阻碍他们的主动行动。有人回顾说,供应或购买货物和服务的合同只允许由有资质的外贸企业及中央完成。这封信是对苏联地方的党、国家和经济管理机构提出的各种要求的回应,以便在东德地区与各苏维埃共和国、苏联地区和乡镇之间于地方伙伴关系框架之内建立更密切的经济关系。

民主德国与苏联的合作受限也出现在文化领域。例如,对苏联关于在莫斯科建立东德文化和信息中心的提议的回应就被推迟了几个月。后来有

① 德特莱夫·纳卡德,格尔德 – 吕迪格·斯特凡(Detlef Nakath/Gerd – Rüdiger Stephan):《德国统一倒计时》(Countdown zur deutschen Ein¬ heit),柏林,1995,第 107 页及以下。亦见维亚切斯拉夫·科切马佐夫(Wjatscheslaw Kotschemassow)《我最后的使命:事实,回忆与思考》(Meine letzte Mission. Fakten, Erinnerungen, Überlegungen),柏林,1994,第47 页及以下。

人指出，在目前的五年计划期间，似乎不再可能实施这个项目。直到 1988
年 9 月双方在莫斯科中央委员会书记工作会议取得的成果中才决定就此开
始谈判。①

资料来源

Detlef Nakath/GeroNeugebauer/Gerd – Rü diger Stephan （Hrsg. ）：„
Im Kreml brennt noch Licht. Die Spitzenkontakte zwischen SED/PDS und
KPdSU 1989 –1991, Berlin 1998，S. 99.

---

① "关于昂纳克和戈尔巴乔夫于 1988 年 9 月 28 日在莫斯科会谈的说明（Den Vermerk über
das Gespräch Zwischen Honecker Und Gorbatschow am 28. September 1988 in Moskau），参阅丹
尼尔·屈兴迈斯特（Daniel Küchenmeister）主编《昂纳克 – 戈尔巴乔夫》（Honecker –
Gorbatschow），第 186 页及以下。

16

关于德国统一社会党主席格雷戈尔·居西与苏共中央政治局委员兼中央委员会书记亚历山大·雅科夫列夫 1989 年 12 月 14 日在柏林谈话的说明

统一社会党副主席沃尔夫冈·伯格霍费尔，国际关系委员会主席汉斯—约阿希姆·维勒丁，国际关系负责人布鲁诺·马洛和苏共中央国际关系部几名成员参加了会议。出席会议的还有苏联驻德意志民主共和国大使维亚切斯拉夫·科切马索夫。

雅科夫列夫同志带来了米哈伊尔·戈尔巴乔夫同志的热情问候，并强调他对与居西同志进行两次电话交谈的印象非常好。最重要的是，两党的政治意识形态立场越来越接近，它们在一些主要机构中也达成了一致。

在谈话过程中，雅科夫列夫同志介绍了苏共在苏联内部发展问题上的一系列经验。在苏联，转型首先是在经济中开始的。除了对开放和改革的广泛呼吁之外，政治体制的改革开始的晚，基本上到 1 月份的全会（1987年）才开始。[①] 然而，马克思主义者应该预见到对经济改革的抵制会比政治改革强大得多。对于后者，人们很容易上手。然而，经济改革涉及诸多经济领域，这些领域对行政指挥系统的代表来说，攸关个人生计问题。他们的限制在滞后的经济改革和正常发展的政治改革之间造成了越来越大的差距。在这里，苏联目前的许多困难都有其根源，例如民族之间的争端以及某些社会阶层对其经济状况的合理的不满。

这也是某种民粹主义的滋生地。它的支持者利用了改革的口号，求助于人群中的弱势群体：老实却生活贫困的退休人士、开放的斯大林主义者，还有就是那些不将个人失败归因为自己而是社会的人。还有反对这些力量的激进改革要求也很有吸引力。但是，如果某人手上沾有鲜血，也会遭到解职。

因此，在苏联，我们目前正集中精力制定一系列符合当前转型阶段的

---

① 参阅米哈伊尔·戈尔巴乔夫《讲话与文章选集》第 4 卷（Ausgewählte Reden und Aufsätze, Bd. 4)，柏林，1988，第 329 页及以下。

法律。可以这么说，人们要将变革之马套上法律规定的缰绳，以便能够在没有过激行为的情况下更安静、更安全地前行。最高苏维埃目前正在制定新的刑法，以及《地方自治法》《共和国主权法》《新闻法》《财产法》《土地法》《租赁法》《青年法》。人们已经习惯了60多年不需要遵守法律。要在短时间内改变这种观念，是非常复杂的。

也许经济改革与政治改革的启动存在时间差是一个错误。但人们后来才得出这一认识。

在实际推行经济改革中也出现了错误。例如，通过了《国有企业法》，赋予公司更大的独立性，但没有明确规定工资标准。同时，引入了公司董事的资格。结果，小团伙主义泛滥。最重要的是，新当选的公司董事需要更高的工资。所有这些都导致了货币发行量增加和通货膨胀加剧。消费市场失衡，导致社会紧张局势加剧，生产的商品越来越多，但商店里可购买的商品越来越少，因为这些钱像野生动物一样吞噬着它面前的一切。

赤字也将因猜测人为地产生。它们就如洗涤剂和肥皂泡一样会膨胀。

雅科夫列夫同志表示，这显然是对新革命的一种浪漫态度，并低估了在其路上所出现的巨大阻力。出现了一个历史悖论：转型的目的是进行一场没有暴力和流血的和平革命。它的目标是自由、人道主义和民主。但从各方面来看，苏联领导层都被迫诉诸暴力——有组织犯罪正在发展，国家争端正在以武力解决。与此同时，据说理想泯灭了。鉴于所有这些问题，有些人会感到困惑，甚至恐慌是可以理解的。戈尔巴乔夫同志总是指出这是最糟糕的，在任何情况下都不能发生在领导层身上。如果你失去信心，你将失去一切。

在这方面，雅科夫列夫同志指出，即使最近苏共中央委员会的全体会议也未能顺利进行。在那里，保守势力与改革的支持者之间的对抗尤为突出。雅科夫列夫同志作为中央委员会的国际书记，因东德目前正在发生的事情受到指责，这表明中央委员会本身存在多深的蒙昧主义。

在现在动荡的时期，当政治迫害出现和寻找罪责时尤其危险。不是对发展进行科学分析，而是要发自内心并忍辱负重。所有这一切都必须忍住。

雅科夫列夫同志引用了苏联目前正在传播的一个词，即该党已开始"改革"。事实上，这并不完全准确。改革是由领导层中的某个集团启动。当时中央委员会遵循了大多数人的这一想法。然而，整个党已经落后于这一进程并失去了朝气。只有现在，党组织才显现出一定程度的复兴。它清楚地分为了两翼：一翼认为该党不在正确的轨道上，它必须转向并重头再来；另一翼认为该党走得太慢，不得不加快改革的步伐。

此外，作为斯大林主义遗产的知识分子令人印象深刻。

为了让苏联的安全部队放心，雅科夫列夫同志摆出了以下经验：因为多年以来其最恶劣行径远超其他部门，所以起初对克格勃的攻击非常严重。当卢比扬卡大楼克格勃总部周围有示威活动时，工作人员去找示威者并开始与他们讨论。他们介绍了自己，并向示威者询问他们提出的指控。根据要求，他们提供了有关其工作的具体信息。示威者在对话中意识到，他们基本上是普通的苏维埃人民，他们也在倡导变革、倡导民主化以及克格勃工作的透明化。报刊上详细介绍了克格勃的重要任务领域——打击有组织犯罪、毒品走私、经济和海关违法行为以及其他具体事务。

在此过程中，通过提供姓名和地址，其工作人员在调查此类犯罪方面取得了特别的成就。这样，对克格勃的情绪逐渐缓和。

雅科夫列夫同志将这一想法扩展到了对普通人的引导。最重要的是，接近人们并告诉他们真相很重要。通过这种方式，苏联实现了苏共主要代表在与人民接触时，几乎不会遭到恶意对待或受到嘘声。人们对每一个谎言和每一种花招都产生了敏锐的感觉。一个演讲者如果被人发现（撒谎或耍花招），会被立刻从台上赶下来。另一方面，完全有可能向人们讲述不受欢迎的真理。然后甚至可以期待人们以掌声支持个人的勇气。

苏共的悲剧在于，该党几十年来一直习惯于耍花招和撒谎。使其习惯于事实是一个漫长而艰难的过程。但是，这是重获信任的唯一途径。整个党的机器仍然受到严重的攻击。毫无疑问，在过去，它有自己的游戏规则，这是几十年来一直流传下来的，它不得不根据写好的剧本开演。此后，它的忠诚、奉献和纪律得到了评价。

今天存在的悖论是，虽然他们已经宣布党和国家分离，但人们通常会把问题带到党委，而不是国家机关。党的改革是一场复杂的斗争。在党的机器中，有更多的年轻人有自己的想法。雅科列夫同志说，我们都是过去的孩子，你必须对无理攻击形成"厚脸皮"，一个人必须发展一个"厚实的外套"来防止不合理的攻击。多年后他取得了成功。他被指控为苏联犹太共济会的负责人。从那以后，他读到了关于共济会会员的文章，现在几乎是这个领域的专家。在列宁格勒，他和戈尔巴乔夫同志最近被指责为修正主义者。

雅科夫列夫同志承认，之前在苏联是无法想象存在这样一个庞大的保守派群体的。其基础是几十年来创造的寄生社会主义并得到了那些习惯领到200卢布工资但却没有为他们工作的人的支持。他们对此表示满意，并且在上班时不想要更高的薪水。另一方面，他们认为任何拿更高薪水的人都是像洛克菲勒一样的婊子。这种寄生社会主义深深扎根于社会的每一个孔隙。在这个地方，估计不能很快取得成功。此外，反复出现的罢工，也可以在这里找到根源。除了合理的原因，特别是非常恶劣的生活条件，人们面临困境时的恐惧也产生了作用。因为他们必须为自己的工资努力工作。许多人不希望如此。

雅科夫列夫同志对领导官员特权做出如下解释：在苏联，第一个错误就是推迟对此类特权的调查。人们期待这种情绪会逐渐平静下来。然而，很快，每个人就这样的指控产生了一种名副其实的歇斯底里和对整个党内机器的普遍不信任。刚刚成立了人民代表大会委员会，并且它刚刚才完成了工作。通过披露不太可能令人震惊的事实，已经实现了普遍的幻灭。总的来说传播的想法是，苏共的主要工作人员住在宫殿里，有免费的食物，周围有大量的仆人。

他自己总是公开质问，他的生活条件怎样，以及他拥有什么样的条件。这个论点总是特别令人印象深刻：他现在的收入比以前他还是科学院院长少。他还获得了比苏共中央总书记更多的钱，因为他作为学院的成员还有额外的收入。

雅科夫列夫同志同意居西同志的观点。他认为，在德国统一社会党的现任领导中，没有人会久坐在原位，因为所有成员都可以在短期内回到他们以前非常满意的岗位。雅科夫列夫同志肯定，只要社会主义没有秩序，社会主义社会就不会有一代领导人不依赖他们的位置。然后，阴谋、滥用权力、谎言和背叛就无法根除。最高层的变化必须是正常的民主进程。实现这一目标的唯一途径是社会主义的新模式。沉溺于民主的旗帜和资产阶级的开放是愚蠢的。为此，社会主义失去了整个时代。

雅科夫列夫同志在详细解释他每月总收入约为1700卢布后表示，根据他的计算，国家至今已从其出版的书籍中获得了10万卢布。此外，他还向各种慈善基金支付了大约5万卢布的费用。

戈尔巴乔夫同志近年来向党的基金和慈善基金转入了大约50万卢布，

以及 35 万卢布的外币。

与记者表现出特殊兴趣的特权问题相关，雅科夫列夫同志提出了与新闻界合作的问题。

作为一名前记者，他多年来形成的经验是，记者往往是一种集各种复合体于一身的人。与他非常热爱和尊重的这类非常有趣的人相处的唯一方法是与他们建立密切、信任的关系。他们真的很欣赏这一点，而且这种做法回报丰厚。

从斯大林时代开始，"引导"新闻的方法已经过去了。人们花了很长时间在个别记者的文章上吹毛求疵，直到他们不再听党的话并且其中部分还成为持不同政见者。今天你要为媒体失去控制的事实付出代价。

他与记者合作的经验之本是，他从不向他们发出指示，而是知会他们并根据党和人民的利益所需提供建议。这是一项艰巨但必要的工作。如果让党和媒体之间对抗，党就无法赢得这场斗争。

媒体人认为自己是一个特殊的集团。他们喜欢提供建议并经常选择掌握真相。只需与新闻界人士长期保持正常、友好和合作的关系。特别是在现在，人们应该强烈呼唤他们的道德和良知。应该非常明确地记住，他们可以毁掉一个人，摧毁一个家庭，甚至通过欠考虑的或没有完全研究过的文章来伤害他们的孩子。

雅科夫列夫同志报告了他作为苏共中央政治局下属委员会主席的工作，以便为遭受报复的受害者恢复名誉。这与人们非常矛盾的记忆有关。有完整的已经恢复名誉并重新回归党内的人员名单。这些将被公布出来。然而，还要被公之于众的是，其中许多人本身就是告密者，并且将其他被害人送进了监狱。现在还没这么做，主要是出于对其家人和后代的考虑，这种现象在当时具有普遍特征。这些人物的最终评价必须留给历史学家。

当居西同志询问是否打算给托洛茨基平反时，雅科夫列夫同志回答说，托洛茨基从未受到司法谴责，而是被驱逐出该国。这不是因为他是反对派的事实，而是因为托洛茨基是一个无情的人，他的手一遍又一遍地沾满鲜血。

最近，因为季诺维也夫当然不是间谍和叛徒，所以他已经被平反。由于他与反对派的关系，他在前几年被 3 次开除出党并被重新接纳 3 次。在最后的审判之后，他再次被法院判令驱逐出党。在取消法院裁决后，恢复其党员身份实际上是合乎逻辑的。然而，雅科夫列夫同志指出，他有明确的证据表明，季诺维也夫为了报复在 1918 年对乌里茨基的谋杀，通过一道社会革命党个人指令射杀了 1 万人。因此，让他在道德上重新为党所接纳是不可能的。托洛茨基还发出了无数次非法的开枪命令。例如，他让许多从沙皇军队中接纳过来的军事专家被处决。在所有这些情况下，首先都要正确的评价历史。季诺维也夫、加米涅夫、布哈林、托洛茨基和斯大林都是历史人物。与此同时，他们也是人们想象的那样的政治家。斯大林只能在季诺维也夫和加米涅夫的帮助下战胜托洛茨基。因此，后者也对斯大林的掌权负有道德责任。在那之后，领导的各个代表总是相互对抗。①

雅科夫列夫同志还提到了埃里希·昂纳克对历史人物的评价。他预测，今天德国统一社会党的领导政策已完全改变，苏共领导不会以任何方式干预。在此会最终建立健康的关系并形成完全的相互信任。然而，在这种情况下，他认为他有道德责任在没有任何架子或者师者姿态的情况下提出建议。

他们尽一切可能与昂纳克进行公开对话。雅科夫列夫同志提到了他1987 年夏天在民主德国的"工作假期"，那时他正代表戈尔巴乔夫同志与昂纳克谈话。② 苏联同志得知，昂纳克认为雅科夫列夫同志是破坏苏联社会主义意识形态的人。

他在谈话中关注的是苏联的历史事件，社会主义的新理念及它的历史根源和条件。他解释说，你必须掌握历史，以便能够带着干净的双手走向未来，即使这是非常痛苦的。他试图解释自由化的作用，特别是大众媒体在改革中的重要性。所有论据都没有用，没有相互理解。戈尔巴乔夫同志亲自与昂纳克进行了多次谈话。③ 他们在形式上非常礼貌，但却总是处理那些在民主德国社会也会遇到的苏联发展问题。然而，机械的回答始终是，民主德国在 15 年前已经进行了转型，并且早已完成。虽然这个或那个是很好的，但苏联进行的太晚了，现在必须迎头赶上。他不了解改革的本

① 可参阅《没落的政治人士：他们到底是谁？布哈林，李科夫，托洛茨基，季诺维也夫，加米涅夫》（„Unpersonen – Wer waren sie wirklich? Bucharin, Rykow, Trotzki, Sinowjew, Kamenew "），柏林，1990。

② 关于 1987 年 8 月 7 日昂纳克与雅科夫列夫之间对话的说明，载德特莱夫·纳卡德，格尔德－吕迪格·斯特凡（Detlef Nakath/Gerd – Rüdiger Stephan）《从胡贝斯托克到波恩：1980 –1987 年两德高层关系史文献》（Von Hu¬ bertusstock nach Bonn. Eine dokumentierte Geschichte der deutsch – deut¬ schen Beziehungen auf höchster Ebene 1980 – 1987），柏林，1995，第 322 页及以下。

③ 参阅丹尼尔·屈兴迈斯特（Daniel Küchenmeister）主编《昂纳克－戈尔巴乔夫：秘密会谈》（Honecker – Gorbatschow. Vieraugengespräche），柏林，1993，第 23 页及以下。

质或者不想理解它。

雅科夫列夫同志强调，尽管如此种种，但这里的任务是要创造一种社会心理氛围，尊重那些在民主社会主义过渡阶段隐退的政治领导人。

在苏联现在有许多人要求将前任领导的代表，如列昂尼德·勃列日涅夫开除出党。人们不会这样做的。如果对错误负有太大的责任，有时是无法回避的。但是，如果你想发展一个正常的民主社会，你必须尊重过去为社会发展做出贡献的人。当然，这不适用于犯罪分子。

居西同志分析了昂纳克案，由埃贡·克伦茨领导的政治局所采取的实质性决定，部分地违反了统一社会党的章程，[①] 昂纳克的历史贡献是无法被抹去的。雅科夫列夫同志强调，因为其在这类问题上树立过坏的榜样，所以这基本上是苏联的责任。关于两个德国之间目前关系的问题，雅科夫列夫同志告知戈尔巴乔夫同志，正在尽一切可能为民主德国创造一个正常的国际氛围。他与根舍进行了非常艰苦的谈判。从同样的意义上说，戈尔巴乔夫同志本人也与根舍谈过。

戈尔巴乔夫同志清楚地告诉根舍，德意志联邦共和国目前不仅威胁到德意志民主共和国的利益，而且还将两个德国的人民利益置于危险境地。今天没有人能够在欧洲之家的框架内如此激烈地维护地方利益。如果德意志联邦共和国采取这种霸道的立场，它将不得不付出沉重的代价。就算不是今天，明天也会发生。

根舍声称，在发布之前他对科尔的十点计划一无所知。他要求苏方相信他。他将竭尽全力使发展关系的过程平静而稳定。与此同时，他说德国问题不能从议程中删除。[②] 有人告诉他，苏联政府绝对支持德意志民主共和国政府，它涉及两个主权国家，在这两个国家之间可以发展尽可能广泛的关系，为双方的利益服务。这不是一个问题。

雅科夫列夫同志报道了与英国驻莫斯科大使的谈话，他对民主德国与联邦德国目前的事态发展几乎感到恐慌。英国人和法国人不希望德国实现统一，但总是试图推动其他的进程。

---

① 德国统一社会党中央委员会在 1989 年 12 月 3 日举行的最后一次会议上，将埃里希·昂纳克和另外 11 名前高级官员开除出党。参阅《新德意志报》1989 年 12 月 4 日（*Neues Deutschland*, 4. Dezember 1989）。

② 亦可参阅汉斯－迪特里希·根舍（Hans - Dietrich Genscher）《回忆录》（*Erinnerungen*），第 699 页及以下。

戈尔巴乔夫同志再次强调，整个问题只能与泛欧之家的构建和泛欧一体化相关联。在这个过程中，两个德国之间的关系将以不同的方式显现。与此同时，所有欧洲国家都将逐步交出自己主权相同的部分。

雅科夫列夫同志指出，他与苏共中央委员会负责经济的书记斯柳尼科夫同志在临行前，就德意志民主共和国的外贸关系进行了谈话。这些都是在特殊控制下进行的。苏联在今年特别精确地履行了对东德的义务。到目前为止，这已经取得了成功。重要的是要将这个问题与经济问题联系在一起，而不仅仅是政治问题。

雅科夫列夫同志要求重新思考如何加快社会主义国家的一体化进程。埃里希·昂纳克表示赞成，但几乎没有采取任何行动。然而，社会主义一体化的进展对于社会主义国家如何融入泛欧进程非常重要。

伯格霍费尔同志指出，以新的人道的形式复兴德苏友谊是必要的。他特别提到了与驻扎在东德的苏联士兵的关系。

雅科夫列夫同志同意，强调必须加强友好协会的活动。居西同志关于苏方是否为德苏友谊协会新主席提供"理想候选人"的问题得到了回答，他说这必须是一个在民主德国享有盛名的人。① 必须找到友好协会活动的新形式，不能在所有的州搞一刀切。

科切马索夫同志补充说，在之前的领导下，柏林的苏联科学与文化之家实际上被迫在非常严格的审查条件下工作。

雅科夫列夫同志和居西同志一致认为，双方的国际关系部门正在重新考虑并向其领导人介绍如何以新的方式和独特的形式组织友谊协会的活动。

双方简要讨论了雅科夫列夫同志是否适合在民主德国会见反对派代表。雅科夫列夫同志把决定权完全交给了德国统一社会党的同志。雅科夫列夫同志同意，在不让媒体广泛报道的情况下，与反对派选定代表的单独会见是最合适的。谈话结束后，雅科夫列夫同志终于宣布他只会与教会代表举行会谈。

在谈话结束时，居西同志确定，德国统一社会党的党委是一个新的领导班子，真的是想让党革新和民主化，同时又真诚地恳求与苏联进一步巩固友谊。他知道党委执行委员会的所有同志几乎都不为苏共领导所知，这

---

① 在德苏友谊协会的什未林特别会议上，西里尔·佩奇牧师终于在1990年1月当选为主席。

就是为什么苏方的某种克制是可以理解的。他更加高兴的是，在与戈尔巴乔夫同志的两次电话交谈和与雅科夫列夫同志的谈话中，他并没有感受到苏方的冷淡。他请雅科夫列夫同志向米哈伊尔·戈尔巴乔夫致以最热烈的问候。他期待着有机会在 12 月举行个人会谈。他想和一个非常小的代表团一起前往莫斯科，以便进行亲密的会谈。这次会面对外界来说也很重要，因为他们将向德意志联邦共和国、美国、法国、英国和其他国家发出信号，对苏共来说，德意志民主共和国中的主要合作伙伴仍然是德国统一社会党。

雅科夫列夫同志解释说，他将发来问候，并向政治局告知与居西同志的会面。他保证，苏共领导对德国统一社会党领导的现行政策的正确性没有丝毫怀疑。双方的政治意识形态立场越来越接近，这是极为重要的。现在人们在主要领域达成了一致。这是对社会主义新社会的追求。双方都会遇到困难，但对未来充满乐观。

如果苏联成功地平衡消费市场，政治稳定将很快实现。即便在现在，苏联局势也不稳定。虽然人们仍然很担心，但局势仍处于控制之中。这首先涉及各民族之间的关系。尽管过去曾有这样的时刻，但通过压力和暴力无法做到这一点。

雅科夫列夫同志对民主德国的同志现在加入社会主义改革运动表示满意。过去人们总是认为，德国的土地上总是为了社会主义思想而互相斗争。它今天仍然生机勃勃。目前，人们会遇到一些干扰，但是其解决办法却是众所周知的。人们应该从苏联的经验中取精华，弃糟粕。苏联支持最密切、最持久和最信任的合作。这是毫无疑问的。

谈话持续了大约 4 个小时，并在一个开放、友好和非常信任的氛围中进行。[①]

资料来源

PDS – Archiv.

---

① 民主德国国家通讯社关于此次会谈的报道，参阅《新德意志报》1989 年 12 月 16—17 日（NeuesDeutschland，16. /17. Dezember 1989）。

17

民主德国驻苏联大使格尔德·柯尼希在 1989 年 12 月 16—17 日统一社会党/民主社会主义党特别党代会上的讨论。

国内政治的发展，为东德和我们党继续存在的斗争，都意味着我们特别党代表大会上的外交政策问题不是讨论的焦点。然而，如果我的贡献主要涉及外交政策问题，那是因为在当前的革命性变革阶段，国内政策与外交政策之间的密切关系变得尤为明显。国内的每一次变化都会引起国外的反应，另一方面，外国的反应直接或间接地影响着我们共和国内部的发展进程。在莫斯科也可以感受到这一点，因为我们共和国的存在，其稳定和地位对苏联具有战略重要性，因此人们对民主德国内部的发展表现出高度的关注和不断增长的兴趣。

当然，民主德国的外交政策需要彻底更新。它必须消除多方面的现实损失，如低限度的国际合作和适应能力以及主观主义。在外交政策领域，必须消除外交政策决策缺乏公开性和民主准备不充分的状况，必须严格贯彻人民议院对外交政策的控制。与之前相比，民主德国的外交政策必须更多地建立在坚实的科学和理论基础之上。为此目的，我国现有的学术能力要得到更广泛的利用。可以假设，我们要在非常复杂的国际环境下完成我们的主要任务——为民主德国的社会主义改革创造最有利的外部条件。这是因为，1945 年以来社会主义国家发展起来的政治和经济结构现在已经普遍解体了。事实上，欧洲的战后时期即将结束。一个新的发展阶段开始，其特点是所有欧洲国家之间高度融合。正是由于党的前领导层对不断变化的现实只进行形式上的和选择性的接受，因而缩小了我们外交政策的活动空间，损害了我们内部和外部的信誉。在我看来，我们今后的外交政策应该从中得出以下结论：

首先，东德是一个欧洲国家，基本上必须重新定义其欧洲政策，并有目的地融入泛欧进程。今天，它必须考虑自己的利益，并为解决全球欧洲问题做出贡献。其外交政策的目标必须是发展与所有欧洲国家的关系，并尽可能在所有地区广泛地发展关系。只有这样，才有可能根据国际法保护其在欧洲的地位，并证明民主德国长期存在的合法性。

其次，我们必须重新定义与联邦德国和西柏林的关系，并相应地改变我们的政策。基于国际力量对比、民主德国的政治和经济形势、民主德国与联邦德国的国家相似性以及民主德国在所有领域发展与联邦德国合作的兴趣，民主德国必须利用与联邦德国进行密切合作的所有可能性。通过建立条约共同体，实际性的第一步已经迈出。尽管如此，我认为我们党有必要就"邦联"和"统一"等提议或要求做出明确表述。这两者都应该被纳入欧洲框架，而不是停留在那些观点的刻板重复上，即统一不在议程上，而且目前邦联是不可能的。我们应该在讨论中，也在关于我国前景的辩论中采取这样的观点，即我们不反对组建邦联和德国统一的想法。但是，未来的协议只能基于联邦德国和民主德国的权利平等以及欧洲一体化的框架。既然实现目标需要更长的过程，那现在就要规范条约和实质性扩展两个德国国家之间的关系，即建立条约共同体。只有对这些问题采取积极态度才有助于消除蔓延的大德意志民族主义。我们的立场也得到了整体国际形势的支持。以民族主义为基础的德国统一将再次威胁所有欧洲人民的和平与安全并遭到拒绝。甚嚣尘上的要求——它们已经很难被忽视——使我们与所有邻国人民，特别是苏联的关系步履艰难。

再次，虽然这个结论并不新鲜，但它具有新的活力——将我们与苏联联盟的质量提升，非常重要。只有在与苏联结盟的基础上，我们才能形成新的欧洲政策和与联邦德国的新关系。与苏联的合作向来是并且仍然是民主德国面临的问题。因此，必须采取一切措施，进一步发展民主德国与苏联在所有领域的关系。在这里，我们可以从已达到的高水平上开始。当然，不可忽视的是，前任党的领导拒绝改革不可能不对我们与苏共和苏联的关系产生影响。对关系与合作没有造成更严重的破坏，首先要感谢友好合作的直接承担者、认真履行对外贸易义务的生产集体、与苏联地区和城市保持伙伴关系的许多党组织，以及所有那些近年来继续与苏联的同志接触并积极参与执行政府间协议的同志们。

现在重要的是开发新的合作形式和方法，并提高我们合作的效果。在我看来，在目前的情况下，我们应该努力确保我们目前的合作水平不会下降，特别是对于经济关系而言，考虑到东德和苏联内部的问题，这种危险是存在的。民主德国的经济发展和政治氛围在很大程度上取决于经济领域任务的履行。与此同时，有必要与苏联在所有领域的合作层次设计上进行深入的研究。在这里，可以对我们的共同利益和机遇进行实际评估。

现实评估认为，改革目前正经历一个极其复杂的阶段。苏联的经济重组缺乏切实成果，铁路运输困难，以及许多其他问题目前对合作产生了负面影响。民主德国方面未来生产也可能会中断，因此我们党对我国的进一步发展负有责任。我们与苏联关系的任何负担也使苏联共产党难以成功地继续苏联急需的改革进程，而欧洲和世界的稳定与和平取决于此。

资料来源

Detlef Nakath/GeroNeugebauer/Gerd – Rü diger Stephan（Hrsg.）：„ Im Kreml brennt noch Licht. Die Spitzenkontakte zwischen SED/PDS und KPdSU 1989 –1991，Berlin 1998，S. 118 ff.

18

苏共总书记、最高苏维埃主席米哈伊尔·戈尔巴乔夫致德意志联邦共和国总理赫尔穆特·科尔的通告，苏联驻民主德国大使维亚切斯拉夫·科切马索夫1989年12月19日转发统一社会党/民主社会主义党主席格雷戈尔·居西

联邦总理阁下，

在我最近与汉斯－迪特里希·根舍先生的谈话、根舍与爱德华·谢瓦尔德纳泽之间的谈判刚刚结束之际，在您访问德意志民主共和国的前夕，我想求助于您。

在莫斯科会谈上，欧洲中心的现状、两个德国之间的关系以及民主德国的局势是人们关注的焦点。我们已经毫不掩饰这样一个事实，即我们担心联邦德国对民主德国采取的路线，包括你在今年11月28日的演讲中已提到的著名的十点计划。其中一些要点，如果不是对另一个独立和主权国家的最终要求的话，基本上也是前提条件。与民主德国一样，我们认为这种做法是不可接受的。它不符合赫尔辛基最终议定书的条文或精神。这使我们对我们在即将结束的一年达成的共识有疑问。

尽管基本的趋势是积极的，但欧洲，包括民主德国的发展进程相当复杂，并且处于一种易燃的氛围之中。人为地加剧这些事态并将政治爆炸物扔进仍在焖烧的火中是极其危险的。这将对确保和平的开创性进程产生严重后果，这一进程是在欧安会所有国家，特别是苏联和德意志联邦共和国的努力下发起和促进的。民主德国现在确实走上了整个社会政治生活的深刻变革和民主化的道路。重要的是，在这个时候，所有有关的方面都要保持自控和理性，并且实际上尊重民主德国的独立性，不干涉其内政。

苏联对整个德国事务所持的态度，我在苏共中央最近的全体会议上的发言中重新以集中的形式阐释过。因此，我不想再重复。

汉斯－迪特里希·根舍也以您的名义向我保证，联邦德国政府，考虑到过去德国人的历史错误——忽视每个人、每个国家都有自己的历史——决心通过严格遵守战后边界不可侵犯的原则，建立未来更美好的欧洲。此外，他谈到了联邦德国不打算从当前事件中获取单方面优势，并且联邦德

国对民主德国的内部稳定以及整个欧洲的稳定深感兴趣

我们想要相信这些保证。我们还注意到，联邦德国打算以各种方式支持欧安会进程的发展以及所有国家和人民在其框架内的和解。如果我们就这些重要问题达成一致意见——对此其他欧洲国家以及美国和加拿大也赞成——那么我热切希望，您即将进行的对民主德国的访问也将以和睦和相互理解为标志，这种和睦和相互理解是我们在莫斯科和波恩会议期间所实现的。

总理先生，我请求您认真对待我的通告，并将其视为对我们的关系和欧洲命运如此重要的政治对话的延续。

顺致最高的敬意，米哈伊尔·戈尔巴乔夫

资料来源

Detlef Nakath/GeroNeugebauer/Gerd – Rü diger Stephan（Hrsg.）: „Im Kreml brennt noch Licht. Die Spitzenkontakte zwischen SED/PDS und KPdSU 1989 –1991, Berlin 1998, S. 122 ff.

19

关于 1989 年 12 月 20 日奥斯卡·菲舍尔与苏联外交部第三欧洲分部负责人亚历山大·邦达连科之间会谈的说明

会前一天菲舍尔在德累斯顿首次通告莫德罗—科尔会谈。他强调，联邦总理也表示有意平息局势。显然，这也是在戈尔巴乔夫同志和根舍在莫斯科谈话的影响下发生的。① 最后，他必须考虑到西方列强以及其他西方伙伴国家的态度。菲舍尔对苏联方面开展的活动表示感谢。

在评论与联邦德国达成一致的声明时，菲舍尔解释说，尽管它是妥协的，但它却应该会在国际背景下和欧安会进程中以及在戈尔巴乔夫和布什商定的思想下明确对联邦德国和民主德国之间的关系做出贡献。通过商定的目标，在两个国家之间发展出一个条约共同体，一个共同点已经被找到。出于众所周知的原因，我们将避免使用"邦联"或"邦联元素"这两个术语。目的是保证至少在 1990 年 5 月 6 日之前，在莫德罗—科尔的下一次或下下次会谈上签署拟议的"睦邻友好协议"。必须达成与现实相符的条约。重要的是，菲舍尔强调科尔承诺与莫德罗政府合作，这可能对稳定局势产生积极影响。

对于东德的内部发展，菲舍尔估计某些积极的方面是可以看到的。大多数人拒绝统一。积极的一面是，生产、能源、运输和公用事业一直在运转。德意志民主共和国大使被授权强调东德作为德国领土上的社会主义选择，应确认其国家地位和尊重其主权，这是欧洲稳定局势不可或缺的要求。如果苏联代表能够以同样的方式提供支持，那将是有益的。

在这方面，菲舍尔同志要求他在莫斯科或柏林会见谢瓦尔德纳泽同志，这也将有助于支持民主德国。至于所进行的磋商内容，菲舍尔说，四大国机制的启动以及三个西方国家所谓的柏林倡议必须被考虑在内。民主德国的立场将被立即转达。

---

① 外交部长根舍 1989 年 12 月 4 - 5 日访问了莫斯科。在此参阅汉斯 - 迪特里希·根舍《回忆录》，柏林，1995，第 682 页及以下。

邦达连科同志感谢对话的机会，并欢迎双方外交部之间的同志合作，此意向未来也不会改变。

他证实了如下的估计，即当他出现在德累斯顿时，科尔显然对来自莫斯科和其他首都的信号印象深刻。科尔显然明白，他在联邦议院的演讲已经走得太远了。密特朗、布什和其他西方政府的代表也提醒他，德国问题不仅影响了联邦德国，也影响了其他国家的利益。有必要继续提醒德意志联邦共和国，苏联大使也有相关的指令，并将此作为他们的主要任务之一。主线是巩固泛欧进程，保证和确定民主德国成为独立国家和欧洲局势稳定的重要因素。

邦达连科于 1989 年 12 月 18 日将科尔的一封信交给戈尔巴乔夫，然而，这封信中没有任何与根舍在莫斯科的陈述相关的新内容。这是试图证明科尔的十点声明。与确认波兰边境不可侵犯性的根舍相反，该信件明确表示他们坚持改变的权利。

总之，邦达连科强调了苏联与东德密切的兄弟团结以及团结在一起的必要性，特别是考虑到要一起应对极端复杂的情况。他会立即提交费舍尔同志与谢瓦尔德纳泽同志会面的提案。

关于柏林的倡议，邦达连科肯定地说，继续与三个西方大国代表在波恩举行会议无疑会起到负面作用。他告知下次会议可能会在 1 月中旬举行。苏联认为，只能讨论有关西柏林和四方协议的问题。但是，邦达连科却建议对如下考虑提出意见，即在下一次磋商中就审议首都柏林和西柏林之间的协议以及青年交流和在柏林组织国际会议的问题。

如果两个德国就航空协议进行谈判，苏联方面也准备讨论与西柏林的空中交通问题。但是，这需要在专家的参与下事先举行民主德国与苏联之间的特别协商。

邦达连科同志也要求得到民主德国的观点，以便做出适当的界定。

对于邦达连科同志关于民主德国建议在首都柏林和西柏林举行 2004 年奥运会的问题，菲舍尔声明这是一个长期利益问题，应该在适当的时候达成协议。在邦达连科的敦促下，他同意在与谢瓦尔德纳泽同志的会晤中再次发言，我们不应该让自己匆忙追随西方媒体中的政治倾向。

在谈话过程中，菲舍尔通知说，苏联的海外德意志人联盟主席福尔姆贝歇告知他的协会准备与东德合作。双方一致认为，不仅要与联邦德国保持联系，而且民主德国也应该变得更加积极。就我们而言，只有与苏联主管当局密切协调才能采取行动。

资料来源

Detlef Nakath/Gerd – Rü diger Stephan：Countdown zur deutschen Ein-
heit. Berlin 1996，S. 268 ff.

20

国际政治委员会、德国统一社会党/民主社会主义党执行委员会主席团党关系工作组 1990 年 1 月 10 日提交的题为《与苏共和苏联的关系及发展党政关系的结论》的报告①

我们党与苏共的关系特别重要。双方的合作是为了建设民主社会，通过共同的利益和任务，确保和平和解决其他全球性问题。苏共不仅在数量上是最强大的共产党和工人阶级政党之一，而且也是最有经验的政党之一。它是国家的执政党，它促成了民主德国的建立、生存和发展，与民主德国在经济上发展合作关系，相互供给重要物资，通过具有国际约束力的条约和协定建立政治和军事上的密切联系，在可预见的将来，这些条约和协定仍将确保两国的战略盟友关系。民主德国的独立存在也取决于未来与苏联的友谊与合作。这必须成为我们外交政策的基石，是国家的最高原则。

特别值得注意的是，近年来，与苏共和苏联保持距离的政策大大加剧了民主德国的政治、社会和经济危机。与此同时，苏联的改革政策刺激了民主德国剧变。由于内部因素，民主变革已不可避免，这也是社会主义和我党复兴之路。民主德国的这一进程只有在与苏联的密切合作下才能取得成功，民主德国社会主义建设的成功是实现苏联追求的目标的必要条件。

在确定对苏联和苏共的进一步政策时，重要的是要考虑到，在国内和国际关系中，双方均处于动态发展中，这也在某种程度上给双边关系造成了矛盾和新的问题，并涉及更大的不确定性。因此，必须考虑以下因素：

——尽管有着共同的基本利益，特别是在安全和经济领域，以及基于这些利益的战略联盟，但是双边关系必须与欧洲一体化进程相适应，与欧洲秩序相协调，不能脱离它。

——随着苏联推进新思维政策，民主德国的主权与早期相比得到了加强。由此产生的民主德国独立决策的新自由也要求其担负更大的责任。为

---

① 根据该备忘录，1990 年 1 月 11 日向执行委员会提交的这份意见书已送交执行委员会各委员会的负责人和秘书，民主德国部长会议主席（总理）兼党副主席汉斯·莫德罗，民主德国驻苏联大使和党主席团成员格尔德·柯尼希。

了公正起见，需要两国之间密切的外交政策协调，这必须进一步由平等互利的原则来确定。

由此产生的民主德国自主决定的新自由同时要求承担更大的责任，尤其是在确保民主德国的独立性方面。

——苏联作为前战胜国的权利和责任，由于第二次世界大战而产生并继续存在，它是目前民主德国存在的一个稳定因素。反希特勒的四大盟国对于两德地位的重要性应成为与苏共磋商的主题。

——两国的发展基本上都是朝着相同的目标。同时，在政治制度、经济体制、知识文化领域等都有具体情况，因此也包含国家利益，既可以进一步发展，也可能产生矛盾。需要指出的是，民主德国党和国家的分离比苏联更进一步，在发展和转换合作机制时必须考虑到这一点。与此同时，应特别照顾到国家的特性，但我党必须致力于无偏见的意见交流。

——两国的经济和科技合作对双方都有稳定作用。然而，两国经济关系的落后结构阻碍了两国的改革努力。与此同时，可以预期，随着欧共体和其他资本主义工业化国家经济关系的发展，两国对彼此和经济互助委员会市场的需求将减弱。各自的对外贸易伙伴要追溯历史。必须确保这种"拆分"有条不紊地进行，同时确保经济合作的质量。

——两国在若干领域的合作将集中在较低层次（权力下放）。经济实体以及科学、文化、教育等基层单位属于较高层次，在发展地方党群关系时，必须考虑这一点。中央一级的合作将侧重于协调两国的战略决策。必须促进基本单位在双边和多边合作中的一体化，为此创造具有经济吸引力和互利的条件。

发展与苏联和苏共的关系是基于两国传统的友谊，以及对苏联变革和对戈尔巴乔夫本人的关心，在可预见的将来，将继续得到民主德国大多数人口的支持。同时，民族主义、沙文主义和新法西斯主义的抬头也是针对苏联。通过对我们关系史上的"白点"进行必要的重新评价，特别是对斯大林主义的清算，反苏情绪可以得到控制。必须坚决抵制这种情况。必须尽一切努力，把与苏联的友谊建立在人文主义和国际理解的基础上，这是民主社会主义在公众意识中不可或缺的基本价值。

基于苏共在苏联政治制度中的决定性作用，以及我们党对民主德国进一步发展的重大责任，它必须继续成为德国统一社会党－民主社会主义党和苏共党际关系的主要关注点，以促进两国之间的国家和社会关系，并对施政产生影响。

此外，作为国际劳工运动的一部分，发展与苏共的党群关系对德国统一社会党－民主社会主义党具有至关重要的意义。它保证了我们党能够积极参与社会主义现代化建设，参与理论探索，科学应对新的社会现象和问题。它使得在苏联社会生活所有领域的变革中创造性地利用苏共的正面和负面经验，并得出结论来指导政治思想和政治组织。对党员干部进行培训和进修，提高政治工作水平，也是政治工作的必要条件。最后，这些措施对于协调国际劳工运动中具体活动，对于我们在国际舞台上的行动特别重要。

与苏共的密切关系对我们党的竞选活动也至关重要。在争取选民的斗争中，我们党必须为了东德和人民的利益，成为与苏联和苏共保持友好互利关系的最坚定的倡导者。与苏共的联系有利于竞选。①

因此，在不久的将来将得出以下结论：

1. 必须加快筹备德国统一社会党/民主社会主义党主席与苏共中央委员会总书记在莫斯科举行的会谈。

负责人：国际政治委员会负责人。

2. 在 5 月 6 日至年底前，制定民主德国选举期前发展与苏共关系的计划，并与苏共中央委员会商定。各委员会以及党政机关和编辑部在 1 月底前向党报提出具体建议。

负责提案：各委员会负责人。

负责计划汇总和协调：国际政治委员会负责人。

3. 国际政策委员会主席于 2 月份与苏共中央书记处就当前外交政策问题和双边政党关系结构进行磋商。委员会负责人或党执行委员会选定工作组与苏共中央主管人进行工作接触。

负责人：委员会主席。

负责协调：党关系工作联系人。

4. 到目前为止，考虑到新的条件和新的要求，中央党组织机构（社会科学院、工会运动史研究所、中央社会主义经济管理研究所、中央党校）

---

① 此时民主德国仍计划于 1990 年 5 月 6 日进行人民议院的选举。1990 年 1 月 28 日，在中央圆桌会议与莫德罗的代表会谈中，双方同意推动人民议院的选举，从原定日期改到 1990 年 3 月 18 日，在此之前，没有让新党派或运动的部长参与政府工作。——译者注

之间将继续保持联系与合作。①我们正认真履行这方面的协议，或通过相互协议澄清或改组。这也适用于 1988 年 12 月缔结的社会领域的长期合作协议。②

负责人：科学文化政策委员会负责人。

党组织生活委员会负责人。

5. 要在党的科研机构中加强对苏联的研究。必须为进一步发展苏联科学研究制定计划。

负责人：科学文化政策委员会负责人。

6. 党报的编辑部门之间的合作仍在继续。应该更多地出版苏共的经验。党报必须面对其特殊责任，真实地代表苏联的发展进程，并传播友谊的观念。

负责人：媒体和媒体委员会负责人。

7. 从 1990 年 9 月起，苏共将再次对党员干部进行培训和进修。在目前的框架内，将继续对社会科学院的苏联学生和志愿者进行培训。

负责人：党组织生活委员会负责人。

8. 必须根据我们党活动的新形势重新开展中央层面的讲师交流。主题必须适应党的工作的具体要求。在党组织和劳动集体面前，加强代表团成员的宣传工作。

负责人：教育和培训委员会主任。

9. 苏联政党代表团出访民主德国，或是德国统一社会党/民主社会主义党代表团出访苏联，应尽可能进行宣传。新闻界要详细报道各代表团的讨论和活动。此外，还应发挥电子媒体在采访、新闻发布会中的作用。

负责人：媒体和媒体委员会负责人。

10. 关于社会科学问题、政治思想和组织党的工作问题以及国际问题，开展联合圆桌讨论，与苏联官员、科学家和公众人物组织科学会议和座谈会，并把它们用于群众政治工作。在协调政党关系计划时，必须与苏联方面商定这些问题。

负责人：国际政治委员会负责人。

---

① 所有这些机构于 1990 年解散或改组。——译者注

② 1988 年 12 月 28 日，德国统一社会党政治局委员库特·哈格和苏共中央政治局委员瓦迪姆·梅德韦杰夫签署了《民主德国和苏联科学家和研究团体在社会科学领域长期合作计划》。

11. 必须制定新的框架准则，以进一步发展区县一级的党群关系。

负责人：党组织生活委员会负责人。

12. 要进一步发展党企与苏联的合作。必须探索合理分工，在第三国进行营销和推广的新可能性。必须审查联合企业的构成。

负责人：党组织生活委员会负责人。

13. 通过党执行委员会国际政治委员会，与社科院和其他中央党组织密切合作，并在可能的情况下，与中央政府部门和研究机构合作，为民主德国－苏联关系制定一个长期计划，并作为提案提交给政府。

负责人：国际政治委员会负责人。

14. 民主德国政府或人民议会将提出一系列紧急措施，以加强与苏联的友谊和团结。

负责人：国际政治委员会负责人。

资料来源

PDS－Archiv.

21

1990 年 1 月 12 日苏联驻德意志民主共和国大使维亚切斯拉夫·科切马索夫致民主德国总理汉斯·莫德罗的讯息

科切马索夫指出，要保证民主德国的民主化和改革，确保其必要性、稳定性和可控性。他提到在即将举行的人民议院选举中，西德对东德政治生活的干涉。他强调以平衡和负责任的方式处理与民主德国的关系的必要性，并反对联邦德国对民主德国右翼分子的任何支持以及干涉竞选活动。四大国的行动在很多方面取决于德国地区的进一步变化。这也反映在 1989 年 12 月四国大使的会议上。必须在四大国机制的框架内加强合作，而不要给人以四大国开始解决德国问题的印象。在四国大使的会议上，我们表示继续支持四方进行接触，并表达了苏方对三大国"柏林倡议"的积极态度。收到相应的指示后，我们打算就此问题与三个西方大国的代表联系。

美国驻联邦德国大使强调，他期待华盛顿的类似指示，希望能够与他的苏联同事会面。不过这尚未成行，因此他还没准备好谈论这个问题。

关于民主德国和整个德国问题的情况，美国大使赞同苏联驻东德大使关于确保稳定的必要性的观点。他确认美方要在这些问题上履行大国责任，并呼吁扩大合作。美国坚持乔治·布什去年访问联邦德国期间关于这个问题的政策声明。根据赫尔辛基最终议定书，美国在实现自决权的框架内，出于必须的四大国责任和尊重边界的考虑，支持德国通过和平道路和渐进的方式走向统一的愿望。沃尔特斯一再强调，违反苏联意愿和未经苏联同意的德国统一是不可能的，因为在这种情况下，四大国的责任和发展的和平性得不到保证。他断言，美国尽力不做任何可能"冒犯苏联及引起其关注"的事情。在这种情况下，华盛顿并没有以牺牲苏维埃国家的利益为代价来获取任何单方面利益。

联邦德国真诚渴望德国人的团结，但很清楚，没有苏联的批准，这个目标就无法实现。德意志联邦共和国政府看到了德国统一给其邻国所带来的忧虑。它几乎不会致力于在所有条件具备之前将所有德国事务都摆出来。西德人目前在资金上游刃有余，不会把他们的繁荣置于哪怕一点点的风险之中。因此，他们提倡"泛欧之家"，他们自然希望在这里获取一个

"舒适"的公寓。沃尔特斯强调，他并不认为德国统一是不可避免的。波恩的美国人通过提请他们的对话者注意与所有四大国达成共识的必要性来解释他们在这个问题上的立场。英国和法国在许多方面都参与了欧共体的机制，因此他们反对促进德国的统一进程对德国的影响很小。民主德国的右翼激进主义和对竞选活动的干预不是联邦政府的责任，联邦政府不对舍恩胡贝尔等人的行为以及个别政客的态度和声明负责。沃尔特斯自己认为，民主德国的法制基础并没有太大的危险。他们的人数很少，组织也很差。

目前，重要的是在民主德国实行自由民主选举并组建政府。美国非常重视在这些进程中确保和平与稳定，并在此看到苏联做出的巨大贡献。整体国际形势也有着重大影响。战争的威胁目前与战后时期一样微不足道。这在很大程度上归功于苏联与美国之间关系的发展，这一过程的下一阶段是国务卿贝克即将访问莫斯科。①

沃尔特斯进一步强调，最近三大国越来越频繁地被要求向联邦德国联邦参议院中的西柏林代表授予完全投票权，并由该市人民直接选举西柏林的联邦议院议员。三个大国正在考虑这个问题，但最终解决方案尚未制定出来。在这种情况下，他想了解苏联方面对此的意见。

科切马索夫说，这样的举动直接违反了四大国协议的原则，该协议规定西柏林不属于联邦德国，不受其管理；这一步骤将对协议范围内存在的情况进行实质性的单方面改变。美国人援引的观点是，在民主德国首都直接选举共和国人民议院，据称类似的努力是由西柏林人发起的。苏联大使以缺少根据为由拒绝了这一观点。西柏林地区已与德国苏占区分离，也从未成为后来成立的联邦德国的一部分，因此没有理由对他们提出要求。前东柏林地区的法律情况完全不同，在这里也不适合进行类似的做法。

关于沃尔特斯对两个德国国家关系发展的看法，我们赞成逐步发展并支持将这一发展与泛欧进程联系起来。事件发生得不能太快。他们必须和平地前进，不受外界干扰。所有文明国家，整个欧洲，都对此感兴趣。民主德国和联邦德国有不少为了人民利益必须要解决的问题，必须给机会让

① 美国国务卿詹姆斯·贝克 1990 年 2 月 7—9 日短期访问莫斯科期间与苏联同事爱德华·谢瓦尔德纳泽的会谈。他于 2 月 9 日与苏共总书记戈尔巴乔夫会谈。参阅詹姆斯·贝克（James Baker）：《改变世界的三年：回忆录》（Drei Jahre, die die Welt veränderten），柏林，1996，第 180 页及以下。

他们在平等的基础上从现有的实际出发进行处理。我们觉得，试图将苏联和美国的利益对立起来是奇怪的事，这也适用于英国和法国的利益，就好像没有共同的利益和责任来维持欧洲的稳定一样。

美国大使提请注意柏林西部地区与民主德国边界的情况，并强调盟国在越过弗里德里希大街边境检查站时遇到严重困难。三个大国的西柏林管理部门希望保存两个额外的边境检查站，以便将该市东部与美国区和法国区连接起来（他将边界检查站明确命名为"残疾人大街（Invalidenstraße）"和"博恩霍尔姆大街（Bornholmer Straße）"。

科切马索夫强调苏联外交官也有类似的困难。但是，问题在于民主德国主管机构的权限，在寻求这一问题可能的解决办法时应考虑到这一点。苏联方面就是在这种情况下采取行动的。只要有可能，它将尽量考虑西方三大国政府就此事项所表达的意愿。

资料来源

Detlef Nakath/GeroNeugebauer/Gerd – Rü diger Stephan（Hrsg.）：„ Im Kreml brennt noch Licht. Die Spitzenkontakte zwischen SED/PDS und KPdSU 1989 – 1991，Berlin 1998，S. 130 ff.

22

1990 年 1 月 20 日奥斯卡·菲舍尔与苏联外交部长爱德华·谢瓦尔德纳泽会晤记录

爱德华·阿姆夫罗西耶维奇·谢瓦尔德纳泽热烈欢迎奥斯卡·菲舍尔，并表示，不仅两国和两国人民之间能长期友好合作，而且两国外长之间能建立友好的个人关系，能够就所有期望的问题建立信任，信息公开，相互协商。

他想从对苏联国内政治发展现状的描述开始，与德国朋友一起分享这些事情，因为通过改革苏联的发展已经公开化了。改革已经成为人民的共同成果，它基本上遵循了领导层制订的实施方案，成果基本令人满意。实施开放，重建社会，国家和党的复兴，促进了生活各个领域的民主化。舆论的多样性，促进所有权平等和全面经济改革。成功是显而易见的，但同时也出现了新问题，甚至加剧了矛盾。例如，由于在许多领域，特别是在经济领域，旧的体制已经废除，但有效的新体制尚未建立，这导致了有些人的混乱，迷失了方向，并加剧了对迄今所取得的成就的不满。不稳定、不公平现象对市场产生了负面影响，社会形势尚未得到明显改善。遗憾的是，通货膨胀的危险也在增加，例如，在过去一年中，收入增长快于生产增长。收入增长了 13% ~ 20%，而商品生产仅增长了 1% ~ 2%。这会助长投机倒把现象，以及增加犯罪。因此，人们猜疑改革的目的和成功的可能性，并首次发生针对该党和国家领导人的抗议、罢工甚至骚乱。党认识到了这一点，要加强地方各级苏维埃政权，使它们能够行使权力，在一些地方，尚未为此做出领导干部上的准备。因此，在国内既收获了极大的热情，也遭受到政治怀疑。

苏联是一个多民族国家这一现实也使局势更加复杂。一些民族现在开始要求他们的宪法权利。遗憾的是，在这种状况下，民族主义和沙文主义情绪也在蔓延。目前高加索局势相当严峻。

在巴库（Baku）和其他城市，武装人员占领了中央委员会和政府大楼，并试图夺取政权。苏共中央政治局实际上整夜都在应对，由于伤亡人数不明，政府决定部署军队。①

戈尔巴乔夫的来电打断会谈 10 分钟，他向谢瓦尔德纳泽做出了有关高加索问题的外交政策指示。

与此同时，戈尔巴乔夫先生向奥斯卡·菲舍尔致以问候，并请他了解情况，遗憾的是他无法会见菲舍尔。戈尔巴乔夫请菲舍尔向汉斯·莫德罗转达他热情的问候，并告诉他，他们很快就会在莫斯科会面。

谢瓦尔德纳泽指出，波罗的海共和国存在强烈的民族主义和分裂主义情绪，因此戈尔巴乔夫不得不出行立陶宛。② 尚未找到所有问题的解决方案。这项工作必须继续下去，要严格注意，控制每个人的情绪，因为情绪不能代替政治。

关于东欧的事态发展，苏联外交部长表示，苏联对民主转型的进程表示同情，当然也涉及一些问题。例如波兰，马佐维耶茨基政府也很难预计是否以及何时可以实现基本稳定。他们还欠债 2 亿～3 亿甚至 50 亿美元。因此，波兰开始认识到与苏联密切合作的战略价值。例如，1971—1988 年期间，波兰获得了 470 亿美元的贷款，并已偿还了 520 亿美元的债务。但仍有 470 亿美元的债务。另一方面，众所周知，波兰与苏联的经济合作是完全不同的。即使现在，波兰也几乎不能指望西方提供 40 亿美元的捐款或低息援助，其他一切都必须通过苛刻的条件获得贷款。

苏联的主要利益当然是民主德国的发展。鉴于苏德关系和互利互惠的长期友好合作，苏联不会袖手旁观。民主德国太容易理解了。此外，民主德国与联邦德国之间的局势发展影响了苏联的直接利益。对于民主德国和联邦德国来说，构成反对联盟，维持欧洲均势也是非常重要的。民主德国的稳定对整个欧洲的稳定会产生强烈影响，相反，欧洲中心的不稳定将对欧洲和赫尔辛基协议产生危险的影响。苏联不能忽视德国问题，这涉及大国之间的权力均势。

谢瓦尔德纳泽强调，苏联并不否认德国人有自决权。这是民主德国和联邦德国的所有德意志人的权利。他们渴望更密切的合作——如果德国人决定如此——国家团结得到尊重，并且理解团结需要适当的条件。对于苏

---

① 1990 年 1 月 15 日，苏联最高苏维埃宣布，对高加索的纳戈尔诺－卡拉巴赫实行紧急状态，1 月 20 日向该地区派遣了部队。1990 年 1 月 13 日巴库发生了严重的骚乱，造成了人员伤亡。
② 戈尔巴乔夫的立陶宛之行从 1990 年 1 月 11 日至 13 日。

联来说，北约集团中的德国是无法接受的。同样，如果联邦德国留在北约，而民主德国留在华约，那么德国统一也是不可能的。妥协之策会被拒绝，因为这不现实。

此时，谈话被联邦德国外长根舍的来电打断。谢瓦尔德纳泽返回时告知费舍尔，根舍正要飞往爱尔兰，前往欧洲委员会外交部长会议，他希望维护欧洲的稳定。此外，根舍还提出访问苏联，科尔访问莫斯科。①

谢瓦尔德纳泽请奥斯卡·菲舍尔评价民主德国的发展情况。

奥斯卡·菲舍尔首先感谢对苏联局势的详细介绍。他强调，民主德国的所有社会力量都同情并关注改革的发展和进步。民主德国政府正竭尽所能履行其对苏联的合同义务，以改善局势。他重申，莫德罗政府将在广泛的基础上继续与苏联合作。

关于民主德国的发展，奥斯卡·菲舍尔阐述了汉斯·莫德罗在人民议院中所做的政府报告。他指出，社会各领域的转型迅速，应确保改革的和平推进，不允许破坏稳定，以保持民主德国外交政策的稳定、可靠。人民发起的民主转型是不可逆转的。政府应意识到其国内和国际责任，通过与圆桌会议的力量合作寻求尽可能广泛的社会共识，并尽一切努力使国家稳定。这也是能够在 5 月 6 日举行人民议会选举最重要的先决条件。

奥斯卡·菲舍尔指出，党和国家严格分离，民主德国的外逃移民无法停止，并提请注意国家和社会领域纪律的涣散。政府正高度关注新纳粹、仇外和反苏现象的兴起。他们不仅没有民主党派和运动的基础，而且有坚定的反对者。大多数人都站在明确的反法西斯立场上，正如柏林特雷普托公园（Treptow）苏军纪念碑所证明的那样。新纳粹暴乱只能激起耻辱和愤怒，以及强烈的谴责。遗憾的是，民主德国情绪化的氛围也助长了这种现象。

当被问及民主德国与联邦德国当前关系时，民主德国外长表示，联合政府坚信会与联邦德国达成协议，它的基础是一个民族形成的两个密切合作的国家。柏林会向苏联知会相应条约的草案。目前建立邦联的前提是两个主权国家的存在。联邦德国总理和其他人本来同意在德累斯顿这样做，但现在他们改变了态度：现在他们不想与莫德罗政府签订协议，而要等到5 月 6 日的选举之后。他们不再是联盟，而是联邦，是联邦国家。此外，

① 根舍和科尔于 1990 年 2 月 10 日访问莫斯科。参见汉斯·迪特里希 - 根舍《回忆录》，第722 页及之后。

联邦德国将以一切手段，由政府、政党和其他力量对民主德国采取行动。联邦的竞选活动是在民主德国进行的，这助长了不稳定因素。

在经济上，民主德国努力变得灵活起来。除现金外，还贷款用于更新破旧的技术设备，否则不利于迅速扩大生产。需要使市场经济更快、更稳定地运行开来。

奥斯卡·菲舍尔指出，政府的圆桌会议合作是民主德国稳定的要素。他称赞了教会的调控作用，教会的承诺实际上缓和了理论局势。最后，菲舍尔重申了汉斯·莫德罗对尽快访问苏联的兴趣。

谢瓦尔德纳泽对此表示感谢，并强调苏联领导人非常重视民主德国的发展。虽然十分想了解，但发展的速度使得准确了解形势变得很困难。因此，以信任为基础的意见交换仍然不可或缺。

苏联外交部长指出，世界非常关心中欧的发展方向。莫斯科从许多内部会谈中得出结论，尽管一些公开演讲另有说法，但基本上作为战后结果的分立的两德，都旨在维护欧洲的稳定。此外，两德的共同提案也表明，这是一条巧妙地避免欧洲不稳定和不平衡的道路，因为它基于现实，并且有利于两个德国。

谢瓦尔德纳泽重申苏联欢迎汉斯·莫德罗参加在莫斯科举行的正式会谈。关于日期将通过外交渠道确定。他说，苏共对德国统一社会党和民主社会主义党主席的工作访问有兴趣，苏联驻柏林大使馆将在短期内吸纳德国专家。①

最后，谢瓦尔德纳泽指出，苏联方面注意到，民主德国媒体对苏联的报道和对民主德国与苏联之间的关系的关注有所下降。他表示，希望共同努力，向民主德国和苏联人民展示迄今密切合作的巨大价值，并表明今后任何事情都无法取代他们的共同利益。

会谈之后，双方代表团进行了磋商。

尼克拉斯记录

资料来源
BArch, DC 20, 4973.

① 1990年2月2日，民主社会主义党主席格雷戈尔·居西在莫斯科会见了米哈伊尔·戈尔巴乔夫。参见《新德意志报》1990年2月3/4、5日（*Neues Deutschland*, 3./4. sowie 5. Februar 1990）。

23

1990 年 1 月 30 日汉斯·莫德罗与苏联最高苏维埃主席米哈伊尔·戈尔巴乔夫的谈话记录

米哈伊尔·戈尔巴乔夫热烈欢迎汉斯·莫德罗及其陪同人员。这次访问是在充满思考、极大的忧虑和希望的时刻进行的。此时无论哪个国家，尤其是欧洲，掌权者都面临着极其复杂的状况。

米哈伊尔·戈尔巴乔夫强调，我们都是我们这个时代的人。但是，我们现在都必须评估复杂的局势，并做出远远超出我们时代的决策。我们今天觉得所有这一切都应该早点完成。但无论是你们还是我们，抱怨都无济于事。

米哈伊尔·戈尔巴乔夫将当前负责任的政治家与火山学家进行了比较，火山学家必须在地震时和灰烬中开展工作。不可回避问题，不能失去理智。对于苏联而言，民主德国是其特别关注和制定政策的对象。这不仅涉及苏联的外交政策，也涉及其国内政策。历史、现在和未来的问题都在这里交融。

谈话开始之前，在谈到民主德国广播公司记者评论苏联迄今为止对德国统一进程表现出的某种克制时，米哈伊尔·戈尔巴乔夫强调说不是这样的。苏联的立场尽可能接近法国和英国的立场，甚至可以说它们原则上是相同的。①

最近，科尔总理多次宣称他对民主德国的局势感到担忧，并担心这对联邦德国的发展也有影响。然而，人们现在开始怀疑这种解释的诚意。科尔当然可以做一些积极的事情，但目前他并没有。也许他在等待民主德国的新政府做出决定。目前，他似乎担心民主德国的不稳局势继续发展。在这种情况下，他的意图显然是打击政党的结构及其骨干。

米哈伊尔·戈尔巴乔夫表示，民主德国多数人会继续支持工人国家。然而，少数人似乎会狡猾无耻地采取行动。他们显然可以依靠波恩的支持。

---

① 戈尔巴乔夫向媒体发表的声明，参阅 1990 年 1 月 31 日《新德意志报》（*Neues Deutsch-land*, 31. Januar 1990）。

然而，科尔还在一定程度上担心，社会民主党可能在民主德国会更加成熟。这肯定不利于他自己的政党，也会对联邦德国未来政府的组建产生影响。

米哈伊尔·戈尔巴乔夫指出，目前联邦德国政府的声明及其实际政治是两回事。情况越来越激化。人们必须考虑到，在德意志联邦共和国目前的联盟中，还有一个像根舍这样的因素，他可能会看到社会民主党的未来并再次朝这个方向思考。无论如何，这是一场高风险的大型比赛。

现在，民主德国最困难和最复杂的问题是如何制止极端主义，它剥夺了政府控制时局的能力。幸运的是，民主德国没有罢工。

汉斯·莫德罗提出反驳，他认为已经出现了不少罢工。米哈伊尔·戈尔巴乔夫对此表示担忧。在此艰难时期，向人们解释经济运作规律是非常重要的问题。那些另有动作的人不是为了国家的利益，也不是为了未来或工会的利益。

汉斯·莫德罗强调了与米哈伊尔·戈尔巴乔夫会面的重要意义。他详细评估了民主德国的现状，突出了其发展的各个阶段。他还回应了党内复杂的情况。汉斯·莫德罗解释了组建国家责任政府的过程和因素，并表示赞成人民大会选举的建议。

鉴于两个国家的想法不再受到民主德国不断增长的人民的支持，因此需要转换思维。

汉斯·莫德罗在"为了德国，统一祖国"的口号下提出了关于德国统一道路的讨论。[①] 这是一项具体的举措，旨在使已经自发进行的时局得到控制，并尽可能使其发展减速。如果我们现在不尝试采取主动，另一方将迅速执行他们的想法。

汉斯·莫德罗强调，与苏联的双边关系对于民主德国的存在仍具有战略意义。他要求米哈伊尔·戈尔巴乔夫重新在最高层面上审视 1990 年宣布的苏联减少原油供应量的决定。在与铀矿公司（SDAG Wismut）[②] 的合作

---

① 参阅 1990 年 2 月 2 日《新德意志报》（*Neues Deutschland*, 2. Februar 1990）。

② SAG（苏联股份公司）1954 年开始与德国合作，成立采矿公司 SDAG（苏德股份公司）Wismut。该公司于 1946 - 1990 年间快速发展，使民主德国成为世界第四大铀生产国，仅次于苏联、美国和加拿大。该公司在萨克森和图林根的苏联占领区和民主德国领土上开采和加工铀，为苏联核工业提供原料。后继 Wismut GmbH 被委托为联邦企业，负责重新开发和回收 SDAG。——译者注

问题上，苏联方面需要迅速做出决定。

汉斯·莫德罗强调了民主德国在《华沙条约》和经济互助委员会中进一步合作的方向。与此同时，本着《索非亚协议》精神，民主德国正在创造条件，以便更多地参与国际分工，特别是与联邦德国和西欧的合作。

米哈伊尔·戈尔巴乔夫表示，民主德国面对异常复杂的局势下的表现给其留下了深刻印象。他感谢汉斯·莫德罗的开诚布公。这也是苏联最重要的工作原则。无论个人喜恶，都必须始终实事求是，只有这样才能制定有效的政策。不可逃避，不仅因为我们对我们的事业是负有责任的，而且因为对任何真正问题的逃避都会立即导致其他势力介入。这有可能导致混乱，并将事态推向完全不同的方向。他认为，这是民主德国目前局势的特点。

米哈伊尔·戈尔巴乔夫强调，尽管罗马尼亚或波兰的局势充满戏剧性，但不同之处在于，再无其他类似的国家。民主德国局势的特殊性在于联邦德国的存在以及它的分裂。这一直是一个非常严重的因素，将对当前形势和进一步发展产生重大影响，无人能够回避。几十年的分裂、双方交往的困难和被压抑的问题现在已经导致人们情绪激动。

然而，米哈伊尔·戈尔巴乔夫强调，必须牢记，与民主德国一样，联邦德国也有理性的力量。如果民主德国的局势受阻，那么联邦德国、甚至整个欧洲地区都可能出现困难局面。虽然这些力量并不总是在公开场合表达，但他们疏远了某些政党代表，这些人明目张胆地利用民主德国的局势并制造影响。

根据苏联方面提供的信息，许多商界人士也对这一发展持怀疑态度，因为他们明白，他们自己和人民将一损俱损。

米哈伊尔·戈尔巴乔夫同意汉斯·莫德罗的评价，即赫尔穆特·科尔和威利·勃兰特目前正利用民主德国的发展操控党派政治。他们忘记了他们早先的解释和保证。

民主德国目前正处于命运攸关的时刻。在这种情况下，特别是汉斯·莫德罗不应该失去理智。他之前的行动，包括在圆桌会议上，证明了汉斯·莫德罗是一条硬汉。鉴于目前的困难局面，这一点非常重要。真相最终会大白于天下。

米哈伊尔·戈尔巴乔夫认为，将选择权交给人民议院的决定是正确的。科尔及其追随者目前正试图进一步破坏民主德国局势的稳定。他们希望进一步粉碎党和政府，以便最大限度地利用它。

苏联明示科尔：此非长远之计。如果现在不支持莫德罗政府，它可能对民主德国、联邦德国、科尔本人以及欧洲所有人产生深远的负面影响。无论人们是否愿意，今天所有欧洲国家都紧密相连，责任重大。

科尔一再表示希望在短时间内与米哈伊尔·戈尔巴乔夫会面。戈尔巴乔夫答应马上给科尔写一封信。在汉斯·莫德罗与联邦总理会晤后，可能会与科尔会面。苏联方面将向科尔强调，在目前的演变过程中，所有三个国家——民主德国、联邦德国和苏联——都有着特殊的联系和特殊的责任。两个德国和苏联对三方密切的政治和经济关系都非常感兴趣，并将在未来继续保持。必须从各方面综合考量。

有了这一模式，就有可能捍卫民主德国的利益，并确保民主德国的利益在目前的局势中不受影响。苏联方面将向科尔明确表示，在这个重要时期，不会出现信任危机，因为任何一方擅自行动都将破坏先前的政治协议。

苏联有很大的机会，并将继续利用这些机会在此问题上与伦敦和巴黎进行密切合作。

对美国而言，苏联将在这方面发挥积极作用。米哈伊尔·戈尔巴乔夫强调，他越来越肯定，美国打算打德国牌。它非常担心欧洲的未来。它既不喜欢西欧一体化，也不喜欢欧洲一体化。因此，它现在有可能选择支持统一的中立的德国，甚至会接受从欧洲完全撤军。他们认为，任何其他方式都可能加强苏联的力量。

米哈伊尔·戈尔巴乔夫强调，这种迹象以前存在，目前正在加深。美国压力很大，例如来自英国施加的压力。苏联也将利用一切机会在这个问题上表明立场。正在与莫德罗同志讨论的问题，必须考虑到这一背景。但总的来说，他认为有来自不同方面的力量支持民主德国的政策。

米哈伊尔·戈尔巴乔夫同意汉斯·莫德罗的观点，即他的政府现在必须采取主动，因为它无论如何也无法避免统一的问题。今天苏联也必须告诉德国人，他们了解他们的需求和愿望。汉斯·莫德罗提出的逐步缓解时局的提案，首先是一份睦邻合作合同，其中已包含联邦的意味，改变了以前的立场。

需要深思熟虑的是下一个阶段——建立一个拥有必要制度的联盟，并在更广阔的视野下使两个德国融为一体。这是启动倡议的良好基础。

为这种逐步实行的政策创造条件也是顺理成章之事。最重要的是，这是民主的复兴，是维持稳定和法治的条件。

以上的提议能够使内部政策稳步开展，为第三阶段的共和国做好准备。例如，人民仍需要时间来过渡到新的国家结构。如果不考虑四大国的利益和权利，这个进程也是不可能推进的。

米哈伊尔·戈尔巴乔夫承诺将这些提议提交给苏联领导层。然而，他在其中也看到了必须支持的一系列要素，以便使积极的政策得以实施。

米哈伊尔·戈尔巴乔夫公开承认，几天前在同一张桌子上也讨论过类似的问题。他反应积极，因为他基本上已经为这个问题做好了准备。此外，在适当的时候召开四国最高级别会议的必要性也经过了讨论，需要制定意向书，将民主德国纳入整个进程。他在电台采访中坚称，德国统一只能在欧洲一体化的背景下加以考虑。

在组成联邦的问题上，民主德国和联邦德国如何保持军事中立可能是最复杂的问题。此外，建立统一进程的框架需要一定的时间。它必须是一个双方的过程。不应该仅仅废除东德的军事政治结构，导致西方获得不合理的利益。这不符合欧洲的利益，会引起各方的关注。

人们还必须注意这样一个事实，即新德国不是中立性的，而只是保持军事中立。在这一进程中尊重国家的独立性和互不干涉也很重要。

米哈伊尔·戈尔巴乔夫建议东德和苏联外交部长商定所有细节问题。原则上，他必定积极推动汉斯·莫德罗的倡议。问题的关键是采取主动，而不是停滞不前。任何后退都只会导致人们放弃前进。

米哈伊尔·戈尔巴乔夫随后询问该倡议应如何实施。汉斯·莫德罗说，值得考虑的是，他是代表自己提出这一倡议，还是代表整个执政联盟抑或代表所有圆桌会议成员。还应考虑，下周末与科尔会晤之前是否会公布这些倡议。[①] 人民议院选举在即，时间紧迫。

在随后就这个问题进行的热烈讨论中，米哈伊尔·戈尔巴乔夫首先提出，如果汉斯·莫德罗代表整个东德政府宣布这些倡议，将会产生强烈影响。这也有助于加强政府联盟的基础。但是，也有可能并非所有势力都同意这一倡议。这点毫无疑问。人们会在提案中寻找弱点，断章取义。这可

---

① 1990 年 2 月 3 日，汉斯·莫德罗与赫尔穆特·科尔在达沃斯世界经济论坛期间举行会晤，并交换了意见。

能会影响汉斯·莫德罗的地位，也会浪费更多的时间。如果汉斯·莫德罗能够把握时机，并且仅仅作为总理宣布这一倡议，也许会更好。但是，政府的个别成员可能会反对提案甚至离开政府，因为他们对此毫无准备。

尼古拉·雷日科夫问道，是否已告知政府成员，汉斯·莫德罗做出了否定回答。

米哈伊尔·戈尔巴乔夫强调了这些倡议的重要性和巨大责任。它们涉及国家的根本利益，涉及两德人民和邻国的利益。

尼古拉·雷日科夫提议，由总理向人民议院宣布这些倡议。此举能确保人民议院不会被遗弃，不会遭到反对。同时，还可成为昭告国际的有效平台。

在讨论中，汉斯·莫德罗指出了实施的困难，人民议院将在周一议事，即 2 月 5 日，而他必须在 2 月 3 日向公众公开他与赫尔穆特·科尔会晤的结果。

有人提议召开人民议院特别会议，但这无法实现。

汉斯·莫德罗在周二的部长会议上表达了讨论这些倡议的想法。可以谈谈此次莫斯科之旅从而提及这些倡议。此后，人们可以将其作为政府提案呈交人民议院。此外，此举还可确保汉斯·莫德罗与赫尔穆特·科尔会面并达成共识。

在讨论中，如何向大众媒体宣传也成为重点问题。汉斯·莫德罗建议，他在会谈开始前的记者招待会上，参照戈尔巴乔夫接受电台采访时的说法，无须详细说明。他将在谈话中暗示民主德国关于两德统一进程的新思想。苏方承诺审查这些提议。

米哈伊尔·戈尔巴乔夫提议，应在公开的氛围下，表明问题是经过了认真的讨论的，苏联明白其意义。与此同时，不能给人们留下这样的印象，即汉斯·莫德罗在莫斯科是被迫改变立场的。这只会损害民主德国的形象。

关于访谈的新闻报道应有恰当表述。[①] 苏联在与四大国沟通中担负起了自身的责任。

爱德华·谢瓦尔德纳泽指出，苏联不应立即就所有问题与公众达成一

---

① 新闻报道参阅《德国档案》，1990 年第三卷（*Deutschland Archiv*, H. 3/1990），第 468 页。

致意见，并可提出自己的建议。例如，在中立的背景下完全的非军事化和非纳粹化的问题，按理说这些在战后就应当提出。

汉斯·莫德罗同意采取多方联合的方式，当天晚间他会同教会、反对派及联盟党的代表会面，讨论这项倡议的进一步实施。

在讨论汉斯·莫德罗提出的关于维持民主德国的石油供应问题时，尼古拉·雷日科夫表示这非常困难。目前苏联石油每年减产1700万吨。这正是先前供应给民主德国的量。苏联不仅对民主德国，而且还要削减对保加利亚、捷克斯洛伐克和波兰的供给。事态发展可拭目以待。但苏联将竭尽全力帮助民主德国。

米哈伊尔·戈尔巴乔夫强调，双方都必须尽其所能，不能减少目前的经济或科技合作。苏联将始终如一地坚持这条路线，它可能会因此失去在民主德国中的朋友。

然而，与此同时，它会与联邦德国建立密切的经济关系。在更大程度上，三个国家应共同进行合作。毕竟，如今两德是苏联最大的合作伙伴。更紧密的三方合作对各方都有利。

尼古拉·雷日科夫指出，两德间加强经济合作的进程可能会非常迅速。这就是我们必须迅速考虑三方合作的原因。必须创造相应的经济机制。

米哈伊尔·戈尔巴乔夫表示，尽管与民主德国和联邦德国进行了广泛合作，但苏联不会忽视这样一个事实，即民主德国对苏联而言仍然具有特殊地位。苏联将继续以各种可能的方式帮助民主德国。

在谈到党内局势时，米哈伊尔·戈尔巴乔夫指出，苏联的经验表明，将当前复杂的局势归咎于普通党员是非常危险的。在苏联，几代人都在斯大林和勃列日涅夫的统治下全力以赴进行战斗。在这里，必须非常清楚地区分领导的责任和工人阶级、农民及青年的全身心投入。否则就不能动员大家投入进一步的战斗。

汉斯·莫德罗同意进行尝试，但迄今为止并无影响显现。民主德国的人民对整个党产生了强烈的仇恨，这种反对常常变为针对个别党员的歧视。人们试图给整个党定罪。

米哈伊尔·戈尔巴乔夫向德国统一社会党老领导层建议，要慎之又慎。无论涉及具体的犯罪、挪用资金还是中饱私囊，都必须依法惩治。但是，在处理政治错误时，建议谨慎行事，否则世界上几乎每个政治家都可能受到谴责，因为人无完人。

米哈伊尔·戈尔巴乔夫说，尼古拉·雷日科夫和他感谢民主德国的访问邀请。但由于他最近刚访问过民主德国，因此尼古拉·雷日科夫是最佳人选。但如果确实有必要，他也可以访问民主德国。

目前出国访问的主要障碍是苏联极其复杂的局面。改革越来越快，人们现在已经可以感受到包括民主德国在内的其他社会主义国家的影响。像在民主德国和罗马尼亚一样，在苏联，人们也有许多要求。

目前主要有三个任务：直接的经济改革，加强和完善权力机制，以及党内的进一步改革。党代会的日期可能会提前。

米哈伊尔·戈尔巴乔夫告知，苏共中央委员会将于2月5日和6日举行全体会议，讨论大会的议题，并确定大会的日期。一个月后，将在另一次全体会议上讨论苏共党章草案。

苏联的情况表明，米哈伊尔·戈尔巴乔夫面对非常复杂的局面，各方都表示不满。

从经济角度来看，苏联现在可能面临最复杂的时期。不受欢迎的措施也是不可避免的。在这种紧张的情况下，此举非常冒险。

在政治领域，主要是强制执行地方自治。苏共基本上不再管理日常生活和经济，但地方苏维埃尚未完全接受变革。行动需迅速。许多人害怕苏联陷入混乱，已经有一些迹象显现。无论左派还是右派，动机各不相同。但是，他坚信必须通过民主方法掌握局势，主要任务是防止进一步的流血冲突。这是非常困难的，因为暴力在这个地区有着悠久的历史，从古老的俄罗斯到斯大林时期。

米哈伊尔·戈尔巴乔夫强调了他的信念，即如果能自我革新，苏共可以继续在社会中发挥作用。该党会继续得到工人阶级的大力支持。

谈话和随后的进餐在兄弟般的温暖氛围中进行。

资料来源

Detlef Nakath/Gerd – Rü diger Stephan：Countdown zur deutschen Einheit. Berlin 1996，S. 288 ff.

24

1990 年 2 月 7—10 日民主社会主义党执行委员会国际政策工作组书记布鲁诺·马洛关于与苏共中央委员会磋商的报告

1. 在莫斯科逗留期间，由党员关系工作组政治助理托马斯·雷克陪同的布鲁诺·马洛和以下同志会谈：国际部第一副部长 K. 布鲁滕兹、国际部第一副部长 A. 格拉切夫、国际部副部长 W. 穆萨托夫、国际部副部长 J. 克拉辛、苏共中央社会科学研究所所长 R. 费奥多罗夫。在会议上，就两国和两党情况，就进一步塑造民主社会主义党和苏联共产党及个别共产党和工人党关系的当前任务，公开交换了意见。苏联同志肯定了他们对民主社会主义党的支持，并提供了他们所有的帮助和支持。

2. 所有会谈者都认为苏联的局势非常紧张。苏联公民在个人谈话中表达了他们对社会崩溃的恐惧，谈到了一场成熟的新革命。即使与十月革命和大法国大革命时期相比，苏联的社会发展速度也已算很快了（R. 费奥多罗夫）。爆炸性局势的主要原因是民生供给形势严重恶化。经济改革始终处于困境。无法摆脱以前的行政命令体制。将此经济机制比为生物体，即如血液（金钱）变成水而致生物体无法生存。

该国的通货膨胀高于收入增长水平。商业"背对买方，脸朝黑市"（R. 费奥多罗夫）。还有一些同志反映，国营商店的销售员只愿以高价售卖大众需求商品。

会谈者强调的主要问题是，货币必须保持其真正的货币功能，并且必须以有序和诚实的方式使用。部分人相信，在第 X 天会出现各种商品的库存，然后突然可以达到期望的供应水平。这种做法归咎于"激进派"而不是"保守派"。

在共和国和地区一级，由于不同地方企业之间的经济关系中断，展现出一种经济"自治化"的进程。根据会谈者的评述，在仍然存在的经济联系中出现向自然经济过渡的迹象，货币不再重要。总的来说，蜕变程度已经严重了很多。

当被问及军队干预是否有可能用铁腕保持秩序时，人们强调要回归"旧秩序"。在情况严重的情况下，人们必须从历史的高度来看待这个国家的发展进程。只有这样才能得出正确的评估结果。如果你不这样做，你就不可避免地得出一切都在崩溃的结论。

在苏联公民的个人会谈中，与高加索地区的国家冲突和波罗的海国家的独立努力联系起来的对苏维埃共和国联盟解体的恐惧，被苏联公民真实地表述了出来。与之相关地，还提到了该国的难民流动。这股难民流已经多达数十万人。莫斯科中央因在这种情况下无能为力而受到批评。

东欧国家的进程现在将对苏联产生反作用。因此，它在一系列领域受到来自公民的压力，而且，在斯维尔德洛夫斯克、雅罗斯拉夫尔、古比雪夫、切尔尼戈夫、伏尔加格勒、顿涅茨克，苏共地区委员会纷纷辞职。在伏尔加格勒，形成了一种"圆桌会议"。

3. 基于这种紧张局势，苏共中央委员会对全会抱有极高的期望。苏共中央的会谈者强调，通过党代会的决议，宪法第六条的变更，以及给予组建更多党派的可能性，设想在党内进行深远变革，最重要的是建立总统权力，他们从政治角度考虑了这些情况。有70年历史的一党制实际上将被放弃，决定权将转移给总统。通过这种方式，他们创造了积极促进国家转型的条件，并在一定程度上考虑了对"铁腕"的渴望。苏联同志强调，这个国家正处于一个新的转型过程的开端。对于立陶宛共产党的独立进程，米哈伊尔·戈尔巴乔夫在讲台上的讲话和个人态度都已经非常明确了。

异乎寻常的详细而有针对性的讨论再次表明了党内日益流行的观点。对党的领导的虔诚明显下降，公开的批评也增加了。在这个平台上进行了艰苦的政治斗争，改革运动的支持者赢得了这场斗争。总而言之，人们必须谈到戈尔巴乔夫的胜利。他依靠自己的能力再一次将各种矛盾的观点汇集在一起，并达成共识。

许多发言者不会成为中央委员会的成员，但他们有着很大的贡献和良好的态度。对于许多年轻的同志来说尤其如此，他们表现出惊人的政治思考能力，清楚地表达自己的思想并从事日常政治工作。尚未宣布减少党的机构和公布领导层的新结构。可以预见的是，分支部门的残余将完全消失。中央的各委员会现在都可以工作，但到目前为止，它们还没有被视为新政策的发起者。他们只是倾向于采取行动，并发挥了咨询作用。

改革后平台的一致批准清楚地表明，没有回头路，也没法取代拟定的政治路线。一些苏维埃公民认为全体会议没有充分解决社会经济问题，并且没有办法摆脱危机。因此，随着不可预测的后果，进一步恶化是不可避免的。到目前为止，领导工作的主要缺陷可以描述为"迟到"。（R. 费奥多罗夫）政治事务中存在困惑和混乱。对最紧迫问题的不同看法暴露出来。

4. 包括东德在内的东欧国家的发展必须不带一丝匆忙地以"平静的血液"① 进行分析。其发展可以与钟摆相比，在一个方向上偏转几十年之后，如今在稳定下来之前向相反的方向移动。这里也必须考虑人们的心理状态。这汇集了他们过去的经历。只有与他人相比，社会主义价值观的重要性才变得明确。社会主义价值观最终将占据上风（A. 格拉切夫）。

对于东欧的发展而言，1948 年是关键的，这实际上意味着追溯到 1937 年并导致各个国家的严重损失。第二次世界大战后，苏联的国际声誉大大增加，并为社会主义创造了一个巨大的机会。然而，斯大林主义又回来了，这在东欧引起了相当大的失望。列宁已经指出，与在发达国家中取得的社会主义革命的胜利相比，俄罗斯的落后再度暴露无遗。然而，斯大林则将俄罗斯的落后说成是东欧国家所要实现的目标（A. 格拉切夫）。

目前，有很多关于社会主义崩溃、东欧制度变迁的讨论，但杜布切克自己就强调，社会主义对社会现代化是可行的。在西方，人们开始对此展开思考，特别是法国社会主义者。他们强调资本主义在经济上是有效的，但在社会领域，民主远非一切都好。尽管已经赢得了冷战，没有人清楚它应该如何继续下去。在一些东欧国家，共产党和工人党已经被推到了发展的死角。

此外，个别政党本身也有令人不愉快的变化。苏共将继续团结性的帮扶和支持。但是，必须考虑将来要如何实现这些措施。有些党派提出了一项建议，即苏共应该考虑在 4 月份让东欧左翼势力进行磋商，以便共同讨论新形势和由此产生的推论。②

W. 穆萨托夫指出，波兰人民共和国和捷克斯洛伐克共和国正在考虑为外交部为政党之间的合作问题建立专门部门。这基本上是值得庆贺的。

在苏联与东欧一些国家的关系中，存在着遣返苏联军队的问题。苏军到 1991 年中期已经从匈牙利完全撤离。由于苏联有大量组织性工作要做，所以很长的时间期限是绝对必要的。还需要考虑由军人所引起的社会

---

① 意指冷静。——译者注
② 但是，这种建议仅于 1990 年 11 月 15—16 日在莫斯科实践。

问题。

与新的捷克斯洛伐克共和国政府的第一次会谈揭示了他们非常不友好的态度。有人争辩说，如果在一天内建立部队，也可以在一天内对其进行解散。苏联在谈话中说，每天有两列货运列车可以离开该国，但对于快速遣返部队则必需 134 列。二月，哈维尔将来到莫斯科，他们也将谈论这个问题。

根据苏联同志的说法，捷克斯洛伐克共和国的情况比波兰更复杂。捷克斯洛伐克共产党满嘴谎言并且仅仅外表上像一个奋斗的党。它现在躲回到蜗牛壳中，并且没有让人们注意到。

波兰兄弟党处于愚蠢的境地。人们可以谈论如书本上所写的"波兰经济"（A. 格拉切夫）。在政党生存的基本经济问题中没有基本原则。会员费只占该党预算的十分之一，其他一切都来自国家预算。几乎没有关于党的建筑物的土地登记条目。因此，它在耍尽花招之后惨遭掠夺。

该党正朝着社会民主的方向发展。克瓦希涅夫斯基与波兰团结工会的左翼联系密切，可以与之达成正式的统一。瓦文萨目前正在"孤注一掷"攻击总统和政府。布热津斯基也被提议担任总统候选人。关于进一步的发展是不可能预测的。雅鲁泽尔斯基总统将于 2 月访问莫斯科。①

5. 苏共中央的同志们批准了民主社会主义党关于到 1990 年 5 月前进一步与苏共开展合作的讨论，会议同意按照这一计划进行微小的改动：

——一个重要的变化是计划中《新德意志报》对米哈伊尔·戈尔巴乔夫的采访。在这里，出于宣传的原因要寻求进行电视采访，这可以由《新德意志报》与电视一起来实现。②

——关于社会主义问题的圆桌讨论，博格莫洛夫同志被同意作为另一位与会者。

——鉴于情况复杂，关于组建联合政党组织的协商不应该在 4 月较早的时候进行，而应该提前进行。这需要双方提出非常具体的建议。

——2 月 21 日至 27 日，R. 费奥多罗夫和 V. 科普特尔泽夫同志将作

① 1990 年 1 月 27 日至 29 日，统一工人党在华沙举行的第 11 次代表大会决定解散该党，并成立了"波兰共和国社会民主党"（SdRP）。主席是亚历山大·克瓦希涅夫斯基。

② 3 月 6 日，民主德国电视台和德国电视一台播出戈尔巴乔夫采访。参阅《新德意志报》1990 年 3 月 7 日（*NeuesDeutschland*, 7. März 1990）。

为观察员前往民主社会主义党代表大会。[①]

——苏共中央委员会支持对苏联教育机构的民主社会主义党同志进行任何形式的培训。

苏共总体上准备好接收民主社会主义党学生代表团和咨询小组,这种接受不受任何天数和对等原则的限制。民主社会主义党可以在与1989年相同的条件下将游客送往苏联,尽管在民主德国会对苏共同志进行严格限制。

在苏联方面,有意愿接受个别情况下政治家或科学家进行长期研究访问或临时工作。必须澄清家庭成员的问题。

地方一级的伙伴关系方面,苏共中央委员会的同志主张,在存在适当的经济基础的情况下保存和继续。

沙特罗夫和其他知名的苏联人士3月初将在柏林参与应对斯大林主义的活动的问题,沙特罗夫承诺在民主社会主义党所希望的意义上发挥影响力。[②]

资料来源
PDS – Archiv.

---

① 民主社会主义党的代表选举大会于1990年2月24—25日在柏林举行。
② 剧作家米哈伊尔·沙特罗夫(生于1932年)曾写过几部关于1917年以后批判苏联历史的戏剧以及《良知的专制》(Diktatur des Gewissens)、《爆炸的和平》(„Brester Frieden", Brester疑为Bester——译者注)、《"向前!向前!向前"》(„Weiter, weiter, weiter!)等著作,引发了民主德国的激烈讨论。

25

关于汉斯·莫德罗率领的民主德国政府代表团与苏共中央总书记、苏联最高苏维埃主席米哈伊尔·戈尔巴乔夫会晤的说明，1990 年 3 月 6 日

戈尔巴乔夫对代表团表示欢迎。① 他指出，德意志民主共和国现任政府负有特殊责任。它只在短暂的但具有重要历史意义的时期起作用。他希望他们的工作能为德国人、他们的邻居和世界带来积极的影响。鉴于复杂的情况，民主德国政府采取了非常负责任的行动。在一个民族的历史中有一段时期，所有个人的野心都必须从属于人民的未来。民主德国正面临选择，但重要的是要在最后一刻采取行动。人们必须密切关注进一步的发展。

莫德罗建议一些代表团部长应首先发言。内阁成员之间存在着会见的愿望。与苏联的友谊与合作是民主德国政府的政策的一部分。

R. 埃佩尔曼表示，作为国家责任政府的成员，他是第一次与戈尔巴乔夫交谈，他首先要向苏联表达三重感谢：第一，感谢从希特勒法西斯主义下获得解放。尽管一些民主德国公民，因其在斯大林主义时期的经历，并不总是把苏联士兵视为解放者，而是经常作为占领者。因其在戈尔巴乔夫本人开启了一个新时代，埃佩尔曼非常怀念那个时代。第二，感谢戈尔巴乔夫为裁军所做的努力。这给了很多人希望。第三，他的感谢与东德的发展有关。对于民主德国的许多人来说，如果没有戈尔巴乔夫，今天在德意志民主共和国发生的事情是不可想象的。现在，民主德国和苏联公民之间的关系可以在全新的基础上展开。戈尔巴乔夫是民主德国最受欢迎的政治家。复仇主义这个词不好听，他想给它一个新的内容。许多民主德国公民想要对戈尔巴乔夫的政策进行报复。欧洲继续向东直到奥得河。必须扩大与东欧的经济，政治和文化合作。许多民主德国公民将认真对待苏联的安全利益。他确信 E. 巴尔的话是正确的，德国军队不再能够发动战争，这也适用于统一后德国的军队。民主德国希望为共同的欧洲家园做出贡献，

---

① 代表团成员包括伯姆、迪德里希、埃佩尔曼、弗莱格尔、普夫卢格拜尔、普拉泽克、施吕特尔、乌尔曼、沃尔夫、温舍，政府发言人迈耶以及外交部副部长弗莱克和克拉巴奇。

以创造一个让人在其中感到舒适的"客房"，而不是用来教导他人的"教室"。他想以三个要求结束：苏联应利用其巨大机遇加速欧洲统一进程。他的印象是，德国的统一进程不可被实质性的放慢速度。这两个过程不应被分得太开。其次，为了让两国友谊能够发展得更好，他要求考虑两国公民的签证义务是否无法被取消。最后，人们应该共同思考如何改善苏联士兵与民主共和国公民之间的关系。

W. 乌尔曼强调，人们站在一个时代的结束之时，而这个时代始于两个德国的建立。新的转型时代的原则应该是什么？首先，是雅尔塔、波茨坦（会议）和《大西洋宪章》的原则。但这也需要《赫尔辛基协定》的原则。随后出现了关于《赫尔辛基协定》如何与北约和华沙条约关联的问题。苏联如何反对联邦德国和美国关于统一后德国必须属于北约的要求？这是冷战的延续，就算你正在寻找像根舍一样的妥协。在这个问题里他看到了统一过程中的真正困难。这只能通过德国的非军事化来解决。这也是莫德罗关于军事中立的提议的主旨：必须设定解散两个条约机制并用政治联盟取代它们的目标。苏联如何看待这种可能性？这也包括在德国和平条约的"4＋2"谈判中。苏联如何看待民主德国政府的信件？如何在这些谈判中支持民主德国确保自第二次世界大战结束以来该国所有权关系的要求？

M. 普拉泽克以民主德国年轻一代的名义感谢戈尔巴乔夫，后者给了他很大的勇气。他提到了两个问题：两国人民之间的友谊源远流长，加深这种友谊非常重要。因此，他提议建立一个联合青年工作机构，然后联邦德国也应该参与其中。它应该由尽可能多的非政府机构负责。德国的统一只能在不损害东方邻国的情况下进行，青年可以为非军事化做出重要贡献。

此外，还谈及生态问题。他对扩大核技术发展方面的合作感到不满。期望将能更多地应用可再生能源。他被授权转达海因茨·斯蒂勒教授的个人问候，斯蒂勒是由戈尔巴乔夫先生支持的人类生存基金的创始成员。到1989 年 10 月，该基金的工作在民主国一直受阻。现在想尝试一个新的开始。①

---

① 可参阅 1987 年 2 月 16 日在"为了一个没有核武器的世界，为了人类的生存"论坛上的演讲，载米哈伊尔·戈尔巴乔夫：《讲话与文章选集》第 4 卷（Ausgewählte Reden und Aufsätze. Bd. 4.），第 417 页及以下。

G. 波佩提到不久后民主德国的第一次自由选举。苏联和其他东欧国家的发展促成了这一点，这促进了民主德国走向民主的和平革命。现在竞选斗争，特别是联邦德国的政治家们威胁到了这一进程，选举将由联邦德国的政治家决定。这可能导致新的不稳定。他想强调的是，民主德国公民运动绝大多数都支持非军事化和解散军事集团的政策。希望苏联利用其影响力来表明欧洲一体化和欧洲安全与合作委员会讨论的进展。

应戈尔巴乔夫的请求，N·雷日科夫通告了上午举行的会谈。[①] 他指出，欧洲，特别是民主德国的发展使得新形式的对外贸易关系成为必要。双方一致认为有必要扩大双边经济关系。多年日益发展的专业化和一体化不应遭受不合理的风险。但是，还必须考虑到不断变化的条件，包括正在发生的和解和统一的进程。因此，有必要建立一个不断就民主德国与苏联之间的经济关系进行磋商的机制，以免落后于客观进程，至少要向前迈出几步。

莫德罗强调这次会见特别重要。从来没有一个东德政府像现在这样通过广泛的政治纲领承担国家责任。现在于莫斯科举行的会谈将延续到1990年3月18日以后。两个德国共同发展和统一的进程必须与泛欧发展紧密结合。在民主德国的竞选活动中，有一些情况扰乱了我们的邻国和其他国家。因此，他将于3月6日召开人民议院会议。重申政府在波兰西部边界的立场。[②] 两个德国国家的合并必须分阶段进行并且易于控制，它不能脱离泛欧进程，并且只能以此为原则在六国谈判中发挥作用。因此，他要求苏联努力确保这些发展。这也涉及经济关系。还应考虑民主德国与联邦德国之间的经济和货币联盟问题。未来与苏联发展的经济关系必须以这样一种方式形成，即在这种关系中嵌入民主德国—苏联关系和联邦德国—苏联关系。

莫德罗确保，莫斯科谈判中的这一问题将在政府中得到认真评估。代表团中的部长们一致认为，自12月至3月以来所做的工作也必须适用于未来。

戈尔巴乔夫先生对于与民主德国代表的会谈深表满意。它们现在特别

---

① 民主德国代表团与雷日科夫会谈的一份说明已提交给部长会议。参阅《新德意志报》1990年3月7日（*Neues Deutschland*, 7. März 1990）。

② 人民议院于1990年3月6日和7日举行会议。"莫德罗政府声明"，参阅《新德意志报》1990年3月8日（*Neues Deutschland*, 8. März 1990）。

重要。世界正在快速发生重大变化。即使不总是能够立即给出答案，也有
必要考虑如何根据不断变化的情况采取行动。因此，在苏联，他们已经走
上了彻底改变的道路，即使苏联人民并不总是理解这一点。苏联推动的将
人类价值观置于其他价值之上的政策具有全球意义。但是，如果改变的苏
联政策是由弱点决定的，那将是一个重大错误。因为基于错误的政策可能
导致严重后果，因此面对如此形势对事实的评价必须给予高度的警惕，人
们在联邦德国和美国中观察到这种思维方式。人们认为，苏联存在着一个
不稳定的阶段，并试图施加压力和迫使其做出让步。

重要的是让自己受到大背景的引导，并注意越来越多的发展中的相互
联系和依赖。如果不这样做，将很难为国际政治的关键问题提供答案，包
括两个德国国家的合并和统一。苏联不止一次向联邦德国、美国和其他西
方国家强调，必须对此承担起特别的责任。这只能意味着要一步一步地实
现这一进程，因为为了民主德国及联邦德国人民的利益，它不应该造成
混乱。

民主德国人民有自己的骄傲和尊严，所有人都知道民主德国的成就，
怎么可能不是这样？联邦德国的人必须谨慎思考，不要在瓷器店里玩大
象，也不要因为政治野心制造祸害。德国人的利益要求他们分阶段采取
措施。

即使从外部看待德—德问题，也可以得出结论，开始的过程只能渐进
地进行。不能破坏由新兴的安全概念和欧洲国家的和解产生的权力平衡。
因此，两个德国国家有必要与邻国和其他所有国家协调利益。从这个意义
上说，必须加速泛欧进程。

苏联最近提醒联邦德国政府，其有责任维护战后时期形成的现实及其
不可侵犯性。科尔的策略最近几天引发了怀疑。科尔现在必须看到欧洲正
在抵制他所施加的压力。

几天前，布什通过电话通知了他在华盛顿与科尔的谈话，并告诉他同
意科尔的看法，即统一的德国应该属于北约。[①]他告诉布什他对此有不同
的看法。美国和苏联都不应采取危害欧洲安全和利益平衡的手段。如果发
生这种情况，苏联将采取果断行动。布什的论点是，一个作为北约成员的
统一德国没有危险，他当时曾辩称，德国随后加入《华沙条约》是可以想

① 据塔斯社报道，戈尔巴乔夫和布什于1990年2月28日通过电话。

象的。

考虑到苏联人民的利益，戈尔巴乔夫坚持认为苏联将采取行动解决两个德国国家统一的问题。

这是一个历史事实，俄罗斯和德国之间的关系对欧洲和世界一直都很重要。根据历史的教训，双方必须合作。数十年来民主德国与苏联发展关系形成的经验，也必须在统一后的德国与苏联的关系中得到进一步发展。但这只能在分阶段的过程中实现。这也适用于东西德货币和经济联盟，在这里，共同的考虑也是必要的。

关于在两个集团之间的关系问题上发展泛欧进程，苏联有其众所周知的主要立场。

北约和《华沙条约》将朝着政治联盟的方向转变。统一的德国不应该让这件事变得困难。在这个问题上，民主德国和苏联的观点也是一样的。

戈尔巴乔夫认为全面讨论非常重要，并表示相信民主德国和苏联将保持密切联系，特别是在未来。

资料来源

BArch，DC 20，I/3 -2926.

26

1990 年 5 月 18 日民主社会主义党主席格雷戈尔·居西与苏共中央委员会委员兼中央委员会国际部部长瓦连京·法林在柏林的会晤记录①

在热烈地欢迎之后，法林同志询问居西同志和民主社会主义党的现状。

居西同志回答说，如果没有全德快速的选举，人们可能会相当乐观。

法林同志暗示，民主社会主义党有机会在德国各地组织起来，但不参加全国议会选举，而是集中精力于国家事务。

居西同志解释说，民主社会主义党希望与联邦德国的左翼势力建立广泛的共识，讨论实质性问题，并将组织问题置于最后。民主社会主义党绝不会参加下届联邦议院选举，这么做是为了绿党不至于分裂。另一方面，它必须参加全德选举。②这是必需的，因为他不知道 190 万人应该投票给谁，谁会投票给民主社会主义党。

最近《图片报》进行的一项严肃的民意调查显示，德国民主社会主义党的整体投票率可能达到 6.9%，这个比例很高。③

法林同志问道，民主社会主义党正在考虑哪些选民？

居西同志回答说，基本上有三个主要领域：知识分子、左翼工会会员、工人和各行各业的青年。年轻人会认为民主社会主义党很有吸引力，因为它很年轻。顺便说一下，它是唯一一个在非常痛苦的竞选活动中具有幽默感的党派，这让人们好感丛生。在没有多少欢乐的情况下，它有最好的和最幽默的竞选口号。这样的口号让哈里·里斯托克（Harry Ristock）也大笑起来："人们不会对其他任何党派产生好感，选择民主社会主义党。"

1990 年 12 月或 1991 年 1 月的全德选举原本对民主社会主义党而言将

---

① 该备忘录于 1990 年 5 月 19 日完成。

② 下一次联邦选举 1990 年 12 月 2 日举行，其中民主社会主义党参与两个选举区，在西部以民主社会主义党参选，在东部作为民主社会主义党左翼参选。

③ 1990 年 3 月 18 日的人民议会选举中，PDS（民主社会主义党）得票率 16.4%，获 66 个席位。在 1990 年 12 月 2 日的大选中，PDS 在东部选区得票率 11.2%，在西部选区得票率为 0.9%，17 名议员进入联邦议院。1991 年 6 月，只有 6.5% 的东德受访者和 0.3% 西德选民愿意在"星期日问题"上投票支持民主社会主义党。

是一场灾难。但是，科尔总理同意了谢瓦尔德纳泽同志关于分别对待德国内部与外部问题的"脱钩提案"，全德国举行快速选举的道路已经被苏联清扫干净。

如果在全德选举时，德国统一的外部问题没有得到澄清，那么它们就再也无法澄清了。然后，西方将在民主德国境内动员人民反对苏联军队。苏联坚持，如果不澄清外部问题，德国就无法统一。居西同志说，在这一激烈的声明后，绿党的安杰·沃尔默亲自拜访了他。①

法林同志说，这不是对现有状况最好的声明。

居西同志回答说，如果能对这一问题达成一致，他会非常开心。他不认为这个声明令人开心。那些主张谨慎对待德国统一进程的人获得了很大支持。他希望科尔像童话故事中渔夫的妻子一样，无限贪婪，许下最后一个愿望后全盘崩溃了。

埃贡·巴尔认为，科尔不会达成所愿。然而，他在1月份却失策了，当时他预测民主社会主义党会在人民议院选举中获胜。

科尔总理对总理德梅齐埃施加压力。他试图说服他现在必须迅速实现统一。要到明年才能看到经济和货币联盟真正的社会影响。中央党可能不会再胜出，因此，必须事先进行全德选举。

由于这种纯粹的党派推理并不足以令人信服，他使用了另一个非常可怕的论点。他说，没有人知道米哈伊尔·戈尔巴乔夫还能统治多久。如果他在夏天或秋天被推翻，而利加乔夫或其他人当选，那么就不清楚德国统一是否仍然可以推行。②

科尔也知道，如果苏联用军事手段解决民主德国问题，那么美国和其他西方大国会袖手旁观。他们会提出一个响亮的口号，但会在实践中坚持雅尔塔原则。

法林同志同意，如果苏联对匈牙利、波兰或捷克进行军事干预，西方大国不会采取任何行动。对西方大国来说，军事行动太危险了。法林同志说，他告诉埃佩尔曼，有必要决定是否希望戈尔巴乔夫留任。不应该让他

---

① 1990年5月5日在波恩举行的两轮加四轮谈判期间，苏联外交部长施瓦德纳泽声明了"脱钩提案"。因此，德国统一的内部和外部解决方案不再必须捆绑在一起。1990年5月15日，科尔总理以联盟的名义宣布，他想在1991年1月之前实行全德选举。

② 在1990年7月的第二十八届苏共党代会上，戈尔巴乔夫赢得了4600张选票中的3411票，再次当选为总书记。

陷入死胡同并完全打倒他。如果他被迫允许整个德国加入北约，最高苏维埃是不会接受的。人们应该想象一下，如果这种解决方案在最高苏维埃被拒绝，它将为戈尔巴乔夫带来什么后果。这种拒绝是百分之百肯定的。①米哈伊尔·戈尔巴乔夫知道这一点，因此在这个问题上采取了如此强硬的立场。

居西同志同意，如果德国加入北约，那么北约将得到极大加强，苏联会被迫退出欧洲。

法林同志指出，将民主德国纳入北约仅仅是个开始。随后会是波兰、捷克和匈牙利。

居西同志补充说，波罗的海国家也可以效仿。仅将民主德国排除在北约军事集团之外的想法是无稽之谈。放弃北约成员资格是德国人回顾第二次世界大战时必须付出的代价。统一后，德国将成为欧洲生活水平最高、经济实力最强的国家。唯一的条件是它必须在军事上无足轻重。否则，它会立即在政治、经济和军事上取得霸权。

法林同志说，军事上不用担心，德国因丧失了大块领土，已经无力再发动战争。重要的是说服德国人提出符合现实的愿望。事态应如此发展：民主德国的存在使北约保持军事中立。现在苏联建议以通常的方式进行非军事化改革。德国的军事能力必须保证其在战争中的生存能力。

这并不是说德国必须在政治上或其他方面中立。他将融入欧洲整体，享有与所有其他国家同等的权利和义务，不受任何歧视。从这个意义上说，德国的统一可能是欧洲一体化的信号。统一的德国和分裂的欧洲之间的反差不会长期持续。这会带来新的威胁，这就是米哈伊尔·戈尔巴乔夫的出发点。

居西同志解释说，反对德国加入北约的斗争必须与非军事化相结合。对德国不受约束增强军事力量的恐惧是一个强有力的论据。

法林同志认为，德国不应不受约束，而应被纳入欧洲安全秩序。

德国无核化的口号也应该对德国人非常有吸引力。这是第一次有机会将国家从这种致命的危险中解放出来。在此之后，必须将德国的军事潜力降至欧洲平均水平。因此，德国可以完成一项开创性的行动，让其他欧洲

---

① 1991 年 3 月 4 日，苏联最高苏维埃以 19 票赞成、19 票反对的表决结果批准了《2 + 4 条约》，1991 年 3 月 15 日，苏联批准书交存波恩。

国家加入以防御为主的欧洲中来。米哈伊尔·戈尔巴乔夫在访问华盛顿的前两天与科尔总理进行了一次接触，他再次向他表明，苏联是不可能同意德国加入北约的。这种模式对苏联来说是不可接受的。这将导致新的危险、局势紧张和裁军受挫。[①]

居西同志询问，如果米哈伊尔·戈尔巴乔夫从华盛顿峰会回来而没有任何外交成就，布什是否知道该怎么做。

法林同志说，美国人很会玩牌。他们愿意相信科尔，科尔告诉他们西方必须保持强硬，然后戈尔巴乔夫就会让步。他们尝试通过有利的经济提议收买戈尔巴乔夫同意。这是一种幻觉。他总是告诉他的领导，如果苏联接受德国加入北约，德国事态发展将会不可预见。

居西同志说，这正是美国人试图推翻米哈伊尔·戈尔巴乔夫的原因。

法林同志说，这样的尝试可能会成功。在这种情况下，军队不会支持戈尔巴乔夫。

居西同志说，他很高兴人们同意这一点。法林同志知道他希望在苏美首脑会议之后，于6月前往莫斯科，与戈尔巴乔夫同志会晤。

首先，他想加强他在德国政界的影响。他与联邦德国的左翼势力有着广泛的接触。其次，他想说服他，统一进程的内部和外部问题不能分开。再次，他对民主共和国与苏联的经济合作抱有充分希望。德梅齐埃是一个相对公平的合作伙伴。但他很孤单。

法林同志认为，科尔试图将德梅齐埃置于莫德罗同志之前同样的境地。首先答应他一切，然后敲诈他。如果德梅齐埃陷入困境，他就不会给他一分钱，并将他推到破产的边缘。他不确定德梅齐埃是否知道这点。

居西同志同意并补充说，党内对德梅齐埃存在争议。

法林同志指出，有情报显示，西方特工部门对德梅齐埃与民主德国安全部门的联系十分了解。这些信息包括易卜拉欣·伯姆、洛塔尔·德梅齐

---

① 1990年6月3日，戈尔巴乔夫与美国总统布什在华盛顿举行的首脑会晤时同意，两个超级大国同意，统一的德国可以自己选择加入哪个联盟。这是"二加四进程"决定性的转折点。参见拉斐尔·比尔曼（Rafael Biermann）《在克里姆林宫和总理府之间．莫斯科与德国统一的博弈》（Zwischen Kreml und Kanzleramt. Wie Moskau mit der deutschen Einheit rang），帕德博恩/慕尼黑/维也纳/苏黎世（Paderborn/München/Wien/Zürich），1997，第598页。

埃和民主德国现任领导人。①但他不知道是否有文件证明。居西同志说，西方非常沮丧，他们没有找到关于他的任何罪证。法林同志提出了一些想法，他向民主社会主义党表达并建议：

1. 目前是否应优先考虑德国的去核化？应该说，恢复德国的统一为使德国人摆脱这些可怕的武器提供了一个独特的机会。不再有苏联的威胁。如果美国也参与进来，那么无核化就可以实现。

这可能成为启动和平运动的议题。最近北约核计划小组表明，美国正在开发新的核武器。如果涉及更广泛的安全问题，那么恢复德国统一就非常有价值。

法林同志建议，这一问题的重心是否调整还需商议。由于西方目前刻意回避这个问题，因此我们应该先行一步。

2. 到目前为止，必须承认德国人的主权和自决权，并允许他们自己决定德国应该属于哪个联盟。这样做就完全排除了人民选择不结盟的可能。值得庆幸的是，将由全民公决决定德国的命运。这个问题不能只由少数政客决定，而不问人民的意见。这种做法还能重复多久？

可以肯定的是，只有在德国的不结盟和无核化意义上，这样的全民公决才能接近成功，那么人们就应该冒这个险。首先应举行这样的公投，而不是全德选举。

3. 北约是一个纯粹的军事组织。说它将成为一个政治组织，失去其军事职能，这种言论毫无价值。这样论断瞬息万变。这与苏联的权利和义务无关。也许，宣布北约今天是一个政治组织。也可以声称，三年内，米哈伊尔·戈尔巴乔夫在苏联的地位会被削弱，并且再次需要一个进攻性的军事组织。

居西同志表示赞同。所以他本人也曾同密特朗争论过这样的问题。据称北约外的德国对欧洲来说更加危险。北约成员资格根本不是保证。如果德国想要开战，那么它将离开北约。毕竟，它曾一度退出国联。统一德国的军事定位是唯一真正需要考虑的东西。

法林同志重申必须在和平条约的框架下这样做。最近几个月，他们在这个问题上非常被动。缔结和平条约是苏联的优良传统。如果不这样做，苏联将维护其原有权利，不发表任何声明。正如戴高乐在1958年所做的那

---

① 1990年4月2日，东德民主社会主义党主席易卜拉欣·伯姆宣布辞职，几天前，他被指控为安全部的非官方雇员。同样，3月底，对洛塔尔·德梅齐埃的指控浮出水面，他曾与安全部合作过。

样。针对赫鲁晓夫提出的给予西柏林自由城市地位的倡议，他回答说：我对自己的权利感到非常满意。如果苏联人有更好的提议，我愿意考虑。否则，我会坚持已拥有的东西。

边界问题也不仅仅是德国与邻国之间的双边事务，而是欧洲安全问题和苏联的切身利益问题。边界问题是全面和平解决方案的一部分。此外，还包括德国的军事地位，德国参与欧洲整体秩序的义务，承诺放弃《莫斯科条约》所指出的放弃生产、部署和获取大规模毁灭性武器。

目前，科尔的意图是苏联放弃其原有权利，而《巴黎协定》《波恩协定》和《罗马协定》规定的三个西方大国的权利将继续存在。苏联完全不能接受作为第二次世界大战战胜国的权利和义务不对称。此外，这不符合德国人的利益。

有必要向德国公众解释，如果科尔遵守条约的第 23 条，统一将意味着什么。这意味，西方各国仍对德国具有许多特权。例如"波恩协定"第七条规定，如果西方的军队遇到危险，他们有权重新进行占领。在过去两年中，联邦德国多次试图削弱这些规定，但都无济于事。在起草紧急法时，已经试图削弱这些规定。然而，它们今天仍然存在。

法林同志说，应该奏响德国的民族之弦。如果他们想在战后的领土上苟延残喘，那么最好的办法就是拒绝和平条约。但如果想在过去和未来之间划清界限，那么缔结和平条约则是最好的方式。他不想谈论废除《联合国宪章》和其他文件中的特别规定。如果这与赔偿金有关，那么这将是德国人支付的最后一笔。这一点也很重要。

必须提醒德国公众，科尔本人过去常常提到未来签署和平条约的必要性。他拒绝了最终的边界解决方案，因为这只能在和平条约的前提下执行。因为主题的缺失，所以无法完成。现在缔结和平条约的主题将很快出现，人们拒绝条约。必须清楚地表明，在一个对国家如此重要的问题中，是如何被操纵的。

居西同志重申，必须使总理的整个外交和经济政策更加清晰。他向民主德国支付了 150 亿马克，这是他 12 月对汉斯·莫德罗的承诺，而他再也不会支付马克了。①

---

① 1989 年 12 月 19 日在德累斯顿举行的两德首脑会议上，为居西提供了一笔款项，其中包括在莫德罗和科尔会晤时，联邦政府的西方旅行交换计划和贷款担保。在 1990 年 2 月 13 日和 14 日于波恩举行的两德首脑会议上，莫德罗再次提出贷款请求。

洛塔尔·德梅齐埃认为科尔会有所收获。这是一个错误。

法林同志认为必须向德梅齐埃表明这一点。科尔是一个缺乏良知的人。

居西同志说，他认为德国无核化是一个重要而热门的问题。然而，它应置于非军事化的背景下。提醒民主德国的公民，他们的儿子必须在北约部队中服役，这是十分有效的。因此，废除义务兵役制建议的主旨不是针对国家人民军，而是针对北约。然而，目前国家人民军的军官认为新部长埃佩尔曼做得非常好。从长远看，反对派的民主社会主义党无法说服军官队伍。

法林同志提议建立欧洲整体安全机构，从属于泛欧部队。他们将用于自然灾害、生态灾难和其他场合。这很可能引起专业军官和有志服兵役的年轻人的兴趣。德国、俄罗斯、波兰和其他国家的军官可以在一起工作。

一支泛欧志愿军，居西同志补充说。

法林同志说，他正在考虑建立一支非政治化的专业军队——欧洲快速反应部队。必须训练有素。在谈到统一德国的主权时，必须是完整的，居西同志解释道。那么，所有四个战胜国的原始权利必须平等地废除。如果只废除苏联的权利，而保留西方国家的权利，这是不可接受的。还迫切需要一项和平条约，因为只有这样，才能彻底废除战胜国的权利。联邦政府过去一直呼吁这样做，如果现在不这样做将令人费解。

法林同志指出，阿登纳在 1949 年要求同西德签署和平条约，因为苏联会长期不会给予德国和平条约的。1952 年，社会民主党要求与联邦德国在不加入北约的情况下达成和平条约。

有了和平条约，不仅能与第二次世界大战划清界限，而且能与冷战划清界限。然后才可能有新的开始。

关于统一的德国是否加入北约的全民公决，居西同志说，他完全有信心，在物资丰富、商业发达的情况下，大多数人将反对加入北约。然而，如果这种全民投票成为决定这些问题的手段，可能会在几年后在不同的情况下重复使用。然后，人们可以找借口推动德国重入北约。目前，这样的公投无疑是一种具有可行性的变通的方法。为了使这一决定能够在今后得到保障，这个问题必须成为和平条约的主题。德国将获得所有主权，除了加入某个军事联盟，还应在四国的监督下逐步实现非军事化。这并不排除它参与欧洲安全秩序和泛欧部队。

法林同志肯定，这是关于放弃暴力的义务的问题，以防止德国加入有义务使用武力的军事联盟。基本上，它重申了《波茨坦协定》，即德国不应再成为发动战争的威胁。

居西同志说，所有这些问题都是"2＋4谈判"的一部分，属于第二次赫尔辛基会议和和平条约的一部分，但不属于全民公决的范畴。否则，如果波罗的海国家出现紧张局势，就可以宣布德国必须再次成为北约成员国。

法林同志说，如果将公投的结果纳入和平条约，就不会发生这种情况。

居西同志说，这是为了防止在这些问题上重复公民投票。苏联必须强硬地宣称，他们是不可能放弃原有权利的。

法林同志肯定地说，必须为这些权利而斗争。

居西同志说，民主社会主义党正在筹划一次安全会议。也可能举行一次关于德国政策的会议，讨论这些问题。①

法林同志提醒，7月和8月是《波茨坦协定》45周年纪念月。这是一个很好的机会，证明我们现在实际上回到了波茨坦的起点。人们正试图重建在波茨坦共识，但后来西方国家放弃了的合作。过去45年表明，波茨坦之后，美国的政治决策是多么疲软。今天，理性政策的正确性得到了确认。必须强调这一点，以防止给人留下这一印象，即阿登纳的承诺兑现了，一个没有社会主义结构的德国重新实现了统一。那时斯大林的计划是建立一个统一的德国，非军事化、非纳粹化和民主化的德国，像魏玛共和国那样拥有政治和社会体制并将社会民主党派作为最强政党的德国。

我们必须设法预先阻止那些声称共产党应该为发展现状负责的论点。这是美国右翼的普遍论调。他们从历史中得出结论，发动冷战是一个成功的政策，美国同它的盟国一起取得了胜利。

居西同志插话说，很遗憾，这很明显。

法林同志否认了这一点。如果北约可以解散，那就不同了。

这是米哈伊尔·戈尔巴乔夫的障碍。如果能够使北约不再作为军事进攻组织而存在，那么过去的努力就不会白费。这也可以解释近年来东欧发生的一切。

资料来源

PDS – Archiv.

---

① 所谓的会议并未召开。

27

1990 年 6 月 7 日苏联总统米哈伊尔·戈尔巴乔夫在华沙条约缔约国华沙首脑会议上的讲话①

在我看来，在讨论、分析欧洲的变化时，有一个问题值得特别注意。我指的是统一德国的问题。如果我再重复一遍，我相信不会是任何别的问题：我们完全赞成，德国人自己决定他们的未来。这个为文明发展做出巨大贡献的伟大国家，与其他人一样，拥有决定自己命运的神圣权利。联邦德国和民主德国战后的政策证明，他们已经准备好，并采取相应的行动，与欧洲各国人民合作，为打造欧洲和巩固世界国际关系做出突出的贡献。联邦德国和民主德国所发出的口号，即德国领土不应再对别国构成威胁，这一口号更加坚定了两国在今天这个需要负责任的时期的政策。我们不主张滥用和延续第二次世界大战胜利者的权利。随着外部因素的调整，德国的统一开启了废除这种权利的可能性。但正是为了使这一切成为可能，必须巩固战后世界的支柱，最重要的是排除任何侵犯欧洲、武力改变欧洲的边界的可能性。新德国是在民主德国和联邦德国的边界内建立的，不得对他国提出任何领土要求。

在建立这种合理的利益平衡时，必须肯定德国在促进欧洲和平中的作用。

我认为，德国的统一对所有人来说都很明确，可以成为创建新欧洲的催化剂，也可以成为其中的"潘多拉魔盒"。我们已经多次表达了这一观点。

未来它不与任何集团挂钩，这符合所有欧洲人民和德国本身的利益，它牢牢地扎根于欧洲的西方和东方，无一例外地成为所有欧洲人可靠的合作伙伴。必须保证，德国不再是空前的最先进的武装部队和军备的集中地。显然，德国军队需要一个上限，要确保其防御力量，并减少德国驻外国军队的数量，使其完全撤出。简言之，在解决这一大的治安问题时，必须从一开始就为未来和平奠定稳定的基础。我认为，我们的德国同僚也有

---

① 1990 年 3 月 15 日，戈尔巴乔夫当选为苏联总统。他仍然是苏共总书记。

意避免未来发生意外。

在最近与加拿大总理马尔罗尼和布什总统的会谈中，他们也同意类似的做法。① 我相信，他们也担心，因此围绕有关德国统一进行这种外部问题的调整的解决方式毫不奇怪。我向布什总统提议，必须将欧洲的整体发展与解决德国统一的公正的外部政策结合起来。只有这样，才不会使欧洲丧失在新的基础上变大、变强的希望。我们不认为这是苏联的变体，或是罗马尼亚的变体，或是匈牙利、德国或美国的变体，我们说，需要一个适合我们所有人的变体，这是历史和与欧洲局势发展的结果。然后，在经历一段过渡时期之后，我们将在欧洲建立新的关系结构，包括安全领域。因此，有必要采用一种"变体"，在交换意见和认真考虑所有因素的基础上，确保欧洲大陆的深刻变革和深入一体化进程。这最终会引导我们走向欧洲共同体，避免任何造成不信任和不稳定的事件，避免人们怀疑欧洲正在开展的积极进程。这就是全部。变体会怎样？它很可能是一种综合性的，考虑并吸纳了对它感兴趣的所有国家。我并不仅仅指"2＋4"，而是指统一的德国和所有欧洲人的所有邻国，因为这影响到整个欧洲。如果你考虑到欧洲正在发生的一切对世界各地的局势都有着巨大的影响，那么这的确是一个世界将走向何方的问题。很明显，决不允许破坏这些进程或阻碍其前进。

我对布什总统说，与其坚持让未来统一的德国加入北约，不如让我们思考如何把欧洲联系在一起的军事政治集团更紧密地团结在一起。我们欢迎北约在下次会议上改变军事战略。顺便说一句，我想简单概述一下这个问题。在我看来，我们的西方伙伴尽管有困难，但却已经开始摆脱我们东欧应该改变的观念，并以这种方式改变他们的价值观和生活方式。这是一种与我们制定的新政策、新思维哲学不相符的推定。与此同时，北约打算在不久的将来举行会议，讨论这个军事政治集团建设和组织的理论和变革问题，这印证了上述事实。尽管有延迟，但它们为西方的变革铺平了道路。

如果这些变化成为现实，统一的德国的安全问题也将以新的方式得到解决。比如说，把它建在两个支柱之上——西方（集团）和东方（集团）。

---

① 1990年5月31日至6月3日，戈尔巴乔夫在华盛顿与美国总统布什举行峰会前，对加拿大进行了为期两天的访问。

作为初步考虑，只要这两个集团存在，就可以成为某种形式的联合成员。

这种双重成员资格可能成为一种联系因素，是欧洲新秩序的先驱。我们期待新的欧洲秩序，一个基于单一结构的新的安全共同体。

统一的德国可以宣称，在过渡时期，它将履行联邦德国和民主德国的所有承诺，联邦国防军仍然隶属于北约和民主德国武装部队，隶属于新德国政府。与此同时，苏联军队将留在今天的民主德国的领土上。所有这一切都可以通过华约与北约之间的协议加以补充，即制定一项专门关于这个问题的协定。通过这种方式，我们正在消除许多国家的疑虑，并鼓励建立未来的欧洲安全秩序。

美国人特别担心统一德国的自我意识，根据这种自我意识，他们也会算计北约。这让他们非常担心，以至于他们忘记了苏联的自尊和利益。这不符合稳定性或可预测性。

如果在过渡期的任何时候，美国觉得苏联试图削弱其利益，华盛顿可以无条件地退出该协议并单方面采取行动。

另一方面，必须清楚的是，如果苏联人民在德国问题上无法满足期望，那么欧洲所有的积极进程，包括维也纳的谈判，都将受到威胁。我们在华盛顿已经说过，我想再说一遍，这不是虚张声势。人民强迫我们环视四周。我认为这是对的。苏联的政府，无论组成如何，都不可能采取不同的做法。

我认为，美国担忧的主要原因是，它认为其在欧洲的驻军是维持欧洲稳定的因素，他们希望保留。我告诉布什，我也觉得美军在欧洲的存在是必要的。欧洲是世界政治的天然中心。如果这里改天换地，那么整个世界都将受到影响。苏美合作是欧洲政治大厦的支柱。这就是为什么我们赞成美军留驻欧洲。这不仅仅是一场政治游戏，而是现实。

另一种对美国来说很困难的方法将给所有人带来负面影响。但是，我们期望美国人以同样的方式考虑其他国家的参与，包括苏联的参与。然而，如果美军的留守完全是因为北约的话，我们认为这是一个严重的误判，而联邦德国或统一的德国退出北约将意味着美国在欧洲大陆军事占领的结束。这是最根本的问题，我在与总统进行的广泛讨论中深信这一点。

我们不赞同这一结论，但我们理解美国的担忧。特别是对于现状而言。

现在谈谈我们最终解决德国问题的意见。人们问：是否需要统一文件？也许分层达成个别协议更可取？当然，统一的外部方面的规定，将是就个别具体问题达成的一系列协议。但是，如果不将它们合并为一揽子方案，就必须经整个欧洲共同体确认。那么就无法保证这些要求在整个综合体中被严格遵守。

我们赞成一项涵盖德国统一所有外交政策的方案——德国的边界、关于其武装部队和外国军队在其领土上的规定，并重申不拥有大规模毁灭性武器的义务和不允许复仇主义复燃。这些协定由《赫尔辛基协定》所有参加国通过，将构成最终的国际一揽子解决方案。

总而言之，合并联邦德国和民主德国的进程不应成为争论的焦点，而是作为欧洲和平统一的起点。这项解决方案不是乌托邦。既有政治条件也有谈判基础。我们将参加在柏林举行的"六国集团"外交部长第二次会议，商讨苏联和所有盟国的安全事宜，我们将继续与他们协商，找到一个共同的解决方案，巩固欧洲的和平与稳定。①

很显然，我这里有一些在华盛顿使用过的材料，我想援引其中一些，更详细地解释当今北约存在的复杂关系。我想提醒大家，北约集团内至少有五六种不同类型的成员。有在和平时期不部署外国军事基地且不拥有核武器的法国模式和丹麦－挪威模式，也有英国的军事参与模式，但其核力量并不服从联合司令部。联邦德国模式是完全融入美国的体系并放弃了国家的最高指挥权，其代价是接受对主权极其苛刻的限制，尤其在领空方面。因此，我想说，寻找新的模式不是闲来无事，而是正常需求：现实发生了改变，背景发生了改变，因此做法也要相应改变。我们不仅要这样做，而且必须这样做……

资料来源
BArch，DC 20，I/3 –3000.

---

① 1990 年 6 月 22 日，第二轮 "2 + 4 会谈" 在东柏林举行。

28

与德国达成最终协约（"二加四条约"）

前言

联邦德国、民主德国、法兰西共和国、大不列颠及北爱尔兰联合王国、苏维埃社会主义共和国联盟和美利坚合众国意识到：自 1945 年以来人民生活在和平之中，回顾最近欧洲的变化，大陆的分裂是能够克服的。同时考虑到，四个国家之于柏林和统一的德国的权利和责任，以及战争中及战后四国缔结的协议，根据《联合国宪章》友好发展的基本精神，在尊重民族平等和民族自决及其他有助于世界和平的前提下，在《赫尔辛基欧洲安全与合作最终协议》的基础上，这些原则为建立公正和持久的欧洲和平奠定了坚实的基础。保障个体利益安全，必须克服欧洲对立，建立合作发展关系，加强安全，尤其是通过有效的措施进行军事管制、裁军和建立信任。摒弃敌视，走向互信与合作，在欧洲安全与合作会议的框架内建立适当的制度，德国人民能够按照自己的意愿进行自决，建立一个统一的德意志国家，作为维护欧洲一体化和世界和平的平等的、拥有主权的一员。相信德国的统一及最终边界的确定将对欧洲和平与稳定做出杰出的贡献。目标是与德国达成协约，通过德国统一进程，建立一个民主与和平的国家。这是四国之于柏林和统一的德国的权利和责任。几国外长根据之前发表的宣言，即 2 月 13 日在加拿大渥太华、1990 年 5 月 5 日在波恩、1990 年 6 月 22 日在柏林、1990 年 7 月 17 日在巴黎（波兰共和国外长参加）、1990 年 9 月 12 日在莫斯科——达成如下约定：

第一条

（1）统一的德国包括联邦德国、民主德国和整个柏林。其外部边界将是民主德国和联邦德国的边界，并将在本条约生效之日确定。确认德国统一边界是欧洲和平秩序的重要组成部分。

（2）统一的德国和波兰共和国将通过国际公约确认边界。

（3）统一的德国对其他国家没有领土要求，将来也不会要求。

（4）联邦德国政府和民主德国政府应确保统一德国的宪法不包含任何

与这些原则不相符的规定。这相应适用于《德意志联邦共和国基本法》序言和第 23 条第 2 款和第 146 条。

（5）法兰西共和国、苏维埃社会主义共和国联盟、大不列颠及北爱尔兰联合王国和美利坚合众国政府赞同联邦德国和民主德国政府的决定，并承诺和声明，确保并实现统一德国的边界。

第二条

联邦德国政府和民主德国政府重申，德国坚持和平的原则。根据统一德国的宪法，扰乱各国人民和平共处的行为，尤其是准备进行侵略战争的行为，都是违宪的、应受到惩罚的。联邦德国政府和民主德国宣布，除非依照《宪法》和《联合国宪章》，否则统一的德国将永远不会动武。

第三条

（1）联邦德国政府和民主德国政府保证，放弃生产、拥有和控制核武器、生物武器和化学武器的权利。统一的德国也将遵守这些义务。尤其是 1968 年 7 月 1 日《不扩散核武器条约》规定的权利和义务继续适用于统一的德国。

（2）1990 年 8 月 30 日，联邦德国政府与民主德国在维也纳达成一致，在拥有常规武装力量的前提下声明："联邦德国政府，保证统一后的德国在三、四年内把武装力量减少到 37 万人（包括陆军、空军和海军）。本次裁军将随着第一个《欧洲常规武装力量条约》开始。根据规定的欧洲常规武装力量的上限，将裁减最多 34.5 万陆军和空军。联邦政府致力于减少陆地和空军，德国在减少欧洲常规武装力量方面做出了重大贡献。它假定其他谈判者也将在后续的谈判中为加强欧洲的安全与稳定做出贡献，包括限制人力的措施。"民主德国政府明确支持这一宣言。

（3）法兰西共和国、苏维埃社会主义共和国联盟、大不列颠及北爱尔兰联合王国和美利坚合众国政府同意联邦德国和民主德国政府的声明。

第四条

（1）根据本条约第三条第 2 款，联邦德国、民主德国和苏维埃社会主义共和国联盟政府声明，统一后的德国和苏维埃社会主义共和国联盟将签订协议，在民主德国和联邦共和国政府的协助下，目前民主共和国和柏林驻扎的苏军将有序撤离，直至 1994 年底完成。

（2）法兰西共和国、大不列颠及北爱尔兰联合王国和美利坚合众国政府同意此声明。

第五条

（1）按照本协议第四条，直至苏军从现今民主德国和柏林撤出，统一的德国仅保留必要的领土防卫部队，而这些武装部队不属于联邦军队，德国武装部队将被派往德国其他领土。在不损害本条第 2 款的前提下，在此期间，其他国家的军队不会在此驻扎或从事任何其他军事活动。

（2）在苏军留驻民主德国和柏林期间，德国根据政府间的协约请求法兰西共和国、大不列颠及北爱尔兰联合王国和美利坚合众国的部队仍然驻扎柏林。驻扎柏林的非德国武装部队数量及其装备不应超过本条约签署时限定的规模，也不应引进新的武器类别。统一后的德国政府将与驻扎柏林的国家政府签署协议，达成一致。

（3）在苏军完全撤出现今民主德国和柏林后，德国武装部队可以入驻，这些地区的军事结构与德国其他地方的结构相同，没有核武器。这不包括常规传统武器，它们的作用是维护稳定。外国军队和核武器或其运载工具既不能部署也不得转移到德国的这一地区。

第六条

统一后的德国以及结盟所产生的权利和义务不受本协约的影响。

第七条

（1）法兰西共和国、苏维埃社会主义共和国联盟、大不列颠及北爱尔兰联合王国和美利坚合众国在此完成了对于柏林和统一德国的权利和义务。作为结果，相关的四方协议、决议及行动终止，相应的四国机构解散。

（2）统一的德国对其内外事务拥有完全的主权。

第八条

（1）本协约应被批准和接受，并尽快实施。在德国方面由统一后的德国来批准。本协约适用于统一的德国。

（2）批准书或接受书应交存统一的德国政府。它应通知其他缔约方政府交存批准书或接受书。

第九条

本协定自其交存最后批准书或接受书之日起，对统一的德国、苏维埃社会主义共和国联盟、法兰西共和国、大不列颠及北爱尔兰联合王国和美利坚合众国生效。

第十条

本条约的原件，其英文、法文、德文和俄文文本具有同等效力，应交存联邦德国政府，该政府应将经核证的副本送交其他缔约方政府。各政府全权代表在本协约上签字，以昭信守。1990 年 9 月 12 日订于莫斯科。

关于 1990 年 9 月 12 日德国最终解决方案备忘录

与第五条第 3 款最后一句中使用的"转移"（verlegt）一词有关的所有问题，应由统一后的德国政府以合情合理的方式决定，同时考虑到各方的利益，应在序言中有所反映。

联邦外交部长和民主德国代理外交部长签署的与德国有关的最终解决方案的联名信

联邦德国外交部长汉斯－迪特里希·根舍和民主德国总理暨代理外长洛塔尔·德梅齐埃以及苏联、法国、英国和美国的外交部长签署的关于最终解决协约的联名信，1990 年 9 月 14 日联邦政府新闻和新闻办公室第 109 号公报。

外长先生，关于今天签署德国最终解决方案的协约，我们谨通知您，联邦德国政府和民主德国政府在谈判中表示：

1. 1990 年 6 月 15 日，联邦德国政府和民主德国政府关于监管公共财产问题联合声明：基于占领法和占领主权（1945 年至 1949 年）的征用不可逆转，苏联政府和民主德国政府认为没有任何可能修改当时采取的措施，联邦德国政府也认为这已是历史发展的既成事实。它认为未来的德国议会必须就国家赔偿问题做出最终决定。根据 1990 年 8 月 31 日联邦德国与民主德国签署的统一的条约（"统一条约"）第 41 条第 1 款，该联合声明是本协约的组成部分。根据"统一条约"的第 41 第 1 款，联邦德国不得通过任何违反上述联合声明的法案。

2. 在德国土地上竖立的纪念碑是专门为纪念战争和暴政的受害者而设的，应受到尊重并受德国法律保护。这同样适用于保存和维护战争公墓。

3. 自由、民主的基本秩序受统一的德国宪法的保护。它明令禁止各方的自私自利及其追随者损害或破坏自由民主秩序的行为，以及为针对宪法或违背国际公约的行为提供依据。这也同样适用于纳粹主义党派和协会。

4. 关于民主德国条约，1990 年 8 月 31 日联邦德国与民主德国签订的"统一条约"的第 12 条第 1 款和第 2 款商定：

"缔约双方同意，在自由、民主和宪法原则下，民主德国签署国际条约应保持德国统一进程的合法性、兼顾参与国的利益和联邦德国的义务及自由，考虑欧洲共同体和民主德国的缔约方权限，以规范其存续、调整或消亡。统一后的德国在与各自的缔约方和欧洲共同体协商后，将接替民主德国签订国际条约，因其权限受到影响。"

此致
敬礼

汉斯－迪特里希·根舍
洛塔尔·德梅齐埃

资料来源
Bundesgesetzblatt 1990 ‖ S. 1317.

29

1990 年 11 月 15 日苏共总书记暨苏联总统米哈伊尔·戈尔巴乔夫在莫斯科与东欧和中欧国家代表团会晤时的讲话

　　戈尔巴乔夫同志以一个问题展开讲话：我们正在开会吗？在没有等待回答的情况下，他指出，经验不会白白浪费。这些经验对欧洲文明和全人类的进步都很重要。他还告诉总理科尔，民主德国的经历并非徒劳。①

　　他接着谈到了苏联目前的局势。有个奇怪的现象，尽管历史的发展具有戏剧性，历史发展是客观的，也不会受到现在人们对它看法的影响，但所有地方都在提出同一个问题：这究竟是不是社会主义？提出这个问题与市场经济的过渡有关，与财产问题和"新思维"直接相关。这表明苏联人民不想背离社会主义。11 月 7 日的示威活动即表明了这一点。对这次示威，既有人支持也有人反对。总统和中央委员会投票赞成进行示威游行，有 900 万人参加。这与以前的数字大致相同。反对示威的人大概只有7.6 ～ 7.8 万人。因此，大多数示威者都坚持了十月的理想，并在示威期间和之后更加确信，他们能够采取更果断的行动。在这种情况下，保守派人士，尤其是极端激进势力令人担忧。不得不说，自 11 月 7 日以来，局势愈演愈烈，势力两极分化。无论是媒体还是在最高苏维埃内部，表现都很明显。总统将于 11 月 16 日（星期五）发表国情咨文讲话，并解释其立场。这将成为当前的焦点问题。总统和总书记会面临强大的攻击。戈尔巴乔夫同志强调，他坚持公开捍卫转型进程，并坚持他的政治路线。就在前一天，一些文化工作者要求总统放弃对社会主义的忠诚。如果总统不改变态度，他毋宁辞职。现在，各利益集团重新组合。事实上，莫斯科各党派正处于苏联最复杂的时期。

　　戈尔巴乔夫同志提到了他当天上午与意大利共产党总书记奥凯托同志的谈话。谈话清楚地表明，工人运动和社会主义运动目前正在经历阵痛期，是非常痛苦的。奥凯托同志指出，现在正值过渡时期，处在复杂的反

---

　　① 苏联总统戈尔巴乔夫于 1990 年 11 月 9 日—10 日访问德国，并在波恩与联邦总理科尔签署了德苏友好条约。

思阶段，社会主义运动被削弱，一些势力正试图粉碎它。戈尔巴乔夫同志评论说：这种情况过去也曾发生。人们将从中得出结论，将继续倡导社会正义的理想。虽然这场运动无疑是一场持久战。

戈尔巴乔夫同志强调，他与在座的各党派代表具有同感，苏联人当然对东欧的情况了如指掌，当然比这些政党更了解苏联的近况。他强调，必须更频繁地开会，举办研讨会和论坛，确保不断交流信息和意见。

在谈到他所说的有关苏联的局势，他首先提到了三个尖锐的问题：

1. 过渡到市场经济，即整个体制的改变，通过创建股份公司、租赁、建立国民企业等方式，将人民转变为生产资料的实际所有者。人们也倾向于向市场经济过渡，从这个意义上说，在所有多样性中，私有制不会是主导的所有制。在未来 7 到 10 年内，预计私人所有权只占 5% ~ 10%。集体农庄和国营农场及其保留的农民也是如此。同样在其他国家，如匈牙利和捷克斯洛伐克，合作社仍然很强大。除此之外还有农民自己的自留地，人们也应该考虑到这些悠久的传统。食物问题是重中之重，必须确保人民不仅是所有者，而且还要从中受益。此外还必须考虑到生产关系和生产力两方面的发展。欧洲国家这方面获得了许多经验。虽然每个国家都必须以自己的方式实施这些理念，但也存在很多共性。目前存在很多批评的声音，人们不肯谅解，并使问题变得非常尖锐和艰难。

2. 苏共低估了民族问题。向新的联盟条约的过渡现已列入议程。总的来说，人们赞成维持联盟。在立陶宛，11 月 7 日参加了示威游行的人数超过了莫斯科（共计 17.5 万人）。还应该指出的是，在示威和集会的早期，还出现了各种非正式协会，尤其是那些打着民主和宽容口号的代表。现在局势越来越反动，是的，亲法西斯势力正在筹谋。

3. 这是关于政治稳定和确保人民主权的问题。有许多不同的力量，从无政府主义者，到斯大林支持者，到支持法西斯势力。他们试图威胁苏共。因此，戈尔巴乔夫同志坦率地说，如果我们退缩了，那就太糟糕了。同时，必须明确指出，不应以错误的手段来达成正确的目的。如果这样做，那就是斯大林主义的重复。根据最近的民意调查，乌克兰 82% ~ 86% 的群众支持联盟。事实上，低于 75% 的受访者不支持维持联盟。这就是我们为什么要更果敢的原因。

目前批评之声来自各方。也来自本党内部。但与此同时，本党保留了自己的特性，并有权批评。国家局势非常严峻，许多人不满现状。虽然当前五年计划中的货物周转量是上一个五年计划的两倍。这又涉及财富的再分配问题。因此，重要的是要考虑如何平衡收入与产量的关系。

今年，国民收入再次下降 1.5%，而工资上涨了 14%。

会谈结束时，格雷戈尔·居西同志对在如此复杂的形势下召开这次会议表示感谢，并对戈尔巴乔夫同志的紧张工作表示感谢。今天比以往任何时候都更需要团结。这就是为什么他要感谢戈尔巴乔夫同志对前德意志民主共和国总理和公民的讲话。戈尔巴乔夫同志解释说，他在这方面对联邦总理说了很多话，在此过程中也得到了埃里希·昂纳克同志的支持，联邦总理也很理解这一点。居西同志肯定了需要继续保持团结，人们目前出于心理和情感的原因也需要如此。戈尔巴乔夫同志代表苏共及东欧各党派代表，向所有同志致意并希望取得圆满成功。

资料来源

Detlef Nakath/GeroNeugebauer/Gerd – Rü diger Stephan（Hrsg.）：„Im Kreml brennt noch Licht. Die Spitzenkontakte zwischen SED/PDS und KPdSU 1989 –1991，Berlin 1998，S. 244.

30

1991 年 1 月 10 日民主社会主义党名誉主席汉斯·莫德罗和苏共民主社会主义政党部部长瓦连京·法林及苏共中央国际部门其他高级工作人员的谈话

法林同志称赞了 1990 年 12 月民主社会主义党的选举结果，对其高度评价，因为他们经受住了敌人的攻击，挫败了对方使党闭嘴的企图。未来还会有人用一切可能的办法对党及党内重要人物进行攻击。因此，现在比以往任何时候都更需要认识到，科尔不是无所不能的。

莫德罗同志首先介绍了民主社会主义党第二次代表大会筹备的主要内容和组织工作。毫无疑问，这次代表大会相当重要，会最终解决一系列困难。然而，重要的是要根据来自基层的压力和党主席团执政领导的问题，在两次会议中商议党代会的筹备和举行。和之前一样，关于党内结构问题仍有很多争论，没有以所需的方式关注实质性政治问题。这一观点正变得越来越普遍，随着大会的举行，民主社会主义党在内容和组织方面的定位将成为决定性的路线。1 月的第一届大会首要解决的就是政治路线问题。

就内容而言，重要的是继续和平斗争，特别是要考虑到海湾危机，对制定新宪法的要求，对德国的民主的危险。① 还应特别注意社会问题。

莫德罗同志在选举后对德国局势发表了评论。他指出，德国统一进程日益复杂，事实上，基本法的修改也与联邦部队在海湾地区的部署有关，同时使科尔和魏格尔清楚，他们在财政领域也缺乏必要的有关统一进程的概念。各个领域乃至教会都要全面"清算民主德国"。社会福利的削减对前东德人民产生了严重的社会影响，如果没有这些，会导致自发性的社会反抗。

莫德罗同志特别提出了"2＋4 条约"的问题，它受到越来越多的片面攻击或解释。所有权问题日益受到公众的关注，而不仅仅是因为卡尔斯鲁厄的冯·阿尼姆家族对他们以前的土地提起诉讼。这一问题应引起重视，

---

① 1990 年 8 月 2 日伊拉克军队于占领科威特，伊拉克退出联合国决议后，美国进行了军事干预。海湾战争从 1991 年 1 月 17 日持续至 2 月 28 日。

因为对阿尼姆问题的决定将影响所有土地问题，特别是前民主东德的土地改革问题。不要给波恩单方面解释"2＋4条约"的机会，根据国际法，本条约的附件不应被视为条约不可分割的一部分。①

莫德罗同志还特别提到"2＋4条约"中的缺陷，如缺乏对民主力量、对前民主德国所有苏联朋友相应的支持声明。因此，他建议最高苏维埃在批准程序方面考虑在多大程度上可以澄清这些缺陷，以及在多大程度上可以使其他符合苏联利益的意见脱颖而出。毫无疑问，科尔已经占据优势。自由民主党也获得了成功。社民党需要进一步深入分析失败原因。毫无疑问，问题仍然是社民党是否会继续对民主社会主义党进行攻击，导致其进一步失势。此外，必须准确估计社民党主席的恩格霍姆（Engholm）的变化。毫无疑问，也需要与他联系。②

在民主社会主义党代表大会上，重申团结一致和强烈反对任何形式的政治迫害将是非常重要的。还计划为该党提交了合适的财政模式。与区域代表一起，将商讨关于党代会的其他内容与组织问题。

就联邦议会中民主社会主义党和左翼党派的进一步工作而言，莫德罗同志还提到了在立法院对民主社会主义党议员地位的投诉，③ 以及来自斯托伊贝、社会民主党人尼格迈尔和其他人对民主社会主义党的攻击。

关于解决"饥饿的苏联"的一揽子计划，莫德罗同志认为，联邦德国与苏联缺乏有效的经济合作。

同时，在这种情况下，民主社会主义党和左翼党派也可以制定有利于促进经济合作的举措。在历史问题的表述上也要更加强势。民主德国存在的40年也是两个德国共处的40年，其间问题不断。同时也是民主德国发展国际关系的40年，也是两个德国与苏联发展双边关系的40年。从这个意义上说，试图将所有问题都推向民主德国是有失公允的。建议加强与苏联驻波恩大使馆的联系，并就重要的国际问题做出相应的安排。

---

① 关于莫德罗在新德国承认1946年土地形式的论点，参阅《统一条约——没有价值的模式？》（Einigungsvertrag – Muster ohne Wert?），柏林，1993，第69页。

② 1990年12月10日，石勒苏益格－荷尔斯泰因总理比约恩·恩格霍姆被社民党主席团提名为党主席，并于1991年5月29日当选。1989年11月莫德罗与恩格霍姆进行非正式会面。参见汉斯·莫德罗（Hans Modrow）《我想要一个新的德国》（Ich wollte ein neues Deutschland），柏林，1998，第354页。

③ 民主社会主义党1990年12月2日的选举中仅获得2.4%的联邦选举投票权，联邦宪法法院裁定只授予其联邦议院成员资格，而不是议会成员。

会谈期间，党主席团成员会见了德国共产党发言人。考虑到不同的政治立场，以及加强在共同关注问题上的共同利益，尤其是左派的焦点问题，双方达成了保持平等、保持良好关系的共识。双方有可能在全国范围内合作，未来会有机会。无论如何，从最近的绿党危机中吸取教训也非常重要。

在对德国和欧洲左翼情况的探讨中，莫德罗肯定东欧左派政党的莫斯科会谈的成果，并对提交的材料表示感谢，还概述了民主社会主义党在自由保守党（FKP）党代表大会上的立场，以及与其他友好政党关系的问题。莫德罗强调，国际工作也将在大会之后得到应有的重视，特别是鉴于加强国际团结发展的需要，各种左翼势力的合作以及与社会民主党的接触，它们在国际上的作用正在下降，而不仅仅是在个别国家。他还公布了民主社会主义党代会邀请的各方，并重申了在不久的将来组织左翼党派会谈的想法。

莫德罗指出金融事件给党造成了巨大政治破坏。目前民主社会主义党尚无清晰目标。今年民主社会主义党的财务状况将更为复杂。信托机构认为，民主社会主义党只能自力更生。最后，莫德罗同志邀请苏共代表团出席民主社会主义党代表大会，对"2＋4条约"的签署和宣布进行表决，以及对抗波恩以私利为由破坏缔结和约的所有企图。与此同时，他建议在大会期间商定一项关于1991年民主社会主义党与苏共关系的行动计划。

法林同志感谢莫德罗所提供的信息、评价及建议。它们在苏联批准与联邦德国的条约过程中尤为重要。他通报了最高苏维埃国际事务委员会以及进一步的讨论，这些问题将在2月中旬继续交由国防与国家安全委员会讨论。在此之前，最高苏维埃全体会议是不可能批准的。苏联被谴责通过了这些条约。但是，如果没有对某些条款的陈述和解读，就不可能通过。最高苏维埃将发表一项声明解释莫德罗提出的问题。[①] 众所周知，总理科尔德早在去年八月就签署了推动土地改革的方案。这些方案现在仍在继续。为了适应它，应事先考虑这一点。

法林强调，无论苏联、我们以及苏联的所有朋友，最近几个月都更加清醒了。在社会主义大家庭中的许多国家都出现了绝望的情绪。当然这在

---

① 1991年3月4日，苏联最高苏维埃批准了1990年9月4日的《2＋4条约》和1990年11月9日的《德苏友好条约》。

情感上是可以理解的，这是政治性的，并且有其他原因。人们常常忘记，历史并不是虚无的。在欧洲和世界的历史中塑造的当今世界的许多概念和现象并非源自西方。它们起源于合作，或者说它们是由社会主义国家直接发展起来的。这些成就无疑会继续发挥作用。

人们需要一个正确的尺度来理解已经存在的东西，以对自身角色或者机会进行正确评价。也需要明确，我们所代表的利益群体。另一个问题是如何更好地代表他们。如果一个人不理解如何凭借勇气和信念行事，那么他就没有机会赢得朋友和同情者，并使未来更加安全。法林同志强调，从这个意义上说，今天民主社会主义党具有特殊使命。事实上，它仍然是同时存在于联邦议院和州议会、联邦德国议会机构以及西欧共同体议会中唯一的政党。没有民主德国的经济、社会、文化、民族差异和构成，就没有今天欧洲的发展。未来倘若没有民主德国，那么欧洲的积极转变同样是不可想象的。

40多年来，德意志民主共和国一直是德意志联邦德国的平衡力量。从它们诞生之日起即是如此。这是军事、政治和其他方面的一种平衡。由于民主德国的存在，联邦德国在国家层面和市政层面制定了许多社会政策。民主德国的公民每天都能够享受这些在没有东德的情况下无法实现的成就。在联邦议院，民主社会主义党和绿党的代表们都主张，统一不可以民主德国公民的利益为代价来实现。1953年来创建的一系列国有集体——合作社，当时由苏联传入民主德国，并发挥了重要作用。对此条约中没有条款支持。

在这里，民主社会主义党可以直接批评苏联的态度。可以明确指责苏联外交官做得不够好。［法林同志提到耶拿的卡尔·蔡司公司（Carl Zeiss）的例子，它并非一个基金会，而是全体职工的共同财产］。像蔡司公司这样的例子肯定更多。当然，在文化和出版领域以及其他领域也可以找到同样的案例。

在法律程序上和借鉴历史经验方面，民主社会主义党与最高苏维埃的联系也应该更加积极。民主社会主义党越是能够更快地在欧洲议会或其他西欧议会圈中站稳脚跟，波恩便更无法像预想的那样排除民主社会主义党。无论是在斯特拉斯堡还是在布鲁塞尔，可以设立观察员（莫德罗同志指出这一点，目前那里的观察员地位已经受到质疑）。法林同志继续说，时间飞逝。已站稳脚跟的政党已经开始为下一次选举做准备。换句话说，创造直接选举的机会非常重要。它不仅是前民主德国领土上的一个政党，而且有目的地将民主社会主义党的地位从东方向西方延伸。科尔总理的论点是，德国将再次恢复统一，没有暴力，没有与邻国的妥协。而这不是全部事实。这种统一是以牺牲许多德国人和对许多对手的复仇感来实现的。内心失衡可能成为威胁和平的新因素，包括对邻国和整个欧洲的威胁。

今天，必须更多地关注国际公众，并采取行动反对破坏民主的分子。这在今天更重要，因为民主德国这一制衡因素已经不复存在。只要民主德国存在，大企业就必须发扬民主。这种制约已不复存在。内部和平、民族和解是防止过去的罪恶再度重演的重要前提。西欧的民主和广泛的民族主义势力令人担忧。民主社会主义党应铭记这些，并使用宪法来反抗他们。

就和平问题而言，需要特别注意的是，德国在条约批准之前也参与了出兵海湾地区，这已经超出了联邦德国和欧洲的范围。重要的是，今天的发展不是终点。这也适用于德国国家曾在历史中扮演的角色。重要的是要明确，德国的爱国民主力量如何看待国家。在东德地区已经没有核武器了。因此有必要要求西德也这样做。

联邦德国应尽快解除战略武器。由于来自东方的威胁不复存在，这也为北约出台新条约创造了一个新起点，不仅像 1990 年 7 月那样北约仅发表一般性声明。不能就此驻足。必须明确的是，在新的《华沙条约》宣布之后，在德国实际统一之后，北约和联邦德国并没有做出类似反应。联邦德国的领土仍然是对苏联采取军事行动的前哨阵地。

从 1949 年之后的国际组织中可以看出，例如欧洲煤钢共同体，旨在由法国和其他西方国家控制德国。这显然是因为法国和其他国家不太相信德国。这导致了一个问题，为什么条约只能在东方而不是在联邦德国得到纠正？西方有未公开的战争条约。作为一个合法的议会党团，民主社会主义党必须意识到这一点（例如，当时的计划是淹没莱茵河制造伤亡等等反人类的决定）。过去，民主德国一再受到反人类决定的挑战，受到恐怖主义行动的侵害。换句话说，必须为政治动荡做好一切准备。

在民主社会主义党和群众中，存在一股激烈的情绪，即认为苏联背叛了民主德国。法林同志强调，重要的是有朝一日澄清谁在何时背叛了谁。例如，自 1970 年初以来，埃里希·昂纳克一直参加各种活动——有时候反对"莫斯科条约"，有时反对西柏林的四方协议；勃兰特已经被推翻了。在魏纳的帮助下，昂纳克也与齐奥塞斯库密谋。在德国问题上，有很多跌宕起伏。七十年代初，倡议再次被提出。但在七十年代中期再次衰落。事实上，由于埃里希·昂纳克、京特·米塔格和其他一些同志的傲慢，他们将失去民主德国，这一问题由来已久。因此，爆发只是时间问题。

1985 年以后，戈尔巴乔夫同志采取了大胆的步骤和有远见的行动。如果能得到埃里希·昂纳克的支持，那么该倡议本可以重新启动。但不幸的是，戈尔巴乔夫的所有举措都被拒绝了。这具有极大破坏性。勃列日涅夫和苏联方面其他领导人的失误以及当时德国统一社会党领导层的僵化让人们只能选择其一：要么使用武力，要么顺其自然。更不用说 11 月 9 日和民主德国边界的开放。让苏联来解释这些对于苏联也是一种自证清白的尝试。人们应该记得，在民主社会主义党第二次党代会上，以政治清算的方式对待这些问题，正如在苏共第二十次代表大会那样。这将再次表明民主社会主义党不仅仅是德国统一社会党的继承者。

在尊重历史事实的基础上，研究土地改革、学校改革和民主方案等将是有益的，这些方面比西德地区更进步。即便对制定新的联邦德国宪法也很重要。如果要筛选 1948—1949 年议会档案，还可能发现更多材料。

当时，有些人反对分裂，反对过多的美国主义。例如，美国人反对全民公决，特别是因为他们在黑森州的经验，在那里对美国人的财产问题的公投是负面结果。再如海涅曼与教会在其他问题上的合作。

法林同志认为，民主社会主义党大会应在一些列问题上明确表态，履行职责，如社会主义是什么？什么是社会主义学说？什么是社会正义？如何确定国家、阶级和一般人类利益之间的关系？民主与社会主义、民族自决与议会民主有怎样的关系？

必须牢记，议员是代表人民的。但民族自绝不是由人民直接决定的。这一决定将比其预计成本多花费 5000 亿马克。目前，能让人们联想起民主德国的一切都被破坏了——无论是作品、社会机构还是学校。人们当然可以想到批评离开前民主德国的经济伙伴苏联，这是一对失败的组合。应以客观的方式来看待。民主社会主义党应采取主动，也许可以在下一届大会上宣布详细的计划。这不会给人以受到莫斯科指使的印象。因此，人们还应该思考这个问题：是否存在可选择的民主形式？局势目前虽摇摆不定，但它终有一天会安定。

人们应该考虑这个问题并尝试回答：为什么民主德国的工人比联邦德国工人的待遇低？法林同志在赫尔穆特·施密特的书中读到，在民主德国的机械制造业中，劳动生产率只有联邦德国的 30%，在纺织业中，甚至只有 20%。鉴于此，应该弄明白什么是生产率，什么是劳动强度，什么是技术，什么是投资。而且人们还必须反对谣言，即所有这些问题仅仅是苏联利用民主德国造成的后果。

还需进一步考虑新统一的德国对西欧和北约的作用。德国人不仅对本国，也对其他欧洲国家的和平及民主问题感兴趣。欧洲的社会发展在其中发挥着重要作用。如果德国向欧共体注资，则这些资金应用之于民。这并不是欧洲的德国化，而只是具有特定民主形式和社会内容的欧洲的德国。

今年是希特勒入侵苏联 50 周年，在这种情况下，人们应该思考，1990年 11 月 10 日戈尔巴乔夫和科尔之间签署的友好条约如何转化为和平条约，应如何对其做出解释并实施之。如果这项工作不交给资产阶级和社民党，那将是好事。顺便说一句，可以预料，资本主义的西德将把纳粹德国对苏联的袭击宣传为预防性打击。同样，如有必要，他们还会准备其他类似说辞。在所有这些问题中，民主社会主义党可以发挥作用。

苏共仍准备与德共合作。法林同志个人并不确定他们未来的角色。苏共将一如既往地保持忠诚。但总的来说，财政支持需非常谨慎。法林同志说，他的直觉向他表明，这些事情通常都有幕后原因。人们应做出适当的、谨慎的决定，不应忽视苏共在内部形势下可能面临的政治损害。历史经验告诉人们要谨慎。苏联检察官已开始对普特尼克公司提起诉讼。需要多长时间尚不清楚。他们可能对其他信息感兴趣。法林同志重申，苏共与普特尼克金融事件无关。如果为了兼顾民主社会主义党的利益，苏联检察官向联邦德国检察官办公室寻求帮助，进展可以更快，那么则要求苏共中央提供相关信息。当然也不能排除进一步的挑衅。

就苏联代表团参加民主社会主义党第二次代表大会而言，苏共中央委员会无论如何都会派一名成员参加这次代表大会。并由另一位同志陪同。

莫德罗同志感谢法林同志的陈述和建议，这也有助于民主社会主义党开展工作。他提到需要继续实事求是地研究历史。从这个意义上说，以"垮台"（Der Sturz）作为采访埃里希·昂纳克的标题并不恰当。[1] 这种表

---

① 参阅赖因霍尔德·安德特（Reinhold Andert）/沃尔夫冈·赫茨贝格（Wolfgang Herzberg）：《垮台：埃里希·昂纳克答问录》（Der Sturz. Erich Honecker im Kreuzverhör），柏林/魏玛，1990。

达太过于把问题简单化。苏联同志也应当审查这份出版物。在党代表大会人们会做一些尝试。当然，并非所有事情都能在第一次会议之后立即明朗。但民主社会主义党将非常认真地审查相关问题以及建议。此外还有很多事情要考虑。就私有财产问题而言，将为苏共中央委员会准备适当的材料。同样，民主社会主义党将竭尽所能，在工作中关注纳粹德国入侵苏联50周年。

法林同志补充说，在不久的将来还有一系列实质性的问题待阐明：什么是马克思主义？什么是列宁主义？

直到最近，人们才认为，马克思和列宁的50多卷著作阐释了马克思列宁主义的实质。实际上，最多可能是其中的2至3页。在《资本论》第1卷完成后，马克思犹豫了很长时间，并怀疑是否继续撰写第2卷和第3卷。这就是为什么后来这两卷由恩格斯出版。英国的危机影响到了马克思，使他怀疑之前的陈述。然而，我们所有人都把这些作品描绘成经典作品。那么列宁主义又是什么意思？有一个年轻的列宁，有一个在20世纪初，在第一次世界大战之前，在1917年、1918年或1921年、1922年的列宁。后来，人们总是从各自党派领导人的言论中寻找真相。法林同志表示，从这个意义上而言，我们背叛了自己。把生活模式化是很困难的。但生活如果没有合理的计划也很容易陷入困境。

总而言之，我们显然代表了一个迄今尚未完善的学说。但是应该看到它的潜力。

资料来源

Detlef Nakath/GeroNeugebauer/Gerd－Rü diger Stephan（Hrsg.）：*Im Kreml brennt noch Licht. Die Spitzenkontakte zwischen SED/PDS und KPdSU* 1989－1991，*Berlin* 1998，*S.* 256 *ff.*

31

有关民主社会主义党名誉主席汉斯·莫德罗与苏联副总统根纳季·亚纳耶夫 1991 年 1 月 11 日在莫斯科举行会谈的信息①

莫德罗同志对亚纳耶夫同志作为苏联副总统为促进苏联成功发展所做的有益工作表示欢迎和良好祝愿。他指出，在德国，保守势头仍在继续，并且正在快速发展。另一方面，基民盟/基社盟的可接受的范围非常狭窄，很难说社会民主党是如何走出危机的。联邦议院 656 名议员，共有民主社会主义党代表 17 人和绿党/联盟 90 代表 8 名。这肯定会带来各种各样的机会，这些机会应该在科尔预期的政府声明之后利用。当然，在希特勒法西斯袭击苏联 50 周年即将来临的背景下，民主社会主义党集团一定会积极推动德国与苏联之间新的睦邻友好关系的发展。

很明显，在最高苏维埃批准 "2 + 4 条约" 并不是一个容易的问题，与 "2 + 4 条约" 并行的是 "统一条约"。科尔已经实践自己的统一目标，但却尚未澄清该如何统一，也没有合适的基础理念和财政理念。勃兰特最近表示，在人们心目中，混凝土块的清除速度比墙要快得多。这需要很多时间。这些墙一次又一次地被新建起来并加固。目前，正在进行一项处理与民主德国有关的所有事务的流程。德意志民主共和国政治家及德梅齐埃、埃佩尔曼、施托尔佩也最后一次受到攻击。在 "2 + 4 条约" 中，民主德国的前民主力量没有得到任何支持。许多以前苏联的朋友事实上都被宣布为不受法律保护的人。有声音表示，苏联在 "2 + 4 条约" 中没有考虑甚至损害了民主德国的某些利益。若希望在政治上进一步占主导地位，重要的是发起一场更大的政治攻势，并表明在这 40 年间德德关系、两个德国与苏联关系的既成事实，以及在此期间产生的一些新情况。

莫德罗同志强调，重要的是，民主社会主义议会党团更加果断地利用所有机会，以影响联邦德国与苏联之间条约的执行，进而赢得舆论支持，并在此意义上扩大各方的联系。亚纳耶夫同志提到了最高苏维埃关于批准

---

① 该说明于 1991 年 1 月 12 日作出。亚纳耶夫在 1990 年 12 月 27 日的第四次人民代表大会第二轮投票中被选为苏联副总统。

"2 + 4 条约"的复杂讨论。从这个意义上的探索表明，对它的态度以及整个苏维埃社会对这份条约的态度并不是清楚的。现在问题出现了，苏联外交在哪里以及如何在以后仍然有效，以便以任何方式弥补条约的缺陷。许多欧洲议会议员——无论是右派还是左派——都会提出许多令人不快的问题。这种理念也更常见。"背叛"正在发生。担忧不仅唤起了批准条约的问题，而且也提出了真正可能性是什么的问题，以便通过某种方式抹平和减少困难时刻，并保护长期与我们合作的同志。但因为不可能改变条约的文本，所以问题是你可以做什么以及如何做，但是你必须给它一些关于某些立场的解释。所以你可以在提交批准条约的时候进行某些解释和阐述。这就是 1970 年与莫斯科条约有关的事情。人们可以想到一种苏联将德国统一作为条约的一部分的证据。总统也对这个问题感到担忧。因此，亚纳耶夫同志强调，与德国同志的会晤现在正在进行。除了同志们写下的之外，他还将口头告知戈尔巴乔夫同志这个问题。

亚纳耶夫同志接着评估了苏联的内部情况。他说，有许多因素表明可能出现实质性的新情况。从这个意义上说，最近的第四届人民代表大会也在一个复杂甚至戏剧性的阶段评估了这一情况。重要的是要强调总统已做出选择。这可以在很多时候证明。它始于一名工人询问最高苏维埃对戈尔巴乔夫的信任问题。很明显，它背后是某些共产主义势力。

这是一个令人不快的事实，因为总统也是苏共中央委员会总书记。当然，他不能完全专注于总书记的职能。而这一点，他需要党，党同样需要他。很明显，在某些圈子里，有人正在反对戈尔巴乔夫同志也是该党总书记的这一事实。其实，在共产党人的帮助下推翻总统的企图已经开始了。从这个意义上说，这样的情况应被视为严重警告。苏共的 730 名议员是议会中最大的一个集团，代表着一种强大的力量。许多共产党议员都在其他党团中，例如在联盟号或相互合作组织中。亚纳耶夫同志认为谢瓦尔德纳泽外长在第四届人民代表大会上的辞职声明是一个意想不到的声明，对政治局和总统来说也是一个戏剧性的一幕。[①] 他认为有理由必须让出部长一职。但有时却包含严肃的问题。一方面，谢瓦尔德纳泽想支持总统的政策，另一方面他刚刚攻击了这一政策。也就是说，如果你把外交放在一

---

① 苏联外交部长爱德华·谢瓦尔德纳泽于 1990 年 12 月 20 日出人意料地在人民代表大会全会前宣布辞职。

边，你只能将这一步视为背后捅刀子的动作。另一方面，谢瓦尔德纳泽指出，在他看来，借助镇压机器的圈子，该国正在转向独裁统治。亚纳耶夫同志本人有意展示和解，以免给人一种苏共领导回归独裁的印象。因此，他开玩笑地提到了格鲁吉亚气质影响的可能性，或者说部长显然没有真正看到这个国家的情况，因为他在飞机上或国外旅行很多。无论如何，谢瓦尔德纳泽的表现在国内和国际上都得到了广泛认可。这使得有必要立即向苏联宣布，无论谁是外交部负责人，苏联的外交政策和新的政治思想将保持不变。战略和优先事项不会发生变化。下周，外交部长肯定会被一位经验丰富的外交干部所取代。

人民代表大会的另一个困难时期是关于副总统职能的讨论。尽管他也在党内表达了某种倾向，但亚纳耶夫作为个人的候选资格并不是那么优越。相反，它涉及对这个问题的决定，即副总统应该由苏共候选人还是其他党的候选人担任。总统在第二轮又提出了同一位候选人，从而证明了他已做出的选择。尽管有些戏剧性，但人们可以认为，当苏共放弃一些条条框框的时候，它在第四届代表大会上就成功地完成了它以前提出的任务。最重要的是，总统的形势稳定计划已获得大会的批准。决定重建执行机构，并在宪法中做出相应的修改。原则上，新联盟条约的主体理念已得到批准。关于联盟条约和土地所有权的公民投票获得了通过。国内对此还存在争议。一方面，许多"民主苏维埃"支持土地私有制。另一方面，大多数人都反对这种做法，特别是因为这无疑会导致经济秩序发生变化。在一些联盟共和国中，有一些力量断然反对这种公民投票。这尤其体现在波罗的海国家，在这些国家人们担忧这种公民投票。

在第四届人民代表大会之后，一个不再像以前一样作为部长会议的内阁已经开始组织起来。对于他的一些副手，相应的候选人将被选举成为总理及其他一些常务代表，而且下周外交、内政部长职位也将被填补。① 然后，人们将给予新内阁领导时间，以确保其适当的结构和人员组成。然后将在 2 月初提交完整的内阁部长名单。最高苏维埃中的预算问题实际上是在原则上被决定的。也可以与叶利钦达成协议，尽管他最初持反对态度。收入和支出相应固定。现在，这是关于军费、克格勃、内政部等一系列问

---

① 1991 年 1 月 14 日，人民代表大会确认瓦连京·帕夫洛夫为苏联新任总理，一天后，亚历山大·别斯梅尔特内赫成为外交部长，鲍里斯·普戈成为内政部长。

题的详细讨论。除波罗的海的共和国外，所有加盟共和国都有经济条约。如果我们假设经济联盟是政治联盟的基础，这一点很重要。一些国家内部的冲突正在急剧发展。在立陶宛，物价上涨了4倍至5倍。政府已经辞职了。有群众罢工和示威活动。对总统权力的引入有很多要求，特别是在立陶宛共和国。总统呼吁立陶宛最高苏维埃使法律符合联邦法律和立陶宛苏维埃共和国宪法。这实际上是最后通牒。如果不被接受，那么总统权力将被迫介入。这将在国际上引起相应的反应，但没有其他出路。人民期待总统权力的坚决处置。一般可以确定，一旦总统在某些问题上变得强硬，党会立即动员起来，并且批判的声音也会变得温和。如果我们不后退，那么我们就要稳住自己。

尽管采取了行动，苏联目前还没有受到饥饿威胁。对供应平衡的审计清楚地表明，今年有机会达到1990年第一季度的水平，当时在商店仍有大量商品待售。人们决心恢复法律秩序，并在合法性框架内追求民主进程，以加强对法律和秩序的重视。这不是以极权主义的方式这样做或让西伯利亚人民富裕起来。一些法律诉讼主要针对那些投机者和助长国际冲突的力量。

联邦委员会已经开始发挥建设性影响。[①] 叶利钦也很难在这种情况下行动，因为他必须保持特定的秩序。成立安全理事会的工作计划于今年2月初进行。[②] 重要的是要快速落实人民代表大会的决定，因为你没时间耽误。你必须像魔鬼一样工作。这就是为什么负责指导委员会设立内阁的副总统必须花费大部分时间与候选人交谈。但关键是，行动的意愿存在——包括总统在内，这是至关重要的。

资料来源
PDS – Archiv.

[①] 在1990年3月设立总统府后，苏联成立了联邦委员会，除米哈伊尔·戈尔巴乔夫和根纳季·亚纳耶夫外，这15个联邦共和国的国家元首均属于该联邦委员会。

[②] 继总统委员会之后，除苏联总统和副总统外，总理，内政、外交、国防和国家安全部长以及另外两名顾问还建立了安全理事会。

第二部分

相关论文

1990 年后的德国外交政策：批判性评论

艾哈德·克罗默

统一后的德国外交政策现在已有近 30 年的历史。德国人在 20 世纪曾两次试图征服欧洲大陆，至少是想统治欧洲大陆。在希特勒罪恶政权的统治下，为了达到这个目标犯下了滔天罪行。为了击败纳粹德国，几乎所有其他国家和民族都付出了努力；最后，"边缘大国"苏联和美国起了决定性的作用。然而，在战胜纳粹德国之后，它们陷入冷战之中，冷战的内在逻辑致使国民生产总值中越来越多的部分被消耗掉了。最后，苏联的资源被耗尽了。现实的社会主义政治体制和社会制度崩溃了，苏联解体了。

在欧洲中部，一个统一的德国重新诞生，就好像它赢得了冷战。早在 20 世纪初，这似乎就是德国的困境，如同旧德意志帝国 1648 年的《威斯特伐利亚和约》，与其他欧洲国家（除俄罗斯外）相比，德国的疆域更大、资源更丰富，但比其他欧洲国家的总和要弱；它被认为疆域过大，不能简单地融入日常的国际格局（das alltägliche Gefüge）；事实上它还不够大，无法支配其他国家和民族。包括英国政府的外交政策分析人士在内的相关人士在 1989—1990 年忧心地发问道，面对一个看起来像 20 世纪初那样的局势，欧洲是否注定要重复其历史。

然而，德国外交政策已逐步独立。联邦德国外交政策的原则，在 1989 年以前的西德时期，一直都是避免单独行动，无论是在欧盟、北约还是联合国，始终在联盟内或在国际组织的框架内行事。它特别重视"融入西方"。2001 年 9 月 11 日之后，德国总理格哈德·施罗德宣布与美国"团结一致"。如果美国或法国的立场出现差异，德国外交政策会从这两个立场中选择一个。例如，2003 年施罗德政府拒绝参与由美国发动的伊拉克战争，布什政府曾为此寻找"帮手"，但发现德国与法国显示出明确一致的立场。德国对联合国安理会第 1973 号决议（2011 年 3 月 17 日）投弃权票，该决议为西方国家对利比亚发动战争开辟了道路，这是德国首次不与美国、法国和英国一起投票，而是与 21 世纪的新兴大国——中国、俄罗斯、印度和巴西一起投票。在象征政治的层面上，这是向前西方占领国以及北约和欧盟的长期盟友发出的信号，德国只有在符合其自身利益的情况下才会与它们保持一致。换言之，自 2011 年以来，德国在国际政治中的利益认知并不具备界定其他国家"盟友义务"的衍生功能。

历史状况：1945 年以后和 1990 年以后

德国政治学家哈特穆特·埃尔森汉斯在 20 世纪初谈到德国外交政策的倾向时指出："德国外交政策继承了普鲁士以欧洲为中心的政策"，"尽管它试图从威廉主义转为世界政策"。① 但是这里"作为意志和想象的世界"到底是什么，究竟什么是政治和战略？匈牙利裔美国历史学家约翰·卢卡奇强调，"20 世纪爆发的大规模战争和冲突不是在阶级之间进行的，而是在世界各国之间进行的。因此，这两次世界大战基本上是德意志国家对其他国家发动的斗争，尽管它并不是由德国完全或独自发动的，这是德国崛起为世界大国以及德国声称要称霸欧洲的结果——回想起来，这是一个强大的欧洲国家为实现这一目标而进行的最后一次军事和政治尝试"。② 自 19 世纪末以来，德国是除美国之外大型工业发展速度最快的国家，这似乎为帝国主义的外交政策提供了所需的资源。

然而，"全面战争"之后是彻底的失败。德国被战胜国占领。按照冷战的逻辑，在占领区出现了两个德意志国家：在美国、英国和法国的控制下，融入北约和欧洲经济共同体/欧洲共同体/欧洲联盟的德意志联邦共和国，以及在苏联控制下进入华沙条约组织和经济互助委员会的德意志民主共和国。历史学家达恩·迪纳将 1945 年后西方发生的变化总结如下："西方国家基于世界市场普世主义的抽象－交换式和非正式扩张与德意志帝国的大陆性特定的暴力式扩张之间的反差并不是建立在生产方式的基础之上。两者都是资本主义社会。然而，与此同时，存在着两种不同的'公民文化'（civic cultures）……——资本主义中两种不同类型的政治形式。从道德和历史的角度来看，这当然是整体上的差异。因此，德意志联邦共和国的大西洋一体化不仅仅是一个联盟政治建立的过程。它是一种融入另一

① 哈特穆特·埃尔森汉斯（Hartmut Elsenhans）：《参与世界政治的时机已经成熟了吗？对德国外交政策精英的看法》（Reif für die Weltpolitik? Gedanken zur außenpolitischen Elite Deutschlands），载《世界趋势研究》，波茨坦，1999—2000 年冬季，第 25 期（WeltTrends, Potsdam, Nr. 25, Winter 1999/2000），第 123 页。
② 约翰·卢卡奇（John Lukacs）：《对决：丘吉尔和希特勒》（Churchill und Hitler. Der Zweikampf），斯图加特：德意志出版社，1993（Stuttgart: Deutsche Verlags - Anstalt, 1993），第 21, 22 页。

种政治文化的世界市场一体化，即作为西方文明的市民社会文化。"①东欧的现实社会主义失败后，这个世界市场和文化体系延伸到了欧洲东部。在这方面，非正式权力结构（informeller Machtgefüge）的设置也被提上了日程。

德国现在还是这一文化结构的一部分。就其而言，这是在欧洲一体化框架内的一体化进程的延续，但除此之外，文化和经济结构是相同的。西方的文化形态显著地塑造了21世纪的全球化世界；然而，权力与对权力和影响力的争论并没有从中消失。不过，与20世纪上半叶相比，引发这些争论的前提条件已经发生了永久性变化，就世界经济和世界政治而言，它在西方组织的框架内至少有两个极点：美国和西欧。它们在一个利益协调和竞争的网络中连在一起。

与此同时，随着新兴经济体和势力的发展，正如"金砖国家联盟"——巴西、俄罗斯、印度、中国、南非——所表现的那样，新的相关参与者出现在国际舞台之上。事实上，它们正与北大西洋地区的旧势力进行竞争。从这个意义上说，就和平政策而言，当今世界并不像大多数人在1990年所希望的那样，而是与1914年之前的世界相似。历史学家蒂莫西·加顿·阿什将当前的情况与20世纪初的情况进行了比较。那时，它是一个由英国塑造的国际体系，受到了主要竞争对手美国和德国的挑战。20世纪的两次世界大战就是这样的结果，美国最终在这些斗争中取得了胜利。如今，挑战美国主导体系的主要是中国和印度。正如加顿·阿什所言，由此产生的国家竞争和对抗与100年前的竞争有许多相似之处。②联合国安理会对利比亚第1973号决议的投票表决情况便是这一状况的一种体现。

① 达恩·迪纳（Dan Diner）：《帝国主义、普遍主义、霸权主义：论世界社会中政治与经济的关系》（Imperialismus, Universalismus, Hegemonie. Zum Verhältnis von Politik und Ökonomie in der Weltgesellschaft），载伊林·费切尔，赫尔弗里德·明克勒（Iring Fetscher/ Herfried Münkler）编《政治学—术语—分析—理论：一门基础课程》（Politikwissenschaft. Begriffe – Analysen – Theorien. Ein Grundkurs），汉堡附近的赖因贝克：罗佛特旗下的袖珍书出版社，1985（Reinbek bei Hamburg: Rowohlt Taschenbuch Verlag, 1985），第357页。
② 蒂莫西·加顿·阿什（Timothy Garton Ash）：《疲惫的泰坦》（Müder Titan），载《南德意志报》，慕尼黑，2005年8月30日（Süddeutsche Zeitung, München, 30. August 2005），第11页。

冷战结束以后

随着欧洲和德意志土地上的阵营对抗的结束，历史上的"德国问题"被重新提上了议程。她总是带有两张面孔："德国人总是把这个问题指为德国的统一，其他的欧洲人则将其说成德国的危险。因此，在整个战后时期，德国统一与欧洲安全一直处于冲突之中。1990年的妥协将这种矛盾缓和到了所有人都可以容忍的水平，德国人将实现国家统一，但他们仍然受到约束。"①这一妥协有两个基本要素：德国继续留在北约以及"2+4条约"。

在1990年充满动荡的冬季，美国明确表示，它将坚持继续保留北约的存在。尽管北约从一开始就确定了其战略的三个主要功能：保持美国在（西部）欧洲的存在，将苏联人挡在外面以及控制住德国人。1990年2月9日，美国国务卿詹姆斯·贝克在莫斯科寻求苏联批准统一后的德国成为北约成员。他对戈尔巴乔夫总统及外交部长谢瓦尔德纳泽讲出的理由是："你愿意看到一个排除在北约之外且没有美国军队驻扎，也许还有拥有自己核武器的统一的德国？抑或你更喜欢受北约决议约束的统一的德国……?"②换言之，如果苏联在政治上不再能够参与对德国人永久和有效的控制，那么美国希望通过北约来实现这一点——这时需要保留美国的欧洲政策以及优先考虑北约。美国在德国统一进程中发挥了推动作用，时任联邦德国总理的赫尔穆特·科尔的多次声明被视为是对美国的回报。他称，美国在"欧洲大厦"中拥有"永久居住权"，③ 无论这意味着什么。

根据美国的理解，"2+4条约"的设计有其自己的想法：在没有德国人参与的情况下，只有第二次世界大战的四大盟国对德国统一问题进行谈判是行不通的。1990年2月9日，贝克在莫斯科也说过，欧洲安全与合作

① 彼得·本德尔（Peter Bender）:《插曲还是时代？关于分裂的德国的历史》（Episode oder Epoche? Zur Geschichte des geteilten Deutschland），慕尼黑：德意志袖珍书出版社，1996（München: Deutscher Taschenbuch Verlag, 1996），第134页。
② 转引自迈克尔·R·贝施罗斯，斯特罗布·塔尔博特（Michael R. Beschloss / Strobe Talbott）:《最高层：冷战的结束和超级大国的秘密外交1989－1991》（Auf höchster Ebene. Das Ende des Kalten Krieges und die Geheimdiplomatie der Supermächte 1989－1991），杜塞尔多夫，1993（Düsseldorf u. a., 1993），第245页。
③ 例如，1995年6月8日，赫尔穆特·科尔在耶路撒冷希伯来大学的讲话，参见 http://www.helmut－kohl.de/index.php? menu_sel = 17&menu_sel2 = &menu_sel3 = &menu_sel4 = &msg = 1596。

会议过于烦琐。①彼得·本德尔称"2+4条约"——涉及将德国纳入欧盟和北约——"是在这种情况下可能解决德国问题的最佳方案"。②在这方面，应当更加详细地分析在其中做出的规定。

《条约》第1条规定，德国统一后的外部边界与德意志民主共和国和德意志联邦共和国的外部边界相同，德国被要求根据国际法在条约中确认与波兰的国际边界；德国宣称对其他国家没有领土要求，今后也不会提出这种要求。因此，战后历史上的一个主要紧张点终于被消除了。《条约》第3条规定，德意志联邦共和国政府和德意志民主共和国政府重申放弃制造、拥有和控制核武器、生物武器和化学武器的权利，并表示统一后的德国也将履行这些义务。《条约》第7条规定，法国、英国、苏联和美国宣布结束它们"有关柏林和整个德国的权利与义务"，其结果是："统一后的德国因此对其内政和外交事务拥有完全的主权。"作为1945年以来冷战和国际冲突的一部分，德国事务最终得到了解决。③

《条约》第2条进一步指出："德意志联邦共和国政府和德意志民主共和国政府重申他们所做出的声明，即德国的土地上只会产生和平。根据统一后的德国宪法，那些适合和意图扰乱各国人民和平共处的行动，特别是为发动侵略战争做准备的行为都是违宪的，而且是应当受到惩罚的。"德意志联邦共和国政府和德意志民主共和国政府宣布，"除非符合其宪法和《联合国宪章》的规定，统一后的德国永远不会使用其任何武器"。

因此，《德意志联邦共和国基本法》（《宪法》）规定，"德国人民意识到在上帝和人类面前之责任，并作为统一欧洲的平等一员，决定为世界和平而努力"（序言）。"国际法的一般规则构成联邦法的组成部分。它们优先于各项法律并对联邦领土内的居民直接产生权利和义务。"（第25条）此外，还指出，"适合和意图扰乱各国人民和平相处的行为，特别是准备发动侵略战争的行动，均属违反宪法对此种行为应予以惩处"。（第26条）"防御状态"的认定取决于是否"联邦领土受到武力攻击或者直接面临此

---

① 迈克尔·R·贝施罗斯，斯特罗布·塔尔博特（Michael R. Beschloss / Strobe Talbott）：《最高层》（Auf höchster Ebene），第244页及其之后。
② 彼得·本德尔（Peter Bender）：《插曲还是时代？关于分裂的德国的历史》（Episode oder Epoche? Zur Geschichte des geteilten Deutschland），第134页。
③ 《关于最终解决德国问题的条约》（Vertrag über die abschließende Regelung in Bezug auf Deutschland），请参阅本卷的文献部分。

种攻击的危险"（第 115a 条）。

"2 + 4 条约"和《基本法》所确定的这种法律状况，不仅对政府行为以及德国的外交和安全政策的决策过程产生影响；它同时也与任何紧张局势中尖锐的政治争议有关。在 1990—1991 年的第二次海湾战争中，国际法规定的状况是明确的：萨达姆·侯赛因统治下的伊拉克吞并了科威特。之后联合国安全理事会发出最后通牒，要求伊拉克迅速撤军并以武力威胁。最后，由美国领导的国际军事同盟对其采取武装行动。当时，联邦德国政府宣布，国际法和国内法的状况禁止德国直接参与战争，但它对海湾战争的直接和间接贡献超过 180 亿德国马克。在随后的几年里，在联邦宪法法院的帮助下，法律被重新解释，但没有改变其实质，从而使联邦国防军的国外部署能够超越直接的防御状态。与此同时，这些都被置于强烈的议会保留之下，也就是说，德国国防军的军事部署最终由联邦议院决定，而不是行政部门。

当社会民主党领导的联邦政府在 1999 年意识到德国参与了对南斯拉夫的战争时，它遭到了反对派的抨击，其中一些抨击很激烈——也有强有力的论据（联邦政府违反宪法）。主管法院驳回了这一要求，德国大多数政治阶层也驳回了这一要求。在 1945 年以来德国首次参战的公开争论中，联邦政府使用了非常强烈的、情绪化的论证模式——因此，"奥斯威辛"被用来推导出参战的决定，——最终的结果是——南斯拉夫存在所谓集中营的错误信息——使这一决定在公开场合变得合情合理。

与此同时，联邦政府努力通过联合国安理会寻求合法性，至少在事后是如此。[①]因此，关于违反国际法和宪法的指控应予撤销。从那时起，德国参与并亲自参加了从阿富汗到非洲之角到波斯尼亚、科索沃和马其顿的各种军事部署。然而，迄今为止，军事部署的障碍永远高于其他北约国家，这些部署本身一再与激烈的国内政治争论联系在一起。

改变了的战略和政策

在 20 世纪 90 年代初，德国的媒体和公众认为，在德国实现统一和通过"2 + 4 条约"获得主权之后，需要进行"第三次大规模的外交政策辩

---

① 参见艾哈德·克罗默（Erhard Crome）《在战争时期》（In tempore belli），载《世界趋势研究》，1999 年夏第 23 期（*WeltTrends*, Nummer 23/Sommer 1999），第 137—151 页。

论"——这已经表达了一种观点，即强调与统一之前老联邦德国的连续性：在老联邦德国的第一次大辩论是关于 20 世纪 50 年代阿登纳的西方"一边倒"政策；第二次大辩论围绕的是 20 世纪 70 年代维利·勃兰特的东方政策。然而，没有进行大规模的公众讨论，部分外交政策专家就此进行辩论，而政府各部门为不同的政策制定方针。在德国，公开讨论参与军事部署的核心术语是："正常状态""责任"和"联盟忠诚度"，即如果德国现在是主权国家，它还必须制定一项"正常"的外交政策，其中包括使用军事手段；由于德国是一个拥有广泛的国际贸易和商业利益的大国，它也必须承担着广泛的责任。在这种情况下，军事部署总是有一个呼唤和平的理由，而"联盟"意味着德国军队再也不会采取单方面行动。

1992 年，政治学家汉斯·W. 毛尔还建议，德国应在国际舞台上充当"文明国家"。[①]在最初遭到诸多非议之后，这一立场被认为是针对北约的合理性，毛尔随后在理论上对其加以弱化，使其不再被解释为以和平为导向（"仅使用非军事手段"）。为此，他使用了社会学家诺贝特·埃利亚斯的文明概念，他曾指出，"由于国家对武力的垄断，将解决冲突的替代形式制度化以及禁止暴力的内在化，在现代社会出现过程中，暴力解决冲突的形式越来越受到抑制和压制"，这使得"社会分工的发展潜力得以发展，这依赖于社会关系的可预测性和非暴力性"。从这个意义上说，毛尔认为，文明化的概念可以从民族国家的边界扩展到地区和全球范围内的相互联系，并且——按照被迪特·森哈斯"规范化"的埃利亚斯概念，它被描述为"文明六边形"——被视为外交政策概念。根据这一点，"文明国家……是致力于实现政治文明化的国家"，它们致力于实现"整体政治文明化，特别是国际关系文明化"。[②]然而，由于毛尔的"文明国家"中"国

---

① 汉斯·W·毛尔（Hanns W. Maull）:《文明国家 - 德意志联邦共和国：关于新德国外交政策的十四条论纲》（Zivilmacht Bundesrepublik Deutschland. Vierzehn Thesen für eine neue deutsche Außenpolitik），载《欧洲档案》，波恩，1992 年第 23 期（Europa - Archiv, Bonn, Folge 23/1992），第 671 页及其之后。

② 汉斯·W·毛尔:《作为文明国家的德国》（Deutschland als Zivilmacht），载赖因哈德·沃尔夫（Reinhard Wolf）编《德国外交政策手册》（Handbuch zur deutschen Außenpolitik），威斯巴登：社会科学出版社，2007（Wiesbaden: Verlag für Sozialwissenschaften, 2007），第 73 页及其之后；诺贝特·埃里亚斯（Norbert Elias）:《关于文明的进程》（Über den Prozess der Zivilisation），美茵河畔法兰克福：苏尔坎普出版社，1976（Frankfurt a. M. : Suhrkamp, 1976），以及迪特·森哈斯（Dieter Senghaas）编《缔造和平》（Frieden machen），美茵河畔法兰克福：苏尔坎普出版社，1977（Frankfurt a. M. : Suhrkamp, 1997）。

家"一词已经包含了"构建形象的权力"（Gestaltungsanspruch），其中包括决心"在必要的情况下，即使克服阻力，也要实现自身目标"，他指出，"联邦德国国防军参与北约在科索沃的作战行动"是"在发生变化的条件下，继续保持外交政策路线的连续性"。①

北约战略与政策的变化发挥了重要作用。作为欧安会国家元首和政府首脑于 1990 年 11 月 21 日发出的共同宣言，《新欧洲巴黎宪章》被同时代的人们视为宣告冷战和与阵营对抗结束的文件。和平、人权、自由民主和资本主义市场经济应该成为欧洲进一步发展的共同基础。②华沙条约组织解散了。认为北约目前也在消亡的观点随处可见。事实正好相反。北约不再是一个仅用于防止其成员国免受任何国家侵犯的军事－政治联盟，而是在执行世界警察的任务，这些任务来自分散的，而非真正具体的威胁分析。

这一方针是由 1991 年 11 月在罗马举行的北约首脑会议确定的，这距离 1991 年 7 月 1 日华沙条约的解体仅过了几个月。现在人们谈论的不再是巨大的威胁，而是"不稳定和紧张关系"，一种"不确定的环境和不可预测的挑战"。这种方针的核心一直是"联盟的转型"。③从来没有任何关于解散北约的说法。随后，这一点在 1999 年北约成立 50 周年纪念峰会上发表的宣言中得到进一步阐述。

西方军事同盟重新界定了安全环境，由此得出了其存在的理由。"过去的主要威胁"已被"各种形式"和"来自多方向"的风险所取代，"这使得它们难以预测"（《罗马和平与合作宣言》）。这些风险"不大可能来自盟国领土受攻击的概率"，而更多的来自"不稳定性"，"……大规模毁灭性武器和弹道导弹扩散"，"可能存在针对北约的大型军械库"，或者

---

① 汉斯·W. 毛尔（Hanns W. Maull）：《作为文明国家的德国》（Deutschland als Zivilmacht），第 74，80 页。

② 《巴黎宪章》（Charta von Paris）载库尔特·加斯泰格尔（Curt Gasteyger）《分裂和统一之间的欧洲，联邦政治教育中心的系列论文》，321 卷（Europa zwischen Spaltung und Einigung, Schriftenreihe der Bundeszentrale für politische Bildung, Band 321），波恩，1994（Bonn, 1994），第 538 页及其之后。

③ 《罗马和平与合作宣言》（Erklärung von Rom über Frieden und Zusammenarbeit）载库尔特·加斯泰格尔（Curt Gasteyger）《分裂和统一之间的欧洲，联邦政治教育中心的系列论文》，321 卷（Europa zwischen Spaltung und Einigung, Schriftenreihe der Bundeszentrale für politische Bildung, Band 321），第 436 页及其之后；《参加北大西洋理事会会议的国家元首和政府首脑商定的联盟新战略概念》，参阅 http://www. nato. int/cps/en/SID － A4CCE1ED － 8BF2B255/natolive/official_ texts_23847. htm。

"重要资源的供应中断以及恐怖主义和破坏行为"。(《罗马和平与合作宣言》第 10 - 13 段)早在 1991 年,北约就将风险定位在中欧和东欧、苏联地区以及地中海南部和中东,但同时强调:"然而,联盟的安全也必须考虑到全球背景。"(《罗马和平与合作宣言》第 13 段,《华盛顿宣言》第 24 段)北约的区域外定位以及对进攻任务的重新定位在 1991 年就已经确定了。然而,安全风险清单已经扩大:除了"有组织犯罪"的风险之外,还提到了"无法控制的大规模人口流动,特别是由武装冲突造成的人口迁徙"(《华盛顿宣言》第 20 段)。因此,北约认为其安全受到难民流动的损害。第一个应用情况便是南斯拉夫战争。

里斯本峰会后的北约

北约仍然是连接美国和欧盟 - 欧洲的纽带,从其杠杆角色来看,一起分享共同利益,避免利益分歧上升到公开的军事层面去解决。虽然在 1949 年的北约条约中未做规定,但在轰炸贝尔格莱德期间,(北约)联盟通过在华盛顿峰会上达成的 1999 年战略文件为自己提供了全球性的定位。2009 年,在斯特拉斯堡和凯尔举行北约峰会期间,当时的文件被宣布存在很多不足之处,要拟定一份新的文件。这项工作一直持续到 2010 年 11 月,最终在里斯本峰会上做出了决定。

本次首脑峰会没有提供任何与当前世界形势相关的答案。我们时代的主要问题是贫困、饥饿、疾病、儿童死亡率、教育和卫生资源匮乏、气候变化和自然资源遭到破坏、物种灭绝。这些问题都不能依靠军事手段来解决。一再被认为是由恐怖主义、西方国家面临的移民压力以及海盗活动造成的国家崩溃,通常是南方国家尚未解决的社会和经济问题的结果,它产生于不公正的世界经济秩序的压力,而这些经济秩序是由西方市场力量以及国际货币基金组织和世界银行塑造的。扭转它需要和平的手段和力量;坦克和大炮无法实现政治稳定、善政和民主。伊拉克和阿富汗战争的后果恰恰表明了这一点。在这方面,里斯本达成的基本共识是,继续积极投入阿富汗战争。尽管其中提到了不具约束力的撤军数据,但却是一个致命的错误决定,带来了进一步的痛苦、伤亡和战争罪行。

此外,里斯本首脑会议是在金融危机和世界经济危机爆发后不久举行的,这场危机是第二次世界大战以来,甚至是 1929 年以来规模最大的危机。为了救助美国和西欧的银行和选定的大公司,大规模的"救助计划"

被整合在一起。这样做的代价已转嫁到了劳动人民和社会弱势群体身上。其结果便是，减少社会救济经费、削减养老金、以及废除教育和卫生医疗保障体系。这场危机从金融和经济领域转向国家财政领域，导致社会凝聚力出现了危机。在这一背景下，维持高水平的军备和军事开支尤其令人愤慨。德国和其他北约国家创造和维持全球战争能力的另一面是削减社会救济经费。

对于美国来说，在伊拉克战争中遭受失利之后，特别是在以军事为导向的"单极世界"政策——正如在乔治·布什总统任期内所推行的政策，美国想要独自决定世界的命运以及维护它的帝国利益——失败之后，其面临最大的问题便是国民经济运行效率的衰退。特别是，由于中国经济的飞速发展，世界经济重心发生了从北大西洋地区向亚洲的结构性转移。从美国的角度来看，这一变化——是以核战争为代价的——无法用军事手段来应对。此外，同样在北约框架内一起唱响"西方价值观共同体"之歌的欧盟－欧洲国家，它们目前的经济增长首先要归功于与中国的合作。与此同时，中国仍是美国最大的债权国。北约也不是西方国家应对其日益黯淡的全球经济前景的工具。

在里斯本会议期间，多次谈到"历史"意义。峰会宣言宣布"新战略概念"适用于未来十年。这份宣言的序言称，北约致力于实现的目标是，"为一个没有核武器的世界创造条件"。这与美国总统贝拉克·奥巴马上任之初宣布的创建无核世界的目标有所不同，后者实际上是撤销了这一目标。它还称，只要世界上存在核武器，北约"仍将是核联盟"。

正如我们所听到的，核武器的拥有不应进一步多边化——但这一措辞至少具有误导性，与《不扩散核武器条约》相矛盾。换言之，北约遵守其核武器战略并没有为减少核军备竞赛确定方向，而是在全世界继续推动核军备竞赛。

在描述北约的安全环境时，提及了"欧洲－大西洋一体化"，称其为"强有力的防御政策取得的历史性成就"（第7段）。经济、社会和文化因素以及相互间的资本交织难道没有从中发挥作用吗？接着提及威胁情况时，称"常规威胁"不容忽视，"许多地区和国家"正试图创造"现代军事能力"（第8段）。到底是哪里，谁在这么做，有哪些企图，峰会清单缺乏例证。正如格言所说：危险总是潜伏在任何地方，它们只是被概括化：核武器的扩散（第9段）、恐怖主义（第9段）、"北约边界以外的动荡或冲突"(第 11 段)、"网络攻击"(第 12 段)。作为这个领域装备精良的军事联盟,北约应该做些什么仍然模糊不清。它还称,所有国家都将越来越依赖"国际贸易、能源安全和繁荣所依托的重要的通信、运输和过境线路"(第 13 段)。与 1999 年战略报告委婉的表述相比,这是北约对自身地位的认知:即使利用军事手段,也想维护其成员国的经济利益。

此外,与 1999 年的文件不同,"领土防御"(第 16 段)再次被定义为一项目标和义务。与 1999 年的文件形成对比,可能是利用北约最初的创建背景,以及东欧的北约新成员国的反俄情绪,在"威慑"标题下,它重申了北约仍将是核联盟(第 17 段);核武器将成为北约国家安全的"最高保障"(第 18 段);将继续存在"核武器和常规武器的混合"(第 19 段)。关于"危机管理"的主题,它强调了"军民合作"(第 21 段):迄今为止的军民合作已经致使民事援助和冲突管理从属于军事逻辑和战争战略。最后,文件含糊地提及军备控制、裁军和核不扩散等内容,但鉴于北约和北约国家的实际发展,它完全就是一个的声明性的托词。最后,欧盟被强调为北约军事合作的重要合作伙伴(第 32 段)。然而,这更多地说明了《里斯本条约》之后欧盟的情况,而不是北约的情况。

需要替代方案

北约里斯本峰会的一个特点是,俄罗斯总统梅德韦杰夫参加了这次会议。北约 - 俄罗斯理事会发表了一份单独的宣言。根据小布什总统领导下的美国和北约公开的对俄计划,在东欧部署反导武器方面出现了一定的缓和。随后批准的关于战略核武器的条约(《削减战略武器条约》)则为此做出了贡献。里斯本峰会表明,俄罗斯代表着自己的利益,尽管它的利益不一定与西方国家的利益一致,但不希望这种分歧引发军事上冲突。与此同时,俄罗斯通过后勤援助支持阿富汗战争,因为它担心"塔利班的胜利"会给伊斯兰的中亚带来动荡。例如,梅德韦杰夫参加里斯本峰会,最初是向西方发出的象征性信号。西方拒绝了这一提议,并故意恶化与俄罗斯的关系,加剧了紧张局势。

北约无法解决欧洲的安全问题。除了欧洲集体安全体系之外别无选择,这必须与裁军、相互无攻击能力以及在欧洲内外建立无核武器和其他大规模毁灭性武器区域联系起来。北约没有对此做出贡献,而是设置了障碍。里斯本峰会增加了这些障碍。建立一个集体安全体系将是一种可能的对策。

在 21 世纪，全球的经济、政治和军事正在蓬勃发展，它们被气候变化、物种灭绝和自然资源破坏、贫困、饥饿、疾病、儿童死亡率等日益加剧的全球性问题所掩盖。如果没有相互妥协、容忍以及达成具有约束力的协议，从长远来看就不会有和平。在寻找方法和机制方面可以提供很多帮助，特别是在东西方冲突的最后阶段，为预防战争而设想、制定和实施的方法和机制，其中包括：

- 新思维
- 核时代的战争与和平
- 资本主义的和平能力
- 和平共处和积极和平
- 核武器战争没有赢家
- 安全术语和威胁分析
- 共同安全
- 军备限制和裁军
- 欧洲集体安全体系
- 建立无核武器区或无大规模杀伤性武器区
- 非军事化安全和扩展的安全概念
- 结构性无攻击能力
- 战略上的充分性或合理的充分防御

总而言之，冷战结束后，战争与和平的问题并没有失去关联性，而是重新获得了关联性。首先，这涉及实现世界和平需要满足哪些条件的问题。作为一个概念，世界和平只包含了与世界大战相反的含义。因全球经济重心从北大西洋地区向亚洲的结构性转变，有关世界大战或维护世界和平所需条件的问题再次被提了出来。但即使是我们目前所拥有的世界和平状态，也不是真正的世界和平状态，而是和平状态与战争状态或武装冲突状态分布在世界不同地区。"世界和平"通常是作为"世界大战"的反义词来理解的。它的意思是"没有世界大战（及不太可能爆发世界大战）"，要充分意识到现实，"就质量和数量而言，在国际关系中占主流是和平，而不是战争。"但这是"较低水平的和平秩序，它受到了武装冲突的根源、地方或区域的和平中断以及不排除可能崩溃和演变成全球战争的干扰"。①

因此，在新的条件下，也出现了冲突和战争的预防、冲突的起因、阻止冲突以及处理和解决国内冲突等问题。与此同时，这些冲突大多不是国家间的冲突，而是源自准内战的局势，这种情况往往是由不断出现的贫困、饥饿、国家崩溃、工业化国家对原材料的争夺以及气候变化和其他全球性问题造成的。在这方面，必须重新审视和平与安全以及和平与发展之间的联系。

冷战的结束并没有带来可靠的和平保障以及冲突数量的减少。期望中的西方主导地位只持续了很短的时间。它与新的竞争对手和挑战者一起成长。对此，首选的答案是战争。但这些战争（伊拉克、阿富汗、利比亚）并没有带来所希望的成功，却导致西方世界陷入多重危机。从长远来看，西方必须适应一个充满挑战、冲突和争斗的多样化世界。到目前为止，德国的外交政策一直沿着古老的、开拓出来的道路前行，它已不符合21世纪的新需求。1990年后德国外交政策的"正常化"主要是向旧的、强权政治的政策模式回归。只有少数亮点——例如德国不参与利比亚战争——表明即使在现有条件下，也可能采取不同的政策。

最后，还有一个问题，我们希望如何在这个世界上生活和生存。主导地位将不复存在，所有关于中国是否会取代美国成为超级大国的想法都没有抓住重点。国际发展的主要趋势是朝向一个多极化的世界发展。问题是，这是否会是一场"权力的协奏曲"，如1815年至1914年大国竞逐的欧洲？当时这些大国彼此互不信任，在其领土以外发动战争。这也是一场涉及竞争霸权和势力范围的战争，或如《联合国宪章》以理想方式所规定的国际法律秩序的重组。联合国和联合国安理会是确保和平的中心机构。尊重和遵守国际法必须再次成为外交政策的指导方针。它是各个国家及其人民共同生活的基础。《联合国宪章》所载法律的基本原则是维护和平。特别是在冷战结束后，这一原则遭到西方国家的践踏。它适用国家主权平等和不干涉内政的原则。另一方面，国家对其领土上发生的一切事件负责（包括恐怖活动）。如果他们自己无法控制国内的局势，就可以向他们提供国际援助。但主动干涉只能是发生种族灭绝事

① 沃尔夫冈·舍勒（Wolfgang Scheler）：《在思想和现实中的和平进步：当今世界的必然性和可能性》（Fortschritt des Friedens in Idee und Wirklichkeit. Notwendigkeit und Möglichkeit in der heutigen Welt），见 http://www.sicherheitspolitik-dss.de/autoren/scheler/pasche32.htm。

件后的最后手段，只有联合国安理会才能就此做出决定。人权具有很高的价值，但对其本身的解释没有赋予干预权。重新加强联合国的作用尤其要以维护和平原则为基础。

　　只要有国家的存在，就必须要有一部世界宪法，将这些国家的利益和不同的社会制度纳入基于国际法的国际和平秩序当中。正如《联合国宪章》以理想的方式所概述的那样——尽管迄今为止，国际法的执行和实施以及联合国安全理事会的运作存在着种种缺陷——但这种秩序也必须适用于"一个魔鬼的世界"，正如伊曼纽尔·康德在其著作《永久和平论》中所述。尊重国家主权和主权平等、禁止使用武力和不干涉他国内政是最低要求。这适用于一些国家与另外一些国家之间的关系。一些国家应当避免按照自己的想法去改变其他国家。

　　（此文为波茨坦/柏林国际政治研究院世界发展趋势研究所艾哈德·克罗默博士，参加2010年美国德国研究协会年会提交的论文，后经过修改和补充）

欧安会和欧洲共同家园

艾哈德·克罗默

会议的这一部分主题为："错过和平机会？欧洲不同政治发展的选择和可能性。"所以有人要问：有什么机会？它们是如何以及为何被浪费的？这些问题将在下面得到答复。但首先，我们必须讨论自第二次世界大战结束以来欧洲的基本状况。只有在这种背景下才能正确理解欧洲安全与合作会议（欧安会）面临的机遇和可能性以及"欧洲共同家园"的概念。

关于历史的基本状况

1945 年 5 月 8 日距今正好 60 年整。这个日子在德国历史上的意义仍然存在争议，今天或许比以往更具争议性。20 年前，即 1985 年 5 月 8 日，当时的联邦德国总统里夏德·冯·魏茨泽克发表产生了国际影响的著名演讲，他在演讲中将这一天称之为"解放日"。他当时强调，人们在战争结束时无法看到"逃亡、被驱逐和受到约束"的原因，因为 1945 年 5 月 8 日不应与 1933 年 1 月 30 日希特勒夺取政权的日子分开考虑。因此，从某种意义上说，他终结了在旧的德意志联邦共和国持续长达数十年的政治辩论。

20 年后的今天，我们再次远离了这样的观点。几年来，在主流史学界和出版界，以印刷文献和电视纪录片的形式一直在对其进行重新评价。这是通过后现代的手段完成的，即希特勒、侵略战争、德国罪行、奥斯威辛没有被否认，但其他方面正在成为人们关注的焦点。显然，这些看上去是并排的同义词，故意没有建立一种联系。因此，资本主义、法西斯主义和战争之间的联系在很大程度上被隐藏了。剩下的是独裁者、他的崇拜者和政权支持者（Hofarchitekten），还有那些曾经操纵战争和谋杀机器的高级领主（hohen Herren），而不是德国大企业的战争利润。当然，人们可以从两个德意志国家出版的大多数较旧的专业出版物中查阅到这一点，但你必须事先知道要寻找什么。

它基本不会出现在发行量大的读物中，也不会进入黄金时段的新闻中。相反，通过喋喋不休地谈论"两个德意志独裁政权"——第二个指的是德意志民主共和国，纳粹政权的罪责被淡化了。通过有目的地扩大对纳粹统治和纳粹战争的肇事者及受害者的审议，也出现了责任的模糊化。例如，在撰写关于华沙犹太人区以及那里的波兰和犹太警察部队的作用或关于集中营的组织方式和狱卒的作用时，人们无法看到是德国人和纳粹政权建立了这些机构，其他人随后被迫冒着死亡风险行事，并在这一过程中负有罪责。受害者视角的扩大趋势更加明显。在近年来，许多宏大著作都描写了轰炸战争中的德国受害者，但这里也隐藏了一些事情：即是德国人挑起了这场战争，并对格尔尼卡、华沙或伦敦进行了"试验"。此外，流离失所者的痛苦或德国士兵在斯大林格勒的痛苦也被置于关注的中心，但没有说明他们是如何到达那里的。1985 年，由冯·魏茨泽克在 1945 年 5 月 8 日和 1933 年 1 月 30 日之间建立的联系，现在已经消失了。

历史图景又发生了一次转变，特别是在 2004 年的"登陆日"，即西方盟国登陆诺曼底纪念日，这种翻转得到了充分体现：那时开始有了"欧洲解放"的说法——然后随着东欧和苏联现实社会主义的失败，到 1989—1991 年间结束。这就把苏联的伟大的历史功绩削弱了，它在德国企图征服欧洲并对其实行种族主义恐怖统治方面首当其冲，在摧毁希特勒国家时，它也发挥了重要作用。是的，我们都获得了解放，正是因为我们在这样一个政权中幸免于难。

1945 年 5 月 8 日是 20 世纪最重要的历史转折点。苏联做出了最大的贡献，并做出了最大的牺牲。2700 万苏联公民因此而献出生命。在遭受的所有巨大牺牲中，1945 年 5 月 8 日为苏联带来了俄罗斯历史上所能达到的最广阔的领土和最高的国际地位。作为对德意志帝国强大的侵略力量的反击行动，苏联使德国彻底失败。这是德国"无条件投降"的历史意义，而不同于第一次世界大战后的停战。

对同时代人来说，这是实行社会主义制度的苏联与实行资本主义制度的美国和英国一起赢得的胜利。就这方面来说，双方随后出现不和并进行斗争似乎是顺理成章的。它们陷入阵营对峙和"冷战"中：一方面是苏联及其卫星国或盟国组建了华沙条约组织；另一方面是美国及其在北约的卫星国或盟国成立了北约组织。双方拥有不同的政治、经济和意识形态基础。这构成了战后到 1989/91 年间，两种社会制度斗争的核心。

双方在欧洲的领土现状是在 1948 年"柏林封锁"与 1956 年匈牙利民众起义之间形成的，1948 年，苏联想通过封锁陆路通道，切断对西柏林的补给，从而迫使整个城市并入苏联占领区。1956 年匈牙利民众起义期间，当时西方列强不顾匈牙利政府的呼吁，决定不进行军事干预，因为他们知道这将导致与苏联的公开军事对抗。1961 年 8 月 13 日，柏林墙的修建再次证实了这一点：尽管时任苏联政党和政府首脑尼基塔·谢尔盖耶维奇·赫鲁晓夫发表了各种言论，称西柏林属于民主德国的领土，但美国总统约翰·费茨杰拉德·肯尼迪清楚地看到：修建隔离墙的人不会拿走它背后的东西。所以这个隔离墙就存留了下来。随后的加勒比危机即 1962 年秋美国和苏联在古巴问题上的冲突，向双方表明，如果不保证最低限度的往来和谈判，双方将离核战争的悬崖越来越近。

在此背景下，欧洲安全与合作会议当时试图在欧洲实现一种临时的解决办法：如果不能消除或解决阵营对峙，就应当促使双方在欧洲进行合作与和平共处。

因此，在军事冲突之后，我们在欧洲，在各自的势力范围内执行自己的制度——1948 年在波兰，1949 年在希腊。尽管欧洲处于阵营对峙阶段，但由于双方拥有大量军备，欧洲大陆有一段时间没有爆发战争。只有在两大社会制度斗争结束时，这种情况才发生了变化，最明显的是北约 1999 年对南斯拉夫发动的战争。

有鉴于此，我想对战后长期和平的原因发表评论。首先我们看一下当时的情况，双方都称自己是和平力量，而对方是战争贩子。相互指责对方是战争威胁，这是制度斗争及相应的意识形态斗争的一部分。如果我们更深入的观察，还可以指出，是资本主义国家对权力的渴望引发了第一次世界大战，而俄国革命是那场战争的结果，也是人民意愿的结果，是摆脱帝国主义战争逻辑的一条出路。在这里，现实社会主义的自我理解源于和平力量。然而，现实的语言却有所不同。苏联在 1979 年入侵阿富汗，正如美国曾经入侵越南那样。真实存在的社会主义随后也没有被赋予不间断的和平品质。

当我们谈论欧洲长期保持和平的原因时，一系列因素发挥了作用："核僵局"使人们认识到核战争是不可行的或没有胜利者的；欧洲的和平运动，特别是当时联邦德国的和平运动，反对己方做战争准备，不愿意向东方开战。还记得 1956 年民主德国国家人民军第一参谋长文岑茨·米勒将军说过的一句话："国家人民军不能用于民族内部战争。"因此，它在 1989 年和 1990 年表现出来了。如果我们回到欧安会的基本要求，为了维护和平，双方有远见的政治家都意识到了，这是一种有效的、强制的妥协和合作。

欧洲安全与合作会议——起源和作用方式

欧洲安全与合作会议的历史始于 1966 年 7 月 5 日华沙条约组织最高机构政治协商委员会发布的《布加勒斯特宣言》，在这次会上提出了召开"欧洲安全问题会议"的建议。随着 1967 年 12 月在布鲁塞尔举行的北约理事会会议的召开及其"防务与缓和"的概念［所谓的《哈默尔报告》，以当时的比利时外交部长的名字命名，他就北约未来的任务制定了这一计划］的提出，西方于 1967 年 12 月发出了愿意对话的信号。东欧社会主义国家随后做出了回应，1969 年 3 月华沙条约组织政治协商委员会发出了"布达佩斯呼吁"，建议召开一次"泛欧会议"，会议将由筹备会议发起。1969 年 4 月，在华盛顿召开的北约理事会同意与东方社会主义国家进行谈判。芬兰政府认为芬兰无协议束缚且处于中立地位，注定要在这一进程中进行调解，并于 1969 年 5 月向所有欧洲国家提交了一份《备忘录》，准备在赫尔辛基主办会议和必要的筹备会议。欧洲安全与合作会议的历史起源就是这样的。芬兰在推动这一进程方面发挥了特殊作用，然后与欧洲其他不结盟和中立国家一起发挥了特殊作用。

1969 年夏天，如果不就"德国问题"提出解决方案，这样的会议显然无法举行。然而，当时的联邦德国政府还不愿意参加这次会议；以瓦尔特·乌布利希为首的民主德国领导层也巧妙应对付。只有在联邦德国社民党竞选胜利和维利·勃兰特实施"新东方政策"，以及当民主德国最高领导人从乌布利希变为埃里希·昂纳克之后，才实现了这一目标。随后的一揽子解决方案包括，1970 年 8 月 12 日苏联与联邦德国签订的《莫斯科条约》、1970 年 12 月 7 日波兰与联邦德国签订的《华沙条约》、1970 年 9 月 3 日战胜国美、苏、英、法关于解决西柏林问题的《四方协定》、1972 年 12 月 21 日的《联邦德国——民主德国关系基础条约》和 1973 年 12 月 11 日的《捷克斯洛伐克与联邦德国相互关系条约》。因此，与联邦德国是否承认战后边界相关的所有问题，与西柏林有关的相互冲突的法律立场以及与几十年来一直对欧洲局势造成压力的所有问题，在一定意义上得到了解决，它们不再阻碍欧洲关系的发展。通往泛欧合作的道路是开放的。尚未与联邦德国建交的东方社会主义国家纷纷同后者建立了外交关系，西方国家与民主德国建立了外交关系。反过来，两个德意志国家建立了正常化的政治关系。两个德意志国家加入联合国的道路也已铺就。

苏联和联邦德国之间签订的条约是关键条约，它在时间顺序上排在第一位并非巧合。该条约指出，双方都以欧洲"存在的现实状况"（第 1 条）为出发点，在相互关系中，"不使用武力或以武力相威胁……"（第 2 条），并同意"只有在谁都不破坏现有边界的条件下，欧洲和平才能维护"（第 3 条）。从这个意义上说，双方还达成了谅解备忘录，在其中一致认为这个欧洲条约是一个统一的整体，包括联邦德国与民主德国之间建立平等关系以及在 1938 年的《慕尼黑协定》无效的基础上，解决与捷克斯洛伐克的关系。最后，谅解备忘录的最后一点表示："两国政府欢迎关于加强欧洲安全与合作问题的会议计划，并将尽一切努力准备和成功实施这一计划"。双方都意识到，相互关系的协调以及与德国事务所有相关问题的解决为欧安会的召开扫清了障碍，反过来也一样，他们在这方面做的一切也是鉴于欧洲的局势。

在经历了极其尖锐和激烈的国内政治冲突，包括对勃兰特总理的不信任投票失败之后，《莫斯科条约》和《华沙条约》于 1972 年 5 月 17 日在联邦德国联邦议院获得批准。在交换批准文件后，这些条约与 1972 年 6 月 3 日签订关于柏林的《四方协定》一同生效。1972 年 11 月，在赫尔辛基郊区的迪波利开始举行欧安会的多边筹备会议，该会议于 1973 年 6 月提出了最后建议，其中包括议程、欧安会工作机构的任务、与会国、会议的日期、程序规则和会议经费筹措。

欧洲安全与合作会议分三个阶段进行：第一个阶段在外交部长层面，于 1973 年 7 月在赫尔辛基确认了工作原则；在第二阶段，即 1973 年 9 月至 1975 年 7 月在日内瓦的政治外交层面，拟定了《最后文件》；第三阶段是国家元首和政府首脑会议，于 1975 年 7 月 30 日至 8 月 1 日在赫尔辛基再次进行，并于 8 月 1 日庄严签署了《最后文件》。

《最后文件》分为"四个篮子"，后来又进行了进一步的谈判。"第一个篮子"包括"欧洲安全问题"。这首先包括《指导与会国之间关系的原则宣言》。该宣言确立了十项原则，它们被明确商定为欧洲公认的国际法准则。指导思想是和平与安全之间的联系、欧洲安全的不可分割性、国家之间需要更大的信任以及缓和的必要性。其核心是和平共处的概念：任何国家的自由和政治独立权也意味着"尊重所有其他参与国家自由选择和发展其政治、社会、经济和文化制度的权利，以及它们决定其法律和法规的权利"（第一项原则）。总体而言，确定了以下原则：

1. 主权平等，尊重主权所包含权利；

2. 禁止使用武力或以武力相威胁；

3. 边界的不可侵犯性；

4. 国家领土的完整性；

5. 和平解决争端；

6. 不干涉内政；

7. 尊重人权和基本自由，包括思想自由、良知、宗教和信仰；

8. 平等和人民自决的权利；

9. 国与国互相合作；

10. 在国际法下诚信履行义务。

在此过程中，欧洲制定了自己的和平共处宪章，它具有永恒的价值。

"第一个篮子"包括关于建立信任措施和裁军方面的协定；"第二个篮子"规定了"经济、科学、技术和环境领域的合作"；"第三个篮子"规定了"人道主义和其他领域的合作"；"第四个篮子"规定了"会议的后续工作"。这意味着会议应该有延续，参与国希望从事件转变为进程——从某种意义上说，到目前为止，是以1995年转变为欧洲安全与合作组织（欧安组织）的形式实现的。

如果我们试图概述当时各方的利益追求，可以看出以下几点。苏联和华沙条约组织的其他社会主义国家希望永久确认欧洲的领土和政治现状，包括承认民主德国的存在。它应该是一个"和平条约的替代品"，在此基础上可以长期发展泛欧合作。应特别重视放弃使用武力和不干涉内政。同时，他们希望促进经济和科技合作，以便在持续存在的经济疲软和内部问题面前产生新的增长动力。

西方国家特别是联邦德国，也希望就确保放弃使用武力达成一致。此外，它的目的是消解"勃列日涅夫主义"，即废除华沙条约国家自行赋予的在必要时对条约组织的其他国家进行军事干预的权利，并让所有参加国毫无例外地执行欧安会的原则。同时，应落实人权和人员、思想和信息的自由流动。

双方一致认为，必须防止战争，维护和平，他们共同的根本利益是和平解决制度冲突。（终有一天要解决——最终，双方几乎都不再谈它。）中立国家和不结盟国家通过在东西方之间发挥中间人的角色，希望为欧洲大陆的和平做出贡献，并在政治上提升自己的地位。然而，除了南斯拉夫之外，他们在经济合作，尤其是人权问题上，最终成为西方国家的一部分，作为另一个、第二个西方国家。

为了在谈判过程中取得进展，两个重要规则已经得到应用：所有国家都以独立主权国家的身份参与（也就是说，谈判始终进行直到所有国家无论大小都能达成一致），并且以协商一致方式通过决议（即它将通过协商直到所有国家无论大小都愿意接受结果）。欧洲安全合作会议、《赫尔辛基最后文件》，其原则及基本的工作方式已经成为 20 世纪 70 年代公认的标准，必须以此衡量签署国的行为。

已经变化的问题情况

然而，没有新的冲突是不可能的。欧安会没有结束社会制度间的对抗，但对其而言，在某种意义上设定了游戏规则，在不丢面子的情况下，游戏规则不会伤害双方。在东方社会主义国家的官方解读中，欧洲安全与合作会议的成立已经成为苏联和华沙条约国的伟大胜利。已变化的局势意味着东西方之间爆发世界大战的危险已经减弱。跨越不同制度界限的合作机会和领域显著扩大。现在，自列宁以来，社会主义国家领导人一直要求的"不同制度间的和平竞争"实际上已经能够展开。但对社会主义而言，这意味着所面临的挑战急剧增加。现在必须证明哪一方具有更大的发展潜力。历史的结果是众所周知的。当然，20 世纪 70、80 年代的政治行为体并不是根据 1989—1991 年东欧社会主义崩溃的结果行事，而是出于开放性历史的结果。政治外交解决利益分歧的一种形式是就一系列建议进行协商。第一种关系被概括为一方的安全需求与另一方的经济和科技合作需求之间的联系，以及后者与军事领域的"建立信任措施"之间的联系。这意味着西方国家在经济关系方面做出妥协，以换取东方社会主义国家在安全和军事信任建设领域的让步。第二种关系是在这些领域与人权领域和促进人员接触之间建立起来的。在这方面，东方社会主义国家在人道主义和人权领域做出妥协，以换取西方国家在经济和技术方面的让步。

现实社会主义国家的执政者认为，他们可以继续像以前那样处理其国内的政治问题。虽然他们在"第三个篮子"中签署了详细的要点，但他们认为"第一个篮子"中的不干涉原则更有价值，最重要的是，就和平与安全以及经济合作问题已顺利达成协议。

这很快就会被证明是一个错误。在《最后文件》签署后不久，现实社会主义国家的民权团体就表明了观点，例如捷克斯洛伐克的《七七宪章》——七七的意思是 1977 年——以及其他国家的类似团体，它们援引《最后文件》，要求在国内享有政治反对派的权利。这些团体成为 1989 年的剧变的重要参与者。这种浪潮不能被旧的行使权力的方法所限制。在传统解读中，这些都是"西方的代理人"。另一方面，即使有西方情报部门直接插手，但这种抗议运动只有在表达社会不满和矛盾时才最终具有社会效力。这显示了现实社会主义国家的重大弱点。

20 世纪 70 年代，东欧社会主义国家政府就对西方国家的缓和意愿表示怀疑。与此同时，西方国家领导人批评东方社会主义国家未能遵守欧安会关于人权和人员交往的协议；他们坚持四个"篮子"的同等性。其直接后果是，1977 年 10 月至 1978 年 3 月在贝尔格莱德举行的欧安会首次后续会议未能取得成效。唯一的成果是商定了下一次后续会议的事宜：1980 年 11 月 11 日在马德里举行。

在日益年迈的列昂尼德·勃列日涅夫总书记的领导下，苏联领导层在军事上表现了其日益增长的威胁感，绕过欧洲安全与合作会议达成的协议，加速了 SS - 20 中程导弹在东欧的部署。北约通过了所谓的双重决议，并在其一方部署了新的中程导弹。因此，1982 年双方的军事威胁要比 1975 年签署《最后文件》时更大。除此之外，还有 1979 年苏联军队入侵阿富汗，以及 1981 年波兰对罢工工人及其"团结工会"组织实施戒严令。这两种行为都进一步体现了现实社会主义的政治防御。欧洲安全与合作会议似乎正走向永久性危机。

欧洲共同家园

共同家园的术语出现在 20 世纪 80 年代初苏联勃列日涅夫执政时期。然而，这个词并没有产生什么影响，直到苏联共产党新任总书记米哈伊尔·戈尔巴乔夫有意识地提出了一个新的政治概念。1985 年，戈尔巴乔夫对局势以及同盟的评估是，武器装备过度消耗了国家及其经济和技术力量，导弹部署带来了新的对抗，同时也带来了苏联内部经济和社会状况的恶化。

为了摆脱相关的困境，戈尔巴乔夫制定了一项政策，随后将其称为"新思维"（Neue Denken）。首先，苏联开始在军备限制和裁军领域单方面做出行动，特别是在战略武器系统和中程导弹领域，对美国重新提出和平政策的政治倡议。这很快就取得了成功。此外，苏联有意识地努力从世界上所有军事冲突中脱身，包括它在非洲、中东和中美洲参与的军事行动，并最终从阿富汗撤军。年事已高的美国总统罗纳德·里根在媒体上给勃列日涅夫描绘了一个积极的形象，但后者很快就输给了戈尔巴乔夫。通过减少核战略领域的紧张感，"共同欧洲家园"的理念迅速赢得公众的赞誉，并被进一步描述为一个共同欧洲的概念。从这个意义上说，戈尔巴乔夫随后摒弃了"勃列日涅夫主义"：东欧的所有共产党领导人都要获得各自人民的认可，无论如何，苏联军队不能再像1953年在民主德国，1956年在匈牙利和1968年在捷克斯洛伐克那样使用。在此背景下，戈尔巴乔夫随后希望在经济和技术方面与西方进行更广泛的合作，以便控制国内的问题。新思维、改革和开放政策应该形成一个统一体，是社会主义复兴的基本要素。

然而，在实践过程中，开放政策很快在苏联引发了一场广泛的关于斯大林罪行的公开辩论，从而使社会主义在其具体的历史形态中的内部合法性不断遭受质疑。从外部来看，"新思维"导致了这样一个结果，即1988年掌权的匈牙利改革者在1989年夏天绕过苏联为民主德国公民开放了匈奥边界，从而导致柏林墙的倒塌。

在这一点上，戈尔巴乔夫"新思维"的历史后果是现实社会主义的垮台，而"欧洲共同家园"也是其中的一部分。1990年11月21日，欧洲安全合作会议在巴黎举行的峰会通过签署《巴黎宪章》，强调制度对抗时代已经结束。冷战、欧洲的分裂宣告结束，一个"民主、和平与团结的新时代"拉开帷幕，它以自由民主、公民自由以及资本主义市场经济作为一个共同的基础。

一个新的历史阶段

如果我们根据这些承诺来衡量目前的情况，就会出现一个矛盾的画面。大多数欧洲国家都存在民主。但是，它仅限于政治议会运作领域。新自由主义经济方案（以比社会主义国营经济更具优势为由）被认为是无法替代的。同一基本方案的候选人之间举行自由选举，经常更换政治人员表达了对经济和社会状况的不满。与此同时，工人和穷人目无法纪的状况进一步显露——贫困现象在富裕的德国也在增加。政治上的人权确实在

1989—1990 年实现了，但自 2001 年以来，它一直以"恐怖主义"的危险为由，逐步受到限制。在对南斯拉夫发动战争之后，鉴于欧盟的军事化努力，我们显然没有处于一个新的和平时代。与伊拉克一样，欧洲国家参与了美国的全球战争。西方国家的威胁论再次针对俄罗斯。因此，欧洲大陆的分裂仍在继续。北约和欧盟进一步向东扩展，但它们以新的形式延续了欧洲大陆的分裂；一方是西方国家的组织，另一方是俄罗斯的组织，两者之间是由乌克兰、白俄罗斯和摩尔多瓦组成的"中间区"，在高加索地区也是如此。

就这方面来说，"共同欧洲家园"的结果确实是一次错失的机会。最终，事实表明，民主、人权和市场经济与美国强权政治的努力叠加在一起，它们也被北约所利用，维护大型跨国公司的利益。战后时期的制度冲突已经结束，但我们正处于世界历史的一个新阶段。1985 年，苏联开始抱有很高的期望，并在 1986—1987 年开启了强大的政治攻势，这在 1989—1990 年被证明是一次巨大的失败，不仅是作为社会主义政治形态的苏联的失败，而且是俄罗斯的末日。这次失败不能定性为某种简单的事实经过，它同时也是由西方大国进行地缘政治"塑造"的结果。和平问题现在是一个新问题。然而，出现了一个新的玩家名单：如果不再按照阶级和政党来划分意识形态背景，那么谁会是和平运动的主导者？

如果我们提出欧洲安全与合作会议也错失机会的问题，那么情况则会有所不同。即使依照《巴黎宪章》的规定，欧洲安全与合作会议《最后文件》所载的国际法原则仍然有效。另外，欧洲安全与合作会议模式，现在的欧洲安全与合作组织，鉴于世界上爆发的许多新的冲突，无论其起源于东西方冲突的产生背景如何，欧洲安全与合作模式可以扩展到其他的冲突局势。欧洲安全与合作组织也有可能在其管辖范围内和平解决争端，也就是说，包括亚洲的苏联加盟共和国当时是包括在欧安组织范围内的。它本来可以作为南斯拉夫的替代选择，却被北约战略家故意搁在一边，因为他们想要这场战争。即使在今天，欧洲安全与合作组织似乎被边缘化了。但它始终可以作为替代方案，例如欧盟的军事化。它拥有以国际法为基础的工具、人员以及过去良好的声誉。从这个意义上讲，欧洲安全合作会议不是一个错失的机会，而是解决冲突的可用资源。

那戈尔巴乔夫呢？他在当今的俄罗斯被认为是除叶利钦之外的一个大破坏者。然而，或许应该重新全面考虑一下对他的评价。社会主义的人道主义本质，在其真实的历史创立阶段退居到残酷斗争之后，被斯大林及其他党内独裁者所滥用，在其最后阶段得到体现。1989—1991 年，只有使用武力才有可能产生不同的结果。这被阻止了，它不是出于怯懦，而是出于善意的人道主义原因。没有任何资产阶级是这样下台的，他们宁可面对革命。1919 年罗莎·卢森堡和卡尔·李卜克内西在德国被谋杀，1973 年智利民选政府被推翻，数千人被杀害。拒绝 1989—1991 年重大转折的历史性机遇是贪得无厌的、现在是新自由主义的全球资产阶级的责任，它自 1990 年以来一直重新领导上述的阶级斗争。相比之下，戈尔巴乔夫受到较好的评价：他最大的错误可能是，他不仅相信其"新思维"的哲学基础是人类未来的人道主义概念，而且他认为对方也将这样做。相反，美国统治者有意识地扩大了他们在世界范围内的帝国地位。

（艾哈德·克罗默供职于波茨坦/柏林国际政治研究院世界发展趋势研究所。本文系作者参加联邦和平建议委员会与勃兰登堡罗莎·卢森堡基金会联合举办的国际科学会议时提交的论文，会议主题是："波茨坦会议：对欧洲和平和社会公正的重要性及影响"，会议于 2005 年 5 月 8 日在波茨坦举行）

德国统一在欧洲的影响：一个东德视角的回顾

汉斯－J. 米塞尔维茨

目前，我们看到了备受吹捧的机会之窗，它在 1989—1990 年为整个欧洲开放，有人威胁要永远关闭它。因此，回到 25 年前的起点，回到冷战结束，我们有很多话要讲。欧洲大陆的分裂似乎不再有任何难以逾越的障碍。我们不仅认为这是有可能的，而且——仓促的、在某种程度上——被广泛实现。但是，并非议程上的所有内容都已实现。它只是停止了，可能是因为很多人认为收获已经开始了。25 年后的今天，无所作为可能成为欧洲和平的绊脚石。

在下面的文章中，我不仅要考虑东德的视角，即民主德国的观点，而且要探讨德国统一的国际层面。最终，这一层面的决策影响了其他所有层面，无论是统一的时间框架还是其模式、由此产生的经济成本、以及——对我的论文尤其重要——欧洲政策的影响。①

起点：1989 年秋天

德国问题事实上是由民主德国无意中提到世界政治议程上的，它起始于 1989 年 11 月 9 日所谓的柏林墙的倒塌。科尔总理 1989 年 11 月 28 日在德国联邦议院的讲话可以看作是国际政治认真关注德国问题的起点。他在

---

① 现在有关于德国统一的国际方面及其解决方案的书充斥着图书馆。以下是挑选出的易于获取的德国出版物，参见亚历山大·冯·柏拉图（Plato, Alexander von）：《德国的统一——一场世界政治的权力游戏》（Die Vereinigung Deutschlands – ein weltpolitisches Machtspiel），柏林：克里斯托夫·林克斯出版社，2002（Berlin：C. Links, 2002）；《德国政策文件汇编：来自联邦总理府的档案特别版 1989/1990 年》（Dokumente zur Deutschlandpolitik. Sonderedition aus den Akten des Bundeskanzleramtes 1989/1990），慕尼黑：奥登伯格出版社，1998（München：Oldenbourg, 1998）。作为美国与会者的报告，推荐阅读，菲利普·策利科夫，康多莉扎·赖斯（Zelikow, Philip / Rice, Condoleezza）：《外交的伟大时刻》（第二版）（Sternstunde der Diplomatie. 2. Auflage），柏林：柱廊出版社，1997（Berlin：Propyläen, 1997）；罗伯特·哈钦斯（Hutchings, Robert L.）：《当冷战结束时，来自权力内部的报告》（Als der Kalte Krieg zu Ende war. Ein Bericht aus dem Innern der Macht），柏林：菲斯特出版社，1999（Berlin：Fest, 1999）。关于替代方法的讨论，特别有趣的一本著作是玛丽·爱丽丝·萨洛特（Sarotte, Mary Elise）所著《1989 年，努力创建冷战后的欧洲》（1989. The Struggle to Create Post – Cold War Europe），普林斯顿/牛津：普林斯顿大学出版社，2009（Princeton/Oxford：Princeton University Press, 2009）。

这一天提出了《消除德国和欧洲分裂的十点计划》。这是其最亲密的顾问团制定的分步计划，承诺将德国统一进程纳入泛欧发展。联邦德国外交部和西方盟国都没有参与制定该计划。该计划旨在使两个德意志国家之间逐步建立邦联结构，最终实现德国统一。它包括"以改革为导向的东方阵营国家加入欧洲共同体"，欧安会进程的体制深化（"这个泛欧建筑的核心部位"），欧洲的裁军和军备控制——"如同欧洲总体安全结构的关键问题一样困难"。①

科尔将其政策目标表述如下："这项政策致力于建立一种欧洲的和平状态，德国人民可以在这种状态下重新获得自由自决的统一。"②因此，德国统一的目标与一个条件关联在一起："欧洲的和平状态"。

美国总统乔治·布什几天后以"四项原则"回应了科尔的《十点计划》，他在马耳他与戈尔巴乔夫的会晤中提出了如下要点：

1. 无论结果如何，都应无条件地寻求自决。

2. 如果要实现统一，就必须"在德国进一步融入北约以及日益一体化的欧洲共同体的框架内"。

3. 以"和平的、渐进的……进程"的形式逐步进行。

4. 此外，根据《赫尔辛基最后文件》，必须尊重现有边界的不可侵犯性。③

引人瞩目的是，科尔在演讲中根本没有提及北约，但布什明确宣布德国保留北约成员国身份是一个先决条件。因此，军事联盟问题至关重要。从那时起，寻求欧洲和平秩序的问题一直是国际政治的核心。

为了解这个问题已经有多久没有得到答复，我想引用当时的另一份文件。1990年1月4日，科尔拜访了密特朗总统。他们进行了几个小时的谈话。已公开的访谈记录让我们了解到，双方在1月初是如何评估形势与替

① 1989年11月28日联邦德国总理赫尔穆特·科尔博士在德国联邦议院的讲话，参见英戈·冯·明希（Münch, Ingo von）编《德国重新统一的文件汇编》（Dokumente der Wiedervereinigung Deutschlands），斯图加特：克勒讷出版社，1991（Stuttgart：Kröner, 1991），第57页及其之后。引自，第66页。

② 英戈·冯·明希（Münch, Ingo von）编《德国重新统一的文件汇编》（Dokumente der Wiedervereinigung Deutschlands），斯图加特：克勒讷出版社，1991（Stuttgart：Kröner, 1991），第65页。

③ 罗伯特·哈钦斯（Hutchings, Robert L）:《当冷战结束时，来自权力内部的报告》（Als der Kalte Krieg zu Ende war. Ein Bericht aus dem Innern der Macht），柏林：菲斯特出版社，1999（Berlin：Fest, 1999）。

代方案的。^①在持续数小时的谈话中，科尔在联盟归属问题上表示，所设想的邦联结构意味着，"两个德国在过渡时期共同合作，即使它们隶属于不同的阵营。"同样，密特朗谈到了东德和西德隶属于不同的联盟，并提醒谨慎行事：德国的统一不应该让俄罗斯人自我强化。但他没有回答，如果美国和其他国家不放弃其立场，苏联该如何接受放弃其军事立场。密特朗继续说道："时机对于进一步的行动很重要……戈尔巴乔夫的命运更多地取决于赫尔穆特·科尔而不是利加乔夫。"^②最后，密特朗在这次长达数小时的会谈即将结束时问科尔想对戈尔巴乔夫说些什么。科尔回答道：他想告诉戈尔巴乔夫，你需要时间。"如果我们及时成功地解决了问题，如果戈尔巴乔夫确信我们不想制造既成事实，他就会看到……一个达成协议的机会。"^③

对于密特朗和科尔来说，1990 年初的问题如下：

"欧洲的和平状态——德意志人民可以在其中自由自决地重新实现民族统一"，包括征得的苏联同意以及西方国家相应的支持。

因此，为了创造欧洲和平秩序这一德国统一的条件，需要时间和建立信心。否则戈尔巴乔夫政府将被推翻，并且这一进程将在苏联遭遇失败。

西方国家的战略转变

根据布什总统在马耳他与戈尔巴乔夫制定的"四项原则"，德国统一的"渐进过程"的概念^④一直沿用至 1990 年 1 月中旬。随后，美国政府改变了战略方向。

1990 年 1 月 19 日，美国国家安全委员会提出了"越快越好"的概念，

---

① 《德国政策文件汇编：来自联邦总理府的档案特别版 1989/90 年》，慕尼黑：奥登伯格出版社，1998，第 684 页及其之后。

② 1990 年，叶戈尔·库斯蒂奇·利加乔夫是苏联共产党中央政治局的二号人物，也是戈尔巴乔夫最主要的对手。

③ 《德国政策文件汇编：来自联邦总理府的档案特别版 1989/1990 年》（Dokumente zur Deutschlandpolitik. Sonderedition aus den Akten des Bundeskanzleramtes 1989/90），第 684 页及其之后。

④ 参阅罗伯特·哈钦斯（Hutchings, Robert L）：《当冷战结束时，来自权力内部的报告》（Als der Kalte Krieg zu Ende war. Ein Bericht aus dem Innern der Macht），第 145 页。

这种 180 度转变的背景是对这种局势的一个新的评估。①它表示"独立、民主的民主德国的替代方案已不复存在，加速统一进程……只能最大限度地减少道路上的障碍"。相反，美国现在看到了危险：由于现有的盟国权利，这一过程"可能会朝着完全无法预测的方向发展，例如国际和平会议"；"苏联可能会向德国人施压……例如，退出北约或至少禁止德国境内保留核武器——撤离驻扎在德国的所有武装部队，限制德国军队的兵力以及宣布东德领土的特殊地位。"②

美国必须加紧阻止德国人在北约和统一之间做出选择。因此，必须比苏联先采取行动，并且"莫斯科面临着如此众多的既成事实，苏联人只能以高昂的代价考虑对策"。③

时任白宫工作人员的康多莉扎·赖斯后来解释说："的确，美国实际上只有一个担忧，那就是德国的统一可能会摧毁北约。因为北约是德国和平的推动者，是美国在欧洲的支柱。"④ 美国国家安全局在白宫的一名雇员罗伯特·哈钦斯写道："西德伙伴从来没有真正明白，在德国统一进程中，美国所面临的危险至少与其一样高。我们当时的外交完全是为了捍卫美国——而不是德国——的利益。"⑤

莫斯科和华盛顿的路线设定

关于解决"德国实现统一的外部因素，包括邻国安全问题"方面⑥，第一个决定性的路线设定和程序制定，将成为"2＋4"会谈的任务。这时民主德国实际上没有合法化的政府，因此没有对这个方案产生影响。

---

① 罗伯特·哈钦斯（Hutchings, Robert L）：《当冷战结束时，来自权力内部的报告》（Als der Kalte Krieg zu Ende war. Ein Bericht aus dem Innern der Macht），第 154 页及其之后。
② 罗伯特·哈钦斯（Hutchings, Robert L）：《当冷战结束时，来自权力内部的报告》（Als der Kalte Krieg zu Ende war. Ein Bericht aus dem Innern der Macht），第 154 页及其之后。
③ 罗伯特·哈钦斯（Hutchings, Robert L）：《当冷战结束时，来自权力内部的报告》（Als der Kalte Krieg zu Ende war. Ein Bericht aus dem Innern der Macht），第 156 页及其之后。
④ 菲利普·策利科夫，康多莉扎·赖斯（Zelikow, Philip / Rice, Condoleezza）：《外交的伟大时刻》（第二版）（Sternstunde der Diplomatie. 2. Auflage），第 223 页及其之后。
⑤ 罗伯特·哈钦斯（Hutchings, Robert L）：《当冷战结束时，来自权力内部的报告》（Als der Kalte Krieg zu Ende war. Ein Bericht aus dem Innern der Macht），第 132 页。
⑥ 即 1990 年 2 月 13 日美国、英国、法国、苏联和两个德国在开放天空会议上达成的渥太华模式。参阅《联邦政府新闻情报局公报》，1990 年 2 月 27 日，第 27 号（Bulletin des Presse – und Informationsamtes der Bundesregierung, Nr. 27, 20. 2. 1990），第 215 页。

1990 年 2 月 10 日，科尔总理在莫斯科得到戈尔巴乔夫总书记的承诺，"苏联将尊重德国人在一个国家生活的决定，并由德国人自己决定统一的时间和方式"，①后者已经做出最重要的决定：统一后的德国可以隶属北约。

2 月 7 日至 9 日，美国国务卿詹姆斯·贝克在莫斯科会见了苏联外交部长谢瓦尔德纳泽和戈尔巴乔夫总书记。他们谈到了欧洲的军备控制和裁军以及德国的未来。与会者一致同意，关于讨论德国统一问题的会议应该让两个德国参与，而不是仅四大国参与（"4＋2"）。如美国所愿，会上还一致同意，德国继续隶属于北约。贝克在会议结束后以手写形式标注了以下会议成果："最终成果：统一后的德国扎根于一个变化了的北约——其法律不会向东扩展。"②在 2 月 9 日贝克和戈尔巴乔夫的最后一次会议上，两人都证实了这一成果。戈尔巴乔夫后来称这项协议取得了突破性进展，"为妥协扫清了障碍"。③

2 月 10 日，在与戈尔巴乔夫的谈话之前，联邦德国总理科尔获悉此事，但美国对妥协的解释有两个版本。除了贝克的版本外，白宫还告诉他，有关北约成员国的声明只涉及民主德国的领土。然而，科尔当时是以贝克的版本为依据。有关这一点的争论一直持续到今天。

苏联也从中得出了相互矛盾的结论。它最初是这样解读会议成果的，即暂时保留两个德国在北约组织和华约组织的成员国地位——在过渡时期应该建立一个包括美国和苏联在内新的欧洲安全架构。1990 年 5 月 5 日，谢瓦尔德纳泽在波恩举行的第一次 "2＋4" 部长级会议上提出了这样的想法，即将两德统一进程与所谓 "外部方面" 的解决方案脱钩。他的建议是："将德国问题（国际方面）的解决方案与泛欧安全新结构的发展同步化"。

1990 年 6 月 22 日，在柏林举行的第二次 "2＋4" 部长级会议上，谢

① 《联邦总理科尔博士就 1990 年 2 月 10 日与戈尔巴乔夫总统会晤的情况向新闻界发表的声明》（Presseerklärung von Bundeskanzler Dr. Kohl zum Treffen mit Präsident Gorbatschow am 10.2.1990），载《德国档案》1990 年第 3 期（Deutschland Archiv 3/1990），第 474 页。
② 引自玛丽·爱丽丝·萨洛特（Sarotte, Mary Elise）《1989 年，努力创建冷战后的欧洲》（1989. The Struggle to Create Post – Cold War Europe），普林斯顿/牛津：普林斯顿大学出版社，2009（Princeton/Oxford：Princeton University Press, 2009），第 110 页，注释 93。
③ 玛丽·爱丽丝·萨洛特（Sarotte, Mary Elise）：《1989 年，努力创建冷战后的欧洲》（1989. The Struggle to Create Post – Cold War Europe），第 110 页，注释 95。

瓦尔德纳泽重申了他对五年过渡期的要求，保持东德和西德的各自条约关系（双重成员资格，盟军永久驻扎权）。尽管如此，他同意应在欧洲安全与合作会议峰会之前举行"2+4"谈判，该会议将提前至1990年11月举行。①顺便说一句，他已经同意了西方所寻求的时间表。是什么原因促使他这样做的？5月31日，戈尔巴乔夫在华盛顿会谈结束时发表声明，根据欧洲安全与合作会议《赫尔辛基最后文件》的第一条原则，自由选择联盟也适用于统一后的德国，当时，苏联是否仍然把希望寄托在一个新的欧洲安全体系上。

1990年民主德国外交政策的主张和目标

1989年，民主德国新出现的反对派组织和政党对德国统一的可能性持谨慎态度，虽然没有表示完全拒绝。原则上讲：德国统一只能在克服欧洲分裂的背景下来实现。这可以通过民主德国新成立的社会民主党的例子来证明。在柏林墙倒塌以及科尔1989年11月28日在联邦议院发表《关于德国问题宣言》之后，该党在1989年12月3日表示："民主德国的社会民主党致力于德意志民族的统一。这种统一必须由两个德国来规划……必须以这样的方式进行，即欧洲和平秩序的建立并没有受到威胁，而是得到了促进。"它对科尔总理提出的邦联理念明确表示赞同："我们认为，两个德意志国家建立的邦联很快就会成为一种规划德意志民族统一的可能形式。"②

1990年1月14日，在柏林举行的社会民主党第一届代表会议就"德国问题"发表声明："我们的政策目标是统一德国……德国统一进程的所有步骤都必须是泛欧统一进程的一部分。因为我们只有得到所有邻国的同意才能实现德国统一。它们的边界对我们来说是不可侵犯的。我们在努力构建欧洲安全与和平秩序。我们把促进东欧民主化进程和经济复兴视为我们的特殊责任。"

---

① 引自1990年6月22日在柏林民主德国外交部举行的第2次"2+4"部长级会谈的报告（手稿），1990年6月22日。

② 1989年12月3日的《社会民主党关于德国问题的宣言》中提道："民主德国的社会民主党致力于德国民族的统一。这种统一必须由两个德意志国家来塑造……德国统一的规划不仅仅是我们的事情，必须以这样的方式进行，即欧洲和平秩序的建立并没有受到威胁，而是得到了促进……我们认为，两个德意志国家建立的邦联很快就会成为一种规划德意志民族统一的可能形式。"（汉斯·米塞尔维茨私人档案馆）（Privatarchiv Hans Misselwitz）。

　　2月20日，民主德国关于德国政策①的圆桌会议的决议不再引起共鸣。1990年2月23日，民主德国外交部提交给所有欧安会国家的备忘录②也是如此。由于1990年3月18日基民盟的选举胜利也宣布，根据《基本法》第23条，就民主德国加入联邦德国达成了一致意见，社会民主党的"走向德国统一之路"的概念也不再讨论之列。执政联盟的妥协是："必须尽快实现统一，但其框架条件必须尽可能完美、合理、并且必要时可持续。"③民主德国政府的困境只是：他们政策的每一个成功步骤都意味着同时放弃影响力和主权。④

　　当然，对于1990年4月成立的民主德国政府来说，"统一、融入泛欧一体化和防范统一带来的风险"是优先考虑的事情。⑤联盟成员资格的问题是次要的。由于民主德国仍然是华沙条约的成员国，只有征得苏联同意，才能从中退出，同时也要考虑到苏联（和其他条约伙伴国）的安全利益。它对跨阵营或消除阵营的解决方案感兴趣。因此，新的民主德国政府将其"外交和安全政策的基本立场"当作它所追寻的目标：

　　——将德国统一纳入泛欧统一进程，推动建立新的泛欧安全体系；

　　——德国统一进程应促进现有军事阵营的解散，为在欧安会框架内的过渡期之后建立一个安全体系；⑥

---

① 例如，1990年2月20日，关于德国政策圆桌会议的决定指出："1. 未来德国的北约成员国身份……原则上会被拒绝。2. 寻求未来统一的德国的非军事化地位…… 3. 拒绝以《联邦德国基本法》第23条扩大该法律适用范围的方式，将民主德国或其他地区并入联邦德国。"参阅赫尔穆特·赫勒斯（Herles, Helmut）：《从圆桌会议到议会》（Vom Runden Tisch zum Parlament），波恩：布维尔出版社，1990（Bonn：Bouvier, 1990），第168页。

② 备忘录将两个德意志国家的统一纳入泛欧统一进程。参阅民主德国外交部编（MfAA Hrsg.）《外交政策通讯》，1990年3月9日（Außenpolitische Korrespondenz, 9. 3. 1990,），第58页及其之后。

③ 《1990年4月19日德意志民主共和国总理的政府声明》（Regierungserklärung des Ministerpräsidenten der Deutschen Demokratischen Republik vom 19. 4. 1990），载《德国档案》，1990年第5期（Deutschland Archiv 5/1990），第795—805页。

④ 参阅《民主德国财政部长W·龙贝格（W. Romberg）的讲话》，《德意志民主共和国第10届人民议院，特别会议（第8次会议）》，1990年5月21日，第211页。

⑤ 1990年4月12日，民主德国基民盟、德国社会联盟、民主觉醒、自由民主党人联盟（德国论坛党、德国自由民主党、自由民主党）、民主德国社民党的议会党团间达成的联盟协议原则，外交与安全政策的基本立场1. ［Grundsätze der Koalitionsvereinbarung zwischen den Fraktionen der CDU, der DSU, dem DA, den Liberalen（DFP, BFD, FDP）und der SPD vom 12. 4. 1990, Außen - und sicherheitspolitische Grundpositionen 1. ］

⑥ 同上，特别是2. 1.，2. 3.，2. 4.，3. 1. 和3. 2（Außen - und sicherheitspolitische Grundpositionen 2. 1.，2. 3.，2. 4.，3. 1.，　3. 2）。

——在"过渡时期",德国加入北约与"北约改变其军事职能"联系在一起（"没有前沿防御、灵活反应以及先发核打击的选项"）;①

——在过渡时期,北约的任何下属部队都不得进驻民主德国的领土。②

在这方面,1990 年 4 月 12 日人民议院关于"民主德国人对历史的责任"的声明特别重要,那就是:

——面对大屠杀,德国对以色列的责任;

——与苏联人民和解;

——共同承担镇压布拉格之春的罪责;

——奥得－尼斯边界的不可侵犯性。③

在德国统一进程的背景下,现在的民主德国从它自己对历史情况的理解中得出了它特殊的外交政策使命。这与当时从波兰开始的,所有中东欧国家都发生的民主变革密切相关。这主要归因于苏联 1985 年以来奉行的欧洲开放政策。

在向以色列和全世界的犹太人发表的声明中,以一种特殊的方式表达了对历史形势的认识。它以一句产生重大影响的话结尾:"我们赞成向在民主德国受到迫害的犹太人提供避难。"④因此,民主德国政府为来自苏联的犹太人创造了快速而直接的入境方案。⑤因此,到 1990 年 10 月 2 日,成千上万的犹太移民进入德国,并在我国重建犹太人的生活。

民主德国外交政策的重点是与其东部邻国,特别是波兰协调其政策。承认波兰现有西部边界的问题对于人民议院中的所有政党来说都是无可争议的,尽管波恩的联盟党尚未准备签署德波边界协议。因此,与联邦德国不同,1990 年的民主德国外交政策中优先考虑的两个主题是:

---

① 同上,外交与安全政策的立场 3.2（Außen－und sicherheitspolitische Grundpositionen 3.2）。

② 同上,外交与安全政策的立场 3.3（Außen－und sicherheitspolitische Grundpositionen 3.3）。

③ 参阅《德国档案》,1990 年第 5 期（Deutschland Archiv 5/1990,）,第 794 页及其之后。

④ 参阅《人民议院会议纪要》,第 10 届议会任期,第 1 卷,1990 年 4 月 12 日第 2 次届会议（Protokolle der Volkskammer, 10. Wahlperiode, I. Bd., 2. Tagung am 12. April 1990）第 23 页,德意志民主共和国人民议会所有议会党团提出联合声明的动议（Antrag aller Fraktionen der Volkskammer der Deutschen Demokratischen Republik zu einer gemeinsamen Erklärung）。

⑤ 参阅克劳斯·J. 巴德,约亨·奥尔特梅尔（Bade, Klaus J. / Oltmer, Jochen）《自 1990 年以来的逃亡和避难》（Flucht und Asyl seit 1990）,www.bpb.de/themen/EX7ED8, 2, 0, Flucht_und_Asyl_seit_1990.html（检索于 2014 年 7 月 15 日）;伊雷妮·伦格（Runge, Irene）:《小犹太移民的伟大奇迹》（Das große Wunder einer kleinen jüdischen Einwanderung）,www.hagalil.com/01/de/Juden.php? itemid =787（检索于 2014 年 7 月 15 日）。

1. 如果德国统一有助于建立泛欧和平秩序，那首先要求承认德国现有的边界，从而确认其东欧邻国的领土完整性。

因此，对于 1990 年的民主德国外交政策而言，波兰希望参加 "2 + 4" 会谈是合理的，因为它是建立在渥太华方案授权的基础上进行的谈判，包括 "邻国安全问题"。①新任东德外交部长梅克尔 1990 年 4 月 23 日对华沙进行首次正式访问时宣称："德国统一决不能以牺牲东方邻国的合法安全利益为代价"，这是可以理解的。

5 月 3 日，联邦德国、民主德国和波兰在华沙就《德波条约》进行了第一次三方会谈。然而，联邦德国只想就《边界条约》的文本进行谈判，等德国统一之后再缔结该条约。波兰坚持要求开启正式谈判以及草签条约，参与 "2 + 4" 会谈的各方应该注意到这一点。然而，关于边界条约的三方会谈持续的时间很短。5 月 29 日，第三次会谈结束后，联邦德国取消了谈判。波兰随后将这一问题纳入 "2 + 4" 谈判本身，并设法确保在 "2 + 4" 条约记录的若干声明中，将德国统一与波兰西部边界关联起来——这样，对德最终协议的生效与德波协议在时间契合起来。②

2. 由于德国统一已经成为东欧民主觉醒的一个要素（"回归欧洲"），因此有必要引入一种超越西欧一体化的欧洲视角。1990 年，民主德国的外交政策将重点放在了加强欧洲安全合作会议作为泛欧结构的框架上。

随后，1990 年 5 月初，在波兰和捷克斯洛伐克的自发支持下，民主德国与波兰和捷克斯洛伐克共同提出了一项欧安会联合倡议。它为培育欧洲安全与合作未来结构的共同想法，提供了机会。1990 年 4 月 6 日，捷克斯洛伐克外交部长伊日·丁斯特比尔向欧安会所有国家提交了一份关于在欧安会框架内成立 "欧洲安全委员会" 的备忘录。在此之前，波兰于 1990 年 3 月在华沙提出了成立 "欧洲安全委员会" 的想法。这两个国家都希望通过跨阵营的安全结构——以华沙条约联盟为例——来克服阵营绑定。新的欧安会结构应允许向 "欧洲邦联" 体系过渡。

---

① 波兰总理马佐维耶茨基 1990 年 3 月 9 日在《世界报》上说："在本次会议开始时，必须有一个专门讨论德国邻国安全问题的特别讨论小组，我们想参加这个讨论小组。当战后时期结束的时候，波兰必须维护其盟友的权利，并发表意见。"

② 法兰西共和国大使馆提供的由法国总统府起草的会议纪要声明（Erklärung zu Protokoll, von der französischen Präsidentschaft aufgestellt）提道："四大国宣布，德国边界的性质不会因任何外部情况或事件而受到质疑。" 1990 年 7 月 23 日，《会议纪要声明》，第 2 页。

1990 年 5 月 9 日，民主德国提出了一项调解提案，以协调捷克斯洛伐克模式和波兰模式中最重要的要素。5 月 12 日，波兰、捷克斯洛伐克以及民主德国的高级官员在柏林举行了三方协商。他们商定了一项联合倡议，即建立欧安会机构。5 月 27 日至 28 日，与会者在布拉格商定一份联合文件，该文件将于 6 月 5 日在哥本哈根欧安会会议上由三位外交部长签署。捷克斯洛伐克打算于 1990 年 6 月 20 日邀请欧安会所有国家的代表前往布拉格，并提出筹备下一次欧安会峰会的联合倡议。

然而，这一倡议并没有在西方国家那里产生共鸣。1990 年 5 月 30 日至 31 日，布什总统和戈尔巴乔夫总书记举行的华盛顿峰会之后，欧安会《赫尔辛基最后文件》规定的每个欧安会成员国自由选择联盟的方案得到了确认，德国未来的北约成员资格被视为是有条件限制的。捷克斯洛伐克政府和波兰政府相信，如果德国继续参加北约，那么欧安会就没有必要作为北约和华约之间的纽带了。

结语与欧洲的老问题

1. 科尔总理 1989 年 11 月 28 日制定的"创造欧洲的和平状态，德国人民可以在其中自由自决地重新获得统一"的方案很快在 1990 年被反转：德国统一现在应该成为建立欧洲和平秩序的基石。

这一方面与民主德国加速发展的形势及其行为能力丧失相对应，另一方面也符合西方国家的利益，防止民主德国与苏联达成重大妥协。

1990 年 1 月 4 日，科尔总理和密特朗总统仍坚信，只有花上必要的时间"带上"苏联，欧洲和平秩序才能成功建立。这个在 1990 年迫于时间压力形成的方案显著地削弱了戈尔巴乔夫在其国内的影响力。在双方错失一系列机会，俄国被排除在外以及俄国实施划界之后，俄国最终没有转向欧洲，而是与西方日益疏远并对西方展现出对抗性的姿态。

1990 年 1 月，在与科尔的谈话中，密特朗对"俄国问题"有远见地发出警告。如果戈尔巴乔夫被击败，这个问题会以新的帝国主张的形式出现。他一字一顿地说："如果军方获胜，他们将继续实行自由化。但是民族主义的元素会被高度优先考虑。格鲁吉亚和苏联其他地区会出现流血冲突。"①

---

① 《德国政策文件汇编》（Dokumente zur Deutschlandpolitik. Sonderedition aus den Akten des Bundeskanzleramtes 1989/90），慕尼黑：奥登伯格出版社，1998（München：Oldenbourg，1998），第 685 页。

2. 1990 年的欧洲政策选择在这一年中基本上被简化为一个问题：哪些方面是需要当时苏联同意或谅解的，哪些不需要？

1990 年 7 月 6 日，北约在其发表的《伦敦宣言》"转型中的北大西洋联盟"部分提出合作建议，承诺将发展第二个支柱，一个超越旧联盟的政治杠杆，但具体的内容还是很少。同样，1990 年 11 月通过的《巴黎宪章》承诺创建欧洲和平秩序，前欧安会作为欧洲安全与合作组织在该秩序中应被赋予预防和调控冲突的有效权限。直到今天，欧安会/欧安组织还只能起到很少的作用。

相反，欧洲出现了一种不平等的安全状态，这被新生的民主国家——之前属于苏联阵营的一部分——和俄罗斯视为威胁。在俄罗斯看来，对北约保护伞的需求以及北约由此开始的继续东扩，这几乎就是 1949 年北约创建模式的翻版。北约第一任秘书长洛德·伊斯梅勋爵当时制定的策略就是："留住美国人，摁住德国人，挡住俄国人。"

冷战在 25 年前被庄严地宣告结束了。事实证明它只是被冻结了。现在它又解冻了。

（汉斯－于尔根·米塞尔维茨博士于 1990 年担任民主德国外交部的议会国务秘书，并在"2＋4"谈判中担任民主德国代表团团长。此文为勃兰登堡罗莎·卢森堡基金会、米歇尔·舒曼基金会以及《世界发展趋势》杂志举办的学术会议提交的学术论文，会议主题是："冷战的结束以及通往德国统一之路：欧洲邻国的观点"。宣讲时间为 2014 年 6 月 18 日）

苏联的德国统一政策

沃尔夫冈·库比切克

苏联在其存在的最后阶段奉行的外交政策，即"新思维"政策，引发了国际政治的严重变化，通常被称为冷战的终结。德国统一是这些变化在欧洲大陆产生的最重要的结果，对整个战略形势造成不可预测的后果。这就引出了许多问题：戈尔巴乔夫的政策是苏联外交政策史上唯一的必然变种吗？它是一个有明确目标的政策，还是被证明是由政策制定者所触发的进程所驱动的？这项政策最终是否符合苏联人民的利益？并非所有这些问题都可以得到明确的答案。

苏联国内政策的优先地位

一个国家在国际政治中的地位主要取决于其政治的稳定程度、经济实力和科技创新能力。戈尔巴乔夫在解释其推行改革政策和"新思维"的正当性时不断提及这一点，并强调国内政策的优先性。然而，至迟在20世纪80年代初，苏联便处于危急状态，特别是在经济方面。由于此前十年西方国家进行了设施的合理化改造，弥补了行业的结构性缺陷以及更新了陈旧设备导致西方和苏联技术差距扩大，苏联创新不足以及对原材料出口的高度依赖。人民对高品质消费品和食品的需求无法得到稳定满足。苏联的经济表现有继续下降的风险。最终，苏联体制的可持续性受到质疑。

此外，经济能力不足以满足苏联外交和军事政策的过度扩张：其主要动作包括与美国进行新一轮代价高昂的军备竞赛，以确保战略平等；始于1979年的阿富汗战争；与中国一触即发的冲突；过度插手第三世界事务以促进世界革命进程；东欧（波兰）出现的新困境。这一军事政策战略所需的资金吞噬了苏联国内生产总值的15%至30%，而美国的这一比例约为5%。越来越明显的是，苏联的世界大国地位主要是以军事潜力为基础的，而不是基于相应的经济和技术基础。然而，这一地位在新一轮高科技装备中可能会贬值。外交政策应与现有的物质资源和国际条件保持一致，在苏联这一外交政策与国内政策相互关联的原则受到严重损害。

出于这种情况，1985 年 4 月在苏共中央委员会全体会议上，戈尔巴乔夫领导下的新领导层决定重新设计路线（改革重建）。戈尔巴乔夫在 1988 年说："如果改革被推迟，这很快就会导致内部局势的恶化，坦率地说，未来有可能发生严重的经济、社会和政治危机。"①然而，尽管已经改革，或者正是因为改革，危机还是发生了，当时对两个德意志国家的未来都产生了不可预见的影响。

新思维——新外交政策的优先事项

苏联共产党领导人在其第 27 届党代会（1986 年 2—3 月）上，正式将被称为"新思维"的理论方法作为苏联外交政策的新原则。其目的是令陷入僵局的苏联外交政策（或者如戈尔巴乔夫所说，"踌躇不前"②）重新回到攻势。甚至早在戈尔巴乔夫上任之前，苏联外交政策专家如维亚切斯拉夫·达施契夫在 1983 年 1 月写给安德罗波夫总书记的一封信中，及阿纳托利·葛罗米柯和弗拉基米尔·洛梅伊科在 1984 出版的题为《核时代的新思维》一书中，就已呼吁对苏联外交政策进行根本性调整，并改善与西方大国的关系。

苏联外交政策的新指导原则包括放弃国际关系中的阶级斗争原则以及国际关系去意识形态化；共同解决全球人类问题；国家间相互依存；集体安全原则；放弃军事优势；仅通过足够的防御取代军力对等；国际法至上和仅通过政治手段解决冲突；所有人民有权自由选择社会秩序。戈尔巴乔夫写道："历史上第一次将国际政治建立在一般的人类道德规范基础上，使国家间关系人性化，已成为至关重要的问题。"③ 应当指出的是，这种对国际政治和国家间关系的理想主义观念并没有在西方外交政策概念中得到充分反映，所以，人们事后不得不怀疑他们对这一历史情况的现实意识。

在外交政策实践中，重新确定了优先事项。首先是与美国关系正常化，特别是军备限制和裁军，通过这样的措施，诸如部署 SS - 20 中程导

---

① 米哈伊尔·戈尔巴乔夫：《为了我们国家和整个世界的改革和新思维》（Umgestaltung und neues Denken für unser Land und für die ganze Welt），柏林：迪茨出版社 1988 年（Berlin：Dietz, 1988），第 15 页。

② 米哈伊尔·戈尔巴乔夫：《为了我们国家和整个世界的改革和新思维》，第 171 页。

③ 米哈伊尔·戈尔巴乔夫：《为了我们国家和整个世界的改革和新思维》，第 179 页。

弹和北约双重决定，苏联军队干涉阿富汗或里根的星球大战计划等，使危险降至低水平。为了支持内部改革，首先必须减少不断升级以及几乎无法负担的军备竞赛。因此，军备限制和裁军从一开始就在苏联对美政策中发挥了决定性的作用。

戈尔巴乔夫和里根之间进行的一系列首脑会议导致双边关系明显缓和，并在军备限制领域取得了实质性进展。1987 年 12 月举行的第三次首脑会议最终签署了《中导条约》，该条约规定彻底消除所有射程为 500 至5500 公里的中程导弹，从而降低欧洲有限核战争的风险。通过这项条约，苏联接受了数量上不对称的削减，这对其造成了不利影响。美国公众对戈尔巴乔夫本人及其政策的积极回应很重要，里根在 1988 年访问莫斯科时表示，他不再认为苏联是"邪恶王国"。

在其继任者乔治·H. W. 布什的领导下，美苏关系很快得到了前所未有的加强，双方进一步举行首脑会议，并签署了一系列协议。戈尔巴乔夫迫切需要的经济协定是在苏联改变对德国问题态度的背景下达成的：1990年 5 月至 6 月在华盛顿峰会上签署了一项贸易协议；1990 年 12 月，美国批准了 10 亿美元的政府贷款担保；1991 年 7 月的《削减战略武器条约 –I》规定销毁 30% 带核弹头的洲际弹道导弹。

第二个优先事项是"共同欧洲家园"的概念，其目的是制定一项全新的欧洲政策。1988 年一位"新思维"的设计师瓦迪姆·萨格拉丁在山村对话上对"重新定位"解释如下："我们意识到我们的地理重心不均衡且不合理。对于我们所属的欧洲地区尤其如此……通过欧洲之家的理念，我们想表达的是，我们现在将更多地转向欧洲。"[1]最重要的是，必须克服欧洲大陆的分裂。然而，这并不是要克服欧洲东西部国家之间的真正差异，"至少短期内不会"。[2]现实地讲，人们必须假设军事阵营将继续存在，但它们应该从对抗工具转向合作工具。美国及其盟国对于这一概念包含反美倾向的担心遭到了反驳："美国今天无疑在这一进程中发挥了自己的作用，并

① 山村对话：苏联和德意志联邦共和国视角下的欧洲共同家园。第 86 号山村对话备忘录，科尔柏基金会（Bergedorfer Gesprächskreis: Das gemeinsame europäische Haus aus Sicht der Sowjetunion und der Bundesrepublik Deutschland. 86. Bergedorfer Protokoll, Körber Stiftung），第 4 页。http://epub. sub. uni – hamburg. de/epub/volltexte/2013/19074/pdf/bnd_ 86_ de. pdf（查阅时间：2014 年 8 月 18 日）。
② 山村对话：苏联和德意志联邦共和国视角下的欧洲共同家园。第 86 号山村对话备忘录，科尔伯基金会（查阅时间：2014 年 8 月 18 日）。

将在未来继续发挥其作用。美国撤离欧洲是一个完全不切实际的想法，特别是因为从某种意义上说，美国是欧洲的延伸。"①

"共同欧洲家园"的概念的重点是：

——使东西方阵营之间实现缓和，以便通过军备限制和裁军，减轻军费开支对苏联经济的负担；

——加强与西欧的经济和科技合作，以开发其自身现代化战略的潜力；

——使整个欧洲成为世界政治中新的地缘战略因素，同时接受西欧与美国之间的密切联系。

在《华沙条约》和经互会框架内，与盟友的关系是这样考虑的：一方面通过改革，巩固其内部政治关系，改革应考虑到各缔约国的国情，完全由他们自行负责。因此，联盟将被稳固地置于一个新的基础之上，并且减轻苏联为保障各缔约国社会主义秩序所承受的沉重负担。另一方面，这些国家的政治动荡不应干扰与西方国家关系的发展。这就要求放弃"有限主权"的"勃列日涅夫主义"。

对此，戈尔巴乔夫确立了"自由选择"的概念。每个国家的共产党都应该有权根据自己的需要发展自己的国家。它基本上是将国际法的普遍原则应用于社会主义国家之间的关系，最重要的是各国同苏联的关系。1986年11月，在莫斯科举行的经济互助委员会会议上，联盟成员国首次面对这一问题。统一社会党领导的会议纪要在这方面指出，会议得出的结论是，应重塑社会主义共同体的关系使其与时代精神相协调。纪要写道："首先，这是一个在平等互利的基础上塑造的社会主义国家间的政治关系体系。所有与会国的共同立场是：每一个国家都是独立的，有权就其国家的发展问题做出决定，并对自己国家的负责……任何一个国家都不能要求在社会主义共同体中扮演特殊的角色。"②

① 山村对话：苏联和德意志联邦共和国视角下的欧洲共同家园。第86号贝山村对话备忘录，科尔柏基金会（查阅时间：2014年8月18日）。

② 《1986年11月10-11日在莫斯科举行的经互会社会主义国家兄弟党领导代表会议记录》（Niederschrift über das Treffen der führenden Repräsentanten der Bruderparteien sozialistischer Länder des RGW am 10. und 11. November 1986 in Moskau），载丹尼尔·屈兴迈斯特，德特勒夫·纳卡特，格尔德-吕迪格·斯特凡（Küchenmeister, Daniel / Nakath, Detlef / Stephan, Gerd-Rüdiger）编《柏林-波恩-莫斯科：新东方政策与德国统一的三角关系》（Berlin - Bonn - Moskau. Das Dreiecksverhältnis zwischen neuer Ostpolitik und deutscher Einheit），施科伊迪茨：施科伊迪茨出版社，2001（Schkeuditz: GNN Schkeuditz, 2001），第114页。

　　戈尔巴乔夫当时对实际情况判断错误，显然没有想到这个模式可能会导致体制变革。它不单单是原则的公布。以戈尔巴乔夫为首的领导层在其政策实践中基本遵守了这一原则，使其成为即将到来的变革的决定性先决条件之一。

　　民主德国领导人对苏联的新外交政策范式持怀疑态度，并非毫无理由。任何对共同欧洲家园理论有过思考的人最后必然会得出这样的结论：阵营结构的弱化使得民主德国的存在受到威胁。

戈尔巴乔夫与两个德意志国家

　　最初，对于戈尔巴乔夫来说，与两个德意志国家关系的基本要求没有受到怀疑，其中包括没有公开的德国问题。戈尔巴乔夫写道，"民主德国是我们的盟友；联邦德国虽然是苏联在西方的头号贸易伙伴，但在军事、政治领域被列为潜在的对手……联邦德国是美国在欧洲最亲密的盟友，也是美国政治在欧洲大陆的传播带"。①直到1986年底，这种三角关系中的政治都按照通常的套路运行，然而渐渐地出现了一种截然相反的倾向，首先是谨慎的暗示，然后越来越明显，并且随着变革的势头而日益显现。在民主德国与苏联之间的关系中，紧张局势和矛盾不断积累，而联邦德国与苏联之间的关系明显更加缓和，也更加友好。

　　戈尔巴乔夫上台之后，民主德国领导人最初感到宽慰，之前因苏联的压力昂纳克出访波恩一事被推迟，由此造成两党领导人之间的紧张关系似乎已经得到缓和。在戈尔巴乔夫领导下，裁军对话的恢复受到各方欢迎。然而，最初的分歧逐渐显现。统一社会党领导人明确表示，其国内政治路线是正确的，因此不需要进行改革。戈尔巴乔夫则建议昂纳克推迟其重新准备好的波恩之行。

　　1986年秋，戈尔巴乔夫在一次会谈中告知昂纳克，他打算赋予苏德（联邦德国）关系新的含义，这种关系"主要是源于苏联、民族德国和联

---

① 米哈伊尔·戈尔巴乔夫：《改革生涯》第二卷，第三部分"新思维与外交政策"）（Novoe myslenie I vnesnjaja politika），莫斯科：新闻出版社，1995（Moskva, Izd. „ Novosti " 1995）。www. e－reading. me/chapter. php/1013462/29/Gorbachev ＿ －＿ Zhizn ＿ i ＿ reformy. html（查阅时间，2014 年 8 月 22 日）。

邦德国三角关系的重要性"。①就在同一天，昂纳克直言不讳地抱怨苏联诗人叶夫图申科参与联邦德国的电视节目，后者在节目中公开表示支持德国统一，这是一个反革命的挑衅表现。丹尼尔·屈兴迈斯特认为这一论断并不夸张，"1986 年秋，昂纳克和戈尔巴乔夫之间发生了严重的分歧"，并且"昂纳克最初的怨恨……变成了政治上的敌意"。②当你看到苏联领导对昂纳克的不同评价时，你就会认同这一点。例如，1987 年 2 月，苏联外交部长谢瓦尔德纳泽访问了民主德国后，向苏联共产党中央政治局报告说："在民主德国，我们遇到了一种对我们保持警惕的因素……昂纳克的同事们都怕他。他所说的一切都是最后的真理。他展现了一种威权式的领导风格……他明白，如果他运用由苏联共产党指导的原则，他个人就会受到威胁。"③尽管如此，苏联领导层坚持其所宣称的"自由选择"原则。因为没有迹象表明改变民主德国的局势会产生积极的效果。

相反，苏联和联邦德国之间的关系得到了发展。虽然戈尔巴乔夫与里根已经举行两次首脑会议，并开始与法国、意大利和英国展开积极的对话，但与联邦德国的关系在头两年仍然保持冰冻状态。一方面，他们希望让联邦德国在针对美国的军备控制问题上采取更多独立立场；另一方面，他们希望社民党在即将举行的选举中取得胜利，因为它承诺采取更加友善的态度。与此同时，民主德国在经济上过度地靠近联邦德国的情况将会被

---

① 《1986 年 10 月 3 日，戈尔巴乔夫与国务委员会主席昂纳克、德国共产党主席密斯以及西柏林统一社会党主席施密特的谈话［摘录］》（Gespräch Gorbacevs mit dem Staatsratsvorsitzenden Honecker, dem DKP – Vorsitzenden Mies und dem SEW – Vorsitzenden Schmitt am 3. Oktober 1986［Auszug］），载亚历山大·加尔金，阿纳托利·切尔尼亚耶夫（Galkin, Aleksandr / Tschernjajew, Anatolij）《米哈伊尔·戈尔巴乔夫与德国问题》（Michail Gorbatschow und die deutsche Frage. Sowjetische Dokumente 1986 – 1991），慕尼黑：奥登伯格出版社，2011（München：Oldenbourg, 2011），第 18 页。

② 丹尼尔·屈兴迈斯特（Küchenmeister, Daniel）：《昂纳克和戈尔巴乔夫之间的交恶起于何时？》（Wann begann das Zerwürfnis zwischen Honecker und Gorbatschow?），载丹尼尔·屈兴迈斯特，德特勒夫·纳卡特，格尔德－吕迪格·斯特凡（Küchenmeister, Daniel / Nakath, Detlef / Stephan, Gerd – Rüdiger）编《柏林－波恩－莫斯科：新东方政策与德国统一的三角关系》，第 135 页。

③ 《1987 年 2 月 12 日苏共中央政治局会议纪要［摘录］》（Protokoll der Sitzung des Politbüros des ZK der KPdSU vom 12. Februar 1987［Auszug］），载亚历山大·加尔金，阿纳托利·切尔尼亚耶夫（Galkin, Aleksandr / Tschernjajew, Anatolij）编《米哈伊尔·戈尔巴乔夫与德国问题》（Michail Gorbatschow und die deutsche Frage），第 27 页及其之后。

遏制。① 随后，联邦德国经济部长班格曼亲耳从戈尔巴乔夫那听到："我们赞成听到他们自己的声音而不是来自英语的翻译。"②限制与联邦德国进行政治对话的另一个原因是赫尔穆特·科尔 1986 年 10 月在《新闻周刊》发表的声明。他将戈尔巴乔夫的政策视为戈培尔宣传式的煽动政策。

从 1987 年年中开始，联邦德国被纳入东西方缓和进程之中。1987 年 7 月，联邦德国总统冯·魏茨泽克的访问起到了破冰的作用。戈尔巴乔夫的措辞引人注目，两个德意志国家拥有不同的政治和社会制度。100 年后会是什么样，这将由历史来决定。由此，如果从长远的角度来看，戈尔巴乔夫谨慎地回到"一个民族两个国家"的观点，并委婉地宣布"德国问题"再次被公开。他向政治局解释说，"德国人的反对者"现在已经走到了极限，如果能够在与联邦德国关系中找到所需的方法，那么他们在欧洲就可以做很多事。并且"科尔不应该成为这种情况下的替罪羊。否则，这不是政治，而是新闻"。③

一年多之后，1988 年 10 月，科尔总理对莫斯科进行了一次工作访问。此后，两国关系迅速得到缓和。在与联邦德国政治家的谈话中，戈尔巴乔夫多次描述他现在所遵循的路线：苏联和联邦德国应该在很大程度上共同承担构建共同欧洲家园的任务。1989 年 6 月，戈尔巴乔夫对联邦德国回访期间，签署了一项联合声明，表达了双方意见高度一致。戈尔巴乔夫在最高苏维埃面前称赞其为第一份文件，"在这份文件里，拥有不同制度和隶属不同联盟的两个欧洲大国……共同设计了它们的政策的目标"。④正如后

---

① 戈尔巴乔夫："我们对联邦德国的方针也使民主德国受到制约。在经济因素的压力下，后者可能会投入联邦德国的怀抱。"《1986 年 3 月 27 日苏共中央政治局会议纪要［摘录］》（Protokoll der Sitzung des Politbüros des ZK der KPdSU vom 27. März 1986［Auszug]），载亚历山大·加尔金，阿纳托利·切尔尼亚耶夫（Galkin, Aleksandr / Tschernjajew, Anatolij）编《米哈伊尔·戈尔巴乔夫与德国问题》，第 1 页。

② 《1988 年 5 月 16 日戈尔巴乔夫与联邦德国经济部长班格曼的谈话［摘录]》（Gespräch Gorbacevs mit Bundeswirtschaftsminister Bangemann am 16. Mai 1988［Auszug]），载亚历山大·加尔金，阿纳托利·切尔尼亚耶夫（Galkin, Aleksandr / Tschernjajew, Anatolij）编《米哈伊尔·戈尔巴乔夫与德国问题》，第 88 页。

③ 《1987 年 7 月 16 日苏共中央政治局会议纪要》（Protokoll der Sitzung des Politbüros des ZK der KPdSU vom 16. Juli 1987），载亚历山大·加尔金，阿纳托利·切尔尼亚耶夫（Galkin, Aleksandr / Tschernjajew, Anatolij）编《米哈伊尔·戈尔巴乔夫与德国问题》，第 49 页及其之后。

④ 1989 年 8 月 1 日莫斯科之声（Radio Moskau, 1.8.1989），引自拉斐尔·比尔曼（Biermann, Rafael）《在克里姆林宫和联邦总理府之间》（Zwischen Kreml und Kanzleramt），帕德博恩：舍宁出版社，1998（Paderborn : Schöningh, 1998），第 135 页。

者所承认的那样，科尔和戈尔巴乔夫之间不仅在政治上，而且在人道主义上形成了良好的相互谅解。根据戈尔巴乔夫的说法，"开启了苏德关系的新篇章。朝这个方向的后续步骤产生了深远的影响——我们表示为 1989 年底和 1990 年的事情做好了准备"。①苏联的德国政策的优先事项终于发生了变化。对于苏联来说，联邦德国已经成为实施共同欧洲家园战略的最重要的合作伙伴，更不用说已经出现的经济机会了。然而，1989 年的事件表明，苏联对即将到来的事件没有做好充分的准备。

1989 年——形势发生了变化

苏联的德国和欧洲政策的前提在 1989 年期间开始发生日益急剧地改变。在国内，改革政策陷入了政治和经济危机——灾难性的供应状况、纳戈尔诺－卡拉巴赫之战、在巴库部署坦克，杜尚别事件、波罗的海国家为争取独立而进行大规模示威。在华沙条约国家内部发生了剧变。波兰和匈牙利颁布了一部资产阶级民主宪法。1989 年 8、9 月，民主德国领导层在拒绝接受现实、拒绝一切改革的情况下，越来越深地陷入危机。大批民众通过匈牙利和其他邻国逃离民主德国；反对派团体的活动日益增多；统一社会党党员对领导层拒不改革的不满情绪日益高涨。这导致了在（东）柏林民主德国成立 40 周年庆祝之际，戈尔巴乔夫受到了民主德国人民的热烈欢迎，最终的结果是昂纳克的倒台和柏林墙的开放。戈尔巴乔夫说，"你可以通过肉眼看到，这个国家就像一个盖有密封盖子的沸腾的锅"。②

苏联对东欧和民主德国剧变所采取的政策是，严格遵守"自由选择"和不干涉内政的原则。除此以外，这一政策的特点是缺乏建议和计划。一个例子是对柏林墙倒塌的反应。苏联大使科切马索夫致电莫斯科称，民主德国领导人希望就"边境管理弱化"进行磋商。外交部副部长科瓦列夫电话答复称："边境管理规定是民主德国的内政。"③早在 1989

---

① 米哈伊尔·戈尔巴乔夫（Gorbacev, Michail）:《改革生涯》第二卷，第三部分"新思维与外交政策"）。
② 米哈伊尔·戈尔巴乔夫:《改革生涯》第二卷，第三部分"新思维与外交政策"。
③ 米哈伊尔·纳林斯基（Narinskij, Michail）:《米哈伊尔·戈尔巴乔夫与德国统一》（Michail Gorbacev I objedinjenije Germanii），https://his.1september.ru/2003/23/1.htm（查阅时间，2014 年 8 月 25 日）。

年 8 月，苏联就向驻扎在东欧和民主德国的军队发出了一项指令，要求他们不要干涉当地内部冲突。民主德国领导人后来拒绝采取军事行动，苏联的指令应该发挥了决定性的作用。事后来看，戈尔巴乔夫估计，在民主德国发生剧变之后，事件发展得太快，因此，确实存在对民主德国失去控制的风险。①

1989 年 11 月 17 日，当民主德国新总理莫德罗提出两个德意志国家组建"条约共同体"的想法时，一名曾在苏联驻民主德国大使馆工作的官员马克西米切夫后来表示，"莫斯科对莫德罗的'独断专行'……极为恼火，显然应该让他明白，他不应该走得太远"。②戈尔巴乔夫在 11 月 25 日给西方大国的一份秘密照会中明确指出，"民主德国作为一个主权国家和华沙条约成员国，仍然是我们在欧洲的战略盟友"。③苏联的官方立场毫无疑问地表明，德国统一是不可能的。

科尔的行动和戈尔巴乔夫的反应

但在此之前不久，11 月 21 日，苏共中央委员会国际部的官员波尔图加洛夫向联邦总理顾问特尔切克递交了一份文件，从中可以看出，对于苏联领导人来说，德国问题再次被提上日程。"邦联"与"和平条约"等术语被纳入其中。联邦政府从中得出的结论是，必须紧急采取主动行动，以免落后。出于这样的考虑，科尔总理于 11 月 28 日对外宣布了《十点计划》，这不仅在苏联，也在西欧主要国家遭到了激烈的反对。两周前，联邦总理曾向戈尔巴乔夫保证，与民主德国关系的一切都将经过谨慎的深思熟虑，并与苏联保持密切联系。12 月 12 日，联邦德国外交部长根舍在莫斯科访问时感受到了戈尔巴乔夫的愤怒。戈尔巴乔夫对根舍说："坦白地讲，我不能理解科尔总理提出著名的《十点计划》的意图……必须非常坦率地指出，这是对一个独立的和拥有主权的德意志国家提出的最后通牒。

---

① 参阅米哈伊尔·戈尔巴乔夫《改革生涯》第二卷，第三部分"新思维与外交政策"。
② 伊戈尔·F·马克西米切夫（Maksimytschev, I. F.）：《人们不会原谅我们……民主德国的最后几个月：苏联驻柏林大使馆特使顾问日记》（Narod nam ne prostit ... Poslednije mesjacy GDR. Dnjevnik sovjetnika poslannika posol'stva SSSR v Berline），第 89 页。
③ 伊戈尔·F·马克西米切夫（Maksimytschev, I. F.）：《人们不会原谅我们……民主德国的最后几个月：苏联驻柏林大使馆特使顾问日记》（Narod nam ne prostit ... Poslednije mesjacy GDR. Dnjevnik sovjetnika poslannika posol'stva SSSR v Berline），莫斯科，2002（Moskva 2002），第 89 页。

虽然这是关于民主德国的讲话，但它关系到我们大家的利益。"①

　　《十点计划》的政治意义主要在于，联邦德国抢先在全世界面前发起了这一行动倡议，并使民主德国领导人和苏联都处于被动。俄罗斯历史学家在今天的评论中一直认为，直到 1989 年底、1990 年 1 月中旬，苏联领导层在如何处理德国问题上没有概念性的想法。当时的政治家，如前政府总理雷日科夫，也证实了这一点："没有任何策略……每个人都认为现状是不可动摇的，因此直到 1989—1990 年没有人规划未来行动的前景：这种情况何时会发生，是在 100 年、50 年还是 20 年之后？或者也许三年后？没有这样的策略，也没有讨论过。我们在这种情况下可能会采取什么的行为，甚至连外交部也没有方案。而在 1990 年初，当德国统一从一个不可预测的未来幻想突然变成一个现实的日常问题时，这不是一件充分设想过的事情。没有任何事情按照逻辑顺序……一切都是自发的。"②戈尔巴乔夫以其"新思维"的概念鼓舞了世界公众，现在他却在国际政治中关于的苏维埃自我认知这一最重要问题上不断退却。他显然已经告别了自己在国内政策和外交政策的政治巅峰期。

　　从今天的角度来看，拒绝《十点计划》是苏联政策的严重误判。如果正式将波尔图加洛夫的观点当作一种政治路线，那么行动手册很可能已掌握在手中。在任何情况下，《十点计划》原本可以实现一个缓慢、有序的统一进程，并将其融入泛欧进程当中。但这当然是猜测。

达成方案的艰辛之路

　　在 1989 年 12 月至 1990 年 1 月中旬期间，苏联在德国问题上发出不同的，有时是相互矛盾的信号，这证明它没有设定明确的政治路线。与此同时，鉴于国内政治局势持续恶化以及民主德国现实危机的急剧加深，苏联不断面临着调整的压力。大多数民主德国人民期望在统一中获得拯救的一个重大信号是科尔在德累斯顿受到的热烈欢迎。科尔在人群的欢呼声中宣

---

① 《1989 年 12 月 5 日戈尔巴乔夫与联邦德国外交部长根舍的谈话［摘录］》（Gespräch Gorbacevs mit Bundesaußenminister Genscher am 5. Dezember 1989［Auszug］），载亚历山大·加尔金，阿纳托利·切尔尼亚耶夫（Galkin, Aleksandr / Tschernjajew, Anatolij）编《米哈伊尔·戈尔巴乔夫与德国问题》，第 257 页。

② 尼古拉·伊万诺维奇·雷日科夫（Ryshkov, N. I.）：《科尔原本要保持中立：1989 - 1990 年间莫斯科与德国统一》（Kol' poschol by na nejtralitet. MOskva I ob'edinjenie Germanii v 1989 - 1990gg），载《独立报》，2000 年 3 月 23 日（Nezavisimaja gaseta, 23. 3. 2000）。

布，"如果历史的时间允许的话"，① 他的目标仍然是实现国家的统一。然而，直到那时，一个与苏联结盟、独立存在的民主德国仍然是苏联政策的先决条件。

12月初，在马耳他举行的苏美首脑会议上，美方饶有兴趣地注意到，一直谈论存在着两个拥有主权的德意志国家的戈尔巴乔夫突然提出这样一个问题："将会发生什么？一个统一的德国处于中立地位，不隶属于任何军事政治联盟，也不是北约成员国？"②除此之外，没有其他结论可以说苏联不会坚决反对德国统一。出于对事态发展的极度担忧，法国总统密特朗于12月6日在基辅会见了戈尔巴乔夫，密特朗提出"您想具体做些什么"③ 的问题，戈尔巴乔夫给予了一般性的解释，即苏联会继续坚持迄今为止的政策路线。几天后，在苏共中央委员会全体会议上，戈尔巴乔夫总书记向内部的批评者保证："我们不会允许民主德国遭受任何的伤害——它是我们的战略盟友，也是华沙条约的成员国。必须要从战争后的现实出发——存在着两个德意志国家。"④

最后，1990年1月26日，戈尔巴乔夫挑选一些最亲密的同僚——雷日科夫、谢瓦尔德纳泽、雅科夫列夫、法林、克留奇科夫，阿赫罗梅耶夫、切尔尼亚耶夫以及卡什纳扎罗夫（Kashnazarow）进行磋商，经过四个小时的协商，制定了未来德国统一政策的基石：

——必须假定德国统一是不可避免的；

——提议组建"六国集团"——四大战胜国和两个德意志国家；

——保持与民主德国领导层的联系；

——关于"德国问题"的政策要与法国和英国进行了更为密切的协调；

① 《联邦政府新闻情报局公报》，第148号，1989年12月20日（Bulletin, Presse – und Informationsamt der Bundesregierung, Nr. 148, 20. 12. 1989.）。
② 《1989年12月2日戈尔巴乔夫与美国总统布什的会谈》（Gespräch Gorbacevs mit US – Präsident Bush am 2. Dezember 1989），载亚历山大·加尔金，阿纳托利·切尔尼亚耶夫（Galkin, Aleksandr / Tschernjajew, Anatolij）编《米哈伊尔·戈尔巴乔夫与德国问题》，第251页。
③ 《12月6日戈尔巴乔夫与法国总统密特朗在基辅的会谈》（Gespräch Gorbacevs mit dem französischen Staatspräsidenten Mitterand am 6. Dezember in Kiev），载亚历山大·加尔金，阿纳托利·切尔尼亚耶夫（Galkin, Aleksandr / Tschernjajew, Anatolij）编《米哈伊尔·戈尔巴乔夫与德国问题》，第269页。
④ 《真理报》，1989年12月10日（Prawda, 10. 12. 1989）。

——阿赫罗梅耶夫将解决从民主德国撤军的问题。①

协商的结果清楚地表明：苏联领导层已经适应了现实，并将德国统一作为一个实际问题来对待。苏联寻求一个与泛欧安全政策相协调的长期和渐进的进程。导致苏联态度转变的因素②是：民主德国的身份危机的迅速升级以及苏联的改革危机；美国对德国统一的全力支持；联邦德国的强力统一政策和大多数民主德国人民的积极反应；需要西方国家的经济援助。③

在接下来的两周时间里，苏联在与莫德罗、贝克、科尔和根舍举行的一连串会谈中，表达了新的立场。民主德国总理莫德罗1月30日的访问使人们得出一致的评估意见，即民主德国作为一个独立国家无法维持很长的时间。他提出的"德国，统一的祖国"方案，设想了一个分阶段和持续多年的统一进程，最终目标是组建一个邦联或"德意志联盟"，并得到了苏联领导人的批准。然而，十天后它便被搁置一旁了。

2月9日，戈尔巴乔夫和谢瓦尔德纳泽在与美国国务卿贝克的会谈中达成了共识，即德国统一的内部方面是两个德意志国家的事情，而外部方面则须由六国集团（"2+4"或"4+2"）加以解决。苏联支持"4+2"方案，这将加强战胜国的首要作用，由此苏联、法国和英国的首要作用也得到了加强。

虽然贝克在谈话中明确表达了，关于开展谈判以及统一的德国未来军事政治地位的想法，但苏联代表对于未来德国军事政治地位的态度在宣布赞同和谨慎反对之间摇摆不定。在这件事上，正如戈尔巴乔夫在他的回忆录中承认的那样，他最初对贝克提议持批评态度，后来这一建议成为达成妥协的基础。在俄罗斯著名历史学家波利诺夫看来，贝克在莫斯科明确指出，解决德国统一问题的关键在于华盛顿，而不是莫斯科。④

① 参阅米哈伊尔·戈尔巴乔夫《改革生涯》（第二卷，第三部分）（Zisn' I reformy. Kniga2. Cast' III），"新思维与外交政策"（Novoe myslenie I vnesnjaja politika），莫斯科：新闻出版社1995年（Moskva, Izd. „ Novosti " 1995）。www. e – reading. me/chapter. php/1013462/29/Gorbachev_ – _ Zhizn_i_reformy. html（查阅时间，2014年8月22日）。

② 参阅米哈伊尔·纳林斯基（Narinskij, Michail）《米哈伊尔·戈尔巴乔夫与德国统一》。

③ 因此，戈尔巴乔夫于1月7日向科尔致电，要求为苏联提供粮食援助。这一要求得到了满足。

④ 马特维·费奥多罗维奇·波利诺夫（Polynov, M.F.）：《戈尔巴乔夫与德国统一》（M. S. Gorbacev I objedinjenie Germanii），载《俄罗斯当代史》2011年第1期（Novejschjaja istorija Rossii, Nr. 1/2011），第209页。

1990 年 2 月 10 日，科尔和根舍访问莫斯科期间，从苏联的角度来看，统一的内部、两德方面的规定是两个德意志国家自己的事情，这是给科尔释放的明确的信息。因此，很显然，未来德国的统一进程将完全由联邦德国决定，因为已经可以预见的是，即将选举产生的民主德国政府无法发挥平等的作用。俄罗斯历史学家纳林斯基评价道，苏联方面错过了为统一进程设定准确条件的机会，主要因为联邦德国政府本来准备在那时作出重大让步。戈尔巴乔夫本人强调，德国统一进程也影响了邻国以及苏联和其他国家的利益，这里需要单独澄清，即德国统一的外部方面。在承认第二次世界大战造成的现存边界问题上，戈尔巴乔夫采取了坚定的立场。虽然科尔试图巧妙地回避这一问题，但随后他承诺确认奥得 - 尼斯河边界线。

1990 年 2 月初，谢瓦尔德纳泽率领的苏联代表团在渥太华显然违背了莫斯科的指示，他们同意建立解决德国统一外部问题的 "2 + 4" 谈判机制，该机制削弱了苏联的地位，苏联更偏向选择 "4 + 2" 模式。[1]戈尔巴乔夫在 2 月 21 日接受《真理报》采访时，最后解释了苏联对即将举行的谈判采取的最初立场："我们的任务是全面和逐步地讨论德国统一的所有外部方面问题，并准备将这个问题纳入泛欧进程，并审查与德国未来签订和平条约的基础。"[2]

此外，德国统一不得违反华约与北约之间的平衡；用一个共同的欧洲安全体系取代阵营对抗；两个德意志国家之间的协定必须得到四大国的批准。这些苏联的设想都要求在没有对抗的情况下，在苏联平等参与欧洲事务的情况下，建立一个新的欧洲安全架构。这很可能是难以执行的，这可以用一个事实来解释，北约过去是、现在应该仍然是美国保持其对欧洲影响力的最重要工具。

苏联立场的改变

在关于德国统一外部方面的 "2 + 4" 谈判中，苏联政策追求的两个主要目标是：

1. 在政治和军事上为统一的德国规定这样一种地位，即它不会对苏联

---

① 从渥太华回来后，据说谢瓦尔德纳泽在莫斯科被问道："怎么会这样呢？"据说他回答道："根舍为此请求了多次。根舍是个好人"参阅瓦连京·M·法林（Falin, V. M.）《不打折扣地应对状况》（Bez skidok na obstojatel'stva），莫斯科，1999（Moskva 1999），第 447 页。

② 《真理报》，1990 年 2 月 21 日（Prawda, 21.2.1990）。

构成安全威胁，使来自军事工业联合体和党政机关批评戈尔巴乔夫的人保持沉默，并大幅降低苏联安全政策的成本。与此同时，在"共同欧洲家园"概念的基础上，特别是利用欧安会提供的机会，寻求建立一个新的泛欧安全架构，以便瓦解欧洲的阵营结构，确保苏联作为一个欧洲大国继续在欧洲事务中拥有决定性的发言权。

2. 为灾难性的苏联经济提供短期的经济和金融支持，特别是来自德国的经济和金融支持，以遏制苏联国内压力以及人们对改革路线不断增长的不满情绪。从中期来看，希望西方支持苏联经济更加融入世界经济。

"2+4"会谈的重点是安全政策方面，同时与联邦德国政府讨论经济援助问题。可以看到这两个方面有着紧密的联系。就安全政策而言，苏联在"2+4"会谈中的谈判立场经历了两个阶段：从1990年1月开始承认德国统一的必然性到6月初戈尔巴乔夫对华盛顿的访问；从那时起到1990年9月12日签署最后解决德国问题的条约。

苏联在谈判的第一阶段，最大限度地要求统一后的德国不能成为北约的成员国。3月7日，也就是在官方正式讨论开始前一周，戈尔巴乔夫回答了《真理报》提出的关于一个统一的德国以某种形式参与北约的问题："我们不会同意这一点。这绝对是不可能的。"[①]必须逐步和谨慎推动德国统一，它要与欧洲的和解进程同步。在接下来的几周、几个月直到5月底，苏联外交使团为未来的德国制定了各种各样的安全政策框架，这清楚地表明它试图以不太显眼的形式从西方获得部分的让步。但它们也反映出苏联领导层的内部冲突以及不同行动层面的政治进程的急速发展，尤其是联邦德国对民主德国政治进程的直接影响。因此，民主德国充斥着联邦德国的顾问，他们也在各部委中占据重要的职位。经济和货币联盟的批准最终剥夺了民主德国作为一个主权国家的最后一枚徽章。

1990年5月3日，苏联共产政治局开会讨论"2+4"谈判的筹备工作，在苏联领导层内部出现了截然相反的立场。4月18日，苏联共产党中央委员会国际部部长瓦连京·法林在一份文件中向戈尔巴乔夫呼吁，"以最坚定的决心"表达苏联的立场，特别是在以下问题上：《和平条约》、德国统一后的军事地位，根据《基本法》第23条规定实现统一而非吞并，

---

① 《戈尔巴乔夫于1990年3月7日接受〈真理报〉的采访》（Interview Gorbacevs mit der Pravda am 7. März 1990），载亚历山大·加尔金，阿纳托利·切尔尼亚耶夫（Galkin, Aleksandr / Tschernjajew, Anatolij）编《米哈伊尔·戈尔巴乔夫与德国问题》，第354页。

在统一的背景下保障苏联的经济利益。他警告说，西方企图将苏联与其华约盟友隔离开来，使苏联最终在统一进程中面对既定的事实。①另一方面，谢瓦尔德纳泽和戈尔巴乔夫的顾问切尔尼亚耶夫在政治局会议上提议，接受统一后的德国成为北约成员国。在场大多数人和"恼怒的戈尔巴乔夫"坚决拒绝统一后的德国成为北约成员国。②切尔尼亚耶夫不是政治局委员，他在政治局会议结束后的第二天给戈尔巴乔夫写信说："德国将留在北约，这完全是显而易见的。而且我们没有有效的杠杆来阻止它……我感觉谢瓦尔德纳泽无法成功地完成他昨天收到的指令……"③

在波恩"2＋4"谈判框架内举行的首次外长会议中，苏联的最初立场并有成功的希望。对其收到的指令存在质疑的谈判代表谢瓦尔德纳泽表达了苏联的最高要求，同时他还请求联邦德国给予苏联 200 亿马克的贷款。联邦德国政府立即抓住了这个机会。5 月 14 日，联邦德国总理顾问特尔切克与两家联邦德国银行行长一同前往莫斯科进行秘密访问，讨论贷款细节。戈尔巴乔夫在与特尔切克的谈话中坦言， "如果没有西方的支持，……可能会发生某种破坏性的改革。必须记住，我们的反对派，无论是左派还是右派都不会睡觉"。④ 几天后，科尔总理向苏联提供了 50 亿马克的贷款。从那时起，联邦德国就确信苏联将同意统一后的德国加入北约。⑤

---

① 《1990 年 4 月 18 日法林记录的戈尔巴乔夫关于德国政策问题的讲话》（Aufzeichnung Falins vom 18. April 1990 für Gorbacev zu Fragen der Deutschlandpolitik），载亚历山大·加尔金，阿纳托利·切尔尼亚耶夫编《米哈伊尔·戈尔巴乔夫与德国问题》，第 368 页及其之后。

② 弗雷德·奥尔登堡（Oldenburg, Fred）：《苏联德国政策在德国重新统一—加速时期的调整》（Die Erneuerung der sowjetischen Deutschlandpolitik in der Phase der Wiedervereinigung），《联邦东方科学和国际研究所的报告》（Berichte des Bundesinstituts für ostwissenschaftliche und internationale Studien），科隆，1998 年第 22 期（Köln, Heft 22 – 1998,），第 25 页。

③ 《1990 年 5 月 4 日切尔尼亚耶夫记录的戈尔巴乔夫关于德国政策的备忘录［摘录］》（Memorandum Cernjaevs vom 4. Mai 1990 für Gorbacev zur Deutschlandpolitik［Auszug］），载亚历山大·加尔金，阿纳托利·切尔尼亚耶夫编《米哈伊尔·戈尔巴乔夫与德国问题》，第 393 页及其之后。

④ 《1990 年 5 月 14 日戈尔巴乔夫与联邦总理顾问特尔切克、德意志银行行长库珀（Kopper）以及德累斯顿银行行长罗勒（Röller）的对话［摘录］》（Gespräch Gorbacevs mit Kanzler – Berater Teltschik und den Vorsitzenden der Deutschen und Dresdner Bank, Kopper und Röller, am 14. Mai 1990［Auszug］），载亚历山大·加尔金，阿纳托利·切尔尼亚耶夫编《米哈伊尔·戈尔巴乔夫与德国问题》，第 399 页。

⑤ 引自自坦贾·瓦根松（Wagensohn, Tanja）《从戈尔巴乔夫到叶利钦：莫斯科变化中的德国政策（1985 – 1995）》（Von Gorbatschow zu Jelzin. Moskaus Deutschlandpolitik（1985 – 1995）im Wandel），巴登－巴登：诺莫斯出版社，2000（Baden – Baden：Nomos, 2000），第 114 页。

194

苏联政策最后的转变

5月底6月初，布什与戈尔巴乔夫在华盛顿举行的首脑会晤，促使苏联在德国统一后加入北约问题上的立场发生最后的转变。在与布什会谈过程中，戈尔巴乔夫的表现令所有人都感到意外，包括其未征求意见的代表团成员，他建议用这样的措辞："考虑到第二次世界大战的结果，美国和苏联都赞成，在德国问题上达成最终解决方案后，统一后的德国自己决定其联盟归属。"布什建议，用其他的措施表述："美国显然赞成德国统一后成为北约的一员；但如果它做出不同的选择，我们不会提出异议，而是会尊重这一事实。"戈尔巴乔夫说："同意，我接受您的这种表述。"① 苏联方面取得的唯一成果是保证德国统一后将与泛欧进程联系起来，以及北约能够适应冷战结束后的新形势。后者是7月5日北约伦敦峰会的主要议题。在这之前，华约已经决定对性质、职能和活动进行修订。然而，后来证明，戈尔巴乔夫试图通过建立泛欧安全体系来取缔北约和华约的想法仅仅是一种幻想。

苏联公众将北约伦敦峰会视为一个突破，欧洲将没有军事集团的存在。在这之后，与谈判团队保持密切联系的那些具有批判意识的顾问已被边缘化，苏联共产党党代会对戈尔巴乔夫政策的预期抵制也未能实现，解决德国问题最后的障碍被清除了。或者，在旁察者看来，苏联最后的立场被去除了。这发生在科尔和戈尔巴乔夫7月14日至16日在莫斯科和阿奇斯（北高加索）举行的会晤期间，戈尔巴乔夫指导下的苏联对德政策在那时完成了转变。苏联最重要的让步是，从那时起正式接受统一后的德国在北约的正式成员国地位，以及关于苏联军队在四年内撤出东德领土的协议。与此同时，苏联方面接受了驻扎在德国西部的美国及其北约伙伴的部队，包括战术核武器，也可以继续留在那里。这里只有关于东德领土的限制。在戈尔巴乔夫的领导下，苏联对德政策在短短几个月内就出现了令人眼花缭乱的转变：从他们在"2+4"谈判开始时提出的最高要求到基本上全面接受相反的情况。"简言之，经过近七个月的谈判，莫斯科同意了西方在会谈伊始所提出的解决方案。外交部在谈判前设定的目标全部得到实

① 《1990年5月31日戈尔巴乔夫与美国总统布什的谈话［摘录］》（Gespräch Gorbacevs mit US – Präsident Bush am 31. Mai 1990［Auszug]），载亚历山大·加尔金，阿纳托利·切尔尼亚耶夫编《米哈伊尔·戈尔巴乔夫与德国问题》，第441页。

现……"①

因其可以被视为联邦德国的让步，通过突出协议的这个方面，该方案得到苏联公众的接受：将德国武装部队限制在 37 万人，不能制造、拥有和控制核、生物及化学武器；承认第二次世界大战后建立的边界；联邦德国愿意缔结一项睦邻、伙伴与合作关系的条约；联邦德国为苏联撤军以及实现经济和金融合作的前景提供大规模的财政支持，其中包括履行民主德国贸易义务的承诺。同样重要的是泛欧进程取得的进展，1990 年 11 月在巴黎举行的欧安会首脑会议签署《欧洲常规武装力量条约》和《新欧洲巴黎宪章》，并提出了使欧安会制度化的办法。后者尤其使人看到了希望，即按照"新思维"的概念，在欧洲开始创建一个没有军事集团的平等和共同的安全秩序。

通过莫斯科和阿奇斯的协议，最终以条约的方式解决两德统一问题是可行的。1990 年 9 月 12 日，在莫斯科签署了《关于最终解决德国问题的条约》（2＋4 条约）。随后是 10 月和 11 月苏联与已经统一的德国之间的双边条约：《和解条约》《驻军条约》《经济条约》《睦邻条约》。德国恢复统一已成定局。几个月后，苏联解体了。

总结

20 世纪 90 年代初，俄罗斯联邦总理维克托·切尔诺梅尔金在谈到货币改革时说了一句话，它在俄罗斯成为一句名言："我们想要最好的，但它一如既往。"这当然适用于戈尔巴乔夫的改革政策和"新思维"以及它们对德国问题的影响。苏联的最初目标都无法实现，苏联的社会主义制度既不能改革和现代化，也不能实现与两个德意志国家和平共处的共同欧洲家园。以此为基准，苏联的政策是一场惨败。因此，俄罗斯历史学家也看到了这一点："问题不在于外交上犯下的个别错误"，俄罗斯历史学家纳林斯基在谈到苏联在德国问题上的政策时说，"而是以戈尔巴乔夫为首的最高层在总的政策路线上出现了问题"。②戈尔巴乔夫以"新思维"为理论的理想主义政策，遇到了美国冷静算计的地缘战略强权政治。这是冷战的胜

---

① Wagensohn, Tanja: Von Gorbatschow zu Jelzin. Moskaus Deutschlandpolitik (1985－1995) im Wandel, Baden－Baden: Nomos, 2000, S. 139.

② Narinskij, Michail: Michail Gorbacev I objedinjenije Germanii, https://his.1september.ru/2003/23/1.htm（查阅时间，2014 年 8 月 25 日）。

利，利用了对手的弱点。两个超级大国按照不同的规则进行比赛。

与此同时，苏联的政策受到本国、前兄弟国家和民主德国迅速演变的进程的压力，其回旋余地逐渐缩小。虽然苏联经济一直受到内在结构性缺陷的影响，但戈尔巴乔夫的改革努力造成了更多的不稳定因素，因为它们破坏了既定的经济和政治进程，却无法用有效的替代方案取而代之。因此，在民众眼中，政治制度的合法性也受到了破坏。德国历史学家诺塔兹写道，"戈尔巴乔夫在某种程度上扮演了巫师的徒弟，释放了令其无法掌控以及展现自己生命力的力量"。① 这也适用于其外交政策和德国政策，特别是在该国越来越依赖西方的经济和财政援助的情况下。

回到一开始提出的问题：苏联的政策在历史上并非不可避免。政策总是有另一种选择。唯一的问题是，这是否会产生更好的结果。但这一政策也没有明确目标：事实证明，苏联的领导人更多地受到环境的驱使，技术性错误也起到了一定的作用。这项政策是否符合苏联人民的利益（因为如果对苏联的政策进行评估，这便是一个问题）？既符合，也不符合。一方面，它使许多民族获得了独立；另一方面，它为新的冲突播下了种子，威胁了当今欧洲的和平。那么，苏联对德国统一的政策从根本上说是不合理的吗？不，事实并非如此，因为它基于最大的两个欧洲国家之间稳定的伙伴关系，并希望德国将成为西欧和苏联之间的桥梁，以及苏联经济和科技现代化的合作伙伴。对这种做法的测试已无法完成。苏联在签署"2＋4"条约后仅一年多的时间便解体了。

（本文系波茨坦的政治学家沃尔夫冈·库比切克博士、教授，为勃兰登堡罗莎·卢森堡基金会、米夏埃尔·舒曼基金会以及《世界发展趋势》杂志联合举办的学术会议提交的论文，会议主题是："冷战的结束与德国统一的道路：欧洲邻国的视角"，宣讲时间为 2014 年 6 月 18 日）

---

① Neutatz, Dietmar: Träume und Alpträume. Eine Geschichte Russlands im 20. Jahrhundert, München: C. H. Beck, 2013, S. 531.

在统一进程中美国与民主德国的国际清算

克劳斯·蒙塔格

德国统一进程结束了冷战和欧洲分裂。对于美国来说，这是它与苏联的最后一次重大权力、政治斗争。在民主德国内部逐渐崩溃之后，两个德国的统一发生符合美国作为西方领导大国的战略利益的条件下，同时大大加强了它在大西洋联盟关系和泛欧事务中的重要性。克里斯蒂安·哈克指出："因为苏联失去了权力、影响力和威望，苏联与中欧和东欧国家的双边和多边关系已经完全改变，而与此同时，由于'皇冠上的宝石'民主德国脱离了苏联帝国且在统一的过程中成为美国治下和平的一部分，美国因此获取了影响力。"① 回顾 1989 年和 1990 年的动荡事件，人们可以从这样的评价中找到一种"胜利心态"。然而，事实是，评价只能基于政治权力争端的实际结果。它们是无法估计的。这些年来对政治的回顾不应该掩盖这样一个事实：与其他西方列强相比，美国政府很早就将德国统一纳入其政治谋划中，但却多次遭遇无法预计的情况。在这场复杂的东西方冲突中，并非每一次转变都可以为华盛顿所预测。例如，直到 1990 年初美国政治阶层的大部分人仍然难以想象，能否以及如何诱导苏联领导人，放弃最重要的战略伙伴民主德国并把它推向苏联欧洲霸权的西面（对立面）。前美国驻德国大使约翰·C.·科恩布鲁姆提到当时政府政策的不确定性："1989 年，由于东德的自我解放将会发生什么，还尚不清楚。欧洲许多人对统一德国的想法持消极态度。甚至德国人当中也提出了疑问。"②

虽然华盛顿和波恩之间在德国统一进程中完美实施的"串联政策"在历史分析和传记中得到了特别考虑，但以下将更详细地讨论美国政府在民主德国危机和解体阶段对其采取的措施的某些方面。

美国的利益

伟大政治变革的一年始于在华盛顿探索未来的外交政策方针。在总统

---

① Hacke, Christian: Zur Weltmacht verdammt. Die amerikanische Außenpolitik von Kennedy bis Clinton, München, 1997, S. 12.

② Kornblum, John C.: Die Vereinigten Staaten und die Vollendung Europas, 载《美国事务》（Amerikadienst），Bonn, 17.6.1998, 第 2 页。

大选之后，布什政府上台，并试图确定其在《华沙条约》中对苏联及其盟国采取进一步行动的可能的参照物。在这里，白宫面临着完全不同的局面，必须草创新的外交政策行动模式。在戈尔巴乔夫周围的倾向改革力量表明他们已经准备好承认"自由选择内在发展道路"的原则，这最终意味着无条件的独立、完全平等和严格不干涉内政，同时这也开始侵蚀长期存在的东西方关系。苏联领导人虽然企图摒弃迄今为止对其他社会主义国家惨烈镇压的霸权政策，但同时又希望有效的"系统性纠正"方式能够稳定这些地区的内部局势。然而，波兰和匈牙利的事态发展表明，政治改革正朝着系统性变革的方向发展，这些国家正在寻求迅速向西方开放。既然不确定苏联领导层如何应对前所未有的国家社会主义逐渐解体的趋势，美国政府首先追求两个相互关联的目标：它表达了对民主变革和自决的同情和支持，同时宣称它将东欧视为一个不可分割和自由的欧洲的一部分。① 它标志着美国对莫斯科地区稳定的兴趣，这实际上意味着支持和平形式的内部变革，这对苏联领导层没有任何安全政治风险或挑战。此外，美国政府必须考虑到这样一个事实，即在欧洲裁军谈判中苏联的让步准备，特别是在常规部队和军备领域已经出现了新的转折。鉴于东欧局势发生变化，美国有兴趣对此加以利用。

在东方这种不断变化的大局中，民主德国在美国政治中有多重要？虽然与波恩在德德发展的关键问题上的协调也是 1989 年初美国政府的一个关键问题，但也必须确定，鉴于苏联和东欧的改革进程，美国将如何塑造其与东德的进一步关系。国家安全委员会和国务院意见的形成过程显然考虑到了相互矛盾的因素。② 一方面，民主德国领导人通过前往联邦共和国的通行便利来实施一项前往西方的个人开放政策。两个德意志国家之间经济和金融合作的重要性也在增加。在减少常规武器和战术核武器方面，民主德国领导人与联邦共和国之间的对话渠道也有所增加，这就扩大了民主德国在跨部门合作中的处置空间。然而，对华盛顿具有决定性的是，统一社会党领导层越来越反对戈尔巴乔夫的内部改革计划以及波兰和匈牙利的政治变革，从而成为整个东方的"改革制动器"。鉴于这种趋势，国务院决定不在诸如授予贸易便利等双边问题上包容民主德国，并且扩大双边合作

① Zelikow, Philip / Rice, Condoleezza: Sternstunde der Diplomatie. Deutsche Einheit und das Ende der Spaltung Europas, Berlin, 1997, S. 117.
② 作者提到与美国驻东柏林大使馆高级官员和国务院官员访问东德科学机构的私人会谈。

在很大程度上也取决于民主德国对内部改革的准备程度。这首先意味着开启具备市场经济要素的经济改革，以及更多的政治多元化和言论自由。尽管华盛顿对此类发展的期望未必很高，而且民主德国领导人在外交政策专家圈子直到白宫咨询人员中的整体声誉正在大幅度下降，但应保持政治对话，以便了解民主德国的情况。

当时，在美国对民主德国内部实际情况尤其是经济稳定性存在不同的估计。在学界，人们对民主德国在经互会中的经济影响抱有一些幻想。尽管民主德国最高领导层不愿改革，但 1989 年 3 月美国《商业周刊》杂志还呼吁美国公司探索更多经济合作的可能性。[①] 同月，由财政委员会主席丹·罗斯滕科夫斯基率领的美国众议院代表团在民主德国国务委员会举行会谈，目的显然是检验民主德国的变革空间。有一项对 1989 年春季美国利益的评估也不能忽视，那就是美国政府下属的战略和外交政策研究中心就"德国问题"回归东西方政策所进行的激烈辩论。这些战略讨论的主流观点是，随着东西方关系的重塑，"德国问题"将再次变得重要。据预测，新的德国问题将不再是统一的旧主题，而越来越多的会是联邦德国和民主德国对其联盟的发展以及不断变化的泛欧结构的反应。[②] 对于华盛顿的战略规划者来说，这个"新德国问题"首先是提出了更多的问题，而不是澄清它们可能的解决方案：通过更加紧密的跨阵营合作，两个德国政府将如何在政治上处理他们的关系呢？如果由于东德的深刻政治改革，出现了一种"社会主义自决"，使德国的双重国籍更加成为新的泛欧结构的先决条件，会发生什么？加深的西德－苏联利益联盟将如何影响德国问题的进一步发展，特别是如果民主德国因缺乏改革而陷入国际孤立，形势将如何发展？[③] 然而，华盛顿的新政府仍然更担心联邦共和国安全政策辩论的影响——包括社民党与经互会之间的裁军试探——可能对美国的军事战略利

---

① 参阅《民族报》，1989 年 3 月 16 日（Nationalzeitung, 16. 3. 1989），第 4 页。
② 参阅斯蒂芬·拉拉比（Larrabee, F. Stephen）："从再统一到再合作：德国问题的新维度"（From Reunification to Reassociation. New Dimensions of the German Question），载斯蒂芬·拉拉比编《两个德国与欧洲安全》（The Two German States and European Security），纽约，1989（New York, 1989），第 3 页。另可见詹姆斯·麦克亚当斯（McAdams, A. James）：《一个新的德意志内部关系的起源》（The Origins for a new Inter - German Relationship），载斯蒂芬·拉拉比编《两个德国与欧洲安全》，第 53 页及以下。
③ 本文作者指的是在西柏林阿斯彭研究所 1989 年 5 月底关于"1990 年代的东西方关系"的会议上与美国战略专家和美国国会议员的个人讨论。

益产生影响。诸如"中立主义""德国人东方政策的特殊道路"或反美"欧洲化"等令人烦恼的话题并不符合美国的东西方观念。她的核心利益是德德的安全对话不会削弱美国在动荡期间相对苏联的欧洲权力地位。

华盛顿对民主德国危机进程的反应

1989年夏天，布什政府仍在就美国是否应该支持苏联的改革路线，以及波兰和匈牙利政变对美国重新定义东欧政策产生了哪些实际后果进行深入讨论。华盛顿官方对来自民主德国的不断增长的难民潮最初非常平静。即使在匈牙利向奥地利开放边界之后，美国政府也没有理由在德国问题上制定具体的危机计划。① 1989年9月的美苏高层会谈显示苏联政府对东德的难民潮的容忍度极低。莫斯科表示，尽管在宣传层面上不能忽视对波恩政府声明的公开警告，匈牙利的边境决定不会直接影响苏联的利益。难民潮反映出现在的不满，特别是年轻人对于民主德国社会条件的不满明显比以往任何时候都更大。它被美国驻东柏林大使馆视为"无声危机"，但这不会引发重大的国际冲突。② 总体而言，华盛顿的外交决策机构的指导原则是，民主德国的这些发展首先反映了统一社会党领导层的深度危机。美国驻东柏林大使馆认为，百分之一到二的民主德国工人的流出不会导致制度崩溃，但它可能会增加统一社会党的压力，推动其最高领导层实现逾期未调整的人事变动并为改革政策制定方针。③ 虽然国务院认为没有必要制定新的政策，但与波恩就民主德国局势的磋商应该加强，而不要因此对统一做出推测。

联邦德国和苏联专家在美国战略研究中心也深入讨论了民主德国的情况。一些评估远远超过国务院官员的官方声明。由于领导层越来越无法控制政治进程，民主德国的情况——直到党和政府机构的上层——被评估为不稳定。据预测，如果根据苏联的例子，在"社会主义框架"中没有及时进行改革，民主德国的不稳定趋势将会扩大。波兰和匈牙利社会主义社会

---

① 参阅海因里希·博特费尔特（Bortfeldt, Heinrich）《华盛顿—波恩—柏林：美国与德国统一》，第47页。

② 参阅菲利普·策利科夫、康多莉扎·赖斯（Zelikow, Philip / Rice, Condoleezza）《伟大的外交时刻：德国统一与欧洲分裂的终结》（Sternstunde der Diplomatie. Deutsche Einheit und das Ende der Spaltung Europas），柏林，1997，第105页。

③ 菲利普·策利科夫、康多莉扎·赖斯：《伟大的外交时刻：德国统一与欧洲分裂的终结》，第105页。

结构的明显解体难以让民主德国不受影响，第二个德意志国家存在的合法性问题也将被提上议程。专家们还介绍了在这种条件下形成一种"德德经济邦联"的想法，这种邦联将保留双重国籍，但考虑到经济危机进程，这将同时符合民主德国和苏联的利益。① 与此同时，美国驻波恩大使弗农·沃尔特斯表示，德国统一即将到来。根据美国的消息，这一声明显然未得到国务卿贝克及工作人员的认可。② 为什么美国政府早期会出现这些矛盾？这是由各种因素造成的。布什总统和国家安全委员会的咨询委员会再也不能忽视这样一个事实，即在难民危机期间，科尔政府逐渐开始抛弃以前公认的东方政策原则，并公然重新激活德国统一问题。这在 1989 年 8 月的不来梅基民盟党代表大会上变得明显。此外，基督教民主联盟再也不能确定下次联邦选举的胜利，而科尔总理的领导地位也受到了极大的争议。面对这些变化的条件，华盛顿努力支持关于民族团结的新辩论，以便同时防止联邦共和国民族主义右翼保守派，中立派和反美派力量的增加。在保护美国的利益方面，相对一个可能的社民党政府，布什更加相信科尔。此外，对于华盛顿决策者，德国统一的话题也越来越成为一个机会，使他们可以用自己的前景和要求来抵消国际上戈尔巴乔夫倡议的政治心理影响。这是一个进一步夺取处于战略撤退过程中的超级大国苏联的主动权的领域。在这方面从美国副国务卿伊格尔伯格对总理府办公厅主任（部长）鲁道夫·赛特斯说的话中看得十分明显："虽然说美国对有关统一这么多的说法没什么表示，但你应该对美国的政策有所了解。如果布什总统说他支持统一，那么他的意思也就是如此。在统一问题上美国的私下立场与我们的公开一样——我们赞成。"③

尽管不容忽视的是，美国政府在其政策中谨慎使用"德国统一"的提法。这在 1989 年 10 月至 11 月初期间特别明显，当时德意志民主共和国的抗议活动越来越强烈，昂纳克被推翻，反对派部队开始公开行动，埃贡·克伦茨领导下的新的统一社会党领导人做出尝试，按照民众要求在控制之

---

① 作者在此提及 1989 年 9 月 5 日在圣塔莫尼卡的兰德公司与德国专家罗纳德·阿斯穆斯（Ronald Asmus）的谈话。

② 参阅菲利普·策利科夫，康多莉扎·赖斯《伟大的外交时刻：德国统一与欧洲分裂的终结》，第 530 页。

③ 菲利普·策利科夫，康多莉扎·赖斯：《伟大的外交时刻：德国统一与欧洲分裂的终结》，第 126 页。

下推进民主化改革。华盛顿对民主德国动荡局势迅速升级的回应表明，重点越来越集中在美国是否可能面临苏联领导层的军事干预或民主德国安全部队的一种公开暴力的问题上。在 1989 年 10 月 9 日莱比锡周一示威之前，这种危险特别大。美国政府不确定，在这种形势下戈尔巴乔夫所持的态度——民主德国内部政治的发展不是在莫斯科而是在柏林决定以及苏联领导层奉行不干涉政策，将会产生何种政治后果。很快就发现，莫斯科实际上坚持这条路线并通过最高层决定排除军事干预①——当然，在虚幻的假设中，仍然还是认为新的民主德国领导人能够推行新思维式改革。② 对于美国的外交决策机构来说，重新审视它对待民主德国内部剧变的态度变得越来越迫切。"对华盛顿来说，首先要认识到民主德国稳定的重要性，这使得它能够继续改革进程而不会陷入混乱。"至于可能的改革方向，可以从这样的假设出发，即美国政策的利益不是要维持民主德国的稳定和幸存下来的不民主的权力结构，而是要实现政治自由，最终通过自决实现制度变革。华盛顿在很大程度上排除了在克伦茨领导下的新统一社会党领导人对后者做好了准备的可能性。因此，美国没有对"过渡性候选人"明显的支持。

另一方面，与联邦政府就民主德国内部形势达成一致对美国来说变得越来越重要。人们认为，波恩对于防止民主德国政治混乱和最大限度地发挥改革的作用方面具有最大的政治和经济影响力。虽然德国统一的想法尚未得到民主德国人民的大力支持，在新成立的反对派力量中也是如此，但美国政府也不排除统一的可能性。为了避免欧洲的恐惧，华盛顿甚至在官方声明中暂时避免使用"统一"一词，并谈及和解。特别是考虑到苏联不可预测的态度，美国希望在德国问题上保持开放的选择，而不必强迫解决这些问题。

当统一社会党总书记克伦茨开始探讨一项联邦德国的经济援助，以确保民主德国的生活水平并"平息"人民不满时，科尔总理采取一切经济援助来解决政治问题：通过自由选举结束统一社会党的权力垄断，批

---

① 参阅瓦连京·法林（Falin, Valentin）《克里姆林宫的冲突：论德国统一前史与苏联解体》（Konflikte im Kreml. Zur Vorgeschichte der deutschen Einheit und Auflösung der Sowjetunion），慕尼黑，1999，第 157 页及下一页。

② 海因里希·博特费尔特（Bortfeldt, Heinrich）：《华盛顿—波恩—柏林：美国与德国统一》（Washington – Bonn – Berlin. Die USA und die deutsche Einheit），第 56 页。

准独立政党实现自决。最终，这些条件应该有助于瓦解现有的民主德国制度，因为只有自决权才能将统一问题置于可能和可行的范围内。科尔得到了布什和贝克的支持，并启动了更新"维度"的政策。白宫的决策者也了解波恩的改弦易辙。"因此，科尔将民主德国置于最大压力之下，同时澄清波恩——不是东柏林也不是莫斯科——会决定民主德国的政治改革何时进展到足以让该国享受来自联邦共和国的红利。如果人们预测，弱势的东德领导层会无法承受压力，且民主力量会走上坦途，这几乎不会错。如果这不是阿登纳的'通过力量改变'的政策，那么至少这与它非常接近。"①

柏林墙倒塌后美国的政治反应

1989 年 11 月 9 日的柏林墙的开放令美国政府以及莫斯科、波恩和其他西欧首都的政治领导人感到惊讶。这一事件对德国和整个欧洲局势的影响目前尚无法明确界定。即使在华盛顿，人们也没有立即意识到外交政策的后果。布什总统对隔离墙的开放表示欢迎，认为这是实现《赫尔辛基最后议定书》原则的关键一步。美国国务卿贝克称其为自战争结束以来最激烈的"东西方关系事件"，但同时警告苏联领导层不要通过压力或暴力阻碍这一新发展。②

美国政府的担忧并非没有根据。在莫斯科出现了恐慌的反应，因为党和政府机构以及戈尔巴乔夫本人开始意识到，使德意志民主共和国的改革进程可控，让两个德国继续存在并保持现有的欧洲权力平衡的愿望，越来越被证明是一种政治误判。③ 由于苏联领导层现在直接要求三个西方战胜国承担共同责任，不让民主德国在隔离墙倒塌后出现政治混乱并使战后现实遭到质疑，对美国来说，如何让西方在德国问题迅速变化时尽可能地保持一致态度，成了新的和更为棘手的负担。此时的美国外交不仅承担了

---

① 菲利普·策利科夫，康多莉扎·赖斯：《伟大的外交时刻：德国统一与欧洲分裂的终结》，第 145 页。

② 托马斯·弗里德曼（Friedman, Thomas）：《美国人热情但有顾虑》（U. S. Enthusiastic but has Concerns），载《纽约时报》1989 年 11 月 11 日（New York Times, 11. 11. 1989.）。

③ 参阅约瑟夫·约菲（Joffe, Josef）：《德国统一的过程始于苏联总统戈尔巴乔夫的错误估计》（Der Prozess der deutschen Vereinigung begann mit einer Fehlkalkulation des sowjetischen Präsidenten Gorbatschow），载《星期日世界报》，1996 年 3 月 3 日（Welt am Sonntag, 3. 3. 1996），第 26 页。

"主持人"的角色，而且在 1989 年 11 月和 12 月开始为可能的德国统一创造了国际环境。在保持谨慎的同时，它逐渐退出旁观者角色，并在德国问题上制定了西方政策的第一个战略框架。美国国务院规划人员将四项原则作为接下来外交政策行动的中心："（1）美国支持德国的自决，而不是设定特定的结果；（2）统一必须基于与北约和欧共体成员缔结条约的方式进行；（3）应该在和平，渐进的过程中实现统一；（4）关于战后边界，必须遵守欧安会'最后决议'的原则。"① 这些立场首先给了美国政府活动空间，以便灵活应对民主德国的局势和两德关系。它们也是美国对仍然开放和未解决的泛欧结构的一种理念性的方法，德国问题迫使这种结构中生长出新的视野。华盛顿现在面临的挑战是，在几个行动领域同时测试正在成形中的德国政策方针的可行性。自 1989 年 12 月初布什首次在马耳他与戈尔巴乔夫举行山顶会议以来，美国特别有兴趣让西方在德国和欧洲问题上尽可能地对苏联领导层显示出一致的态度。在此背景下，通过与波恩政府协调一致，对民主德国采取行动的主要方向必须被进一步明确。

　　对华盛顿而言，东德内部迅速变化的影响仍难以估计。莫德罗的联合政府于 1989 年 11 月 17 日上任，但无法阻止统一社会党和国家机关权力的下降，尽管在某些领域改革推进得更加明显。鉴于对德国问题的讨论日益广泛，莫德罗提议在"条约共同体"的框架内扩大与联邦共和国的关系，但民主德国政府拒绝任何关于国家统一的想法是不现实的。莫德罗内阁寻求定位其政策的两个目标是：民主德国内部结构的改革和民主化以及确保其国家独立。在华盛顿，条约共同体的想法立即引起了兴趣，并且布什和科尔之间就民主德国立场的可能后果交换了意见。国务院和国家安全委员会的专家组也从东柏林外交官的情况分析中认识到，尽管民主德国的民众运动越来越多，但大部分人，包括许多知识分子和反对派团体的发言人，都要求保留民主德国的独立性。并拒绝与联邦共和国的联系。在这种情况下，华盛顿必须估测莫德罗政府的改革措施仍然可能替代统一。② 例如，咨询小组建议布什和贝克在外部采取"被动"立场，并与波恩协调，将民

---

① 菲利普·策利科夫，康多莉扎·赖斯：《伟大的外交时刻：德国统一与欧洲分裂的终结》，第 169 页。

② 参阅乔纳森·格林沃尔德（Greenwald, G. Jonathan）《柏林见证人：美国外交官的东德革命纪事》（Berlin Witnes. An American Diplomat's Chronicle of East Germany's Revolution），宾夕法尼亚，1993（Pennsylvania, 1993），第 272 页及以下。

主的自决和民主化要求置于美国政策的中心。"这条路线可以通向统一，但是应表现得足够柔和，不会使苏联人不安。"①

在 1989 年 11 月 28 日，科尔总理宣布旨在克服德国和欧洲的分裂的十点计划时，情况发生了变化。尽管该计划与莫德罗"条约共同体"的概念在口头上相关，但其核心是在两个德国国家之间建立联邦结构，以重新实现——尽管作为长期目标形成时最初是模糊的——国家统一。为了消除欧洲邻国的恐惧，德—德发展应该牢牢地嵌入现有的欧洲结构中。尽管如此，"统一"的最终目标现在已明确。科尔利用德意志民主共和国日益增长的统一要求，以及联邦德国内政中对德国问题的矛盾性描述，希望能够提前在联邦选举中抓住主动权。在 1989 年底，民主德国的危机越严重，波恩就越想表明统一的条件不是由盟国或者甚至是苏联设定的。② 科尔的计划旨在加速解决德国问题。这一计划遭到了盟国，尤其是在英国和法国的不信任和部分公开的拒绝。③ 苏联领导人在该计划中蓄意破坏民主德国的复兴进程，无视赫尔辛基原则，尤其是战后欧洲边界。与此同时，令人感到不安的是，波恩此前并未向第二次世界大战的四个战胜国咨询过这一倡议。对科尔的行为的国际批评是非常明显的。在这种情况下，美国政府做了什么？尽管赞许有限，但它支持科尔计划，并试图保护这一计划免受国际批评。白宫的战略谋划是明确的：科尔—根舍政府是美国在动荡的欧洲中确保北约长期利益的关键一环。应该在早期阶段防止通往莫斯科的德意志"特殊道路"。而且，德国问题不应在西方联盟内引发冲突。英国和法国对强制统一进程的拒绝态度应该通过美国支持科尔倡议来软化。因此，在与其相关具体形式和时间维度方面，尽管西方的领导权力仍然保持开放，但它已愈加明显地落后于统一的要求。

美国强化国际环境

对于从冷战中脱颖而出并具有越来越大的国际影响力的超级大国美

---

① 菲利普·策利科夫，康多莉扎·赖斯：《伟大的外交时刻：德国统一与欧洲分裂的终结》，第 167 及下页。

② 参阅海因里希·博特费尔特《华盛顿—波恩—柏林：美国与德国统一》（Washington - Bonn - Berlin. Die USA und die deutsche Einheit），第 79 页。

③ 参阅伊恩·康纳（Connor, Ian）：《撒切尔政府与德国统一》（Die Thatcher - Regierung und die Vereinigung Deutschlands），载《世界趋势》1995 年 9 月（WeltTrends 9, 1995），第 121—133 页。

国，与苏联的全球权力关系的重组是最重要的战略问题。在 1989 年 12 月 2 日和 3 日在马耳他举行的美苏峰会上，布什和戈尔巴乔夫首次面谈。白宫的谈判路线旨在促进合作：通过扩大与苏联特别是在军备控制、经济和区域冲突等方面的合作，美国希望刺激戈尔巴乔夫的内部改革进程。由于这两个大国当时都无法在冷战结束时对新的欧洲结构问题给出最终答案，因此德国问题不是马耳他峰会期间谈判的核心。当时的情况评估更像是一次对共识的探索。但是在那里所定下的调子也澄清了不同的利益取向。布什总统向苏联方面保证，鉴于东方集团内部的解体进程，美国没有争取战略优势，这是美国政治家的一种姿态，也多次被证明是戈尔巴乔夫不安全的国内地位的"安稳剂"。与此同时，美国宣称不能指望他们阻碍德国统一。① 这向苏联方面表明，华盛顿和波恩准备共同推动欧洲统一中的德国统一问题。

戈尔巴乔夫在马耳他"情况讨论"中的反应表明，狭隘的苏联领导层变得越来越束手无策。他指出，德国统一可能是一个不可阻挡的过程，但不应该人为地加速。② 为了自己在欧洲结构中的安全利益，苏联领导层希望在欧安会进程的背景下了解德国问题，正是在这种背景中战后现实得以巩固。从苏联的角度来看，这个现实包括两个德国的存在。根据戈尔巴乔夫的说法，历史应该决定德国问题的未来。隐藏在"历史"这个词后面的是希望暂时解决问题的处置方案吗？事实上，显然莫斯科有兴趣在令人困惑的欧洲局势中争取时间。尽管如此，马耳他首脑会议在德国发展方面仍然取得了成果："美苏在德国的共同利益包括德意志民主共和国的和平变革，两个德国在受管制和稳定的道路上的和解，以及一贯以来德国的统一，然而，不应由此产生任何战争威胁。"③

1989 年 12 月 4 日，马耳他之后布什在布鲁塞尔举行的北约会议上扩大了与盟国讨论的范围。在这里，美国努力在德国问题上寻求与西方盟国达成共识，特别是在巴黎和伦敦对科尔总理的强制统一要求所出现的抵抗，被美国视为对它在欧洲的长期利益的威胁。如此，为了与苏联领导层就德国政策中的拖延步骤进行协调，白宫无法保证法国和英国在 1945 年战胜中所取得的

① 参阅克里斯蒂安·哈克（Hacke, Christian）《该死的世界大国：从肯尼迪到克林顿的美国外交政策》（Zur Weltmacht verdammt. Die amerikanische Außenpolitik von Kennedy bis Clinton），慕尼黑，1997，第 454 页。
② 参阅米哈伊尔·戈尔巴乔夫《回忆录》，第 696 页。
③ 海因里希·博特费尔特：《华盛顿—波恩—柏林：美国与德国统一》，第 91 页。

权力能延续多久。很明显，法国政府担心欧洲的稳定，最初倾向于继续保持两个德国，并赞成欧洲统一（即建立西欧经济和货币联盟）而不是德国统一。至少应保证两个进程的并行不悖。① 英国担心统一后德国的权力增长使英国的欧洲地位进一步降低，并希望统一的进程在时间上更长。在 1989 年底，英国特别感兴趣的是，统一努力并没有违反四个战胜国的初始权利。②

在此背景下，布什总统在布鲁塞尔努力在北约成员国之间建立共识立场，这也应该导致联盟成员在德国问题上对美国 – 西德路线持怀疑态度的政治路线的拨正。这方面的框架是 1989 年 11 月美国政府为德国政策已经提出的上述四项原则，这些原则可以按照其规范将联盟内部不同利益取向捆绑在一起。第二项原则明确指出，统一应该"从德国对北约和一个越来越有凝聚力的欧洲共同体的不变的承诺出发，并且应该适当考虑到盟国的权利和责任"。③ 凭借强大的政治实力并利用其在联盟中的统治地位，美国在北约会议上占了上风，波恩政府在通往德国统一道路上的基本方针得到了盟国的支持；北约内部的更大冲突被避免，尽管一些北约国家对快速统一进程的不适并不能被克服。在布鲁塞尔，以及国务卿贝克于 1989 年 12 月 11 日访问西柏林时，美国政府澄清了其未来的欧洲利益和立场。④ 这方面有两个优先事项。首先，继续将统一的德国融入北约。对于美国政府来说，这一要求是无可争议的，因为在他们看来，只有通过这条路线，北约才能在新的欧洲大厦中保持功能。这是为了保证美国的安全与欧洲安全继续绑定在一起。因此，统一德国的北约成员资格不变是美国确保其长期的全球和欧洲影响力的基本前提。与此同时，特别是在谈判统一条件或未来泛欧安全条件时，德国对北约的坚定参与应该确保德国在新欧洲结构中的未来潜力仍然可控，并且可以排除与莫斯科有关的德意志特殊道路。1989

---

① 参阅简·克莱因（Klein, Jean）：《作为欧洲问题的德国统一的产生》（Die Herstellung der deutschen Einheit als europäische Frage），载《洛库姆宣言 54》（Loccumer Protokolle 54），1990 年，第 65—70 页。
② 参阅理查德·大卫（Davy, Richard）《英国与德国问题》（Großbritannien und die Deutsche Frage），载《欧洲档案》1990 年第 4 期（Europa – Archiv 4, 1990），第 139 页及以下。
③ 菲利普·策利科夫，康多莉扎·赖斯：《伟大的外交时刻：德国统一与欧洲分裂的终结》，第 195 页。
④ 菲利普·策利科夫，康多莉扎·赖斯：《伟大的外交时刻：德国统一与欧洲分裂的终结》，第 208 及下页。对这一问题的概述也见于迈克尔·H·哈泽尔（Michael H. Hatzel）：《美国对德国统一的态度》（Amerikanische Einstellungen zur deutschen Wiedervereinigung），载《欧洲档案》1990 年第 4 期（Europa – Archiv 4, 1990），第 190 页及以下。

年 12 月，"中立"这一主题尚未摆上桌面，即使在美国，人们认为在统一的情况下，民主德国仍然具有特殊的安全地位。①

欧洲机构的改组

从华盛顿的角度来看，让北约承担新任务的条件已经成熟。除了传统的威慑和防御功能之外，安全的非军事方面，特别是在与东方相关的政治和经济领域，应该会逐渐变得更加重要。毫无疑问，对莫斯科和华沙条约的东欧成员在其内部变革过程中承认北约是一个不可分割的、对欧洲稳定不可或缺的因素，美国政府是感兴趣的。北约作为东西方联系论坛的作用再次应该提供一种激励。美国的另一个兴趣是欧共体的进一步发展，华盛顿鼓励它扩大与东方的合作，以加强《华沙条约》的政治变革。最后，美国政府呼吁欧安会与新的欧洲发展保持一致。它们的内容应该从迄今为止的现状的合法化进一步发展为对全欧开放趋势的要求。通过冷战结束后对新欧洲大厦的这些立场，美国政府展示了其在转型过程中发挥主导作用的能力。最重要的是，美国对欧洲框架条件感兴趣，根据西方价值观，可以将德国统一纳入解决方案。1989 年底的情况对华盛顿来说仍然非常混乱。出于这个原因，贝克还呼吁柏林在德国问题上不可过急并考虑所有欧洲国家的合理关切。②

华盛顿难以评估苏联领导层的立场。在科尔的十点计划之后，这更加困难了。在 1989 年 12 月初苏共举行的中央全会上，戈尔巴乔夫表示，民主德国是苏联的战略盟友，苏联不会让它感到失望。莫斯科也知道如何阻止外部干涉的企图。③ 然而，与此同时，民主德国内部危机加深，权力结构崩溃的步伐加快。在群众示威活动中，对德国快速统一的要求越来越强烈，旧政党和反对派公民运动的代表在"圆桌会议"上同意制定新的民主德国宪法，并为 1990 年 5 月的人民议院做准备。优先处理危机的莫德罗政

---

① 参阅，亨利·基辛格（Kissinger, Henry）：《一个统一的德国也必须是北约成员国》（Auch ein vereinigtes Deutschland muss NATO – Mitglied sein），载《星期日世界报》1989 年 12 月 10 日（Welt am Sonntag, 10. 12. 1989）。

② 参阅《美国国务卿詹姆斯·贝克 1989 年 12 月 12 日在西柏林媒体俱乐部的讲话》（Rede des US – Außenministers James A. Baker vor dem Presseclub in Westberlin am 12. Dezember 1989），载《欧洲档案》1990 年第 4 期（Europa – Archiv 4, 1990），文件 77—84（Dokumente D77 – D84）。

③ 参阅《新德意志报》1989 年 12 月 11 日（*Neues Deutschland*, 11. 12. 1989），第 1 页。

府试图寻求更广泛的民众支持。华盛顿也没有忽视这样一个事实，即民主德国中的大部分人，甚至是"圆桌会议"的反对派团体，仍然更支持两个德国国家之间的条约共同体的想法，而不是迅速的国家统一。民主德国危机进程的无法估量——包括遭受苏联军事袭击的风险——促使美国国务卿贝克于1989年12月12日在波茨坦会见东德总理莫德罗。此举在美国外交官中引起争议。然而，美国驻东柏林大使理查德·巴克利认为在这种情况下这是必要的。波恩也得到了通知。贝克访问的目的是"为莫德罗政府提供足够的支持，以便他们能够筹备定于1990年5月举行的自由选举"。①如果莫德罗政府真正按照波恩的要求实施全面的政治和经济改革，美国对民主德国的经济援助也可期待。与在"圆桌会议"上代表公民运动的德意志民主共和国教会代表以及东柏林新教事务局局长曼弗雷德·施托尔佩单独会谈时，美国明确表示，莫德罗被认为是能够在选举过渡期间保证稳定的政治家。然而，民主德国政府处于越来越严重的经济衰退的压力下，并且面临着不断增长的快速统一的期望。贝克的波茨坦会谈也打算向苏联领导层发出一个信号，即美国希望保持政治进程的可预计性并对民主德国的稳定感兴趣。在1989年12月的过程中——也是由于四个前战胜国在柏林很少召开建设性的大使会议——统一倾向发生了某种程度的减缓。既然布什政府加快了德国与波恩统一的步伐，那么他们就面临着要决定如何处理苏联政策立场的问题。在这方面，美国决策者的不确定性增加了。他们不能排除戈尔巴乔夫通过和会要求就统一问题进行常年的谈判辩论，以获得对德国军事中立的保证。还有可能看到莫斯科接受统一后的德国加入欧盟，但北约成员国与德意志民主共和国合作的障碍会很大。毫无疑问，苏联领导层有更强烈的兴趣利用四大国机制来考虑其安全需求并对德国的发展做出争辩。这是针对波恩的。美国反应迅速，并对莫斯科明确表示拒绝。②

但民主德国的事态发展再次超越了所有的外交政治谋划。1990年初，民主德国的经济形势急剧恶化。越来越多的人不再期待改革，并且在与联

① 菲利普·策利科夫，康多莉扎·赖斯：《伟大的外交时刻：德国统一与欧洲分裂的终结》，第212页。另可见汉斯·莫德罗（Modrow, Hans）《崛起与终结》（Aufbruch und Ende），汉堡，1991（Hamburg, 1991），第94页。

② 菲利普·策利科夫，康多莉扎·赖斯：《伟大的外交时刻：德国统一与欧洲分裂的终结》，第224页。

邦德国合并的过程中，看到了从西德福利制度的运作中获益的最快方式。在计划的选举之前，民主德国制度可能会崩溃。将选举提前至 1990 年 3 月 18 日反映了这一危机局势。当莫德罗总理于 1990 年 1 月 30 日在莫斯科会见戈尔巴乔夫时，他做出了一个明确的形势分析："越来越多的民主共和国人民不再支持两个德国国家存在的想法；看起来不可能再坚持这个想法。"① 在这种情况下，科尔政府表示不再愿意给予民主德国任何的经济援助。科尔自己改弦易辙了，并在东部基督教民主联盟的大力支持下努力争取民主德国快速直接地并入联邦共和国。在白宫，顾问们也得出结论，缓慢的行动已不再适应形势的发展，并开始设法直接地和尽快地实现德国统一。美国总统特别顾问罗伯特·布莱克威尔这样概述了这项美国决定的基本动机："如果统一进程被长期拖延，苏联和其他国家……可能会有太多机会将同意统一与波恩做出如下妥协联系起来：德国成为北约成员，在（西方）联盟中展开军事合作以及美国在欧洲武装力量和核武器的存在。"② 大国美利坚想要防止这些危险。

美国与统一的其他方面

对于华盛顿来说，苏联因素是德国进一步发展的关键。在明显不再保证东德的生存能力和国家独立性之后，莫斯科会出现哪种反应？关于苏联领导层不允许"牺牲"民主德国独立的问题的辩论——在 1990 年初仍然是统一社会党/民主社会主义党代表与苏联高级官员在莫斯科会谈中的一个话题——表明了民主德国党的干部对自决的基本原则缺乏了解的程度。相当多的人仍然认为只有在能够保证自己的生存的情况下才能接受自决。③ 尽管极具争议性，苏联领导层已经超越了东柏林的非理性立场，接近了一个不容忽视的现实：苏联在新的国际形势下的安全利益再也不能以德国继续分裂的代价来获取。在这方面，莫斯科不再阻止德国人的自决权，特别是民主德国人民在统一过程中推翻该国垮掉的社会制度的决定。完全不清

---

① 米哈伊尔·戈尔巴乔夫：《回忆录》，第 714 页。
② 菲利普·策利科夫，康多莉扎·赖斯：《伟大的外交时刻：德国统一与欧洲分裂的终结》，第 230 页。
③ 参阅〈德国统一社会党/民主社会主义党：克里姆林宫的秘密会谈〉（SED / PDS: Die geheimen Gespräche im Kreml.），载《星期日世界报》1998 年 8 月 16 日（Welt am Sonntag, 16. 8. 1998），第 32 页。

楚在第二次世界大战中损失 2700 万人的苏联如何能够在西方面前捍卫自己的安全利益。在这里，中心权力机制中存在不同决策小组，并且越来越没有计划。[①]

在 1990 年 2 月的美苏试探期间，双方的立场得到了澄清。德意志国家的统一几乎是必然的。因此，两个大国都应该接受这种发展。虽然双方都认为统一应该是德国人自己的事情，但根据已达成的协议，统一的外部问题要在四个战胜国的参与下解决。因此既要将谈判纳入欧安会框架，又要使其符合四大国单独会议的方向，这两个要求都在苏联咨询层中反复讨论，并被排除在解决方案之外。为了避免两个德国公众的不满，双方都认为对于谈判框架，"4＋2"或"2＋4"的模式是合理的，华盛顿强烈支持第二种选择。与此同时，美方要求这一谈判机制只有在民主德国选举后才能生效，以便让民主合法政府的代表参加谈判。[②]

关于统一的德国的军事政治地位——外部方面的关键问题——最初两国立场并不相同。贝克国务卿试图说服戈尔巴乔夫，统一德国与北约的紧密结合将为美国和西方长期提供对德国外交和军事政策实施充分控制的机会。另一方面，中立是一种无法预计的状态，因为在这种情况下，包括核武器在内的德意志特殊军事道路将对包括苏联在内的所有国家构成威胁。在这种情况下，美国方面做出了模糊的保证，如果德国融入北约，北约的管辖权和军队不会扩大到前联盟界限以外的地区，也就是说，到东德地区。[③]

苏联领导层最初对美国采取的行动，其要求与莫德罗政府的德国政策"三阶段计划"相对应，并在莫斯科和民主德国之间达成了一致。三个层次——条约共同体，邦联和德国联盟——将在变化的欧洲安全结构中建立一个中立的统一国家。最重要的是，苏联感兴趣的是，它不是北约，而是一个为统一的德国提供框架的泛欧安全网络。联邦共和国社民党中富有影响的力量支持邦联统一的道路，并优先考虑通过"基本法"第 146 条（统

---

① 参阅瓦连京·法林：《克里姆林宫的冲突：论德国统一前史与苏联解体》（Konflikte im Kreml. Zur Vorgeschichte der deutschen Einheit und Auflösung der Sowjetunion），第 159 及下页。

② 菲利普·策利科夫，康多莉扎·赖斯：《伟大的外交时刻：德国统一与欧洲分裂的终结》，第 259 及下页。

③ 参阅米哈伊尔·戈尔巴乔夫：《回忆录》，第 716 页。

一在全德宪法制定之后）的统一，这些对苏联的观点来说也很有意义。此外，西部和东部的社民党认为统一的德国不应该属于北约或华沙条约，应该具有中立地位。

在美国政府的强大的政治支持下，科尔总理于 1990 年 2 月 10 日在莫斯科与戈尔巴乔夫举行了会谈。在会谈中苏联方面获悉了此前与美国一起澄清的内容：德国——联邦德国和民主德国——应该自己决定统一的方式。但是，应该考虑包括苏联在内的所有邻国合法的安全利益。在那里科尔像美国一样反对未来德国的中立。他认为对联邦政府的统一方针来说这是决定性的突破。戈尔巴乔夫对德国统一的"开放"是由苏联决策机构中的一个非常小的圈子推动的。但也有许多批评声音。其中一位评论家指出：2 月 10 日，德国统一被宣布为事实上已被解决的任务。没有任何条件，没有明确与外部的规定相联系。因此，德国人在行动的内容、方式和时间上获得了全权委托。两天后，"4 + 2"模式返回"2 + 4"模式。① 在科尔—戈尔巴乔夫会议之前，莫斯科与民主德国政府之间没有进行真正的磋商。这只是通知结果。

北约和华沙条约组织外交部长于 1990 年 2 月 11 日至 13 日在渥太华举行的第一次联席会议上达成协议，安排"2 + 4"机制讨论德国统一的外部问题，此后美国必须制定一项战略，如何通过这条道路在弱势但仍具威胁的苏联面前强化自己的利益。回顾 1990 年的事件，不应忽视美国利益的明确特征："美国希望巩固欧洲的民主变革，减少苏联在东欧的军事力量，并结束其在德国的存在。美国军队应继续留在德国境内，尽管数量较少。如果美国人实现他们的目标，那对苏联将是灾难性的失败。这是一个残酷、公开的真相。美国决定仅仅以西方的方式统一德国。"② 鉴于白宫的这些目标，苏联领导人担心，作为"2 + 4"谈判的一部分，他们必须对德国的安全利益做出越来越巨大的让步，这并不奇怪。

一种紧张的气氛充斥了 1990 年 5 月初开始的"2 + 4"马拉松谈判（在基民盟及其盟友在东德的胜利之后）和 1990 年 9 月 12 日的"关于德国的最终解决条约"的缔结。白宫在此阶段的谈判战略是要为苏联领导层接受德国融入北约提供"激励"，并在其从中欧撤军后考虑自身的安全利

---

① 瓦连京·法林：《克里姆林宫的冲突：论德国统一前史与苏联解体》，第 170 页。
② 菲利普·策利科夫，康多莉扎·赖斯：《伟大的外交时刻：德国统一与欧洲分裂的终结》，第 279 页。

益。很明显，考虑到莫斯科保守派和军事领导集团的压力，戈尔巴乔夫做出妥协的回旋余地变得越来越窄。最重要的是，美国外交试图给苏联带来促使其"活动性"的两项举措：首先，在 1990 年 5 月底在华盛顿举行的美苏峰会之前，布什向戈尔巴乔夫提供了九项西方保证，这些保证将充分考虑到苏联的安全利益。虽然美国首先想要在个别步骤中谈判这些保证，但他们将它们放在一揽子当中。九个计划的要点是：通过迅速完成关于欧洲常规武装部队的谈判（这也涉及了联邦国防军部队兵力的减少），肃清欧洲、特别是在中欧武装部队的力量；加速核短程武器谈判；重申德国放弃核武器、生物武器和化学武器；保证在过渡时期不在东德地区部署北约部队；为苏联从德国领土撤军设立过渡期；审查北约战略及其对东西方局势变化的调整；负责任地决定统一后德国的边界，特别是与波兰的边界问题；进一步发展欧安会并确保苏联在这一框架内的作用；规范德国与苏联之间的经济关系，特别是在民主德国的经济义务方面。①

其次，在与波恩的密切协调下，美国政府敦促北约成员国迅速改变联盟的性质，并协调北约与《华沙条约》之间的关系。从这个目标出发，就要涉及迄今为止的冷战对手的政治战略基本立场、军事思想、武器结构和未来的军备削减。鉴于成员国的利益不同，美国开始通过其主导影响地位，单方面地对北约战略进行改变，② 华盛顿意识到现有军事集团的"去敌对化"将成为提高苏联领导层接受北约统一德国意愿的决定性手段。

1990 年 5 月底在华盛顿举行的布什和戈尔巴乔夫之间的首脑会谈中，苏联方面仍然认为统一的德国应该要么同属两大阵营要么不属于任何阵营。③ 莫斯科想要一个过渡时期，在现有的军事联盟能够变成政治组织。但随着谈判的进展，戈尔巴乔夫做出了非常个人化的决定，从而取得了突破。在自己的谈判代表团不赞同的情况下，他同意布什总统的想法，即根据欧安会"最终议定书"，所有国家都有权自由决定他们的联盟归属。这也必须适用于统一的德国。最后，双方就布什提出的方案达成一致："美国明确提倡统一的德国加入北约，但如果德国再做出选择，美国不会介

---

① 参阅菲利普·策利科夫，康多莉扎·赖斯《伟大的外交时刻：德国统一与欧洲分裂的终结》，第 365 页。
② 参阅克里斯蒂安·哈克《该死的世界大国：从肯尼迪到克林顿的美国外交政策》，第 447 页。
③ 参阅米哈伊尔·戈尔巴乔夫：《回忆录》，第 721 及下页。

入，而是尊重他们。"①

在华盛顿，戈尔巴乔夫关于联盟归属的这一重要让步不仅引发了苏联领导层的愤怒，也引发了对这种"私人"决定的抵制。中央委员会和军方的有影响力的部队再一次尝试，让取消苏联在东德的军事存在有赖于于新欧洲安全机制的建立。还要求，在德国统一之后，战后四大国的权利将维持更长的时期，以保持对德国政治的控制。这些要求试图将内部统一过程与外部问题分开并获得时间。

德梅齐埃领导的新民主德国政府在前"2+4"会谈中只扮演次要角色，他们在行动中一再考虑到苏联的利益。在德梅齐埃总理于 1990 年 6 月对华盛顿进行正式访问期间，布什总统告诉他的客人"他不相信民主德国在 2+4 谈判中发挥了建设性作用"。② 对东德外交部长梅克尔的要求，即在欧洲建立中立安全区，为未来欧洲安全机制的构建设立时间表，以作为现有军事联盟的替代方案等，美国和其他国家显然感到不满。③ 人们在华盛顿也不安地指出，与根舍的立场相反，民主德国外交部长支持苏联关于统一后的德国参与两个联盟的建议。这些尤其为民主德国政府内社会民主党代表所强调的立场，绝不是突然出现的。民主德国公众中一部分人对加入北约仍在观望和持怀疑态度，并正在寻找妥协的解决方案。④ 造成这种情况的主要原因是，支持统一的民主德国前盟友担心其安全利益得不到充分顾及。

通过 1990 年 7 月 6 日在伦敦举行的 16 个北约成员国首脑会议，美国政府创造了决定性的条件，以便苏联领导层在有关德国统一外部方面的公开问题中能够做出让步。与莫斯科苏共代表大会同时发布的"伦敦峰会宣

① 米哈伊尔·戈尔巴乔夫：《回忆录》，第 723 页。
② 菲利普·策利科夫，康多莉扎·赖斯：《伟大的外交时刻：德国统一与欧洲分裂的终结》，第 399 页。
③ 参阅《外交通讯》，第 18 号（Außenpolitische Korrespondenz, Nr. 18），1990 年 6 月 22 日（, 22. Juni 1990），第 138 页。另可见艾哈德·克罗姆，雷蒙德·克雷默（Crome, Erhard/Krämer, Raimund）：《消失的外交：对东德外交政策的回顾》（Die verschwundene Diplomatie. Rückblicke auf die Außenpolitik der DDR），载《世界趋势》1993 年第 1 期（WeltTrends 1, 1993），第 140—143 页。
④ 参阅克劳斯·蒙塔格（Montag, Claus）：《关于德国统一进程的欧洲一体化问题》（Zum Problem der europäischen Einbettung des deutschen Einigungsprozesses），载《作为欧洲问题的德国统一的产生，洛库姆备忘录 54》，1990 年（Die deutsche Einheit als europäische Frage. Loccumer Protokolle 54, 1990），第 217—231 页。

言"提出"与以前的敌人合作，并表示北约即将从军事联盟转变为政治联盟"，①"为了强调政治变化，戈尔巴乔夫应邀在北约理事会发言。无论北约的变化究竟应该走多远，华盛顿都意识到，如果没有伦敦的倡议，戈尔巴乔夫几乎没有机会让苏联决策机构批准其在德国问题上的妥协路线。布什和科尔政府知道双重操作的必要性：一方面，他们希望将新的东西方关系框架纳入'北约宣言'，但另一方面，应保持北约的基本特征，生存能力和目标"。② 这实际上是在"2+4"谈判最后阶段中的"圆的面积"（无法解决的难题——译者注）。

美国通过与科尔总理在联盟中迅速做出决定，为1990年7月16日与苏联领导人就德国统一进行最后谈判铺平了道路。戈尔巴乔夫本人利用保守派力量的暂时瘫痪来寻求与西方的平衡。毫无疑问，苏联领导层希望，通过协调德国统一的核心问题寻找与西方进行经济合作的机会，以应对新思维政策的危机。为此莫斯科既需要美国也需要联邦共和国。在高加索的阿奇斯，达成的"利益补偿"包括：德国统一完成后，会完全取代四大国的权利和义务；给予充分和不受限制的主权；苏联在过渡时期从民主德国撤军；自由决定统一德国的联盟隶属关系；将未来的德军减少到370，000人；不允许统一的德国生产和拥有原子、生物和化学武器。双方保证努力使泛欧进程与德国统一更好地同步。民主德国政府的代表没有参与这些触及两个德国的最终谈判。在做出决定之前，莫斯科领导人也没有在华沙条约组织中与苏联的盟友进行商讨。作为中欧苏维埃霸权政策主要领域的民主德国的"解决方案"已经完成。这为"2+4"谈判过程中的"德国最终和解协议"铺平了道路。

结论

民主德国从欧洲的战后结构中消失，主要是其内部政治变革的结果。当民主德国的大多数人在真实的社会主义和两个国家并存中看不到任何前途，并且无论出于何种原因，都赞成加入联邦共和国时，外部势力就有机

① 海因里希·博特费尔特：《美国与德国统一》（Die Vereinigten Staaten und die deutsche Einheit），载克劳斯·拉雷斯，托尔斯滕·奥本兰特（Larres, Klaus / Oppelland, Torsten）编《20世纪德国与美国：政治关系史》（Deutschland und die USA im 20. Jahrhundert. Geschichte der politischen Beziehungen），达姆施塔特，1997（Darmstadt, 1997），第260页。
② 克里斯蒂安·哈克：《该死的世界大国：从肯尼迪到克林顿的美国外交政策》，第451页。

会，在不断变化的德国问题中充分践行他们的意愿。在东德冲突的各个阶段，他们的行动和态度始终是陷入东西方冲突之中。因此，美国和苏联似乎是德国转型外部框架的主要参与者。在这里，美国外交表现出高度的执行力和权谋掌控力。归根结底，统一过程是华盛顿—波恩—莫斯科这个权力三角的决策所致。正如克里斯蒂安·哈克正确指出的那样，"2+4"会谈"实际上是两场一对一的谈话，其他参与者扮演了次要角色，且最后会谈是在华盛顿—波恩—莫斯科三角中不得不调整的结果。方向、速度、内容和方法是在华盛顿和波恩之间的相互外交作用中确定的"。① 然而，美国与联邦共和国的密切伙伴关系不仅反映了对德国人的同情，也反映了其消除国家长期和反常的分裂的愿望。同样重要的是，如果不是更具决定性，美国外交政策精英们意识到，随着全球主要对手苏联失去权力，其战略重点需要重新定义。德国不仅取代了作为美国优先战略考虑的苏联，而且开始成为确保美国在欧洲影响力的关键因素。根据西方条件解决德国问题的方案也为冷战后美国扩大跨大西洋关系开辟了全新的领域。

（克劳斯·蒙塔格教授，历史学家和政治学家。本文收录于《世界发展趋势》2000 年春第 26 期）

---

① 克里斯蒂安·哈克：《该死的世界大国：从肯尼迪到克林顿的美国外交政策》，第 452 及下页。

加拿大、美国与德国重新统一

亚历山大·冯·柏拉图

20 世纪 70 年代和 80 年代初并不是历史上美国和加拿大之间关系最好的时期。政府和顾问之间存在根本差异。特鲁多总理不支持美国的冷战政策，尤其是罗纳德·里根总统和英国首相玛格丽特·撒切尔的政策。由于其他原因，加拿大也与法国存在紧张关系。[①] 虽然加拿大长期是北约成员，但特鲁多政府批评里根的军备政策，尤其是核武器军备政策，同时寻求缓解东西方之间，主要是与苏联和中国的紧张关系，特鲁多称他的政策是"和平倡议"。他甚至在美国之前就已经实现了与中国关系的正常化。特鲁多政府奉行缓和政策，类似于瑞典首相奥洛夫·帕尔梅或德国总理维利·勃兰特。然而，德国和加拿大的缓和政策之间存在根本区别：德国的缓和政策不仅有减少东西方紧张关系的目标，而且还有解决德国问题的目标。它希望通过减少与苏联的冲突来减少德国两个部分之间的冲突，并改善统一的条件（口号是"通过改变实现和解"）。相比之下，美国外交的主要目标是限制苏联在世界上的影响力，特别是在欧洲——德国重新统一在这一政策中尤为重要。

特鲁多政府不仅改善了加拿大与苏联和中华人民共和国的关系，还改善了与第三世界国家和其他独立国家的关系，包括与在菲德尔·卡斯特罗领导下的古巴的关系。加拿大总理于 1976 年访问古巴，[②] 据说卡斯特罗和特鲁多已成为真正的朋友（卡斯特罗也于 2000 年飞往加拿大去参加特鲁多的葬礼）。然而，自 1961 年以来，美国一直试图采取限制性和影响深远的禁运来推动古巴陷入经济灾难中。特鲁多反对这一政策。

过去几年，学生和我自己访问过的大多数加拿大外交官都抱怨说，美国将加拿大政府视为应该支持美国反对苏联政策的小兄弟，但有时小兄弟离开了这条共同路线并扰乱了美国的政策。一些受访者强调，美国和加拿大的外交之间一直存在着是否承认加拿大在全球事务中影响力的斗争。一

---

① 法国支持加拿大法语省份独立的魁北克运动。戴高乐总统在向示威人群宣讲他的著名话语"魁北克自由万岁！"后，不得不于 1967 年取消在加拿大的逗留。

② 参阅罗伯特·赖特（Wright, Robert）《在哈瓦那住的三晚，皮埃尔·特鲁多、菲德尔·卡斯特罗和冷战世界》，多伦多，2007 年。

位受访者是罗伯特·福勒，他是从皮埃尔·特鲁多到让·克雷蒂安不同政府下服务的高级外交官，也曾是国防部副部长。据他说，美国人只是驱使加拿大扮演世界政治观众的角色。在他看来，加拿大本身在参与世界政治方面做得太少了，这在为结束第二次世界大战的谈判中已经开始表现出来了。加拿大被排除在德黑兰、雅尔塔和波茨坦这些谈判之外，尽管它是一个重要的盟友并且已经损失了数千名士兵。当《联合国宪章》于 1945 年通过时，加拿大支持法国而不是自己作为联合国安理会常任理事国。另一个故事涉及加拿大加入七国集团会议。当加拿大没有被邀请参加第一次七国集团会议时，加拿大深感不安，这促使福特总统直接提出建议，这很有效，加拿大最终成为七国集团成员。①

1984 年后的冷战

1979 年 5 月，特鲁多领导下的自由党在加拿大议会选举中失败，进步保守党领袖乔·克拉克成为总理。但就在七个月之后，克拉克在一次不信任投票中失败，并且由于 1980 年 2 月的联邦选举，特鲁多回到了总理之位，直到 1984 年的大选之前。此时他的自由党再次被进步保守派击败，这一次保守党是在布莱恩·马尔罗尼的领导下获胜的，然后他也当了总理。

早些时候——1981 年——罗纳德·里根和共和党人赢得了美国的选举。他和他的总统继任者乔治·布什（参议员）与马尔罗尼有更好的关系，马尔罗尼赢得选举主要是因为他对美国的纲领性声明以及他改善加拿大与美国关系的计划目标。这些新关系的主要结果，是订立了北美自由贸易协定并增加了商品及服务税。加拿大确保墨西哥也被纳入北美自由贸易协定中。②

正如我们的一些受访者所指出的那样，加拿大外交官曾试图在戈尔巴乔夫参加的 1986 年雷克雅未克峰会上鼓励美国人更接近苏联领导层。然而，与加拿大的外交理念不同，里根继续奉行强硬的军备政策，甚至在雷克雅未克会议之前不久也是如此。

---

① 福勒的访谈由正在读大学的纳塔莉·巴特姆斯（Natalie Bartmes）、霍莉·麦克艾尔利尔（Holly McElrea）、阿曼达·科托夫斯基（Amanda Kotowicz）和我于 2013 年 3 月 18 日在渥太华进行（以下内容：采访福勒）。
② 参阅麦克斯韦·卡梅龙，布莱恩·汤姆林（Cameron, Maxwell A. / Tomlin, Brian W.）：《缔造北美自由贸易协定：协议是如何达成的》，伊萨卡：康奈尔大学出版社，2000。

罗伯特·福勒说，里根认为特鲁多的和平倡议是自相矛盾和不能持久的并予以拒绝。但仅仅"18个月后（在雷克雅未克），里根说的话与和平倡议非常相似。我觉得美国人总是想表明首先是他们正在改变世界政治，而不是加拿大人"。在他看来，美国人在所有国际政治问题上都自觉比加拿大人更从容。福勒说，科尔和里根一样，想到了特鲁多的和平倡议，并谈到了"愚蠢的小加拿大人"。①

布什领导下美国对德国重新统一的政策

布什总统领导下的美国政府为德国统一制定了明确而持续的战略。根据布什的国家安全事务顾问布伦特·斯考克罗夫特的说法，② 他们的出发点是米哈伊尔·戈尔巴乔夫总书记领导下的苏联与日俱增的影响力，尽管美国政府总是怀疑地注视着这种影响力。人们想要——为了总结新战略——接受戈尔巴乔夫"欧洲之家"的流行观点，建立一个每个人都可以"自由地从一个空间移动到另一个空间"的欧洲。这意味着：一个没有冷战边界的通过德国和柏林的欧洲；在中东欧和东欧没有独裁或不民主的约束。德意志联邦共和国应该成为领导者的合作伙伴——这一角色之前已经由英国承担。1989年5月底，布什在布鲁塞尔举行的北约成立40周年聚会以及几天后在波恩和美因茨的莱茵金色大厅举行的北约会议上提出了新战略。西方的目标是，"缔造一个统一的和自由的欧洲……，对联盟［北约］的创始人来说，这个希望是一个遥远的梦想。现在这个希望是北约的新使命……冷战始于欧洲的分裂。它只能在消除欧洲分裂的情况下结束"。③ 这必须从柏林开始。为了执行这一政策，北约作为美国在欧洲唯一的政治支柱——在欧安会中，各国受苏联霸权的影响太大——应该具有更多的政治性质。简而言之，该计划提出：重新统一，是的，但是要

——和平地，一步一步地，

---

① 对福勒的采访，前引文。
② 斯考克罗夫特于1999年9月14日在华盛顿与我交谈。斯科沃克罗夫特将军和他的同事佐利克在德国统一战略的制定和实施中发挥了重要作用。另请参阅亚历山大·柏拉图《德国的统一——一场世界政治的权力博弈，布什、科尔与戈尔巴乔夫与莫斯科内部声明》，第3版，C. 领克斯出版社，柏林，2009，第21页。
③ 布什在美因茨莱茵金色大厅所说，引自：菲利普·策利科夫、康多莉扎·赖斯：《伟大的外交时刻：德国统一与欧洲分裂的终结》，柏林：柱廊出版社，1997，第62页；另见亚历山大·柏拉图：《德国统一——一场世界政治的权力博弈》，第22页、第27页及以下。

——承认欧洲现有的边界,

——通过自决

——在北约的保护下,来实现。

1989 年 11 月底,即 11 月 28 日科尔十点计划提出的后一天,布什在华盛顿重申了这四点。几天后,他在布鲁塞尔又重复了这些观点。因此,别说是修正了,他甚至支持并补充了科尔的观点,因为科尔的态度和北约一致,很少提到边界,特别是波兰边界。前者应该给他带来许多批评并激怒了波兰人;如果不谈北约,可能会导致担心戈尔巴乔夫负担过重。但即便如此,像大多数欧洲政府一样,戈尔巴乔夫对"十点"的反应是消极的。外交部长根舍在 1989 年 12 月 5 日访问莫斯科期间感受到了这一点,因为戈尔巴乔夫和苏联外交部长尖锐地批评科尔("甚至连希特勒都不允许这样做!"谢瓦尔德纳泽如此说)。①

重新统一是科尔政策的主要目标,并且要与西方结盟而不是中立,而布什政府的德国政策则被嵌入一个更大的战略之中——压制苏联在欧洲的影响,增强北约的作用特别是政治作用。鉴于 1989—1990 年的历史情况,布什领导下的美国和科尔领导下的联邦德国利益是重合的。在两者的心中他们的政策都是:

1990 年秋天德国统一已经实现,北约在接下来的十年中向东扩展——然而,欧洲的分裂仍然存在,因为东方国家俄罗斯,白俄罗斯,摩尔多瓦和乌克兰以及前南斯拉夫的一些共和国不属于它。根据地理位置,这些国家还包括东南部的苏联加盟共和国,如高加索和哈萨克斯坦。

1989—1995 年加拿大的角色

加拿大政府对布什和科尔政府的支持

加拿大在统一和北约扩大的政治发展中发挥了什么作用?乍一看,如果你只关注政府层面,加拿大是布什和科尔政策的普遍支持者之一。② 德

① 参阅亚历山大·柏拉图:《德国统一——一场世界政治的权力博弈》,第 125 页及以下。
② 基于我在温尼伯大学(Universität von Winnipeg)和在 2012 年和 2013 年进行的研究,结果在加拿大期刊《口述历史论坛》(温尼伯)上发表。

国总理称加拿大总理马尔罗尼是"最可靠的朋友"之一。① 加拿大外交部长克拉克也推行这一政策。而再一看，特别是在与加拿大外交官讨论并且阅读了一些文件，尤其是加拿大议会外交事务委员会的文件之后，有必要进行一些澄清。

外交一撇

外交官约翰·诺布尔是 1990 年 2 月在渥太华举行的开放天空会议的主要组织者之一，有关德国统一外部条件的"2＋4"谈判也被纳入其中。因为马尔罗尼总理迟到了，诺布尔第一个受到欢迎。我们向诺布尔和其他加拿大外交官询问，加拿大是否应该而且可以在"2＋4"谈判中发挥更大的作用。意大利和荷兰的外交部长反对渥太华的"专属俱乐部"，并要求其他欧洲国家更多地参与其中，因为统一是欧洲范围内的事情。德国外交部长汉斯—迪特里希·根舍严厉驳斥："你们已经出局了！"② 但加拿大认为自己是"中心权力"的领导者，在德国有军队（1989 年也是），是第二次世界大战的战胜国，是北约成员，北约国家战略中的所有北极问题都与它有关。"举一个例子，我们在访问苏联（1990 年春）期间听到的关于开展核武器试验的信息，这让我们深感震惊，让我们想起我们之间的地理和环境联系。"③

诺布尔说，对加拿大在"2＋4"谈判中的作用还存在不同意见，但克拉克外长对欧洲 ［！］ 问题并不感兴趣。④ 然而，他——诺布尔——并不认为加拿大本可以在"2＋4"的谈判过程中发挥更重要的作用。然而，福勒表示，加拿大只扮演被摆弄的角色是一种耻辱。加拿大有足够的理由在这

---

① 加拿大外交官和政治学家保罗·海因贝克（Paul Heinbecker）和其他人于 2013 年 1 月 21 日在渥太华接受卡伦·布尔格莱兹（Karen Brglez）、克里斯·克莱门斯（Chris Clements）和我的采访。

② 这个故事已经被多次提及，例如，在贝克和根舍的回忆录或他们与我的对话中。菲利普·策利科夫、康多莉扎·赖斯：《伟大的外交时刻：德国统一与欧洲分裂的终结》，第 282 页及以下。

③ 对外事务与国际贸易常务委员会编《1990 年 4 月 20 日—5 月 5 日委员会访问苏联和两个德国的报告》，1990 年 6 月，第 2 页及下页。

④ 约翰·诺布尔（John Noble）："好的，好的，我不认为我们非常累，乔·克拉克对欧洲不感兴趣，在我接任国际安全总干事之前，他倾向于避免北约会议"（2013 年 1 月 25 日对约翰·诺布尔的采访。与他的会谈由克里斯·克莱门斯（Chris Clements）、海莉·卡德维尔（Hayley Caldwell）和我在渥太华进行。

个论坛中发挥更大的作用，也许具有像波兰一样的特殊地位。①

比尔·布拉基，曾任下议院议员，新民主党领袖，马尼托巴内阁的部长，曾在议会发表一系列讲话，反对科尔总理关于波兰与德国边境地位的政策。布拉基与议会同僚杰西·弗利斯一起向议会提交了有利于现有奥得—尼斯线和反对科尔的请愿书，科尔希望将最终承认奥得—尼斯线作为德国—波兰边界推迟到全德国议会第一次会议时。② 布拉基认为，德国应立即承认这一现有边界，他与波兰移民在加拿大有影响力的组织——波兰加拿大委员会保持密切联系。

加拿大议会外交委员会的态度

1990 年春，4 月 20 日至 5 月 5 日，下议院议员和对外事务及国际贸易常务委员会成员组团访问了苏联和两个德国。访问团由来自不同政党的议会主要成员组成，包括布拉基，他提请我们注意这份报告。这份报告可以说对政府态度持反对立场。

一开始，他们仍然谨慎地在"德国和北约"部分写道："应该有一个过渡时期。基本论点首先是，鉴于其二十世纪的历史，一个中立的德国不符合任何人的利益；第二，在这个快速变化的时期，必须不能干扰北约的稳定影响。"③ 这些基本言论与大多数北约国家的立场相对应；但随后有些言论与北约的官方立场相矛盾："同时，在民主德国和联邦德国的许多德国人，以及政治领域的各个方面，坚持统一必须作为创造泛欧安全体系的一部分来展开。"④

"报告"的作者提到，应允许对苏联的安全利益做出两项让步：目前不在东德土地上驻扎北约军队；35 万苏联士兵在过渡期内应继续驻扎。因为第二次世界大战的记忆对俄罗斯人对德国统一的思考有很大的影响，如

① 对福勒的采访，前述引文。
② 加拿大第 34 届国会下院，第二次会议，1990 年 6 月 27 日。
③ 对外事务与国际贸易常务委员会编：1990 年 4 月 20 日—5 月 5 日委员会访问苏联和两个德国的报告，1990 年 6 月，第 24 页。
④ 该报告的作者引用了如德意志民主共和国外交部的汉斯－于尔根·米塞尔维兹、外交部长马库斯·梅克尔或洛塔尔·德梅齐埃总理的国务秘书的话："总的来说，他们（苏联人和奥地利人民党）非常支持更广泛的欧洲安全方法，但是他们不知道该怎么做。西方应该给他们建设性的想法，以帮助苏联人有家的感觉。他们知道旧体制不起作用。他们站在失败者的一边，但是西方应该给他们机会，使他们不会觉得自己像失败者"（前引书）。米塞尔维茨在 2014 年 6 月 6 日与我谈话时确认了这些声明。

果不是决定性影响的话。"我们怀疑，苏联真正的恐惧是，德国问题的解决可能会有或者被解释为会有将苏联排除在欧洲之外的效果。戈尔巴乔夫先生在他的著作《改革与新思维》中宣布的，并且自那以后不断重复的对外中心目标，是尽快将苏联尽快和尽可能完整地带入欧洲和充满对抗的世界。"

当然，议员们当时都知道"在北约，统一德国的目标是一个有争议的问题"。因此，他们讨论了不同的战略变化：

——一个中立的德国（这不符合任何人的利益——见上文）。

——像法国这样的特殊地位。"但这种做法实际上只是中立德国的一种变体，而且让国家的安全政体悬而未决。"

——戈尔巴乔夫考虑德国加入两个联盟（包括北约和华沙条约的所有成员）。

但是："……德国在北约的问题不仅仅是冷战中最后一项巨大的修复工程。相反，这是建立一个新的欧洲合作安全体系的第一个伟大项目。"而且："我们认为，一个统一的德国和北约之间关系的僵局只能由西方全心全意地接受苏联参与欧洲共同体并成为其正式成员的长期目标来解决。"[1]

"报告"的作者补充说，"即使北约联盟为新思维继续集中他们的最近的能力，我们也应该启动建设合作安全的可选择性结构，并很可能最终取代联盟。这就是欧洲安全与合作会议（欧安会）发挥作用的地方"。[2] 关于这一点的最后一段是：鉴于目前的情况，欧安会或许可以发展成为一个可以在联盟之间建立信任的创造性和灵活的机构和新的泛欧安全机制。我们会问，除了设立外交部长理事会外，拥有一个议会组织，如有可能获得与欧洲委员会的联系，是否会加强欧安会的作用？[3]

虽然"常委会报告"的作者知道，加拿大在德国统一的国际谈判中"只有很少或没有发言权"，[4] 但他们确信，"作为一个潜在目标的欧洲统一应该存在过渡时间，因为苏联和东欧占据了欧洲家园的一端，而加拿大和

---

① 委员会访问苏联和两个德国的报告，1990 年 6 月，前述引文，第 28 页。
② 前引文，第 30 页。
③ 前引文，第 31 页。
④ 前引文，第 21 页。

美国占据了另一端"。①

　　显然，这些不是在马尔罗尼和克拉克领导下的加拿大政府的结论，更不是布什政府的或者是科尔总理和他的外交部长根舍的结论。② 如上所述，统一的德国留在北约是西方谈判者的目标，也是"2 + 4"谈判的结果，特别是在 1990 年 6 月初戈尔巴乔夫与布什在华盛顿举行的峰会上。

　　外交及国际贸易常务委员会的成员不是无名小卒——他们在加拿大的政治和外交中发挥了重要作用。布拉基在接受采访时表示，外交事务委员会的意见与政府不同的情况并不少见；一直到 2013 年，他仍然认为委员会当时的主要观点是正确的。

　　然而，对于议会访问团的大多数保守派成员来说，情况并非如此。我们的受访者保罗·海因贝克曾担任马尔罗尼的外交官和演讲撰稿人，也曾在特鲁多和马尔罗尼的领导下，稍后在外交部长劳埃德·阿克斯沃西的领导下工作，他将"报告"的观点视为"白日梦"。他的论点很重要："波兰人怎么想？捷克人怎么想？它们被关注得很少。在我的判断看来，至少它们对俄罗斯意味着什么，以及它对自己意味着什么。他们想要加入其中，有所期待。他们有很多充分的理由……你做不到，在一个苏联有否决权的组织中你无法给予他们想要的保护。那将是我迄今为止一直持有的判断。我不认为这两件事是可以调和的（包括俄罗斯保护波兰，波罗的海国家和其他国家，因为俄罗斯或苏联有一个帝国主义的历史）"。③

　　事实上，加拿大政府和大多数保守派都会同意这一论点。在苏联和两个德国议会访问团的保守派成员不再提及他们早先的观点。在访问或发表报告后，布什和戈尔巴乔夫之间的首脑会议在华盛顿举行。此后，他们当时的观点可能会变得不合适，因为戈尔巴乔夫已经同意统一的德国加入北约，从而使他们的这些观点过时了——同样地，戈尔巴乔夫在 1990 年 3 月下旬到 5 月下旬的一些波动之后，也要求建立应该包括北美和苏联的欧洲安全体系。尽管如此，苏联或俄罗斯从欧洲退缩的战略问题仍未得到解

① 前引文，第 4 页。（作者的强调），特别明显的是，一个新的安全联盟应同时涉及北美和苏联及其前附属国。

② 但是报告提到克拉克有时会表达类似的考虑，例如他说过：盟国应该拥抱它的老对手和新朋友（前引书，第 29 页）。我认为，根舍希望将苏联纳入欧洲事务。无论如何，他关切地考虑了将苏联以及随后的俄罗斯联邦排除在欧洲之外的可能性。

③ 保罗·海因贝克（Paul Heinbecker）与卡伦·布尔格莱兹（Karen Brglez），克里斯·克莱门斯（Chris Clements）及我在 2013 年 1 月 21 日渥太华的访谈。

决。所涉及的危险是严重的，这不仅对欧洲而且对北美也是如此。

北约东扩

自 20 世纪 90 年代末以来，北约向东扩展。中欧和东欧国家加入了北约。该联盟现已到达白俄罗斯、乌克兰和俄罗斯的边界。因此，贝克 1990 年 1 月 9 日在莫斯科与戈尔巴乔夫谈判时承诺，随着德国的统一，北约不会向东扩展一英寸——换句话说——承诺没有被遵守。当时俄罗斯的重要政治家都说贝克的"保证"被违反了，尽管戈尔巴乔夫因为疏忽没有将其变成国际公认的条文。对俄罗斯来说，北约的这种扩张意味着威胁。

前加拿大外长劳埃德·阿克斯沃西对福勒、布莱基和其他加拿大外交官和政客表达了类似的看法。北约的快速扩张带来了危险，甚至是政治上的错误，因为我们现在有一个"新的小型冷战"（阿克斯沃西在乌克兰危机之前用"热"战特点说过这个）。他是 20 世纪 80 年代非常年轻的部长，1990 年春天是常务委员会和议会访问小组的成员，1996 年至 2000 年是外交部长。他的总理让·克雷蒂安以及加拿大（和美国）的波兰和乌克兰移民组织对北约的扩大表示欢迎，并认为没有其他可能可供选择。加拿大对这些移民几乎没有什么政策。

今天必须要问的是，俄罗斯对欧洲的镇压和北约的扩张是否不会失去让俄罗斯联邦参与欧洲的机会，也不会因吞并克里米亚而阻止在高加索和乌克兰的军事行动。普京在大俄罗斯和反民主政策中所利用的反对西方的敌对情绪，一方面肯定源自于北约的扩张，如果不是决定性的来自于此的话。但另一方面——正如海因贝克所说——是中东欧国家的安全利益。但是，将苏联纳入欧洲是否能够更好地满足其长期安全利益的问题依然存在。

（亚历山大·冯·柏拉图，博士，哈根函授大学。此文为作者为勃兰登堡罗莎·卢森堡基金会、米夏埃尔·舒曼基金会和《世界发展趋势》杂志联合举办的学术会议提交的论文，会议主题是"冷战的结束和通往德国统一的道路：欧洲邻国的视角"。宣讲时间为 2014 年 6 月 18 日）

撒切尔政府与德国的统一

伊恩·康纳

　　1989 年夏天，当东德难民开始通过匈牙利逃往西方时，几乎没有迹象表明德意志民主共和国即将崩溃并且很快两个德国国家统一的道路会变得很明确。但是在 1989 年 10 月 18 日昂纳克失去权力之后，民主德国的演变速度非常快。1989 年 11 月 9 日，德国统一社会党中央委员会前任总书记昂纳克的继任者埃贡·克伦茨为了获得政府的普遍认可而开放了柏林墙。由于成千上万的东德人抓住机会迁往联邦共和国，这一举动使得民主共和国最终变得更加不稳定。① 克伦茨于 1989 年 12 月 3 日被迫辞职，由德累斯顿统一社会党前区委书记汉斯·莫德罗出任新的领导人。虽然莫德罗被称为改革者，但他的任命也不能再拯救统一社会党政权。并且在 1990 年的头几个月，东德和西德统一的愿望越来越强烈。1989 年秋天，莱比锡和其他东德城市的群众就呼喊着"我们是人民"，而现在人们越来越多地听到的是"我们是一个民族"。② 在 40 多年以来东德的第一次自由选举，即 1990 年 3 月 18 日的人民大会选举中，基督教民主联盟取得了巨大胜利，从而证实了统一思想的流行。③ 经过德国两个国家和四个盟国——苏联、美国、法国和英国——之间的密集谈判，德国于 1990 年 10 月 3 日正式统一起来。但是（西方）盟国是如何应对柏林墙倒塌的呢？她对消除两个德意志国家分裂的态度是什么？

　　必须强调的是，只有四大国的同意才能实现统一，因为自第二次世界大战结束以来，这些协议在德国和柏林仍具有一定的效力。与此同时，应

---

① 1989 年，移民总数为 343854 人。参见《编年史》（Chronik），载《德国档案》1990 年第 1 期（Deutschland Archiv 1, 1990），第 176 页。

② 在莱比锡示威活动的参加者中，立即统一的支持率从 1989 年 12 月 11 日的 19% 增加到 1990 年 2 月 12 日的 51%。

③ 对此详细的讨论，参阅 D. 蔡尔兹（Childs, D）《东德首次自由选举》（East Germany's First Free Election），载《国会事务》，第 43 卷第 4 号，1990 年（Parliamentary Affairs, 43 (4), 1990），第 482—496 页；F. 缪勒－隆美尔（Müller - Rommel, F.）：《新德国的开始？民主德国 1990 年 3 月 18 日选举》（The Beginnings of a New Germany? The GDR Elections of 18 March 1990），载《西欧政治》，第 14 卷第 1 号，1991 年（West European Politics 14 (1), 1991），第 139—144 页。

该记住法律要求英国人、法国人和美国人支持德国的统一事业。根据 1954 年 10 月 23 日签署的作为《巴黎协定》的一部分的《德国条约》，各国曾承诺"通过和平方式共同努力实现共同目标：拥有自由民主宪法……的统一德国……"。① 在接下来的几十年里，西方政治家一再强调他们对德国统一的承诺。因此，在 1989 年 5 月，北约外交部长会议表达了"消除欧洲，尤其是德国不正常的分裂"的决心。② 然而，西方政治家对此有多认真，当时并不确定。他们可以代表德国统一中的坚定派，这是苏联永远不会允许的。但值得注意的是，一旦柏林墙遭到破坏，西方同盟国的官方态度就发生了显著变化。一旦真正有机会结束德国的分裂，事情就会很明显，他们对此持有相当的保留意见。在 1989 年 11 月 10 日的一次电视采访中，美国总统乔治·布什对柏林发生的惊天动地的事件表现得热情不高，导致《明镜周刊》说他给人留下了"好像他刚失去了他的最后一个朋友"的印象。③ 法国政府最初的热情也相当有限。外长罗兰·迪马认为"巩固我们自己的西欧和欧共体"至关重要，④ 而总理米歇尔·罗卡尔则指出了"德国问题"带来的严重安全风险。⑤ 然而，基督教民主联盟在 1990 年 3 月人民议院选举中取得巨大的选举成功之后，布什政府很快就对统一采取了更为积极的立场，⑥ 且在弗朗索瓦·密特朗领导下的法国政府认为反对似乎

---

① 引自 R. 弗里奇—布尔纳茨尔（Fritsch - Bournazel R.）《欧洲与德国统一》（Europa und die deutsche Einheit），波恩，1990，第 127 页。
② 引自 R. 瓦拉斯，M. 施佩特（Wallace, W. / Späth, M.）《与德国达成协议》（Coming to Terms with Germany），载《今日世界》第 46 期，1990 年（The World Today 46, 1990），第 55 页。
③ 《明镜周刊》，1989 年 11 月 20 日（Der Spiegel, 20. 11. 1989），引自 M. 施罗德（Schröder, M.）：《德国在欧洲》（Deutschland in Europa），载 G. - J. 格赖斯纳（Glaeßner, G. - J.）主编《民主的艰难之路：从民主德国结束到德国统一》（Der schwierige Weg zur Demokratie. Vom Ende der DDR zur deutschen Einheit），奥普拉登，1991，第 180 页。
④ *The Times*, 11. 11. 1989.
⑤ 引自 M. 施罗德（Schröder, M.）"德国在欧洲"（Deutschland in Europa），载于 G. - J. 格赖斯纳（Glaeßner, G. - J.）主编《民主的艰难之路：从民主德国结束到德国统一》（Der schwierige Weg zur Demokratie. Vom Ende der DDR zur deutschen Einheit），奥普拉登，1991，第 180 页。
⑥ 关于美国对德国统一态度的评价，参阅 M. 哈特茨尔（Haltzel, M. H.）：《美国对德国再统一的态度》（Amerikanische Einstellungen zur deutschen Wiedervereinigung），载《欧洲档案》1990 年第 4 期（Europa - Archiv 4, 1990），第 127—132 页。

不可阻挡的演变毫无意义。① 在玛格丽特·撒切尔领导下的英国保守党政府则在这个问题上采取了不变的立场。

本文的目的是详细评估英国政府在 1989 年 11 月至 1990 年 10 月期间对德国统一的立场。应该明确的是，撒切尔首相和她的同事对该统一持敌视态度，并试图延缓这一进程，或者如果可能的话，完全阻止它。本文还将试图阐明英国维持德国分裂的动机。

不要匆忙

在部长们公开表达一些政治观点的同时，其他一些看法却对公众秘而不宣。玛格丽特·撒切尔在她的第一次公开声明中表达了她对柏林墙开放的喜悦。她在唐宁街门口告诉记者，"对自由来说这是一个伟大的日子，对民主来说是一个伟大的日子"。② 与此同时，她强调德国即将统一的任何前景都是不存在的。在 11 月 10 日的电话交谈中，她告知科尔总理，她认为这个问题"未列入议事日程"。③ 外交大臣道格拉斯·赫德对柏林戏剧性事件的反应也十分有限。根据《星期日泰晤士报》1989 年 11 月 12 日的报道——这一报道是以柏林墙倒塌后赫德的新闻发布会为基础的，英国政府认可它。"虽然德国人民不会否认自决原则，但是如何以及何时实施这一原则是另一个问题。"④ 外交大臣于 11 月 16 日在柏林的一次演讲中重申了这一论点。他还警告他的东道主不要把统一视为纯粹的德国事件，因为"很多人会有发言权"。⑤ 毫无疑问，这不仅仅涉及盟国，也涉及波兰。⑥ 同样，在 11 月下半月，玛格丽特·撒切尔抓住一切机会淡化德国统一问题，并强调她的观点是，在民主牢牢扎根于东欧之前，不应考虑德国边界的变化。她认为这需要很多年才能完成。因此，英国政府对柏林墙倒塌的第一反应是反复强调不会在不久的将来讨论统一。

---

① 关于法国对统一问题所采取政策的分析，参阅 W. 许茨（Schütze, W.）《法国对德国统一的态度》（Frankreich angesichts der deutschen Einheit），载《欧洲档案》，1990 年第 4 期（Europa - Archiv 4, 1990），第 133—138 页；R. 摩根（Morgan, R.）：《法国对新德国的观点》（French Perspectives of the New Germany），载《政府与反对》，第 26 卷第 1 号（Government and Opposition 26 (1)），1991 年，第 108—114 页。
② *The Guardian*, 11. 11. 1989.
③ *The Sunday Times*, 12. 11. 1989.
④ *The Sunday Times*, 12. 11. 1989.
⑤ Der Tagesspiegel, 17. 11. 1989.
⑥ *The Times*, 12. 11. 1989.

赫尔穆特·科尔发布了十点计划，其中两个德国国家的最终联合成为目标，迫使撒切尔政府修改其立场。尽管英国政府担心，但德国统一仍然在政治议程上。然而，科尔公告的气氛加强了玛格丽特·撒切尔对统一的反对。在没有事先与盟军协商的情况下，总理已经起草了他的计划，显然使撒切尔很生气。因为科尔曾在十天前在巴黎举行的非正式会议上向欧洲国家元首（欧盟）官员保证，他不认为统一是一个可执行的政治选择。[①]

英国政府做出回应，宣布打算放慢统一进程；直到 1990 年 2 月中旬这仍然是他们的官方路线。在 1989 年 12 月的北约会议上，玛格丽特·撒切尔表达了她的信念，即德国的统一能在十到十五年内实现。[②] 1990 年 2 月 10 日，在托基召开的青年保守党会议上，她保证，在统一之前，盟国、北约和欧洲安全与合作会议的 35 个成员必须进行"广泛协商"[③]。私下里，首相甚至采取了更加强硬的立场，并于 1989 年 12 月中旬在保守党政治研究中心组织的午餐会上向同事承认，她将试图阻止两个德国国家的统一。[④]

撒切尔的双重游戏

1990 年 1 月底和 2 月初超级大国政治路线的变化再次扰乱了英国的立场。令玛格丽特·撒切尔及其同事感到沮丧的是，苏联领导人米哈伊尔·戈尔巴乔夫于 1990 年 1 月 30 日接受了统一的原则。在他与东德国家领导人汉斯·莫德罗会晤之前，戈尔巴乔夫告诉记者："在我看来，德国人在东西方以及四大国的代表之间存在某种协议，即德国统一从来没有在原则上被任何人质疑过。"[⑤] 两天后，他宣布了一个中立、统一德国的计划。作为回应，美国国务卿詹姆斯·贝克在没有征求英国或法国政府意见的情况下，向苏联领导人提出了一项旨在将统一德国作为北约一部分的提案。[⑥]

面对苏联路线的突然逆转，撒切尔政府从 2 月中旬开始采取双重策略。首相认识到政治上不可能公开反对统一，她便公开表示支持统一进程，但

---

① *The Independent*, 7. 12. 1989.

② *The New York Times*, 6. 12. 1989.

③ *The Sunday Times*, 11. 2. 1990.

④ 这是我的重点。关于这一讨论的详细情况见乔治·布罗克（George Brock）发表在 1990 年 7 月 16 日《泰晤士报》上的文章。

⑤ 引自《大事年表》（Chronik），载《德国档案》1990 年第 2 期（Deutschland Archiv 2, 1990），第 335 页。

⑥ *The Sunday Times*, 11. 2. 1990; *The New York Times*, 3. 2. 1990.

同时也抓住幕后的每一个机会来减缓和破坏统一进程。1990 年 2 月 13 日在渥太华举行的一次会议上，北约和华沙条约外交部长决定，两个德国和四大盟国就"德国统一的外部方面"进行会谈，① 这其中包含有理解英国立场转变的关键。玛格丽特·撒切尔和道格拉斯·赫德在公开声明中强调，因为现有的正式机制使盟国可以对此施加影响，英国政府对德国统一不再有任何保留。② "正如首相 2 月 15 日在下议院所说的那样：'我们的目标是建立一个适当的框架来确保欧洲的安全与稳定。'"③ 撒切尔甚至暗示她对所谓的"2 + 4 会谈"形式负责——这让詹姆斯·贝克感到非常恼火，因为詹姆斯·贝克觉得这应该归功于自己。④ 在认识到"2 + 4 谈判"的重要性的同时，首相也继续努力，不仅要减缓统一的进程，甚至还要动员力量反对它。在渥太华峰会之后的那段时间内，撒切尔夫人的公开承诺充分说明了这一点。2 月 13 日，她在唐宁街为塔德乌什·马佐维耶茨基举行宴会，塔德乌什·马佐维耶茨基是波兰的第一位非共产党总理，这个国家的历史教会了她对德国统一的极度恐惧。⑤ 2 月 18 日，她告诉居住在英国的30 万犹太人的领导人，不应允许统一的德国在欧洲成为"新的不稳定根源"。⑥ 2 月 23 日，她与意大利总理朱利奥·安德烈奥蒂举行了会谈，因为此人表示"上帝使我们免于德国统一的可能性"，他在 1988 年曾引起争议。⑦

玛格丽特·撒切尔的回忆录透露，她还在 1989 年底和 1990 年初与密特朗总统进行了一系列会谈，以探讨推迟或尽可能阻挠德国统一的方法。1989 年 12 月 8 日和 9 日，斯特拉斯堡欧洲委员会两位国家元首的私人谈话使玛格丽特·撒切尔认为"我们都有意阻止德意志人的再起"。⑧ 1990年 1 月 20 日在爱丽舍宫举行的另一次会议上，他们讨论了英法合作可以确保在统一问题的背景下"不是一切都将按照德国人的意愿来实现"的实际

---

① The Foreign Affairs Committee of the House of Commons, Session 1989 – 90, 4th Report, p. 15.

② Margaret Thatchers Interview in The Sunday Telegraph, 25. 3. 1990; Douglas Hurds Aussagen vor dem Auswärtigen Ausschuss, 4. 4. 1990, p. 17.

③ The Sunday Times, 18. 2. 1990.

④ Padgett, S., "British Perspectives on the German Question," in Politics and Society in Germany, Austria and Switzerland 3 (1), 1990, p. 31.

⑤ The Daily Telegraph, 14. 2. 1990.

⑥ The Times, 22. 2. 1990.

⑦ The Sunday Times, 18. 2. 1990.

⑧ Thatcher, M., The Downing Street Years, London, 1993, p. 797.

方法。① 玛格丽特·撒切尔表示，两个国家应该与捷克斯洛伐克、波兰和匈牙利建立更密切的关系，以确保德国不会在这些前社会主义国家中获得太多影响。

但同样，英国政府的路线被证明是不成功的。从来没有与法国进行更密切的合作，因为密特朗不准备放弃法国与德国联系更紧密的战略，在其中它可以加快完善欧洲经济和货币联盟的路线图——这是一个令撒切尔憎恶的冒险。此外，基督教民主联盟在 1990 年 3 月 18 日东德选举中的胜利加强了科尔的讨价还价地位。最重要的是，东德经济的解体和难民继续流入德意志联邦共和国似乎支持了科尔关于迅速统一的论点。②

1990 年夏天，两个德国国家和四大国之间的谈判迅速取得进展，并于 9 月 12 日在柏林批准了《2 + 4 条约》。10 月 1 日，纽约的盟国代表签署了放弃他们在德国和柏林权利的声明。两天后，德国的分裂被正式消除。但即便在这个晚期阶段，玛格丽特·撒切尔也清楚地表明，这些事态发展仍让她产生怀疑。所以她在 10 月 1 日告诉美国电视观众，"英国不认为这种仓促的统一是好的"。③

为什么这么固执？

因此，显而易见的是，英国政府对德国统一始终持消极态度。但是如何解释撒切尔政府所持的这种反对意见呢？是什么考虑导致了这样的政府政策？一些因素已被公开讨论，而其他因素没有公开。然而，毫无疑问，玛格丽特·撒切尔对统一的敌意是基于对德国统一将导致民族主义重新抬头的根深蒂固的担忧。尽管撒切尔承认 1980 年代后期的联邦共和国似乎是一个稳定的民主国家，但她也警告说，这并不能保证它将来会如此。在过去，她认为，"民主国家经常放松警惕，因为他们认为自己没有危险"。第三帝国的记忆可能也影响了她对德国统一的反应。她在 1990 年 2 月接受《星期日泰晤士报》采访时说："人们不能忽视本世纪发生的事实。"④ 在这种情况下，不应忘记玛格丽特·撒切尔属于亲眼目睹对纳粹德国战争的

---

① Thatcher, M., *The Downing Street Years*, London, 1993, p.796.
② 在 1990 年 1 月 1 日至 3 月 18 日期间，多达 145000 名东德人移居西德。参阅 Balfour, M., *Germany. The Tides of Power*, London, 1992, p.235。
③ *The Times*, 2.10.1990.
④ *The Sunday Times*, 11.2.1990.

一代人。因此，由于 1939 年至 1945 年的事件，她与美国建立了持久的联系，以及对英国的欧洲邻国，特别是德国的无法彻底祛除的不信任。①

还有证据表明，外长道格拉斯·赫德也担心德国可能再次出现民族主义，尽管他并没有像首相那样直截了当地表达出这一点。赫德在 1990 年 2 月接受《世界报》采访时强调，让美国和加拿大军队留在欧洲"避免未来再犯二十年代的错误"非常重要。② 这句话似乎意味着，如果凡尔赛的决策者 1919 年时在德国驻扎盟军，他们就会阻止破坏魏玛共和国稳定的民族主义和共产主义动乱，而这些动乱为民族社会主义的兴起铺平了道路。赫德认为，北约部队不仅应该留在德国境内，以阻止可能的苏联侵略，而且还应该成为反对德国民族主义复兴的堡垒。换句话说，北约将对"德国问题"起到重要的制衡作用。③

对历史的恐惧

玛格丽特·撒切尔对德国民族主义重生的担心，可以部分解释为她认为德国民族性格存在根本缺陷。④ 首相似乎确信德国人民本质上是好战的。如果德国人在约 45 年内没有表现出任何这种特征的迹象，撒切尔认为，在消除德国分裂之后，他们可能会再次暴露出这一特征。1989 年 12 月，在保守党政治研究中心的一次午餐会上，撒切尔据称问"一位年龄相仿的客人，他是否也相信，德国人不会有任何善念"。⑤ 值得注意的是，德国国民性格也是 1990 年 3 月 24 日在契克斯举行的研讨会的起点，德国专家应邀与首相和外交大臣讨论统一的影响。与会者包括四位历史学教授——达克雷勋爵、诺曼·斯通（牛津大学）、弗里茨·施特恩（哥伦比亚大学）和戈登·克雷格（斯坦福大学）——以及记者蒂莫西·加顿·阿什和前自由

---

① Wallace, W., "Foreign Policy and National Identity in the United Kingdom," *International Affairs* 67 (1), 1991, pp. 65 – 80. 有趣的是，根据 1990 年 7 月在英国进行的一次民意调查，65 岁以上的人是"唯一一个相信统一的德国会对欧洲和平构成严重威胁的年龄组"，引自 *The Sunday Times*, 15. 7. 1990。

② Die Welt, 20. 2. 1990.

③ 《道格拉斯·胡日德（DouglasHurd）1990 年 4 月 4 日在外交委员会的声明》（Protokoll der Aussagen von Douglas Hurd vor dem Auswärtigen Ausschuss, 4. 4. 1990），第 16 页。

④ 如果玛格丽特·撒切尔在自己的回忆录中承认"民族漫画常常是荒唐的和不正确的"，那么她就是在强调自己对"民族人物"的信仰。参阅 Thatcher, M., The Downing Street Years, p. 791。

⑤ *The Times*, 16. 7. 1990.

欧洲电台主任乔治·乌尔班。在研讨会之前，他们被要求通过一份调查问卷发表意见。该调查问卷涉及当前德国人在多大程度上仍具有其祖先据称易受民族社会主义口号影响的消极民族特征。在新闻上披露的首相外交政策顾问查尔斯·鲍威尔起草的研讨会公告是这样写的："恐惧，侵略，傲慢，利己主义，自卑感，多愁善感仍然是德国人性格中的一部分。"① 虽然大多数参与者后来强调这是对会议上表达的观点的歪曲，② 但这些话似乎恰好符合玛格丽特·撒切尔的观点。

撒切尔认为，由于德国国民性格的缺陷，不能排除德国民族主义的复兴，这一观点特别有意思，因为同样的基本假设决定了英国 1945 年后对德国进行去纳粹化的政策。

正如伊恩·特纳令人信服地证明，第二次世界大战后英国对德决策者认为，"纳粹主义既不是独特历史环境的产物，也不是一个由特定精英主宰的社会的外在表现，而是德意志民族所特有的"。③ 45 年后，英国首相的观点完全相同，她对德国民族性格的不信任似乎是她拒绝两个德国国家统一的主要因素。

玛格丽特·撒切尔和她的几位部长的担心，所谓的德国人本质上缺乏可靠性将导致民族主义的重新抬头，这种担心被他们对统一经济后果的评估所加剧。英国政府淡化了东德经济崩溃所带来的巨大问题，转而关注德国统一的长期影响。1990 年 4 月，道格拉斯·赫德向英国下议院外交事务委员会辩称："作为统一的结果，一旦它首次将东德和东德工业已融入其

---

① *The Independent on Sunday*, 15. 7. 1990.

② 参见 G. 克雷格（Craig, G.）《1990 年契克斯（英国首相乡间别墅——译者注）事务：媒体与国际事务议题观察》（Die Chequers – Affäre von 1990. Beobachtungen zum Thema Presse und internationale Beziehungen），载《当代史季刊》第 39 卷第 4 号，1991 年（Vierteljahreshefte für Zeitgeschichte 39 (4), 1991），第 611—632 页；Stone, N.，《What Mrs. Thatcher Really Thinks》，载《时代周刊》1990 年 7 月 16 日，（*The Times*, 16. 7. 1990）；T. G. 阿什（Ash, T. G.）：《真相是什么》（Wie es eigentlich war），载《法兰克福汇报》，1990 年 7 月 18 日（Frankfurter Allgemeine Zeitung, 18. 7. 1990）。

③ Ian Turner, Denazification in the British Zone,（Reconstruction in Post – War Germany. British Occupation Policy and the Western Zones 1945 – 55），Oxford, 1989, p. 242. 可以在 1945 年 3 月 9 日由外交部撰写的文件"德意志特性"中找到支持该观点的更多材料。它与契克斯研讨会的许多声明有相似之处。参阅 A. 比尔克（Birke, A.）《英国与德国统一》（Britain and German Unity），载《德国、奥地利、瑞士的政治与社会》，第 4 卷第 1 号，1991 年（Politics and Society in Germany, Austria and Switzerland 4 (1), 1991），第 17 页。

中，我们将在欧洲中心面对一个在经济方面非常强大的权力。"① 外交大臣表达了他的担忧，认为这将破坏欧洲的权力平衡，而且在 1990 年 7 月 15 日的电视采访中，他还担心"德国对欧共体的统治"。② 玛格丽特·撒切尔也有同样的观点，在她的回忆录中声称："重新统一的德国太强大了，无法简单成为像其他国家一样的欧洲成员。"③ 在强调经济上过于强大的德国的危险时，政府成员对前德意志民主共和国经济重建过程中英国商人和工业家的良好出口机会关注太少。④

科尔支持加速和扩展西欧经济和货币联盟的进程，加剧了英国政府对德国欧洲霸权的担忧。联邦总理认为欧洲一体化和德国统一的过程是互补的。他提议扩大欧共体，为统一的德国腾出空间。他还敦促早日建立政治联盟，并呼吁扩大欧洲议会的权力。他认为，这些事态发展也会减少那些担心德国统一后果的国家的安全恐惧。科尔在 1990 年 3 月 29 日举行的德国—英国柯尼西斯温特（Königswinter）年度会议上发表讲话时强调："他希望统一的德国紧密地镶嵌于欧洲的结构之中，因此也必须为欧洲一体化进程的进一步发展而努力。减少对德国人的恐惧的最好方法是将德国人完全融入共同体。"⑤

英国政府的许多主要成员，包括玛格丽特·撒切尔，都明显拒绝了科尔的欧洲愿景。英国贸易和工业部长尼古拉斯·雷德利在 1990 年 7 月臭名昭著的《观察家》报采访中以公开的方式强调了英国对联邦共和国促进欧洲经济和货币联盟以及统一进程的愿望的怀疑。雷德利的论点很简单，他认为，从 1990 年起德国通过经济手段追求的目标与希特勒在第二次世界大战期间通过军事手段无法实现的目标是一样的。雷德利声称，联邦德国在统一前就已经"占据了（欧洲）共同体的大部分份额"，因为共同体中的其他成员非常依赖德国的经济实力。⑥ 他相信，德国人在支持更紧密经济

① 道格拉斯·胡日德（DouglasHurd）1990 年 4 月 4 日在外交委员会的声明（Protokoll der Aussagen von Douglas Hurd vor dem Auswärtigen Ausschuss, 4. 4. 1990），第 16 页。
② *The Times*, 16. 7. 1990.
③ M. 撒切尔（Thatcher, M.）：《唐宁街岁月》（The Downing Street Years），第 791 页。
④ 1990 年，英国对德国的出口额比 1989 年增长了 17.5%。相比之下，英国与世界其他地区的贸易额增长了 9.9%。参阅《劳埃德银行经济简报》，第 153 号，1991 年 9 月（Lloyds Bank Economic Bulletin Nr. 153, September 1991）。
⑤ Die Zeit, 6. 4. 1990.
⑥ *The Spectator*, 14. 7. 1990, p. 9.

关系的呼声时，还谋求在欧共体内发展自己的权力地位。是的，他甚至谴责欧洲货币联盟是"德国蒙蔽整个欧洲的欺诈行为"。① 他预言，这对英国人民来说非常讨厌："变成由德国人来驱使……将造成这个国家的绝对混乱。"② 雷德利更进一步声称，如果英国放弃对德国主导的欧共体的主权，那就相当于把它交给阿道夫·希特勒了。③

正如预期的那样，这次采访引起了英国和德国的骚动。这里最有说服力的一面是，当雷德利因为他的言论最终被迫辞职时，首相非常不愿意解雇他。④ 这似乎表明她自己对于德国之欧洲角色的看法与尼古拉斯·雷德利的观点相似。因此，撒切尔政府认为德国统一的经济影响是非常消极的。但正如雷德利的评论所表明的那样，政府成员不太关心德国本身作为一个新的超级大国的崛起，更多的是关注相关的政治和国际影响。通过分析英国政府对德国统一的消极态度背后的"未说出口的动机"，⑤ 可以很好地说明这一点。

不言而喻的假设

正如我们所看到的那样，撒切尔夫人和她的部长们对统一德国民族主义的复兴以及加强联邦共和国的经济实力表示了公开的担忧，他们拒绝统一也是由他们不愿公开承认的政治考虑造成的。⑥ 这些与统一对英国国际地位的影响有关。第二次世界大战与两个超级大国——美国和苏联——的崛起相联系。作为胜利者之一，英国也由于战争实现了声望的提升。然而，这场战争给英国经济带来了打击，而这种打击当时尚未恢复。随后大英帝国的解体进一步破坏了英国在世界上的地位。不过，冷战的爆发，最重要的是德国的分裂，使得英国能在国际政治中扮演超越其虚弱经济实力的更具有影响力的角色。作为四大战胜国之一，英国在西德和柏林都行使

---

① *The Spectator*, 14. 7. 1990, p. 9.
② *The Spectator*, 14. 7. 1990, p. 9.
③ *The Spectator*, 14. 7. 1990, p. 9.
④ 西德驻伦敦大使卡尔—京特·冯·哈塞（Karl – Günthervon Hase）表示："我们欣赏直率，但雷德利先生的直率不只是真诚，更是野蛮。"*The Sunday Times*, 15. 7. 1990.
⑤ 这些言论已经被 J. 乔尔（Joll, J.）说出："无言的假设"，载 Koch, H. W. ed., *The Origins of the First World War. Great Power Rivalry and German War Aims*, London, 1972, p. 316。
⑥ 此处和以下部分中的总体观点主要基于 S. 帕吉特，"British Perspectives on the German Question," in *Politics and Society in Germany, Austria and Switzerland* 3 (1), 1990, pp. 33 – 36。

了一定的权力，而且自联邦共和国存在以来，有相当数量的英国军队驻扎德国境内。与国防在北约的控制之下的联邦共和国不同，英国是一个独立自主的核国家。此外，英国备受赞誉的与美国的"特殊关系"在很大程度上归功于这样一个事实：尽管联邦共和国在欧共体中占据中心地位并且经济实力雄厚，但却无法并且不愿意在国际政治中接手发挥决定性作用。维利·勃兰特曾经说过，"联邦共和国是一个经济巨人，却是一个政治侏儒"。因此，英国作为世界大国的地位取决于德国以一种不小的程度继续分裂下去。同时，德国统一将大大降低英国对国际事务的影响力。这是玛格丽特·撒切尔特别难以接受的一个未来，因为她一直非常重视在国外提高英国声望。

如下情况进一步坚定了撒切尔对统一的拒绝：英国在世界舞台上的影响力在 1989 年 11 月柏林墙倒塌之前一直在减弱，他们的挫折之一是德法联盟，这种联盟经常损害英国在欧共体的利益。伦敦还担心，布什总统不同于他的前任罗纳德·里根，特别强调改善与波恩的关系。这种担心在布什 1989 年 5 月 31 日的美因茨发表演讲时达到了顶峰，布什在这次演讲中强调了美国与联邦共和国之间在"决策中的特殊关系"。① 虽然他后来用同样的词语来描述他的国家与伦敦的关系，但很明显英国不再在美国外交政策中拥有特权地位。

玛格丽特·撒切尔与赫尔穆特·科尔的冷淡关系进一步加剧了她对德国统一的敌意。两位政治家之间的相互厌恶，源于他们对欧共体问题的众多意见分歧，并且表现为在 20 世纪 80 年代后半期很少举行德国—英国首脑峰会。② 统一问题进一步加深了他们之间的差距。如前所述，科尔在 1989 年 11 月 28 日宣布他的十点统一计划之前没有咨询四大国的做法，在唐宁街引起了相当大的烦恼。在戈尔巴乔夫批准统一原则后，科尔对英国首相的冷落加剧了这种情况。在科尔亲自知会布什和密特朗的同时，他却派外交部长汉斯—迪特里希·根舍向玛格丽特·撒切尔通报事态的发展。③

① Padgett, S., "British Perspectives on the German Question", in *Politics and Society in Germany, Austria and Switzerland* 3 (1), 1990, p. 36. 但是，有趣的是，当新任总理于 1991 年 8 月拜访约翰·布什时，美国总统谈到了两国之间的"非常特殊的关系"。
② Wallace, W., "Foreign Policy and National Identity in the United Kingdom", in *International Affairs* 67 (1), 1991, p. 72.
③ *The Daily Telegraph*, 14. 2. 1990.

科尔对战后领土协议的态度所引起的争议导致德英关系进一步恶化。在接受《明镜周刊》的采访时，撒切尔声称科尔 1989 年 9 月在斯特拉斯堡的非官方会谈中告诉她，他"不承认波兰边界现状"，这是联邦总理强烈否认的说法。[①]

总之，可以说撒切尔政府认为两个德国国家的统一几乎完全是消极的。玛格丽特·撒切尔及其同事表达了他们对统一的担忧，即使在已经明确表示他们没有力量阻止或推迟这一进程之后。这导致了英国和德国政府之间的紧张关系，并且在 1990 年 7 月雷德利事件之后，德英关系可能降到了自联邦共和国成立以来的最低点。英国拒绝德国统一是基于许多不同的考虑。担心德国作为一个巨大的经济体的崛起会扰乱欧洲的力量平衡无疑是一个决定性因素。更重要的是，玛格丽特·撒切尔及其同事们担心英国可能会因德国统一而失去其国际地位。但最重要的是，基于对德国民族性格的深度不信任，人们对民族主义复苏的担心使得撒切尔政府反对两个德国国家的统一。

（伊恩·康纳博士，北爱尔兰阿尔斯特大学，原文发表于 1995 年 12 月出版的《世界发展趋势》第 9 期，此文为修改版）

[①] *The Guardian*, 27. 3. 1990. 关于这一议题的详细讨论，参阅 G. 亨德里克斯 Hendriks, G., in *Politics and Society in Germany, Austria and Switzerland* 4 (3), 1992, pp. 1 - 17。

撒切尔的英国与德国统一

马克·艾林森

如果不考虑时任首相玛格丽特·撒切尔的性格和她的欧洲政策，英国在 1990 年德国统一上所起的作用是无法理解的。在 20 世纪 80 年代末期，撒切尔奉行一种反对日益增长的联邦化的欧洲政策，这一政策得到了保守党，特别是英国外交部的广泛和重要支持。一开始还少有人注意到，在她的德国政策中对英国的政治、外交和科学界的影响几乎没有，只有少数英国人支持她对德国采取谨慎或拒绝的政策。对于外交政策如何在很大程度上取决于个人观点和偏见这点来说，撒切尔时代的德国政策可能是一个典型例子。①

撒切尔与德国问题

英国在 1989 年和 1990 年讨论德国问题的主题，以后被反映在 21 世纪前十几年的烙印中，并且不仅仅是在英国，根源就是德国统一的强大程度。在金融危机和更多国家对联邦共和国贷款产生依赖性之后，德国 2008 年之后在欧洲的影响力显著增强。有鉴于此，在欧洲的一些地区，人们一直在质疑，欧洲共同体应如何塑造以防止德国人的霸权。这种发展或许在总体上预示着，鉴于 1989 年末—1990 年初即将到来的德国统一，撒切尔问了同样的问题。由于首相对德国的"国民性格"抱有强烈的成见，她推行了一项针对德国人的德国政策，这一政策应该有损于英国在世界上的影响力。② 从长远来看，大概自 2010 年以来，她的如下原则性批评，即淡化国家主权有利于布鲁塞尔的（欧盟）官僚机构并能满足最强大成员国的愿望，不仅在英国，而且在许多欧盟国家都部分地成为共识。英国在 20 世纪

---

① 1989 – 1990 年英国对德政策内部文件，公开于 Salmon, Patrick / Hamilton, Keith / Twigge, Stephen, *Documents on British Policy Overseas*, Reihe Ⅲ, Band Ⅶ, *German Unification 1989 – 1990*，这本书清楚地显示了波恩和柏林的大使以及英国外交部的官员们如何总是对事态发展有着现实的了解，即使总理不愿对此有所了解。玛格丽特·撒切尔基金会的文件也是一个令人耳目一新的来源，参见 www. margaretthatcher. org。

② Kohl, Helmut：《回忆录 1990—1994》（Erinnerungen 1990 – 1994），慕尼黑：德勒默尔出版社，2007（München：Droemer, 2007），第 60 页；Howe, Geoffrey, *Conflict of Loyalty*, London：Macmillan, 1994, p. 632。

年代拒绝采取积极的欧洲政策，这与德国统一的完成密切相关。

撒切尔对德国的看法植根于她和英国在第二次世界大战期间的经历，以及她决心此后任何事件都不得危害英国1945年的胜利。德国——尽可能地——不可以被允许成为欧洲超级大国。① 虽然撒切尔和其他所有人都必须承认联邦共和国早已成为欧洲经济共同体（欧共体）中最强大的经济大国，但1989年之前英国的政策一直局限于认为联邦德国是受益于德国的持续分裂而成长起来的，因此应该受到政治、外交和军事限制。

由于东德的"摇摇欲坠"，1989年秋季战后秩序开始动摇。德国分裂即将结束、东欧预期中的开放、苏联不可阻挡的崩溃，以及整个苏联集团放弃国家社会主义，意味着所有人都意识到扩大的联邦共和国有相当大的经济和政治机会。它的强大将改变欧洲平衡并可能损害其在西欧现有合作伙伴的利益。撒切尔可不仅是担心德国会将这种新的经济力量转化为政治优势。

从很多方面来说，撒切尔的强硬表现在她的政策"来自于直觉"。这位女政治思想家的许多同事和观察家都言明了她那经常情绪激动的主导型政治风格。在她统治的最后几年，这种特性越来越频繁地显现出来并逐渐将她带入厄运。② 根据撒切尔的说法，德国人不能被信任，换句话说，人们可以信任他们（英国人）的一切。1993年，她在回忆录中写道，她不相信集体罪责，但确实相信"民族性"——换句话说，每个民族都有某些特征和内在特点。从俾斯麦以来，德国在侵略性和自我怀疑之间出现了不可预测的波动；德国焦虑的真正根源是自我认知的痛苦。③ 在她被迫辞职几年后写的这些回忆录中，撒切尔承认，德国人首先认识到"德国问题"的性质，并且想要避免德国再次成为以牺牲他人为代价而发展的大国。然而在1993年，她仍然认为德国是欧洲的一个不稳定因素，只有美国的军事参与和法国与英国的密切关系才能阻止她。④

---

① Cradock Percy, In Pursuit of British Interests. Reflections on Foreign Policy under Margaret Thatcher and John Major. John Murray, London, 1997, P110.

② 参阅赫尔穆特·科尔（Kohl, Helmut）：《回忆录1990 - 1994》（Erinnerungen 1990 - 1994），第61页；Heseltine Michael, *Life in the Jungle: My Autobiography Hodder & Stoughton*, London, 2000, P232；Howe Geoffrey, *Conflict of Loyalty*, PP. 690 ff.；Young, Hugo, *One of Us. A Biography of Margaret Thatche*r, (London: Macmillan, 1991), pp. 602ff.

③ Thatcher, M., *The Downing Street Years*, (London: Harper Collins, 1993), p.791.

④ Thatcher, M., *The Downing Street Years*, p.791.

私下里，她更加不受约束，比如 1989 年底对一位顾问讲："我们经历过战争，我们确切地知道德国人是怎样的，独裁者可以做什么，以及其国民性格如何在实际上没有改变；永远不要相信他们（即德国人）。"对于这次谈话中另一位参与者的观点，即德国人对国家统一的愿望不应该与新的德国民族主义相混淆，她不想附议。① 甚至在统一社会党国家危机之前，撒切尔在一次与戈尔巴乔夫的私人谈话中宣称："我们不希望德国统一。"②

失败的动议

虽然撒切尔很快意识到德国统一无法阻止，但她最初仍试图延缓其发展。他们的论点是，过于迅速的德国统一可能会危及戈尔巴乔夫的地位，从而危及苏联的整个改革运动，这是他们的美国和法国盟友所不愿接受的。布什和密特朗不愿意破坏与联邦共和国的关系，并认为他们可以与德国一起更好地促成统一进程。撒切尔接下来的想法是，如果德国退出北约并宣布中立，科尔对西方联盟的一再承诺也很快就会被抛到一边，那么德国的迅速统一可能会削弱北约。她随身携带的 1937 年的德国地图，无法使布什和密特朗相信所谓的危险。③ 在她的回忆录中，她不得不承认，她关于德国统一的政策是她唯一失败的外交政策倡议。④

顺便提一下，应该指出，撒切尔在这一方面没有错，1991 年，反对戈尔巴乔夫的政变也是因为，苏联共产党的保守势力指责总书记应该为失去社会主义国家盟友负责。然而，在 1989—1990 之交，撒切尔错误地认为，戈尔巴乔夫在苏联国内政治中地位的已然虚弱，以及西方和英国的影响从长远来看无法拯救戈尔巴乔夫。

撒切尔致力于停止德国统一进程的目标是矛盾的，几十年来历届联邦政府致力于德国统一的努力将英国的德国政策抛在了后面。包括德国人民

① Urban, George, *Diplomacy and Disillusion at the Court of Margaret Thatcher. An Insider's View*, (London : I. B. Tauris, 1996), pp. 104 ff.
② 撒切尔和戈尔巴乔夫的对话，1989 年 9 月 23 日：www. margaretthatcher. org/document/112005 (9.7.2014). 撒切尔在位的最后几年曾经使用"权能性的复数"［指一个在社会上拥有高位阶的人在说话时，以复数代词（例如英语：We）来借指自己。这个人可能是拥有政权的政治领导者或是宗教领袖。这种用法常见于传统的欧洲及中东——译者注］
③ Campbell, John, *Margaret Thatcher*, Band 2, "*The Iron Lady*". (London：Jonathan Cape, 2003), p. 636.
④ Thatcher, M., *The Downing Street Years*, p. 813.

在内的各国人民的自决权无可争议。撒切尔是个人自由的伟大支持者，她只能欢迎柏林墙的倒塌和统一社会党的自我解散。① 她对波兰和匈牙利的反共势力表示支持，并示范性地展示了这一点。民主德国在英国的朋友也很少，少有英国人会为垂死的社会主义国家哭泣。②

只有这样一个事实，即不受欢迎的社会主义民主德国的垮台不可避免地导致了联邦共和国的扩张，这加剧了撒切尔对德国原有的担忧。撒切尔夫人感到惊讶——它将再次回归——大多数德国专家和历史学家都不同意她的观点。毕竟，她阅读或研究了这段历史，她在1989年末断言，她不明白为什么学者们搞不懂发生了什么。③

从哪些历史中学习？

我们不知道撒切尔读过什么历史，但我们可以假设她知道著名英国历史学家 A. J. P. 泰勒的观点。20 世纪 60 年代和 70 年代，泰勒因在英国电视上的讲座而赢得了广泛的观众，他在 1961 年为 1944—1945 年期间撰写和反复出版的著作《德国历史进程》撰写了前言："差不多可以说，德国人民归之于希特勒，如百川归之于大海，即使淡水在这一过程中并不舒服。"泰勒承认历史上存在"好德国人"，但他们在政治上没有做任何事情。④ 从泰勒 1961 年的角度来看，德国的分裂并不是一个好的解决方案，但是当它能避免德国对欧洲的危险并保护德国人自己，因此总比没有好。泰勒在 1961 年写道，"一个统一的德国将不再是自由的。它要么成为一个军事国家再次向统治欧洲的方向前进，要么如果前盟国有理智在合适的实践中再度团结起来的话，它的力量将不可避免地受到外国干预的限制"。⑤ 这就是英国在战后几十年来对德国历史的普遍看法，这种看法在许多经历

① Watson, Alan, "Thatcher and Kohl – Old Rivalries Revisited," in Bond Martyn and Smith Julie and Wallace, William, eds. *Eminent Europeans. Personalities who Shaped Contemporary Europe*, (London: The Greycoat Press, 1996), p. 278.
② Berger Stefan and Laporte Norman, *Friendly Enemies. Britain and the GDR*, 1949–1990, (New York / Oxford: Berghahn, 2010.
③ Urban George, *Diplomacy and Disillusion at the Court of Margaret Thatcher. An Insider's View*, P112.
④ Taylor A. J. P., *The Course of German History* (London: Psychology Press, 2001), pp. 17 \ 19.
⑤ Taylor A. J. P., *The Course of German History*, pp. 10ff.

过战争一代的英国人中颇为流行。

尽管得不到美国人和法国人支持的撒切尔别无选择，只能同意统一进程，特别是在科尔明确承认未来的德国—波兰边界之后，但是她仍然希望未来能够维护英国的利益。所以在 1990 年 3 月，她邀请了六位友好的德国专家，其中大多数是历史学家，在英国首相的契克斯庄园举行了一轮会谈。在议程上有一系列要求专家评论的问题，例如德国人的性格和行为的历史，是否有持久的"民族特征"，是否像历史上一样，统一的德国会首先寻求领土的霸权，德国是否有责任保护欧洲其他地区的德国少数民族——就像苏台德区德国人一样，德国是否在中欧负有使命，等等。[①] 专家虽然更多右倾而不是左倾，虽然他们对欧洲经济共同体有不同的看法，却不欣赏这一议程。相反，他们试图说服撒切尔，谈论一个民族的性质是错误的，而且最重要的是，德国人从他们自己的历史中学到了什么。专家们或多或少地一致赞扬了联邦共和国的政治制度，这些制度看起来如此坚定和稳定，以至于它们可能不会允许再现魏玛的情况。德国的统一将受到欢迎，因为它实际上是英国几十年来与西方盟国合作的结果。在本次会议结束时，没有被完全说服的撒切尔承诺会对科尔和德国人友好，但不会放弃她的原则。

自从春天以来，因撒切尔的拖延战术已经造成德英关系的紧张，在 1990 年 7 月的这一次会谈的记录泄露给新闻界时受到了更大的影响。首相外交政策顾问查尔斯·鲍威尔撰写的秘密文件载有德国人所谓的"民族特征"（恐惧，侵略，自卑感，教条主义等）的清单，这些清单在谈话过程中讨论过，但被六位专家拒绝。总而言之，议程上的问题被错误地表述为专家共识。[②] 该专家组的大多数成员公开并且明确地否认这份协议，[③] 只有撒切尔夫人在下议院的提问期间为其辩护。[④]

---

① 关于契克斯会议的过程，参见 Urban, George, *Diplomacy and Disillusion at the Court of Margaret Thatcher. An Insider's View*, chapter 8。

② 这一文件的文本出版于 Salmon Patrick & Hamilton Keith & Twigge Stephen. eds. *Documents on British Policy Overseas*, Reihe Ⅲ, Band Ⅶ, *German Unification 1989 – 1990*, PP. 504 – 50。

③ Stone Norman, "What Mrs Thatcher really thinks," *The Times*, 16. 7. 1990; Garton Ash, Timothy, "What we really said about Germany", *The Independent*, 17. 7. 1990.

④ "PM supports aide's record of semina," *The Guardian*, 18. 7. 1990.

雷德利的攻击

几天前，右翼报刊《观察家》发表了对英国贸易大臣尼古拉斯·雷德利的采访，他被称为撒切尔最亲密的部长之一。雷德利表示，欧洲共同货币政策的意图是德国的花招，其目的是将欧洲置于德国的统治之下。根据雷德利的说法，基于它——即德国人的行为模式，德国马克将永远是最强的货币。雷德利的攻击实际上适用于欧洲共同体的机构，他认为这些机构将在未来不可避免地受到德国的统治。他原则上不反对放弃主权，但不赞成这个"群"。你也可以把它们交给希特勒。雷德利说，空袭庇护所以及打击它们的机会可能比简单地被经济接管更好（尽管这拥有部长总是会赞扬自由市场经济的好处）。《观察家》的封面图片展示了一幅漫画，其中雷德利将科尔的海报变成希特勒的肖像。[1] 第二天，雷德利不得不辞职。但由于雷德利与撒切尔的亲近，大多数人都意识到他的观点代表唐宁街高级别的意见。[2]

除了对德国过去消极方面的一些陈腐暗示和对德国的一些警告，特别是在小报[3]报道上，1989—1990 年度严肃的英国媒体对德国和欧洲比首相要友好得多。[4] 1990 年 3 月，《独立报》写出了英国人对德国人可察觉到的巨大善意。[5] 10 月 3 日，《纽约时报》写道，欧洲应该庆祝德国的统一，

---

[1] Lawson, Dominic, "Saying the Unsayable about the Germans," *The Spectator*, 14. 7. 1990, pp. 8ff.

[2] Ramsden John, *Don't mention the war. The British and the Germans since* 1890, (London: Little Brown, 2006), p. 406.

[3] Dennis Mike, "British Reactions to German Unification," in Reid James Henderson ed. *Reassessing the GDR. Papers from a Nottingham Conference*, *German Monitor* 33, (Amsterdam: Rodopi, 1994), pp. 83—91; Paxman, Jeremy, *The English. Portrait of a People*, (London: Penguin, 1999), p. 131.

[4] 1989 年 10 月 31 日，爱尔兰前部长，终生论战主义者康纳·克鲁斯·奥布赖恩在《泰晤士报》上发表的歇斯底里的评论（《注意：帝国在重生》）是一个例外。他警告即将到来的第四帝国，在该帝国中——可能在霍亨索伦君主专制下——民族社会主义将被彻底奉回，大屠杀受到辩护，每个城市都会竖立希特勒雕像，"种族科学"被重建，犹太人被驱逐出境。参见阿德罗·詹姆斯，玛拉·斯通（James Harold and Stone, Marla, eds. *When the Wall came down. Reactions to German Unification*（New York / London: Routledge, 1992）pp. 221ff.

[5] "Ties of Anglo – German friendship," *The Independent*, 31. 3. 1990.

德国人必须继续处理自己的过去，以免引起邻国中像撒切尔这样的关注。①
7月份，该报甚至支持民主德国总理洛塔尔·德梅齐埃的提议，后者曾要求将民主德国国歌与《德意志之歌》（联邦德国国歌——译者注）合并，为统一的德国创作一首有价值的国歌。②

首相的消极态度在英国媒体的社论中一再受到批评。1990年2月15日，《独立报》写道："（她）居高临下的麻木，说明她无法正确定位英国国家利益。首相放慢统一进程的愿望有可能削弱英国在塑造新秩序方面的影响力。撒切尔夫人的民族主义模式再一次被证明是有远见和建设性外交的不幸替代品。"③ 1990年2月撒切尔夫人逆潮流而动的企图，也遭到了特别忠诚的《星期日泰晤士报》的严厉批评，该报认为此举是"完全愚蠢"的。英国将因其行为而被边缘化，并且不会在欧洲新发展方面发挥重要作用。④ 撒切尔夫人多次公开谈论德国给人的印象与英国驻波恩大使克里斯托弗·马拉比爵士一样——英国的影响力正日益衰弱。⑤

几个月后，对雷德利事件的回应更为复杂。英国媒体一致谴责大臣的言论。雷德利带来了一个热点话题。虽然他提到了希特勒和科尔，但他的攻击更像是计划中欧洲联盟的未来。他想讨论英国未来在不断变化的世界秩序中所扮演的角色。

在欧洲方案中的德国

1990年的德国统一意味着欧洲的重要发展。科尔和欧洲委员会（Europäische Kommission）下的德国政府希望进一步巩固和深化欧洲共同体的结构和制度，并引入共同货币。在这里，不断发展的德国将与欧洲工程紧密结合，以便在邻国眼中将德国变成一个明显的欧洲国家。虽然德国政府以及最重要的人物总理科尔希望证明他们对欧洲的承诺，但像撒切尔和雷德利这样的怀疑论者却在其中看到了可能让欧洲"德国化"的企图。英国保守党的一个重要派别不准备把英国主权的任何一部分让渡给科尔、

① "The German challenge," *The Times*, 3.10.1990.
② "A Song for Germany," *The Times*, 24.7.1990.
③ "Against the national interest," *The Independent*, 15.2.1990.
④ "Unsplendid isolation," *Sunday Times*, 18.2.1990.
⑤ "Mallaby an Außenminister Hurd, 22.2.1990," in Salmon Patrick & Hamilton Keith & Twigge Stephen, eds. *Documents on British Policy Overseas*, pp.303ff. 这卷也包含波恩使馆提供给英国政府的其他信息。

布鲁塞尔的欧洲官僚或其他任何人。工党的一些人持有类似的观点，尤其是下议院议员丹尼斯·斯金纳，在德国不断增长的经济实力中，他预见德国在东欧的政治使命，并公开谈论即将到来的"第四帝国"。① 毕竟，工党的大部分成员仅在14年前，即1975年，在一场备受争议的公民投票中为英国退出欧洲经济共同体而奋战过。

因为他们原本的目标——无限期地推迟德国统一，失败了，撒切尔的人马开始讨论欧洲经济共同体的东扩，可能是希望减少布鲁塞尔及巴黎或柏林在一个更大的共同体中强迫主权国家融入的机会，也会降低德国在东欧的影响力。②

总的来说，共同体的未来最近突然看起来有点不同。1990年夏天，德国统一板上钉钉，其结果是一个具有新的政治雄心的统一的欧洲，以及英国影响力的消失——因此对雷德利的采访反应不一。大约三分之一的人，特别是老年人，以及大约一半的保守党国会议员在一项民意调查中支持雷德利的反联邦主义（即使不是反欧洲的）观点。③ 这主要不是拒绝德国统一。在1月的一项调查中，45%的英国受访者主张德国统一，30%的人拒绝接受。在此有50%的人表达了对德国可能成为欧洲主导力量的担忧。在这50%中，28%表示德国可能会试图扩大其领土，而41%则表示德国经济可能因其势力增加而居于统治地位。53%的人甚至担心法西斯主义的回归。只有39%的受访者认为，使欧洲共同体成为一个更紧密的政治联盟的统一德国更可被接受。77%的人希望看到欧洲经济共同体东扩。④ 然而，在其他调查中，60%至70%的英国公众支持德国统一。⑤

然而，在雷德利的文章之后，问题在于是否应该限制所有欧洲经济共同体国家的权利以限制德国力量及重新获得主权。虽然几乎所有报纸都远离雷德利的言论，并强调英国需要采取积极的欧洲政策，但《泰晤士报》称，雷德利所提出的基本问题是合理的。一篇社论指出，"如果最强大的（欧洲经济共同体）成员变得更加强大，其他成员国自然会问，这对自己

① "Skinner attacks party stance," *The Independent*, 18.7.1990.
② Szabo Stephen F., *The Diplomacy of German Unification*, （New York: St. Martin's Press, 1992），p.46.
③ Ramsden, John, *Don't Mention the War*, p.406.
④ "German questions," *The Economist*, 27.1.1990, p.49.
⑤ Dennis Mike, "British Reactions to German Unification," in Reid James Henderson ed. *Reassessing the GDR. Papers from a Nottingham Conference*, *German Monitor* 33, p.84.

影响是否很大，如果是，有多大程度？这并不意味着它将是反德的……1990 年的德国不是 1939 年的德国……但是'欧洲工程'的怀疑论者在他们说这些时是合理的：等一下！我们被导向哪条道路？——由谁引导？……"。①

在这里，我们可能遇到的是英国问题的核心，并且在 1990 年的英国辩论中，我们也可以看到一直存在的英国的欧元困境的重要预兆及独立党的崛起，该党在 2014 年的欧洲议会选举中是最受英国选民欢迎的政党。

可以肯定的是，由于战争经历，撒切尔和少数英国人不信任德国和德国人。媒体对纳粹过去的暗示，对可能的"第四帝国"，甚至对"蛮族"②的暗示证明了这一点，即使它们有时只是讽刺性的。

英国是战后秩序的输家

然而，更为重要的是承认 20 世纪 60 年代之后，尤其是 70 年代，英国是战后秩序的输家之一。甚至西德在经济上也优于英国和所有其他欧洲国家。但撒切尔及大部分英国人并不想接受前世界帝国中心、"乘风破浪"的发明之国、据称是议会始祖国的英国，现在将在世界上居于从属地位，而接过英国领导角色的恰恰是统一的德国。

与反德态度相比，英国的德国和欧洲政策已经并且仍然（2014 年还是）更多地与英国的挫折和自我怀疑有关。英国人过去和现在都不希望自己相对于德国衰落，也并不热心于一个统一的欧洲。然而，英国人知道他们的相对经济弱势不允许他们在欧洲和世界上坚持自己的政策。但他们还没有准备好接受这一事实的后果，并扮演起意大利或西班牙这样实力平平的角色。因此，英国人的挫败感增加，并在由德国统一而导致的欧洲道路重新调整 25 年后，英国独立党（实际上是一个反对党）收获了一个很好的选举结果。在英国退出欧盟的鼓声中，他们自认为远离布鲁塞尔主导或部分由柏林主导的欧洲会让英国变得更好，尽管这种逻辑中的细节很少成为现实。在欧洲怀疑运动及其追随者那里，人们可以重新感受到"铁娘子"的那种"直觉"。

---

① "Mr Ridley's Ghost ," *The Times*, 16. 7. 1990.
② Dennis Mike, "British Reactions to German Unification," in Reid James Henderson ed. *Reassessing the GDR. Papers from a Nottingham Conference, German Monitor* 33；Paxman, Jeremy, *The English. Portrait of a People*, p. 131.

德国统一投下了长长的阴影，因为它们与欧洲统一的扩展和深化密切相关。对于许多仍想相信英国是一个特殊国家的英国人来说，1990 年是个里程碑，他们逐步意识到过去和现在为之奋斗的那种价值已经逐步丧失了，而且最重要的是，比起处理德国问题，处理英国问题要更多地依靠他们自己。尽管柏林墙开放皆大欢喜，但 1990 年仍然是一个挑战，英国对这一挑战的回应其实并没有确定。

（马克·艾林森，英国布里斯托尔大学，此文为作者为勃兰登堡罗莎·卢森堡基金会、米夏埃尔·舒曼基金会和《世界发展趋势》杂志联合举办的学术会议提交的论文，会议主题为"冷战的结束和通往德国统一的道路，欧洲邻国的视角"。宣讲时间为 2014 年 6 月 28 日）

百感交集：法国人对德国统一的反应

吉尔伯特·梅里奥

　　1870—1871 年，法国在普法战争中急速溃败，德意志帝国吞并阿尔萨斯－洛林，并在凡尔赛镜厅宣告胜利，法国举国震惊。在此之前，他们一直仰慕德意志文明，但是德意志诸侯国林立。在斯塔尔夫人看来，德意志人善良、天真，甚至有点笨拙。现在，他们发现这是一个强大的国家，并很快证明了它在科学和技术领域的优势，威廉二世在欧洲提出了世界政治霸权的主张。从那以后，法国一直在追问"德国问题"。它引起了法国人对德国及德国人一种矛盾的情感：钦佩、尊重和恐惧。人们既欣赏德国人的勤奋，但又惧怕德国的经济和政治优势。两次世界大战加剧了法国人对"世袭敌人"的恐惧。人们一遍又一遍地重复弗朗索瓦·莫里亚克的话："我爱德国。我非常喜欢它，如果同时有两个德国，我将不甚满意。"① 这句莫里亚克可能从未真正说过的话反映了许多法国人在转折前的内心想法。此外，法国人对德国优势的恐惧总是伴随着法国普遍的颓废感。

舆论

　　对于德国统一，公众舆论情绪复杂。不仅在法国，无人对东方集团的迅速崩溃有所准备。新闻媒体已报道过苏联崩溃的迹象，但很少有舆论关注反抗者的活动。1989 年秋，民主德国公民的移民热引起了法国人的兴趣。大多数法国人——也许除了共产党人和及其拥护者——几乎不知道民主德国（即使知道，也许是因为他们的体育成就）。但作为一个古老的民族国家，他们认为德国的分裂是"不自然的"。只有大约 10% 的人有坚决反对德国统一的想法。11 月 9 日柏林墙的倒塌为统一铺平了道路，这受到绝大多数法国人的热情赞同，即使并不为此欢欣鼓舞。1989 年是法国大革命 200 周年纪念，他们在这次活动中看到了人民自由和自决的胜利。在柏

---

① 参见让·蒙多（JeanMondot）《弗朗索瓦·莫里亚克与两个德国》（François Mauriac et les deux Allemagnes），载《友谊这条纯净的河流，向伯纳德·科库拉致敬卷》（L'amitié ce pur fleuve..., volume d'hommage à Bernard Cocula），波尔多，2005，第 431—451 页。

林墙倒塌后进行的法国民意调查显示，几乎所有人都看好德国统一的前景。①

　　绝大多法国人认为，德国——意为联邦德国——是一个融入西方的和平民主国家。德国人是最受欢迎的外国人之一。然而，统一进程的加速很快引发了旧的恐惧，特别是老年人。如果被问及，三分之一的法国人并不排除德国民族主义，甚至是他们更不愿意看到的纳粹主义复兴的可能性。②在某些特定的人群中，例如前战俘、被驱逐者和犹太人，他们更加强烈地害怕忘记纳粹的罪行，特别是随着斯大林主义的罪行越来越明显，几乎有纳粹化的危险。在法国这样注重历史的国家，放下过去并不容易。法国人几乎不关心欧洲的安全问题、现有边界问题，甚至欧洲地区的未来，这些都是次要的。人们最担心的是新德国的经济实力。③ 自 20 世纪 70 年代以来 ［按照社会学家让·富拉斯蒂耶的说法，以下简称"光辉三十年"④］，法国的经济就一直低迷，承受着高失业率的痛苦，他们害怕在与德国的竞争中失利，德国将占领东方市场。⑤ 1990 年 10 月 4 日，一项调查显示，法国人的情绪有所好转：43% 的法国人为德国统一感到高兴，47% 的人担心德国未来会成为法国新的对手。⑥

---

① 当然，我不想讨论民意调查的细节，仅提供平均数据。参见布兰德－克雷米厄（Brand－Crémieux），玛丽－诺埃尔（Marie－Noëlle）：《面对德国统一的法国人：1989 年秋—1990 年秋》（Les Français face à la réunification allemande. Automne 1989－automne 1990），巴黎：哈麦丹出版社，2004（Paris：L' Harmattan，2004），第 37 页。英戈·科尔博姆（Ingo Kolboom）也在其小册子中报道了此次民意调查，《从分裂到统一的德国·法国队德国的印象》（Vom geteilten zum vereinten Deutschland. Deutschland－Bilder in Frankreich），波恩：德国外交政策学会研究所欧盟出版社，1991（Bonn：Forschungsinstitut der Deutschen Gesellschaft für Auswärtige Politik e. V. Europa Union Verlag，1991）。

② 参见布兰德－克雷米厄，玛丽－诺埃尔《面对德国统一的法国人：1989 年秋—1990 年秋》，第 47 页。

③ 布兰德－克雷米厄，玛丽－诺埃尔：《面对德国统一的法国人：1989 年秋—1990 年秋》，第 48 页。

④ 参见，让·福拉斯蒂（Jean Fourastié）《1946 年至 1975 年的光辉三十年暨无形革命》（Les trente glorieuses ou la révolution invisible de 1946 à 1975），巴黎：法雅出版社，1979（Paris：Fayard，1979）。

⑤ 十月初，在德国正式统一的前几天的一项民意调查显示，只有 37% 的法国人为德国感到高兴，27% 的人感到担忧，32% 的人无动于衷，62% 的受访者担心德国霸权，57% 担心德国主导欧洲市场。参阅米歇尔·科林曼（Michel Korinman）编《他者眼中的德国》（L' Allemagne vue d' ailleurs），巴黎：巴朗出版社，1992（Paris：Balland 1992），第 108 页。

⑥ 参见布兰德－克雷米厄，玛丽－诺埃尔：《面对德国统一的法国人：1989 年秋—1990 年秋》，第 49 页。

精英

在舆论上，人们对人口问题的担忧表达得更为突出。在柏林墙倒塌时，对德国人民的同情占主导地位。许多记者表达了他们对雅尔塔体系完结、"极权主义"崩溃的兴奋，另一些人则将德国的历史、文化、知识分子以及民主德国介绍给法国公众。然而，不久之后批评之音开始出现。人们很难想象统一的形式。人们愿意相信改革后的自由化的民主德国的可行性。① 一些左翼的报纸和周刊，如《星期四事件》希望一段时期内东德出现第三条道路，并发表对"新论坛"成员贝贝尔·博利、延斯·赖希的采访。早在 1989 年 11 月，东西德合并的困难就已经凸显。后来，科尔的"现实政治"（Real politik）同时受到了赞许和批评。再后来，基于第 23 条的统一方案被认为过于残酷。这种批评在 1990 年达到顶峰，当时的报纸、文章和书籍认为，统一是不可避免的，这些文章和书籍以煽动性标题燃起了法国人对德国的刻板印象和恐惧：《法国－德国：俾斯麦的回归》（Georges Valance，1990 年）《第一至第四帝国》（Pierre Béhar，1990 年）、《欧洲走向战争》（Paul Marie Couteaux，1997 年）、《与德国的下一场战争》（Philippe Delmas，1999 年）等②。德国霸权下的中欧幽灵死灰复燃。这些明显的警告集中在同一时间，提醒法国人接受新德国的经济和政治挑战。但是，一些著名记者（如 Jacques Julliard、André Fontaine、Claude Imbert、Serge July）的意见明确：法国必须支持其最亲密的盟友和合作伙伴，努力团结，确保自己的利益不受损害。

在政治方面，国民阵线和法国共产党是唯一坚决反对德国统一的派别。国民阵线的民族主义者只肯定德意志民族的合并，但警告要警惕德国的霸权主义倾向，并担心 1990 年 7 月 17 日科尔和戈尔巴乔夫会晤后德国与苏联的结盟。共产党人谴责民主德国的被"吞并"，要求在现有边界内建立一个非军事化的中立化的德国，统一实际上是对反法西斯斗士反抗希

---

① 1989 年 11 月 14 日，阿尔弗雷德·格罗塞（Alfred Grosser）在《十字架报》（La Croix）上写道："但是，民主德国有充分的理由继续存在。它已经自由化，或者至少是自由化的希望，这对人民产生了直接影响。人们回来了。在东方没有人要求两个德国达成协议。"引自 Michel Korinman：L'Allemagne vue d'ailleurs，Paris：Balland 1992，p. 106。
② 参见埃德加·于松（Edouard Husson）：《另一个德国》（Une autre Allemagne），巴黎：伽利玛出版社，2005（Paris：Gallimard, 2005），第 31 页。

特勒的不尊重。其他政党，特别是法国自由派政党民主联盟（吉斯卡尔·德斯坦）或少数戴高乐主义者如米歇尔·德勃雷所表现的怀疑，甚至否定态度都是边缘现象，但却助长了一些动乱。

记者和政客们可能比一般法国人更清楚，德国统一将会给欧洲带来什么：西德问题、边界问题（奥得－尼斯河）、欧洲安全问题（留在北约或保持中立）。他们再次与德国的"不确定性"正面交锋，[1]"德国将去向何方？"这个问题只是换了一种表达方式，而根本的问题是："将会给法国带来什么？"[2] 大部分时间他们都很务实。主流意见可能是一个错误，反对合法的统一过程，可能导致类似于魏玛共和国的挫败。12月初，密特朗前往基辅与戈尔巴乔夫会晤，十天后他对德意志民主共和国进行了国事访问，这导致了人们认为政府希望停止或减缓统一过程，因此受到批评。但是，结论是，统一不应该受到威胁，应该统一从而加强欧洲一体化和法德合作。

企业家、经济学家和政治家有着不同的感受。无人能够准确预估东德经济的解体程度。民主德国和联邦德国的货币联盟成为阻止东德移民大规模涌入联邦德国的合理手段。他们热烈期盼市场的开放，并希望从承诺的"蓬勃发展"中获利。不久，人们开始意识到东德重建的困难。然而，法国面临的巨大挑战仍然是德国经济实力的长期增长，这将不可避免地带来政治上的影响。这个经济巨人将不再是一个政治上的矮子，鉴于它的历史，这一点应该受到制约。

在第二次世界大战结束45年后，对德国军国主义的恐惧在很大程度上已经消失，但共产党人认为不完全如此。只有少数人同意共产党人提出的德国中立。大多数人都要求加强西德的实力并将其留在北约，并且在东西方裁军的背景下，美国这一保护伞会被削弱，欧洲自主防务将建立在法－

---

① 皮埃尔·维埃特（Pierre Viénot）：《不确定的德国：资产阶级文化危机》（Ungewisses Deutschland: Zur Krise seiner bürgerlichen Kultur），由汉斯·曼弗雷德·博克（Hans Man-fred Bock）新译和评论，波恩：博菲尔出版社，1999（Bonn: Bouvier, 1999）。

② 英戈·科尔博姆（Ingo Kolboom）（《从分裂到统一的德国》（Vom geteilten zum vereinten Deutschland），第55页）写道："德国欢乐的痛苦同时也是一场令人愉快的游戏，两者是一个复合体。我不知道"欢乐的游戏"这种表达方式是否恰当，科林曼（Korinman）（《他者眼中的德国》（L'Allemagne vue d'ailleurs），第117页）引用了右翼记者路易·保韦尔斯（Louis Pauwels）的经典评价："当然，德国人的傲慢威胁着欧洲的未来。但法国的没落更加威胁到它"。《费加罗报》，1990年9月29日（Figaro, 29.9.1990）

德联盟的基础之上。20 世纪 70 年代开始的辩论之后，① 一些人（如 Pierre Lellouche、Joseph Rovan）主张将法国的核保护扩展到德国。但法国不想放弃其核威慑理论，这与北约的"终极手段"（last resort）战略是不相容的。无论如何，它不想放弃其使用核武器的决定权。

弗朗索瓦·密特朗及其政府

密特朗说："一个民族拥有他们应得的政治家。"事实上，他在统一过程中的态度符合我们刚刚概述的法国总体情绪。密特朗也属于"战争一代"。德国作为一个可怕的力量，给他留下了深刻的印象。另外，作为戴高乐的继任者，他在 1959 年 3 月的新闻发布会上，② 在他最初的"分裂计划"之前预测了德国的统一，他相信"分久必合"。有报道称他试图说服科尔，科尔和许多西德人似乎都接受了分裂。③自战争结束以来，法国外交一直都认为，德国是很有可能实现统一的，虽然并不一定一帆风顺，但却是不可避免的。④ 众所周知，法国人一直认为欧洲建设的崇高目标是整合和限制德国力量。毫无疑问，密特朗不可能会有惊人的甚至绝对反对的意见。德国统一一直是其外交政策的"假设"。⑤ 在这方面，密特朗绝对是戴高乐的接班人。像所有人一样，他对事件的突然性和

---

① 将法国核保护扩展到德国是满足其安全需求的一种手段，也可将其更加牢固地融入欧共体，从而阻止其任何寻求在西方和东方寻求其他联盟的诱惑。

② 此次发布会的目的是说明，现在的问题是确保欧洲的安全，不再与德国相抗衡。

③ 埃莱娜·米亚德－德拉克鲁瓦（Hélène Miard－Delacroix）：《1963 年至今的欧洲挑战》（Le défi européen de 1963 à nos jours），里尔：小熊座出版社，2011（Lille：Septentrion, 2011）。［德文版：《从 1963 年至今的欧洲统一的标志》（Im Zeichen der europäischen Einigung von 1963 bis in die Gegenwart），达姆施达特：WBG 出版社 2011 年（Darmstadt：WBG, 2011）］引用密特朗的几句话（第 105 页）："这将是一个温和的过程，也许在本世纪末之前。人不必等待几代人"；"你不能宣布统一，但你必须从一开始就认识到一切并非不可能的事情。"

④ 在外交官对统一进程的直接反应中，人们仍然可以感受到这一点。参见《面对德国统一的法国外交：根据莫里斯·瓦塞和克里斯蒂安·温克尔提供的未发表的档案》（La diplomatie française face à l'unification allemande. D'après des archives inédites présentées par Maurice Vaïsse und Christian Wenkel），巴黎：达朗迪耶出版社，2011（Paris：Tallandier, 2011）。

⑤ 让·拉库蒂尔（Jean Lacouture）引自埃莱娜·米亚德－德拉克鲁瓦（Hélène Miard－Delacroix）：《1963 年至今的欧洲挑战》（Le défi européen de 1963 à nos jours），第 104 页。

进展速度感到惊讶。在北约双重决定后的"新冷战"时代，[①] 他坚决支持西方的防务战略。人们还记得他在 1983 年 1 月 20 日向联邦议院发表的声明："火箭在东部，西部是和平主义者。"在苏联的威胁下，德国应该继续冷眼相待。

1985 年 3 月戈尔巴乔夫上台后，密特朗看到了新观念和新危险。他与克里姆林宫领导人会晤，致力于努力为欧洲的和平做出贡献，同时保持法国的全球影响力。鉴于许多东欧国家持续不断的反抗运动，他了解，冷战后的地缘政治平衡很快就会动摇。密特朗最初并不相信苏联的解体，也不希望如此。他希望苏联民主化，赞同戈尔巴乔夫的改革。然而，他担心旧共产党人和苏联军队的反应，会推翻戈尔巴乔夫，并建立一个新的独裁政体（在他与克里姆林宫的首脑们的谈话中，更坚信如此）。因此他多年来一直密切关注，因为 1989 年的"转折"不仅在德国，而且在东方集团的许多国家日益明显：人们不应该给戈尔巴乔夫过分的冷嘲热讽和压力，而应该让他成为欧洲剧变的平等伙伴。

鉴于这些考虑，密特朗政策的指导方针可以定义如下：统一是德国人民的权利，如果符合德国人民的民主意愿并且能够和平地实施，就不可也不能阻止它。但这不仅仅是西德和东德之间的事情。这将标志着雅尔塔会议后形成的分裂的结束，所以它必须由决定分裂的四个战胜国来掌控。它影响到整个欧洲、东方和西方。它将作为西欧十二国一体化进程的新阶段，并在东方设计和实施，作为建立新的和平与合作的泛欧新秩序的起点。[②]

当然，乍一看，这种理想主义的观点并非没有矛盾和别有用心。20 世

---

① 弗雷德里克·博左（Frédéric Bozo）：《密特朗：冷战的结束和德国的统一：从雅尔塔到马斯特里赫特》（Mitterrand, la fin de la guerre froide et l' unification allemande. De Yalta à Maastricht），巴黎：欧蒂勒·雅各出版社，2005（Paris: Odile Jacob, 2005），第 30 页。该书是迄今为止关于这一主题的最佳作品。遗憾的是，据我所知，它还没有翻译成德文。

② 1989 年 12 月 8—9 日，密特朗在斯特拉斯堡举行的会议上担任欧洲理事会主席，提出"我们努力加强欧洲的和平，使德国人民在自由自决中恢复团结。这一进程必须是和平和民主的，尊重协议和条约，以及在对话和东西方合作背景下遵守'赫尔辛基最终决议'的所有原则。它也必须嵌入欧洲一体化的框架。"Dokumente. Die deutsch – französischen Beziehungen 1848－99, p. 111. 总而言之，人们必须确定密特朗政策的一致性，西方同盟国已经在 1954 年 10 月的《巴黎条约》中确定：以和平主义的方式实现德国的统一，像联邦德国一样，拥有民主宪法，并应该整合进欧洲共同体。Hélène Miard – Delacroix: Le défi européen de 1963 à nos jours, p. 109。

纪 70 年代末，密特朗还认为统一是不可能的，也是不可取的。① 他在 1989
年 5 月与乔治·布什总统的谈话中说，在欧洲，只有两个可能导致战争的
因素：第一，联邦德国持有核武器；第二，人民运动实现统一。密特朗直
到 1989 年末才相信统一的可能性，他和许多人一样高估了民主德国的力量
和稳定性，因此，需要与苏联这个具有战略和经济意义的伙伴结盟。

不可否认密特朗欧洲目标的诚意。自 1989 年 7 月以来，他一直担任欧
洲理事会主席，并积极敦促欧洲经济和货币联盟。② 他担心当时的动荡会
危及欧洲的稳定和安全。这就是为什么当科尔给人的印象是独立决策时，
他拼命想阻止德国独自行动。11 月底，科尔宣布他密谋的"十点计划"，
以启动统一进程。随后，科尔以法律依据反对承认奥得－尼斯河作为确定
的德波边界（只有交战国双方的和平协议才能解决这个问题）。③

密特朗的地位与玛格丽特·撒切尔（或意大利总理朱利奥·安德烈奥
蒂）的地位无法相提并论。撒切尔是统一的坚决反对者。德国统一进程扰
乱了安德烈奥蒂。他说，德国统一进程的步伐必须适应欧洲重组的步伐。
他多次向外交政策顾问于贝尔·韦德里纳说，节奏问题对他而言很重要。④

---

① 蒂洛·沙伯特（Tilo Schabert）：《密特朗与再统一：1981—1995 年的秘史》（Mitterrand et la réunification：une histoire secrète 1981－1995），巴黎：格拉塞出版社 2005 年（Paris：Grasset，2005），第 402 页。[德文版：《缔造世界历史：法国与德国的统一》（Wie Weltgeschichte gemacht wird：Frankreich und die deutsche Einheit），斯图加特：克莱特－柯塔出版社，2002（Stuttgart：Klett－Cotta，2002）]

② 他反对科尔加强欧洲机构（europäischen Institutionen）的意图，尤其是为欧洲议会提供进一步的政治权利，因为这意味着放弃主权。

③ 科尔——当然出于选举的考虑——只要求获胜国的保证，正如密特朗之前自己宣称的那样。

④ 参见达尼埃尔·韦尔内（Daniel Vernet）《密特朗、欧洲与德国统一》（l'Europe et la réunification allemande），载《外国政治》2003 年第 1 期（Politique étrangère，I/2003），第 165—179 页，此处第 167 页。在科尔宣布"十点计划"后，密特朗对根舍说，"要么德国统一遵从欧洲统一，要么你将面临三重联盟（法国，英国，俄罗斯），这将是一场战争的结束。如果德国统一遵从欧洲一体化进程，我们将帮助你。"引自 H. P. 施瓦茨（H. P. Schwarz）《赫尔穆特·科尔政治传记》（Helmut Kohl. Eine politische Biographie），慕尼黑：DVA 出版社，2012（München：DVA，2012），第 559 页。参见，齐布拉（Ziebura）的评论，他也引用了阿塔利（Attali）这句话："法国总统仍然相信他可以利用过去的施压手段，实际早已今非昔比。"吉尔伯特·齐布拉（Gilbert Ziebura）：《分裂欧洲下的法德关系：神话与现实》（Les relations franco－allemandes dans une Europe divisée. Mythes et réalités），波尔多：PU 出版社，2012（Bordeaux：PU，2012），第 350 页。[德文版：《1945 年之后的德法关系：神话与现实》（Die deutsch－französischen Beziehungen seit 1945. Mythen und Realitäten），斯图加特：克莱特－柯塔出版社，1997（Stuttgart：Klett－Cotta，1997）年。

与此同时，法国人必须遏制对德国超级大国的既有恐惧，但这似乎并未停止。柏林墙的意外倒塌令密特朗不悦。他于12月6日前往基辅会晤戈尔巴乔夫，12月20日至22日前往民主德国与莫德罗会晤——这些国事访问是提前很长时间就计划好的——这激怒了科尔，一些人法国也认为这是失误。这些首先证明了密特朗继续将德国问题作为欧洲问题来解释和管理的意愿，他想向德国、苏联和美国再次强调法国在欧洲的政治领导地位（与其他东方集团国家，波兰，捷克斯洛伐克等接触）。西方七国在基辅与戈尔巴乔夫的会谈中，密特朗为统一提出了很多理由，而他的对话者仍然强烈反对。①与莫德罗的会晤和贸易合同的签署或许能让西德明白，民主化的民主德国可能是可行的。这是当时许多西德知识分子和政治家都抱有的错觉，这种幻想很快就消失了，这不仅仅是因为移民的数量。无论如何，民主德国应该被视为即将到来的谈判中的平等伙伴。密特朗坚持认为，重新统一的德国应该更加融入西方联盟（包括北约）。这种一体化应该使德国远离任何在东方寻求新联盟的诱惑（过去魏玛德国与苏俄签订的拉巴洛条约的阴影挥之不去，这早在勃兰特的新东方政策时已经显现），或者反过来寻求特殊道路。因此，他在1990年底的新年贺词中提出的建议是：在欧洲安全与合作会议之后建立一个欧洲联盟，但这次要从"大佬们"（großen Brüder）的监护中解脱出来，建立一个纯粹的欧洲机构，加强和协调所有西欧和东欧国家之间的合作，推动西欧先前设想的经济和货币联盟，至少推动《马斯特里赫特条约》部分条款的实现。

密特朗试图推动各种发展进程（德国统一、加强欧洲共同体、东欧重组）步调一致的努力失败了。与任何划时代的"人类伟大时刻"（Sternstunde der Menschheit）一样，所谓的政治"行动者"并不能掌控形势，只能跟随。早在一月份，苏联显然不能也不想拯救民主德国。1990年1月30日，莫德罗前往莫斯科时，戈尔巴乔夫同意统一。2月，密特朗在咨询顾问伊丽莎白·吉古后肯定了这一意见：如果德国分裂继续下去，那么欧洲

---

①　参阅弗雷德里克·博左（Frédéric Bozo）《密特朗：冷战的结束和德国的统一．从雅尔塔到马斯特里赫特》（Mitterrand, la fin de la guerre froide et l'unification allemande），第158页。

共同体就会出现两个德国的声音。① 3 月的选举，基民盟和随后于 7 月 1 日德国两个州之间的经济和货币联盟的成功组建，很快摧毁了继续维持一个自治的民主德国的希望。此外，2 月中旬，在美国的压力下，在渥太华召开的赫尔辛基协议 35 个成员国的外交部长会议上，通过了解决德国问题的"2 +4"谈判原则。德波边界问题以及整个德国在北约联盟地区的成员资格问题仍有待解决。6 月和 7 月，密特朗在这两个问题上也得到了满意的答复，这是科尔在 6 月 17 日哈佛演讲以来的成果，他不再摇摆不定，第一次明确地谈到奥得－尼斯河一线的"不可侵犯"。7 月中旬，科尔在高加索与戈尔巴乔夫举行了第二次会晤。正如德国历史学家阿努尔夫·巴林嘲讽的那样，密特朗现在不得不"生吞"下德国统一这一结果。② 但事情发生得很快，这也符合他的愿望。经过 1989 年最后几个月的愤怒后，他和科尔之间的相互不信任消失了。1 月初，二人在密特朗位于拉奇的度假屋举行私人会谈。3 月与波兰就奥得－尼斯河一线进行艰难谈判，这是最后一次"暴风骤雨"。甚至在科尔发表上述声明之前，这个问题就已经缓和下来了，因为"2 +4"谈判提出了这个问题的解决办法。

法国保留了其大国特性：原子能、联合国安理会常任理事国的地位。但很显然，从短期或长期来看，欧洲的决定性力量将是德国，且不仅仅是经济方面。密特朗试图挽回法国在冷战中所扮演的角色，但只能半途而废。③ 他建立欧洲联盟的计划很快就失败了。这种包括苏联在内、共同的永久结构令东欧国家担忧，它们仍然害怕俄罗斯，首选美国的保护。德国人只是半推半就地支持这个限制他们在东欧行动力的计划，而美国人正如预期的那样反对，因为这会削弱他们在欧洲的影响力。《马斯特里赫特条约》实现了密特朗的半程目标：统一货币，这当然是一种限制德国力量的手段。其后果是：选择扩大欧盟而不是加强欧盟。对由此产生的问题，包括德国在欧洲的经济霸权问题，今天的法国和法国人——但不仅仅是他们——要有面对困难的准备。

---

① 参阅弗雷德里克·博左（Frédéric Bozo）《密特朗：冷战的结束和德国的统一. 从雅尔塔到马斯特里赫特》（Mitterrand, la fin de la guerre froide et l'unification allemande），第 198 页。

② 引自米歇尔·科林曼（Michel Korinman）《他者眼中的德国》（L'Allemagne vue d'ailleurs），第 108 页。

③ 参阅吉尔伯特·齐布拉（Gilbert Ziebura）《分裂欧洲下的法德关系：神话与现实》（Les relations franco - allemandes dans une Europe divisée. Mythes et réalités），第 348 页。

（此文为巴黎－索邦大学吉尔伯特·梅里奥教授为勃兰登堡罗莎·卢森堡基金会、米夏埃尔·舒曼基金会《世界发展趋势》杂志联合举办的学术会议提交的文章，会议主题为："冷战的结束和通往德国统一的道路：欧洲邻国的视角"。宣讲时间为 2014 年 6 月 28 日）

东欧对民主德国和联邦德国的看法

艾哈德·克罗默

1945—1990 年德国分裂的历史是 20 世纪德国和欧洲历史的一部分。东欧国家认为，其与德国是邻里关系，而不是联盟。例如，波兰一方面是民主德国的正式盟友，但另一方面，波兰在这方面的政策对两个德国却是一视同仁的。即使在冷战的高潮期，波兰领导人也不相信两个德国会永久存在下去。正如 1969 年 3 月波兰统一工人党中央委员会第一书记瓦迪斯瓦夫·哥穆尔卡对苏共中央委员会总书记列昂尼德·勃列日涅夫所说，他对德国事态发展感到担忧：在联邦德国只有高层关注统一，而民众根本不在乎。另一方面，民主德国的新一代越来越受到统一问题的影响。"它能解决问题，但不一定符合社会主义精神和国家利益。"①

相反，在塑造民主德国与波兰人民共和国的关系时，民主德国领导人并不总是能意识到历史因素始终与德波关系有关，而这种关系有时超越了民主德国和波兰的关系。从 1985 年到 1989 年春，关于奥得河湾划界谈判仍在继续。然而，在从今天的角度评估这些事件时，应当考虑到，当时没有人能够预见到德国在 1990 年发生的迅速统一。在这方面，正如当时的谈判代表赫尔曼·施维绍后来指出的，民主德国并不关心"对德国统一的贡献""既不披露边界问题，以便今后可能进行德波谈判，也不寻求有助于最终解决统一的德国和波兰之间的边界问题的解决办法"。尽管如此，民主德国和波兰在奥得河湾划定边界无疑有助于实现《2+4 条约》，因为统一后的领土必须加以确定。②

这些例子表明，必须考虑地点和时间背景，而不仅仅是将今天的观点

---

① 米奇斯劳·托马拉（Mieczyslaw Tomala）：《"别胡说八道，乌布利希同志！"20 世纪 60 年代的波兰共和国与德意志民主共和国：官方和谐与内部猜忌》（Erzählen Sie keinen Unsinn, Genosse Ulbricht! " Die VR Polen und die DDR in den 60er Jahren: Offizielle Harmonie und internes Mißtrauen），载《世界发展趋势》第 13 期，1996 年冬（WeltTrends, Nr. 13, Winter 1996），第 123 页。

② 赫尔曼·施维绍（Hermann Schwiesau）：《奥得河湾争端：德意志民主共和国与波兰关于海上边界的谈判》（Der Streit in der Oderbucht. Die Verhandlungen zwischen der DDR und Polen um die Seegrenze），载《世界发展趋势》第 25 期，1999 年冬（WeltTrends, Nr. 25, Winter 1999），第 154 页。

加之于当时。与此同时，"德国问题"总是具有超越当前政治发展的历史维度。但当时的人未必能够意识到这一点。对于那些在此种历史背景下思考问题的人来说，德国国家统一不一定是这个问题的唯一答案。即使是一个聪明的观察者，如塞巴斯蒂安·哈夫纳，在 1987 年时仍认为德国分裂将是永久性的，那是"德国问题"的最终答案。①

历史"特例"民主德国？

需要区分民主德国的存在和世界历史的一般情况。民主德国存在的特殊条件是由 1918—1919 年革命中的内战党派建立的国家。1949—1989 年 40 年间，德国面临的是 1917 年国民议会中左翼多数党（社会民主党，中央党，左翼自由主义者）和革命派社会主义者的政党，革命中出现两个彼此矛盾的方案——国民议会或工人士兵代表苏维埃。"宪政国家或工农政权"只是革命问题的别称。② 鉴于具体的历史问题，1919 年左派的失败，德国人，包括工人党，无法在 1933 年阻止希特勒或在战争期间推翻希特勒，这导致德国共产党特别愿意服从苏共领导，这使得依赖莫斯科成为东德的存在条件。"因此，如果试图确定德意志民主共和国……在德国历史上的地位，可以发现，正是 1918—1919 年的左派反对派（德国共产党和德国独立社会民主党的一部分），在俄共及其得胜的红军帮助下成为一个国家。"民主德国创立者的连续性是十分明确的。如果其阵营在 1945 年 5 月之后扩大到许多属于 1918—1919 年左派反对派的人，那就必须考虑到德国法西斯主义的前科。这使得 1945—1946 年德国的社会主义观点在政治领域获得广泛认同，从社会民主党代表人格罗提渥到舒马赫再到基督教民主联盟的"阿伦纲领"，更不用说共产党了。民主德国是在《占领法》的前提下建立的，这是左派反对派行动具体的历史条件。联邦德国与其共命运。因此，它并没有构成 1945 年德国政治的特殊性，只意味着民主德国必须直接纳入国际政局当中。但这并非德国历史上的特殊现象。将民主德国

---

① 赛巴斯提安·哈夫纳（Sebastian Haffner）：《从俾斯麦到希特勒：回顾》（Von Bismarck zu Hitler. Ein Rückblick），慕尼黑：克瑙尔出版社 1989 年（München：Knaur, 1989），第 17 页。

② 彼得·鲁本（Peter Ruben）：《关于波茨坦的专题讲座：德意志民主共和国的现实 - 结构和行动模式》（Wirklichkeiten in der DDR – Strukturen und Handlungsmuster），1993 年 1 月（Januar 1993）。

视为特殊的德国事物意味着将其视为德国共产主义的继承者。但它是真正的自主国家，而不是外国势力的代理人。①

外交政策与意识形态

外交政策始终是统治者的特权。所有方面都是如此，并且始终如此。然而，这对于理解社会主义时代东方邻国对德国的看法具有特殊意义。在这方面，在理解当时"邻国观点"时，需要看官方意见。直到 1989 年，这种理解始终是欧洲政治现实的一部分。它也必须是当代史研究的主题。

必须考虑到现实中社会主义政治和意识形态的特点。世界范围内社会主义国家的出现，其国家制度的历史也是其整体历史的一部分。从这个意义上讲，战后直到 1989 年出现了一个几乎不可理解的观点，即共产主义统治的东方国家对德国事务的看法，也称"德国问题"或两个德意志国家，但这种观点总是取决于利益或党派和国家领导人的利益取向。这在战后反过来又取决于不同层面：

- 各国内部状况和问题；
- 东西方关系的一遍状况；
- 各国与苏联的具体关系；
- 各国与民主德国的双边关系；
- 各国与西方，特别是联邦德国的利益关系。

外交政策作为真正的社会权力的核心组成部分，应该服务于国内外合法性的利益。

就非社会主义体系而言，战略目标是通过互动来维护系统利益，但同时尽量减少这种互动对内部社会和权力关系的影响。（因为）人员和信息的自由流动性越大，经济相互关联越密切，权力越分散（现代化的先决条件），大多数党和国家领导人越是试图使国家自闭。在 1956 年镇压匈牙利人民起义和 1961 年柏林墙修建之后，欧洲两个政治系统的领土被长期固定下来。之后，现实社会主义以苏联政权的形式，试图扩展到第三世界。然而，事实证明，它无法从既得的政治和军事利益中获得经济利益，因此，出于东西方冲突的逻辑，导致以苏联为首的国家经济结构进一步衰退。

---

① 彼得·鲁本（Peter Ruben）：《德国历史上民主德国的地位》（Vom Platz der DDR in der deutschen Geschichte），载《柏林原始论坛》，第 2—3 期，1998 年（Berliner Debatte Initial, Heft 2 – 3/1998），第 23 页。

　　社会主义国家的关系，应支持国内政权的建立和维护，共同对抗非社会主义集团。实际上，这些关系建立在权力政治、等级关系之上，由霸权国家——即苏联领导，有时也使用军事干预手段。社会主义国家体系首先是一个整体集团，它包括所有"以苏联为核心"的社会主义国家。这与共产国际时期产生的世界革命思想相呼应，反对后革命、国家社会主义，反对"资本主义世界体系"。在斯大林与铁托的冲突之后，南斯拉夫在20世纪40年代末已经脱离了苏联的统治；20世纪50年代末至60年代初，阿尔巴尼亚和中国也紧随其后。因此，苏联并没有使所有现实社会主义国家都成为其中的一部分，大部分在东欧。在这种背景下，民主德国及其国际关系和它对"德国问题"的处理方式就与众不同。

　　根据马克思主义理论，国家之间的对立被无产阶级的力量消除："在国内阶级的对立下，国家也相互敌对。"①因此社会主义国家之间不应该有统治关系，"无产阶级国际主义"应成为各国工人阶级与"国家部门"关系的基本原则。社会主义国家与共产党的关系具有特殊性。

　　事实上，现实社会主义国家的关系是另一回事。20世纪20年代在苏联建立的斯大林主义，在第二次世界大战后蔓延到其他社会主义国家，并以缓和的形式一直存续到1989年，这套制度是基于严格的等级划分而非公开的决策过程。莫斯科领导层试图围绕苏联的霸权主义建立以自身为核心的等级制度。传统思维模式一直持续到最后。

　　这意味着，披着意识形态外衣的权力冲突（"马克思列宁主义"反对"铁托主义者"）和意识形态冲突导致了强权政治。因此，苏联的至高无上地位并非是其要求的，而是取决于国家的大小。"伟大的十月社会主义革命"的历史作用，是开启"从资本主义向社会主义世界过渡"的新时代的重大事件，苏联在第二次世界大战中扮演了瓦解希特勒法西斯主义的角色，被视为可与美国匹敌的核大国。这意味着苏维埃帝国在意识形态上具有正当性，但其意识形态形式总是以强权政治为核心。南斯拉夫和阿尔巴尼亚与苏联的疏远也有其意识形态外壳。在这方面，现实社会主义国家体现出意识形态与权力政治之间存在张力。在"德国问题"上语气的激化或言辞的削弱，一直是苏联与欧洲和世界政治的关键，反之亦然，其他东欧

---

① 卡尔·马克思（Karl Marx）/弗里德里希·恩格斯（Friedrich Engels）：《共产党宣言》（Manifest der Kommunistischen Partei），载马克思/恩格斯《马克思恩格斯全集》第4卷（Werke，Band 4），柏林，1971，第479页。

国家则表示它们与苏联政治的距离或近或远。

苏联帝国的性质

在第二次世界大战期间，显然现实社会主义世界不会以"世界苏维埃共和国"的形式出现，即通过发生社会主义革命的国家与已经存在的苏联联系起来，而是正式的独立的主权国家间的共存。社会主义政权是在民族国家的框架内实现的。每个执政党领导人根据政治和意识形态，在自己国家行使权力，处置国家财产。在苏联"社会主义计划经济"体制下，市场经济停止，因此不会有真正的市场关系。贸易取决于协议，而这些协议往往不是由经济因素决定的，而是由其他因素决定的。例如，苏联利用与民主德国的依存关系，尽管有一些改革，但直到 20 世纪 80 年代末都在控制铀的价格。远低于成本的价格使东德经济每年损失十亿美元。反过来，从意识形态上讲，这提升了苏联核潜力的世界影响力。"社会主义集体"内的垂直结构比横向联盟要强大和有效得多。由于缺乏有效的内部动力，经济互助委员会始终是一个傀儡，或多或少是国家领导人的意愿，即国际合作的必要性，但却没有经济动力。总的来说，"社会主义共同体"缺乏有效的机制和规范以解决相互利益冲突和分歧的机制和程序。

与此同时，当铁托使南斯拉夫通过与西方，特别是英国之间的特殊关系来抵抗莫斯科的压力时，苏联领导层没有发挥作用。一方面，苏维埃帝国是靠权力结合在一起的，并非所有其他国家都具有这样的地缘政治，它们可能会背弃苏联。直到 20 世纪 80 年代，苏联领土上每一位新的执政党书记都需要得到莫斯科的任命。

另一方面，以苏联为核心的国家结构是由一致的意识形态来维持的。这不仅是苏联领导层的镇压机制，也是社会主义国家领导层的顺从机制。他们向莫斯科递交了社会主义"事业"，因为党的领导人已经在共产党里受过社会主义教育，在共产国际意义上，与苏联的关系要服从无产阶级国际主义的标准。从这个意义上说，"社会主义共同体"内部的意识形态之争不仅是权力和利益冲突的关键，而且也是关于"正确的社会主义建设"的论证，是对列宁主义的正确解释。

意识形态也是苏联内部关系和利益的资源。尽管德国统一社会党对德国国内政治冲突束手无策，但却用冷战中"德国问题"的中心地位提升了自身威望和影响力。不仅在民主德国内部，而且在"社会主义阵营"或

"共产主义世界运动"中，德国统一社会党都在意识形态上努力奠定其地位。"德国领土上的社会主义""马克思恩格斯故乡的社会主义"是他们的自我宣传，他们自诩为苏共后的"第二党"。20世纪50年代至60年代，德国统一社会党总书记瓦尔特·乌布利希在与共产党的联席会议上，也提到国家分歧。然而，这正符合苏联的利益，也有利于维持民主德国的存在。

关于社会主义建设也是在意识形态的大旗下进行的。国家社会主义或改良社会主义，如1956年匈牙利的伊姆雷·纳吉和1968年捷克的亚历山大·杜布切克，遭到了苏联的意识形态批判和出兵入侵的回应。后来，匈牙利的卡达尔·亚诺什和波兰的沃伊切赫·雅鲁泽尔斯基坚持走自己的道路，但他们随后完全抛弃了自己的意识形态，并向莫斯科解释，其党派在国内软弱无力。

到20世纪80年代中期——戈尔巴乔夫的就职典礼和苏联的开始改革被视为必不可少的转折点——苏联内部国家关系开始多元化。华沙条约下的经济援助理事会巩固了这一结构。此外还有一个双边"友好条约"，其中包括结盟条款。书记、中央委员会各部门秘书、总理、外交部长和各部长会议似乎形成了一个密集的政治协调网络。但是，这种关系离"新型"关系或"新形式"还差得很远。

自20世纪50年代以来，一个变化悄然发生，即莫斯科的霸权干预能力逐步削弱，各国执政的共产党的执政能力逐步增长。尽管苏联拥有更多的经济、军事和其他资源，但苏共领导层不得不逐渐接受其他政党领导人的平等地位，在意识形态、政治和经济上，各国对各自国家及其国际关系方面拥有同样的权力。特别需要在这里强调三个方面：

第一，莫斯科失去了意识形态的解释权，这不仅涉及铁托和毛泽东的对抗以及"社会主义共同体"内部的发展，也是世界共产主义运动的一部分。

第二，政治权力、意识形态解释权和生产资料所有权回归各国政党手中。不仅政治体制不同，而且——鉴于实行计划经济和废除市场关系——需要制度来填补计划经济体制。在所有东欧国家，赤字经济仍然是社会经济活动的模式，经济互助委员会成为讨价还价、解决短缺问题的工具。例如，为民主德国游客提供匈牙利"旅费"，民主德国还必须定期交付在其内部市场上也紧缺的货物。但是，这并没有改变一个事实，即民主德国的游客们,像其他社会主义国家的游客一样,比西方国家的游客受到的待遇更恶劣。在经济互助委员会的框架内实现真正的国际一体化是不可能的。缺乏国家所有制框架和在计划经济方面的不同立场导致了这一结果。20世纪80年代中期,苏维埃主导下的所有国家,包括苏联本身,与西方合作比与"兄弟国家"合作更加有利可图。尤其是联邦德国,由于其经济体量和灵活的东方政策,已成为欧洲东西方政策的主要目标。

第三,苏联的外交和国防政策也越来越难以执行。虽然国际阶级斗争的教条最初是社会主义自我合法化的基本要素,但在和平时代,国际阶级斗争早已失去其约束力。其他国家也越来越清晰地表达自己的外交政策,尤其体现在与联邦德国及民主德国邦交的扩大。

苏联与德国

苏联在军事上受到第二次世界大战的猛烈冲击,损失最大。根据最新估计,至少有2700万苏联公民在战争中丧生,占到战前人口的14%。由于德国的灭绝政策和"焦土"政策,大约1700个城镇和7万个村庄被完全摧毁。估计物质损失相当于苏联十年的产值。[①]

在此背景下,苏联在战争结束时对"德国问题"的政策主要有三点:第一,关于防御德国。苏联是德国侵略战争的受害者。德国在几十年内曾两次对俄发动战争。因此,创造条件阻止德国再次侵略是苏联的欧洲和德国政策的主要目标。苏联领导层认为,德国将在战后迅速复苏。1944年8月斯大林对波兰流亡政府总理米科拉伊奇克说:"德国人将卷土重来。他们是坚强的民族。1871年俾斯麦取得胜利后,他们用了40年的时间才开始新的侵略。虽然失败了,但20或25年的恢复足以让他们重试,这次几乎成功了。现在谁知道他们是否准备20或25年后再次战斗?是的,德国是一个强大的国家,尽管希特勒正在削弱它。我们相信德国威胁将会重演。这就是为什么华盛顿关于集体安全的会谈如此迫切。我本人赞成对德国采取任何可能和不可能的镇压措施。"[②]

---

① 参阅维尔弗里德·洛特(Wilfried Loth)《不受斯大林喜欢的孩子:为什么莫斯科不想要德意志民主德国》(Stalins ungeliebtes Kind. Warum Moskau die DDR nicht wollte),柏林,1994,第15页。

② 维尔弗里德·洛特:《不受斯大林喜欢的孩子:为什么莫斯科不想要德意志民主德国》,第14页。

德国统一的左翼观点:文献与研究

第二，尽可能多地向德国索取赔偿，用于苏联重建。

第三，从苏联的角度来看，应该防止德国（不仅仅是当前而是未来几十年中）落入西方列强的手中。

在从西方获得赔偿的企图失算后，苏联要求对鲁尔区进行国际托管，英国占领北莱茵－威斯特法伦，占领国划分了各自的控制区，苏联的赔偿只来自苏联占领区，即民主德国，直到 1953 年 6 月 17 日。此外，其他两条政策已经确定，这导致了一个问题，即是否应该建立一个中立的完整的德国，它是资本主义的、民主的和市场经济的，或者是在苏占区内建立一个具有部分现实社会主义性质的德国。

1949 年 10 月 13 日，民主德国成立时，斯大林致电问候。电文说："建立一个爱好和平的民主德国是欧洲历史上的转折点。毫无疑问，爱好和平的民主德国的存在以及爱好和平的苏联的存在排除了欧洲新战争的可能性，欧洲的流血冲突将结束，使世界帝国主义者无法奴役欧洲国家。上次的战争表明，德国人民和苏联人民在这场战争中做出了最大牺牲，这两个民族在欧洲拥有最大的、开展具有世界意义的伟大行动的潜力。如果这两个民族表现出同样的争取和平的决心，那么欧洲的和平就万无一失。"①

这封经常被视为祝贺民主德国成立的贺电，因其提出民主德国的出现是"欧洲历史的转折点"。然而，斯大林言在此、意在彼：如果苏联和德国——这里指的是整个德国——和平共处，那么就可保证欧洲大陆未来的和平。从这个意义上说，1952 年的"斯大林照会"严正提出——不从属于北约——不允许民主德国纳入统一德国的议会体制。② 斯大林去世后，1953 年 6 月 17 日苏联镇压民主德国起义，这是莫斯科为维持和支持社会主义民主德国而坚持的长期方针，也是苏共领导层内部权力斗争的结果。③

尽管如此，斯大林对苏德关系的评估可以被视为苏联在整个战后时期对德国事务的基本态度。这适用于苏联与民主德国的关系，也适用于维

---

① 《民主德国政府对外政策文件汇编》（第 2 卷）（Dokumente zur Außenpolitik der Regierung der Deutschen Demokratischen Republik, Bd. Ⅱ），柏林，1955，第 584 页。
② 维尔弗里德·洛特：《不受斯大林喜欢的孩子：为什么莫斯科不想要德意志民主国》，第 225 页。
③ 参见 1953 年 7 月《中央委员会全体会议议定书》（Protokolls des Plenums des ZK der KPdSU im Juli 1953）的德译本：贝里雅案（Der Fall Berija），柏林，1993。

利·勃兰特执政时期苏联与联邦德国关系的重组，这次重组与 1970 年的《莫斯科条约》有关。然而，瓦连京·法林指责，苏联的外交政策长期由外交部长葛罗米柯制定，该条约失去了德国政策的主动权。"《莫斯科条约》签署后，安德烈·葛罗米柯删除了有关德国统一和最终和平解决的概念。他选择这样做，而不是重新夺回我们因为自身原因而不小心放弃的立场。"①

因此，在苏联和民主德国社会主义盟友关系减弱的背景下，以及在"改革"之后的国际局势缓和的背景下，"德国问题"又重新提上日程。1987 年 7 月联邦德国总统里夏德·冯·魏茨泽克第一次公开访问莫斯科。戈尔巴乔夫表示，所有国家都必须为欧洲的和平做出贡献。这同样也是两个德国的责任。一百年后再由历史来为其下定义。当时戈尔巴乔夫的外交政策顾问阿纳托利·切尔尼亚耶夫指出："但历史并不需要一百年的时间来决定。重要的是，戈尔巴乔夫并没有拒绝德国统一。这是一个信号。我可以证实，一段时间以来，他认为，德国问题的解决方案和联邦德国与苏联关系的正常化是改善国际关系的前提条件。"② 进展的最终结果就是德国的统一。

再次用法林的话来说："德国问题的核心仍然是苏联不允许德国再次进行侵略战争。因此，如果我们同意德国统一，如果德国人自己赞成，那么就是完全可行的，这些条件充分考虑到苏联的利益，特别是其安全利益。"③ 结果就是 1990 年的《2 + 4 条约》。今天的俄罗斯仍然延续了苏联的观点，自那时起，全球政治秩序，特别是欧洲的政治、经济和军事结构进一步发生了变化。

波兰与德国

战争的破坏性后果以及灭绝的法西斯政策对于 1945 年后波兰对德国和德国人的看法也具有决定性作用。波兰在战争中有 600 多万人蒙难，是战

---

① 瓦连京·法林（Valentin Falin）：《克里姆林宫的冲突：德国统一与苏联解体前史》（Konflikte im Kreml. Zur Vorgeschichte der deutschen Einheit und Auflösung der Sowjetunion），慕尼黑（München），1997，第 138 页。

② 阿纳托利·切尔尼亚耶夫（Anatoli Tschernajew）：《世界强国的最后几年：克里姆林宫内部》（Die letzten Jahre einer Weltmacht. Der Kreml von innen），斯图加特，1993，第 144 页。

③ 瓦连京·法林：《克里姆林宫的冲突：德国统一与苏联解体前史》，第 153 页。

前人口的 22%，物质损失达到产值的 38%。①

除此之外还有领土"西移"的影响。1939 年，斯大林与希特勒和西方列强在第二次世界大战结束时签订的协议将波兰西移。他因此扩大了苏联的直接领土，并赢回了第一次世界大战俄罗斯"失去"的部分领土。随着奥得－尼斯河一线作为划分波兰西部和德国东部边界的界限，斯大林希望采取领土预防措施来防御德国的再次袭击。在当时的军事条件下，这个相对较短的直线边界被认为比波美拉尼亚和西里西亚旧边界更好。波兰在新的边界上确保苏联对西方的战略方针。随着波兰人被从以前的波兰东部地区驱逐出境，斯大林希望消除在自己直接控制范围内发生骚乱的可能性。随着波兰人在以前德国东部地区定居，德国居民被逐出该地区，波兰应永久效力于苏联。这是基于这样的假设，即"东波兰"是对抗俄国的，需要西方的帮助，而"西波兰"是对抗西方的，需要苏联的帮助。

根据同盟国与"雅尔塔"的协议，波兰属于苏联的控制范围。到 1948—1949 年，共产党已在该国建立政权。1953 年苏联对民主德国和 1956 年对匈牙利民众起义的镇压表明，西方不能或不愿意向"铁幕"背后的民众提供援助。因此，无论各国人民的愿望如何，波兰的地缘政治和苏联主导的德国——民主德国，对于当时的苏联控制范围下的各国而言是可以无期限延续的。

历史表明，在德国罪行的前提下，与德国和德国人的关系是战后波兰讨论的中心议题。② 1946 年，埃德蒙德·J. 奥斯曼奇克写道："如果人们在战后一年时展望未来，那么，诚实地说，无论我们喜欢与否，德国人都比我们更勤奋，二十年后我们会依赖这一西方邻国……如果我们算计邻国的暂时分裂，那就是自欺欺人。自身的强大无法建立在别人的弱小之上。如果只去衡量邻国的弱点，那就永无出头之日。从历史上看，德国一再成功地成为一个能够消灭我们的力量，我们除了摆出英雄主义的样子外，根本无法与之抗衡。"③ 可以肯定的是，德国不会长期衰弱，它需要大约 20 年

---

① 参阅《法西斯的波兰占领政策（1939—1945）》（Die faschistische Okkupationspolitik in Polen (1939—1945)），《沃纳·鲁尔档案选编》（Dokumentenauswahl und Einleitung von Werner Röhr），柏林，1989，第 94 页。

② 参阅米奇斯劳·托马拉（Mieczyslaw Tomala）《德国——波兰视角：德波关系 1945—1990》（Deutschland – von Polen gesehen. Zu den deutsch – polnischen Beziehungen 1945—1990），马尔堡，2000，第 52 页。

③ 米奇斯劳·托马拉：《德国——波兰视角：德波关系 1945—1990》，第 59 页。

的时间来恢复力量，必须采取行动预防它新的侵略，而德国的分裂也不会长期持续。这不仅仅是苏联的立场，也是波兰根据自身经验对局势的评估。

在此背景下，鉴于"西移"打破了波兰"两个敌人"（德国人和俄罗斯人曾四次分裂波兰）的传统立场，特别是德国，瓦迪斯瓦夫·克诺普申斯基写道："是否值得记住一切，还是忘记部分故事更好？幸运的是，人们可以在国家记忆中工作，就像在博物馆或储藏室里，有些记忆被唤醒，有些则睡着了。什么都不应该被排斥。现在逆风盛行。东方一片沉寂，如雷贯耳的则是格罗和奥托，是阿尔布雷希特和弗里德里希，是俾斯麦和希特勒。生命的意义并不缺乏。我们奥得河的居民应该思考的是，什么让他们精神焕发，而不是什么让他们悲伤，那些构不成借鉴价值的部分也不应成为我们思考的对象。我们用这样的风来填满传统的风帆，用它来进行最远的航行。"[1]

波兰的"西移"伴随着"泛斯拉夫"的口号。行动者和观察家都认为，与苏联相关的国家组成了"斯拉夫集团"。但随着斯大林在 1948—1949 年与铁托的冲突以及最终民主德国的建立，这个想法也不攻自破。[2]在随后的几十年里，维护民主德国的国际斗争，成为包括波兰在内的整个苏联势力范围的外交政策的重要组成部分。民主德国领导人只能在与联邦德国的差别中使其国家地位合法化。它不仅需要被盟国承认为"更好"的德国国家，而且想自我塑造成一个"和平国家"，而联邦德国则是"复仇港湾"。同时，波兰承认奥得－尼斯河边界被认为是"德国民主的基础"。[3]

在这一历史背景下，1950 年 7 月 6 日签订了《德意志民主共和国和波兰共和国关于确定已建立和现有的德波国家边界的协定》。[4]这在德波关系史上举足轻重。民主德国在早期阶段就为整个德国在和平政策方面走出了重要和必要的一步，而联邦德国实际上直到很久以后，经过多次努力和内部冲突才取得成功。1970 年维利·勃兰特向华约组织发起倡议，1970 年联

---

① 米奇斯劳·托马拉：《德国——波兰视角：德波关系 1945—1990》，第 52 页。

② 参阅耶日·克拉苏斯基（Jerzy Krasuski）《波兰对欧洲一体化的担忧》（Polnische Beden-ken zur europäischen Integration），载《世界发展趋势》，第 2 期（WeltTrends, Nummer 2），1994 年 3 月（März 1994），第 90 页。

③ 米奇斯劳·托马拉：《德国——波兰视角：德波关系 1945—1990》，第 55 页。

④ 《德意志民主共和国政府外交政策文件》（Dokumente zur Außenpolitik der Regierung der Deut-schen Demokratischen Republik），第 1 卷（Bd. 1），柏林，1954，第 342 页。

邦德国和 1991 年统一后的德意志联邦共和国和波兰缔结条约。

1949 年 9 月 20 日，康拉德·阿登纳在政府声明中表示，联邦德国不会接受苏联和波兰"单方面"分割德国东部地区领土。[①]这形成了直到联邦德国后期一直采取的政策，始终表达了对流离失所者的考虑。反对这一立场再次成为波兰人的"德国问题"观点的一部分。共产党领导层试图公开利用这一点，总的来说，德国接受战后事实仍然是其基本出发点。

东方的其他邻国

东方其他邻国对德国的看法也以第二次世界大战的德国罪行为标志，尽管与苏联和波兰的情况有所不同。匈牙利、保加利亚和罗马尼亚也曾经被德国部分占领，但在第二次世界大战中仍是希特勒的盟友。1947 年 2 月盟国与它们——以及意大利和芬兰——缔结了和平条约，并划定了各自边界。

在冷战时期和苏维埃帝国形成的背景下，各国的立场发生改变，有的与苏联走得更紧，其他如南斯拉夫和阿尔巴尼亚则走上了自我发展之路。德国越来越多地被认为是两个不同的国家：民主德国被视为苏联盟友，联邦德国被视为欧洲另一政治力量——加入北约和欧洲经济共同体/欧共体/欧盟，受西方国家控制——旧的军国主义传统越来越弱，而在经济上则不断壮大。

与此同时，与联邦德国的关系也是华约和"经济互助委员会"的重要关注点。一方面，1967 年 1 月，罗马尼亚和联邦德国建立了外交关系，罗马尼亚反对苏联和民主德国的意志，奉行强硬政策。另一方面，20 世纪 60 年代中期以来，匈牙利一直在国内推行改革开放政策，但对外也不想挑衅苏联，因此直到 1973 年 12 月才按照《华沙条约》的约定与联邦德国建交。保加利亚也是如此。1970 年联邦德国与苏联和波兰签订基本条约之后，也与捷克斯洛伐克签订条约。由于《慕尼黑协定》中有关"无效"的规定，在联邦德国境内也有许多反对者，签约工作非常复杂。

然而，对于匈牙利政局而言，20 世纪 80 年代，戈尔巴乔夫的"改革"（Perestroika）和"公开性"（Glasnost）显然创造了一个新的局面。"很明

---

① 参见迪特尔·宾根（Dieter Bingen）：《波恩共和国的波兰政策：从阿登纳到科尔 1949—1991》（Die Polenpolitik der Bonner Republik von Adenauer bis Kohl 1949—1991），巴登－巴登，1998，第 26 页。

显，现实社会主义国家的成功和声誉在很大程度上取决于执政党的政策。莫斯科对波兰权力变化的反应证明，意识形态和安全政策终于分离。"苏联军队不再能够在各个国家维持秩序。莫斯科释放了盟友。"波兰和匈牙利首先抓住了自由过渡的可能性，同时测试了苏联新政的容忍度。已经开始的进程不能有效地用于民主德国，它被视为东方集团的基石。"布达佩斯认为，民主德国是执行"新思维"政策的致命弱点："战后时期的发展不仅一度证明，民主德国的内部危机及改革尝试（1953 年、1957—1958 年）具有巨大的国际影响，而且总是指向同一个方向，即统一，这是几十年来没有人愿意承担的风险。"① 1989 年夏，匈牙利新领导层准备加速解决"德国问题"。

当时，德国统一社会党和匈牙利领导人相互对峙。德国统一社会党面临着民主德国失败的事实：1989 年夏天的浪潮证明，自 20 世纪 60 年代以来，在柏林墙的阴影下建设社会主义的希望破灭了。民主德国公民，特别是许多年轻人，他们已经在民主德国和两个德国的环境中长大，1989 年，许多人决定离开民主德国，成为联邦德国的公民。这是 1990 年 3 月 18 日绝大多数选民的选举结果。德国统一社会党领导层在 1989 年夏末对此做出了反应，他们拒绝接受现实，并试图将自身的失败归咎于匈牙利领导层。

1989 年掌权的匈牙利改革者在匈牙利几十年的改革中脱颖而出。其 1989 年的德国政策基于两方面的考虑。其一是自身改革发展的内在逻辑，它导致了对传统教条的放弃。根据这种教条，世界被划分为"好"的社会主义的和"坏"的资本主义。匈牙利改革者接受了戈尔巴乔夫的"普世主义"价值观。因此无法遵循民主德国领导人的要求——在匈牙利边境以武力阻止难民从东德流出。

其二是匈牙利的民族意识。除了波兰人之外，匈牙利社会对斯大林主义抵抗力最强烈。他们认为柏林墙早该在倒塌之前就被毁掉。因此，匈牙利年轻一代精英有着更为深远的考虑，用 1980 年布达佩斯战略研究所的一名年轻员工的话来说："如果德国统一，那么俄罗斯人将被推回他们的自然边界，匈牙利就自由了！"

---

① 伊斯特万·霍瓦斯（István Horváth）：《2 + 4 谈判——匈牙利的观点》（Die 2 + 4 - Verhan-dlungen – eine ungarische Sicht），载海纳·蒂默曼（Heiner Timmermann）编《德意志民主共和国——被遗弃国家的分析》（Die DDR – Analysen eines aufgegebenen Staates），柏林，2001，第 714 页。

从这个意义上说，匈牙利将民主德国拖回民族国家的举措也将使自身从莫斯科政策中解放出来。从匈牙利的角度来看，柏林墙的倒塌是匈牙利走向新的独立、"回到欧洲"的决定性一步。霍尔瓦评价匈牙利向民主德国开放边境的决定时说："9月8日民主德国获得通知，它决定了民主德国的命运，从而成为通向新欧洲的进程的最重要的催化剂。"[1]

(2006年出版的《1945—2000年的德国当代史》，文字略有删节)

---

[1] 伊斯特万·霍瓦斯：《2＋4谈判——匈牙利的观点》，载于海纳·蒂默曼编《德意志民主共和国——被遗弃国家的分析》，柏林，2001，第716页。

奥得河湾争端：民主德国与波兰
就海上边界问题进行的谈判

赫尔曼·施维绍

1989 年春，在两个国家发生政治变革的几个月前，民主德国和波兰就奥得河湾海域划界问题签订和约，经过多年的冲突，终于解决了这一难题，正如所有德波边界历史遗留问题一样。这需要双方的诚意，但最重要的是认识到这一问题的政治爆炸性、国际性和对两国的影响。

这种认识的提高非常缓慢，特别是民主德国方面，鉴于德波关系的历史事实，这一点令人吃惊。这是不寻常的，双方都把这个问题仅仅当作一个法律问题，国际法专家为此进行了长达数年的争执。民主德国显然低估了波兰对其西部边界问题的敏感程度。《华沙条约》的政治影响力也被大大高估，其政治行动力太低，尽管波兰复杂的内部局势可能起到了一定的作用。在政治决策层面，民主德国至少要等到 1985 年 3 月戈尔巴乔夫当选为中央总书记，由苏联来支持民主德国的立场。然而，1950 年 7 月 6 日的《格尔利茨协定》①却从未提到划定奥得河和尼斯河为德波②边界，没有"恢复"德国领土的计划，甚至没有关于绕道的考虑，如借用什切青 – 希维诺乌伊希切港口绕道。

有时出现的这种影射缺乏依据。③在民主德国，欧洲的发展，特别是德国的快速统一，都比不上对波兰问题的考量。因此，民主德国并不关心"对德国统一的贡献"，既不在此后的德波谈判中提出边界问题，也不提出有助于最终解决统一的德国和波兰边界问题的口号。就波兰方面而言，它始终坚

---

① 该协定是在波兰的兹戈热莱茨（Zgorzelec）签署的，位于尼斯河东部，直到 1945 年被并入格尔利茨。因此，"兹戈热莱茨协定"更为准确。

② 1950 年 8 月 8 日，民主德国人民议院批准了"德意志民主共和国和波兰共和国关于确定已有和今后边界的协定"（Abkommen zwischen der Deutschen Demokratischen Republik und der Republik Polen über die Markierung der festgeleten und bestehenden deutsch – polnischen Staatsgrenz）。1950 年 11 月 28 日，在柏林交换了批准协定的文书。当天生效。［协议文本参见，《民主德国法律公报》1950 年第 143 期，（GBl. DDR 1950, Nr. 143），第 1205 页。］

③ 例如，什切青的天主教组织"Pax"的成员、众议院议员戈林斯基（Golinski）1989 年 2 月称，民主德国在奥得河湾的行动可能揭示了一个触及《波茨坦协定》的可能性的"先例"，并质问波兰政府，它能否恢复希维诺乌伊希切港和什切青港进入公海的权利。

信，西部最终边界的划分不容置疑。从这个意义上说，在确定奥得河湾的海上边界时，人们可能还考虑过统一的德国日后正式承认德波边界。

鉴于以下事件，应该指出的是，民主德国与波兰在奥得河湾的边界划分无疑促进了《2 + 4 条约》[①] 的签订，因为民主德国的边界在其领土范围内都是无可争议的，因此，统一的德国的领土也是明确的。

1990 年 11 月 14 日，在《德意志联邦共和国和波兰共和国关于确认边界的条约》（边界条约）中，奥得河湾海域明确划定，成为德波边界的最终方案。[②]随着德国与波兰边界的最终确定，也为 1991 年 6 月 17 日两国签订《德意志联邦共和国与波兰共和国睦邻友好合作的条约》（睦邻协议）铺平了道路。[③]因此，可以肯定地说，民主德国与波兰关于奥得河湾海上边界的条约促成了德国和波兰之间的睦邻关系。

问题的出现

联合国海洋法会议之后，各国领海被商定可扩大到 12 海里。波兰根据 1977 年 12 月 17 日的法令，以及几年后民主德国根据 1982 年 3 月 25 日的法令[④]，鉴于奥得河湾地区面积重叠，两国找到了一个双方同意的解决方案。

两国于 1968 年 10 月商定波罗的海大陆架划界问题，[⑤] 以及奥得河湾

---

① 1990 年 9 月 12 日，四个胜利国和两德外交部长在莫斯科签署了"关于最终解决德国问题的约约"（二加四条约）。"条约"第 1 条第 1 款确认联邦德国和民主德国现有的外部边界是"欧洲和平秩序的组成部分"。它宣布，在 1945 年之后实际的领土划分最终确定。在 1945 年之后实际发生在中欧的领土法律的重新分配是最终的。第 1 条第 2 款规定，统一的德国和波兰将"在具有国际法约束力的协议中确定他们之间现有的边界"。

② 《联邦法律公报》1991 年第 Ⅱ 卷（BGBl. 1991 Ⅱ），第 1329 页：在 1990 年 6 月 21 日的德国联邦议院投票中，486 名议员中只有 15 名投了该条约反对票。拒绝理由如下：在当天通过的决议，提到 1950 年 7 月 6 日民主德国与波兰之间的《格尔利茨协定》，德国联邦议院一再否认。一些代表还抱怨说，该决议并未影响有关从前德国东部领土驱逐德国人的国际法问题，尤其不符合人民的自决权。（参见，德国联邦议院会议记录，第 11 届议会第 217 次会议（Deutscher Budnestag, 11. Wahlperiode, 217. Sitzung），第 17244 页。）

③ 参见，《联邦法律公报》1991 年第 Ⅱ 卷（BGBl. 1991 Ⅱ），第 1315 页。

④ 《民主德国法律公报》第 1 部分第 11 卷（GBl. DDR INr. 11 v.），1982 年 3 月 29 日。

⑤ 协议于 1968 年 10 月 29 日在柏林签署。1969 年 4 月 16 日交换了批准证书。当天，生效。然而，民主德国直到 1970 年 8 月才公开。参见，《民主德国法律公报》第 1 部分第 16 卷（GBl. DDR Ⅰ Nr. 16 v.），1970 年 8 月 26 日（26.8.1970），第 105 页。另可参见"关于边境航运领域合作的政府协定"（GBl. DDR Ⅰ，第 16 卷，1970 年 8 月 26 日，第 113 页。）及 "关于在波兰海上捕鱼区内允许民主德国渔船捕鱼"的协议 [《民主德国法律公报》第 1 部分第 6 卷（GBl. DDR Ⅰ Nr. 6 v.），1972 年 4 月 24 日，第 91 页及之后]。

渔区这一有争议的问题，制定海上边界协议变得更加困难。在这个问题上冲突不断累积，两国外交部法律部门在讨论中各执国际法对自己有利的论点，而不是展开对话。事实上，这个问题最终达到政治上的尖锐对立，不是因为双方在会谈中各执一词，而是对彼此的政治意图互不信任。

在关于新的海洋边界的争端中，原则问题上的分歧变得更加明显。《波茨坦协定》对波兰西部边界定义的不同解释也在这里发挥了作用。《波茨坦协定》第九条划定了波兰西部边界。① 但说明中没有包含有关波兰港口和航线。民主德国方面对此的解释是，根据《波茨坦协定》，波兰没有要求向公海开放什切青港和希维诺乌伊希切港，即波兰领海。一方面，协定规定的波兰边界是准许准入的。虽然在谈判过程中波兰一再援引这条，但民主德国努力避免就《波茨坦协定》的解释发生争端，并将民主德国与波兰的海上边界视为完全的双边事务。因此，它严格拒绝在条约文本中提及《波茨坦协定》，并最终占据上风，奥得河湾海域划界协定未提及《波茨坦协定》。

另一方面，划界协定明确提到了一些双边文件：

（a）1950 年 7 月 6 日关于固定现有德波边界的《格尔利茨协定》，根据其第 2 条，在垂直线上划定海域。

（b）于 1971 年 1 月 27 日在奥得河畔德国法兰克福，由民主德国和波兰共和国的部长签署的关于执行德国与波兰之间边界的协定，其中东德与波兰之间的海上边界有 6 海里海岸线。②

（c）民主德国与波兰人民共和国于 1977 年 5 月 28 日签署的《友好合作互助条约》。③

条约中强调，所提及的文件应由双方共同遵守，与国际公海原则和规

---

① 在第九条中，将波兰的西部边界划定为：从波罗的海到希维诺乌伊希切以西，从那里沿着奥得河，直到尼斯河以西，再沿着尼斯河西线直到捷克斯洛伐克边境。1945 年 8 月 2 日柏林（波茨坦）三方会议通讯（Mitteilun über die Dreimächtekonferenz von Berlin（Potsdam）vom 2. 8. 1945），载《国际法》，文件 I 卷（Völkrecht. Dokumente Teil Ⅰ），柏林，1973，第 214 页。

② 根据该法案，德国和波兰之间订立国界协议（第 1 条），以及在三个附件和 34 个编号地图中（与附件 1 有关的第 2 条）的确切的边界线。批准书于 1952 年 10 月 22 日在华沙交换。条款文本参见《德意志民主共和国政府外交政策文件》，第 Ⅳ 卷（Dokumente der Außenpolitik der Regierung der DDR, Bd. Ⅳ），柏林，1957，第 135—137 页。

③ 协议文本参见《民主德国法律公报》1977 年第 2 部分第 10 卷（GBl. DDR 1977 Ⅱ Nr. 10v.），1977 年 6 月 17 日，第 199 页。

范及并不矛盾。

1968 年海域划界凸显了民主德国与波兰之间的分歧。虽然民主德国认为，根据苏联政府的宣言和 1968 年 10 月 23 日民主德国与波兰签订的关于波罗的海大陆架的划界协议，① 1968 年 10 月 29 日双方签订的海上边界协定应该根据 1958 年 4 月 29 日《日内瓦公约》② 第 6 条的大陆架中线原则划定海域，波兰方面坚决否认。显而易见，波兰认为大陆架划界对其不利，并试图修改。而民主德国并不准备修订。相反，它力求最大限度地利用大陆架协定，在此基础上规定海洋边界。它指出，大陆架协定也适用于海洋边界。波兰方面要求修改这一已执行 20 年的协议，谈判过程复杂化。

渔区与领海

除此之外，还有一个尚未明确的问题，即划定两国的渔区。1977 年 12 月 17 日的法令将领海扩大到 12 海里，当天，波兰与民主德国就对捕鱼区进行了横向划界，这偏离了大陆架条约的中线原则。这关系到 86.4 平方公里的海域，这片海域以前是公海，民主德国于 1977 年 12 月 22 日根据关于在波罗的海设立捕鱼区的规定做出反应。③ 波兰随后于 1977 年 12 月 28 日宣布与民主德国达成的捕鱼协议即时生效，不考虑一年的通知期限。自此，两国间不再有关于捕鱼权的约定。

民主德国最初没有扩大其领海。有关部委的专家对扩大的目的有不同的看法。特别是国防部反对扩大，他们的出发点是，需要加强军事力量守卫民主德国的海上边界，从而防止民主德国人越过波罗的海。所以一直到 1984 年 12 月 20 日，在 1982 年 3 月 25 日颁布第二个过境条例后，民主德国才将其海上边界扩大到 12 海里。④波兰领海的外部界限与 1968 年大陆架

---

① 宣言的德文版参见《1968 年德意志民主共和国外交文件》第 2 卷（DokumentzurAußenpolitik der DDR 1968, 2. Halbband），柏林，1971，第 705 页及之后。

② 第 6 条第 1 款规定：在没有协定的情况下，在没有任何基于特殊理由的任何其他边界线的情况下，中心线应作为边界，使每一点都离基线的最近点一样远，以此来测量每个国家领海的距离。［《国际法》，文件 II 卷（Völkrecht. Dokumente Teil 2），柏林，1973，第 680 页。］

③ 参见《民主德国法律公报》第 2 部分，第 38 卷（GBl. DDR II，Nr. 38 v.），1977 年 12 月 30 日，第 429 页。

④ 参见，《民主德国法律公报》第 1 部分，第 37 卷（GBl. DDR I Nr. 37 v.），1984 年 12 月 20 日，第 441 页及之后。

协定的分界线一致。①

　　1985 年 2 月 20 日，波兰政府以一份说明对民主德国的这一行为提出抗议，并称这是企图侵犯波兰的生存利益。民主德国试图将其主权扩展到波兰人已建造、使用和维护了 40 年的航道和锚地。民主德国违反了 1982 年《联合国海洋公约》第 7 条第 6 款，切断了他国的领海与公海。由于航道和锚地已成为什切青－希维诺乌伊希切港综合体基础设施的一个组成部分，因此，侵犯波兰在航道和锚地的权利，相当于侵犯波兰领土。这与《波茨坦协定》《格尔利泽协定》《法兰克福法案》《睦邻友好互助条约》相矛盾。与此同时，波兰政府指出，民主德国在其西领海采用了不同原则，在领海之外有通往吕贝克港和盖泽尔港的通道。因此，民主德国对波兰的行为具有歧视性。

　　另外，民主德国指出，其领海延伸至 12 海里完全遵照了《国际海洋法》。民主共和国的这一步骤是在波兰领海扩大到 12 海里的七年之后才实行的。民主德国遵守了华沙条约国达成的协议，即不单方面违反联合国第三次海洋会议的决议（1982 年）。1977 年波兰领海的延伸与该协议相矛盾，并且是在未与民主德国进行磋商的情况下进行的。奥得河湾的特定地理条件和航行条件并不能证明任何"历史条款"或"特殊情况"都是合理的，正如波兰依据的偏离中线原则，或者它在大陆架划界时所使用的那样。

　　波兰并没有对什切青港和希维诺乌伊希切港的主权。民主德国对公海南部即其西部领海的决定，并非是对联邦德国或丹麦的让步。相反，民主德国处于北约和华约之间，因此必须考虑到社会主义国家军事联盟的安全利益。特别是，它可以使北约战舰的航道远离民主德国。此外，民主德国根据达尔斯半岛海域的水文条件，已经尽可能扩大在此海域的领海，这实际上是创造了一个海峡。

对谈判的期待

　　1985 年 12 月 3 日民主德国试图提交《领海、大陆架和捕鱼区划界

---

①　该法令规定了一个点的坐标，在这一点上，民主德国 12 海里的领海外边界与波兰的领海相重合。这一点位于在大陆架协议的分界线上。交界的领域如果根据 1951 年法兰克福法案规定的 6 海里领海，在国际法上属于波兰。参见，《民主德国法律公报》第 1 部分，第 37 卷（GBl. DDR Ⅰ Nr. 37 v.），1984 年 12 月 20 日，第 441 页。

条约》草案。① 鉴于两国观点的根本分歧，谈判必然失败。民主德国试图进一步创造有利于自身的法律事实。1986 年 4 月 3 日，民主德国颁布第三个国家边界实施条例，明确了民主德国领海的航道，北部和西部边界到希维诺乌伊希切港，即从波兰西波罗的海到什切青 - 希维诺乌伊希切港，这一区域受民主德国管辖。② 波兰对此表示反对，认为这是企图侵犯从波兰港口自由进入公海的权利。民主德国并未改变态度，来往波兰港口的航运不受任何限制，根据该条例第 1 条第 2 款，波兰军舰在民主德国领海中适用于外国军舰的授权程序，波兰继续维持其建立的港口的权利并未受到破坏。双方都坚持自己的立场。关于这个话题的讨论语气变得更加尖锐。

1986 年 8 月 21 日，民主德国希望与波兰签订"民主德国与波兰人民共和国关于通过民主德国领海航运至希维诺乌伊希切港和什切青港以及位于民主德国领海的 2 号锚地的条约"，但遭到波兰拒绝，认为这是民主德国单方面的规定。1986 年 1 月 27 日，波兰在第 39/86 号航海公告中，公布了位于波兰港口北部的 3 号锚地的坐标。民主德国做出回应，宣布指定区域位于其领海内，其中没有锚地。双方均坚持在此问题上的立场，导致局势再次剑拔弩张。

1986 年 12 月 21 日至 1987 年 8 月 24 日，波兰声称的 3 号锚地发生了几起事件，民主德国的巡逻艇和直升机驱赶准备在此抛锚的波兰和外国船只（包括塞浦路斯和土耳其船只）。波兰反对这些行动，民主德国以行使主权为由予以拒绝。局势有可能升级，因为双方都想在实践中保持自己的强硬立场。虽然某些声明主张不使用武力，但双方武装部队在该地区不断巡逻，导致总有一些危险事件发生。

关于解决问题的政治谈判

如果民主德国与波兰不想给双方关系造成无法弥补的损害，就必须找到政治妥协路径，特别是考虑到 20 世纪 80 年代初以来双边关系已经负担沉重。在民主德国的主要政治家中，包括党内机关和国家部门，对波兰局

---

① 1985 年 10 月 28 日，中央政治局批准了该条约草案。（参见 SAPMO - BArch, JIV 2/2/2136，第 28—32 页，包括条约草案。）
② 参见，《民主德国法律公报》第 1 部分，第 16 卷（GBl. DDR Ⅰ Nr. 16 v.），1986 年 5 月 2 日，第 253 页。

势发展的不信任普遍存在。他们担心波兰的社会主义社会模式不会长久，而反对派"团结工会"将夺权。在这方面，人们反复表达了对波兰领导层国内政策的不满。

1980年10月，民主德国废除了民主德国和波兰的私人旅行护照免签，波兰对民主德国进行了谴责。

民主德国则抱怨说，波兰人的非法贸易活动日益猖獗，他们利用免签自由权，穿过民主德国进入西柏林，在西柏林进行贸易，再回到民主德国进行交换，尤其是在民主德国首都，这种行为加剧了本已复杂的供应形势。民主德国提出的另一个要求是德国文化遗产的回归。这些遗产在第二次世界大战期间遗失在外，如今在波兰的领土上。

苏联不愿意充当裁判。它解释说，这是波兰和民主德国双方的问题，需要双方谈判解决。民主德国试图打苏联的安全牌，例如，跨越有争议海域的通信不利于维持苏联的领导。苏联外交部显然不担心进一步退出和约可能导致波兰内部与反对派发生冲突。反对派强烈反对民主德国，要求守住波兰的利益，但他们势力很弱。一方面，莫斯科仍然希望维护波兰的社会主义政权。另一方面，莫斯科非常重视双方能通过谈判进行沟通。苏联没有对民主德国提出的要求发表评论。

德国统一社会党中央委员会书记赫尔曼·阿克森未能与波兰统一工人党（PVAP）中央书记处书记约瑟夫·奇雷克就"海上边界问题"在"党内层面"达成共识，1987年秋出现的情况导致双方认为，必须采取新的办法来解决这一有争议的政治问题。同为华沙条约国家的民主德国和波兰，在公共场合总是高度强调其"兄弟般"的关系，但从长远来看，双方都不能容忍。波兰越来越多地泄露给公众有关这一边界争端的信息。这促使东德在稍微犹豫之后，发布了一些简短的消息，正式告知民主德国公民与波兰的边界争端。两国外交部长于1987年底达成谅解，为政治谈判开辟了道路，这些谈判最初被称为"专家会谈"。两国的谈判小组后来得到扩充。现在所有相关的政府机构的代表都参与进来，从外交部到国防部，到政府的渔业部门，以及什切青－希维诺乌伊希切港的代表。谈判小组的领导权移交给外交部国土部门负责人，以突出谈判的政治性。首先，要为谈判创造良好的氛围。因此民主德国制止了武装部队在有争议的海域巡逻和执行任务的所有行动。民主德国认为，必须避免一切可能使正在进行的谈判复杂化甚至中断的事情。

　　谈判小组最初的工作是仔细列出有争议的问题和对有关各自法律立场的准确书面陈述。这在双方批准的文件中进行了总结。这样的程序迫使他们放弃争论，专注于实质性的问题。双方可以根据需要多次提及本文件，而不必解释自己的立场，而对方可以以书面形式进行答复。因此，谈判的客体已经实现，双方谴责性的争论减少并最终完全停止。

　　两个谈判小组领导层的变动也产生了积极的影响。虽然两位谈判代表都必须熟悉对他们来说不熟悉的问题，但他们在相互交往时并没有受到先前争论的影响。在最初的困难之后，双方建立了良好的个人关系，其特点是开放、信任和相互尊重，这有助于形成良好的谈判环境。参加谈判的双方军官的行为也产生了积极的影响。

　　虽然谈判的气氛逐渐放松，但寻求妥协仍然很困难，需要双方拿出更多的诚意，并兼顾对方的立场。虽然民主德国方面通过提交新提案证明了这一良好意愿，但它最初缺乏必要的同情心。1988年中，波兰方面提议缔结一项协议，将民主德国领海的北方控制权永久置于波兰的监督之下。波兰有权取消与航运有关的所有权利，而民主德国不应干涉。这基本上就提出了一个"走廊解决方案"，唤起了波兰方面早先与德国之间争端的回忆，并且不受海事法的保护。相反，根据国际惯例，民主德国仍然享有相关领海的管理权，这相当于"半走廊解决方案"。根据这一提议，民主德国就有了法律方面的谈判依据。它希望给予波兰方面与使用航运路线有关的所有权利，但不会放弃1966年《大陆架协定》享有的权利，也不会因此规范捕鱼权。由于不改变《大陆架协定》，这项规定等于民主德国方面单方面放弃行使本条约规定的权利。既然这是一个高度可疑和脆弱的规则，就没必要再进行新的争吵。正如可预料的那样，对这一提议波兰没有坚持其立场，即进入什切青－希维诺乌伊希切港口综合体必须经过波兰领海和公海。

逆转

　　民主德国必须做出新的考虑。如果不想争议再旷日持久地进行下去，那么民主德国势必要改变立场。埃里希·昂纳克呼吁，切实加大努力，寻找可行的办法，尽快解决与波兰邻国的争端。从这个意义上说，民主德国的谈判者得到菲舍尔外交部长的指示，并向他保证会给予支持。在几次高级别会谈中，民主德国进一步探讨波兰的立场之后，领导人终于做出决定，波兰获得什切青 – 希维诺乌伊希切港口的通行权，但不接受其"历史依据"。在与有关部门进行艰难的协调后，退还波兰在波兰港口北部奥得河湾的东德海域。作为回报，根据 1968 年的条约，民主德国的捕捞区扩展到大陆架的分界线。1951 年 1 月 19 日的《法兰克福协定》和 1951 年 1 月 27 日的《国家边界出口法》界定了 6 海里的划界，此规定仍然有效。此标界以北为公海航线。民主德国相信他们能够突破谈判并迅速解决海域划界问题。

然而，令民主德国谈判团感到意外的是，波兰方面对此考虑到其入海口的提案不满意。波兰坚持拒绝接受超过 6 海里限制的"楔形海域"，理由是它影响了波兰的安全利益。北约军舰有可能接近波兰领土达 6 海里，这也不符合民主德国的利益。因此，波兰必须在该地区将领海扩大到 12 海里。这意味着 6 至 12 海里之间的大陆架划界发生变化，根据 1977 年 12 月 22 日的法令就会损害民主德国部分渔区。关于大陆架和渔区，波兰方面设想进行"赔偿"，但没有提供任何进一步的细节。

波兰的这些要求可能会使谈判陷入僵局。波兰的立场是要获得合法所有权，而这要求民主德国为了解决冲突而放弃合法所有权。渔业部门、地区主导产业及食品工业部（Ministerium fur Bezirksgeleitete und Lebensmittel-industrie）和地质部（Ministerium fur Geologie）均指出此举会给民主德国带来重大影响。民主德国将无法在一个非常宝贵的渔区进行捕捞，而且被剥夺了今后对潜在的石油和天然气的开采权。主张对波兰采取强硬立场的代表再次获得上风，并试图对决策层施加影响。

另一方面，波兰内部认为，鉴于德国当局代表和团结工会的"圆桌会议"对国内政局的预期影响，他们取得成功的可能性越来越大。苏联仍不愿意在谈判中支持民主德国。他们虽然宣布为"中立"，但客观上有利于波兰。对民主德国来说，谈判情况很复杂。如果不退出领海，就不可能通过谈判解决问题。虽然单方面决定放弃领海可以消除争端，然而，波兰很可能会立即扩大领海，而民主德国则得不到任何回报。大陆架和渔区的划分虽然在法律上是开放式的，但实际上却是单方面有利于波兰的。

妥协

在民主德国所有试图说服波兰改变立场的努力一无所获后，民主德国同意延长波兰领海的横向范围，条件是大陆架和渔区划界必须一致。因此，与失去的区域相比，民主德国还是获得了相当大的收益。民主德国第一次宣布修改 1968 年的《大陆架协议》，在此之前一直拒绝。为了使波兰能无限制使用什切青–希维诺乌伊希切港北部 6 海里的 2 号锚地——这块地区的控制权在一小块东德领海上——民主德国同意对 1951 年的《法兰克福协定》做一些小改动。最初，波兰以战后西部边界不可侵犯为由拒绝。最后，波兰获准，通过波兰港口的北部通道部分，包括位于公海的第 3 号锚地，从民主德国的大陆架和捕鱼区移除，不再属于民主德国专属经济区。民主德国曾提议提交单方面声明，但波兰方面坚持在协定中列入相应的条款。东德的大陆架和渔区面积增加了约 160 平方公里。与此同时，一个单独条款肯定了已经实施的关于在东德领海的波兰船舶运输条例。悬挂波兰国旗的军舰和国家船不需要得到民主德国的授权。但是，波兰游艇只有经民主德国同意才能通过，该批准必须单独申请。民主德国拒绝了波兰豁免游艇的许可证的要求。但是，如果有必要的话，也可以集体申请，获得快速处理。

最后的谈判于 1989 年 4 月的最后一周在柏林附近的施特劳斯贝格举行。谈判持续了整整一个星期，完全以解决问题为导向，但并非没有争议。波兰谈判代表团团长纳皮拉杰（Napieraj）为谈判赢得成功发挥了重要作用。1989 年 4 月 30 日，在谈判地，《奥得河湾海域划界协议》草签，正式协议于 1989 年 5 月 22 日在柏林由两国外交部长签署。① 民主德国国务委员会批准执行。人民议院没有反对，随着 1989 年 6 月 13 日在华沙交换批准书，该协议生效。②

十多年过去了，德波关系取得了积极进展，这有利于未来两国人民和国家的睦邻友好关系。③两国就所有边界达成一致的事实仍然是德国与波兰之间友好关系的主要条件之一。参加这项工作让当时民主德国的前外交官很有成就感。民主德国谈判代表团的有效支持和信任合作令人感动，包括与波兰伙伴进行谈判时的客观和友好的气氛。它们解决了一个法律上多年

---

① 协议文本参见《民主德国法律公报》第 2 部分，第 9 卷（GBl. DDR Ⅱ Nr. 9 v.），1989 年 7 月 28 日，第 150 页。另参见 1989 年 5 月 23 日的《新德意志报》（Neues Deutschland vom 23. 5. 1989）；《地平线》1989 年第 6 期（horizont, 6/1989），第 4 页；《德国档案》1989 年第 7 期（Deutschlandarchiv, 7/1989），第 784 页。
② 1989 年 6 月 14 日的《新德意志报》（Neues Deutschland vom 14. 6. 1989），第 11 页。
③ 参见《世界发展趋势》第 13 期（1996 年冬）（WeltTrends 13, Winter 1996）中的"德国与波兰"主题。

来争论不休的问题，这个问题的恶化给民主德国和波兰之间的关系带来了完全不必要的负担。在德波关系史上，这场谈判将成为一个里程碑，成果是最终协议的签订及其对德波两国未来关系的积极影响。

（原文发表于《世界发展趋势》1999—2000 冬第 25 期）

波兰对德国统一进程的看法

博格丹·科泽尔

波兰人民共和国的国家政策是捍卫雅尔塔和波茨坦的和平秩序，其核心是奥得–尼斯河边界以及第二德国——德意志民主共和国的存在。[1] 1985年3月，米哈伊尔·戈尔巴乔夫上台，对德国统一问题的讨论正式提上议程。然而，即使是1988年9月成立的米奇斯瓦夫·拉科夫斯基的新自由派政府，也未能摆脱对德国问题旧有的偏见。[2]反对派采取了更多行动，在波兰实行戒严期间，团结工会已经与德国政府代表阿图尔·哈伊尼奇和阿洛伊斯·默特斯进行了秘密会谈。会谈中，有人提议，如果新德国政府承认奥得–尼斯河边界，波兰将同意德国统一。[3]

20世纪80年代，团结工会和天主教知识分子中的反共派对德波关系的发展有了新的看法。因此，开始了关于克服欧洲和德国分裂、波兰和德国在欧洲的地位以及德波关系史上"白点"的讨论。

---

① 多罗塔·阿利奇贾·夸皮斯（Dorota Alicja Kwapisz）:《历史经验的重要性. 波兰人民共和国对德波关系的长期阴影》（Die Bedeutung historischer Erfahrungen. Der lange Schatten der Volksrepublik Polen auf die deutsch–polnischen Beziehungen），载卡米拉·马祖雷克（Kamila Mazurek）、托马斯·梅尔豪森（Thomas Mehlhausen）编《在怀疑和信任之间：转型时代的波德关系》（Zwischen Skepsis und Vertrauen. Die deutsch–polnischen Beziehungen im Wandel），克拉科夫：贾吉洛尼亚大学出版社，2009（Krakau：Jagiellonien Universität，2009），第111—115页。博格丹·科泽尔（Bogdan Koszel）:《从拉帕基计划到雅鲁泽尔斯基计划：二战后波兰安全政策》（Vom Rapacki Plan zum Jaruzelski Plan. Die polnische Sicherheitspolitik nach dem Zweiten Weltkrieg），载《国际研究》莱比锡和平研究专刊第4期（Internationale Studien. Leipziger Hefte zur Friedensforschung 4），1989年，第100—106页。

② 参阅《拉科夫斯基总理专访"前进"》（Wywiad premiera Rakowskiego dla „Vorwärts"），载于《华沙生活报》1988年8月28日（Życie Warszawy, 28.8.1988）；博格丹·科泽尔（Bogdan Koszel）:《波兰人民共和国对德意志联邦共和国的外交政策1949—1989》（Die Außenpolitik der Volksrepublik Polen gegenüber der Bundesrepublik Deutschland 1949—1989），载扬–皮特·巴比安（Jan–Pieter Barbian）、马雷克·里布拉（Marek Zybura）编《比邻而居. 20世纪德波关系面面观》（Erlebte Nachbarschaft. Aspekte der deutsch–polnischen Beziehungen im 20. Jahrhundert），威斯巴登：哈拉索维茨出版社，1999（Wiesbaden：Harrasowitz，1999），第59页。

③ 阿图尔·哈伊尼奇（Artur Hajnicz）:《波兰的转变和德国的统一：关系正常化1989—1992》（Polens Wende und Deutschlands Vereinigung. Die Öffnung zur Normalität 1989—1992），帕德博恩：舍宁出版社，1995（Paderborn：Schöningh，1995）。

1989 年 6 月议会选举后，天主教知识分子塔德乌什·马佐维耶茨基成为新总理，他的名言是："波兰重回欧洲怀抱。"他认为波兰应首先认同西方价值体系，然后回归自由市场经济和多元化政治。安杰伊·什奇皮奥斯基和瓦迪斯瓦夫·巴托舍夫斯基等作家和时事评论员补充说，波兰要通过德国回归欧洲。[①]两个国家关系时好时坏，而波兰又期待联邦德国的援助进行经济重建。从 20 世纪 70 年代开始，波兰引入德国贷款并发行西方债券。科尔政府准备进行对话，但先决条件是，波兰要正式承认其境内少数德意志人的地位。新的波兰政府已做好准备。不久之后，由塔德乌什·马佐维耶茨基的好友米卡·普松（供职于《普适周刊》）领导的专家小组成立，他与塔德乌什·马佐维耶茨基和科尔的顾问霍斯特·特尔奇克熟识。该小组为科尔 1989 年 11 月首次访问华沙创造了条件。

马佐维耶茨基政府和新外交部长克日什托夫·斯库比谢夫斯基（Krzysztof Skubiszewski）愿意与联邦德国深入合作，但这对于波兰统一工人党第一书记、国务委员会主席沃伊切赫·雅鲁泽尔斯基将军而言非常困难。特别是在埃里希·昂纳克的强大影响下，他们慢慢失去了影响力。人们无法期望自 1945 年以来一直受到强烈反德宣传影响的波兰人的观点突然发生转变。[②]

微妙的边界问题

1989 年 11 月 9 日柏林墙的倒塌引发了一系列变化，恰逢科尔访问波兰。这一意想不到的事件迫使联邦总理迅速离开并飞往西柏林，在那里和平示威者正在穿城游行。在科尔离开华沙之前，马佐维耶茨基试图获得科尔对奥得－尼斯河边界问题的解释，但没有成功。科尔的回答是，他只听说"目前没有德国政府可以发表这样的声明"。科尔低估了波兰的底线，并强调边界今后将不再发挥主要作用。他说："如果人员往来量大，边界问题将变得不那么重要。"科尔还认为，德国外部边界问题首

---

① 参阅斯蒂芬·拉贝（Stephan Raabe）《波兰：邻居、伙伴、东方之友：1989 年以来德波关系的变化》（Polen, Nachbar, Partner, Freund im Osten. Wechselfälle der deutsch－polnischen Beziehungen seit 1989），康拉德·阿登纳基金会报告第 17 期 2010 年（Rapporte der Konrad－Adenauer－Stiftung 17/2010），第 13 页。

② 参阅安娜·沃尔夫－波文斯卡（Anna Wolff－Powęska）《波兰与德国．波兰政治文化史 1945—1989》（Polacy wobec Niemców. Z dziejów kultury politycznej Polski 1945—1989），波兹南：西部研究所，1993（Posen：Instytut Zachodni, 1993）。

先必须由民主德国和联邦德国政府解决。①波兰政府无法掩饰其烦恼。进一步的讨论是在紧张的气氛中进行的。从外部来看，一切都与众不同。在1989年11月14日克什舍瓦举行的双语天主教弥撒中，马佐维耶茨基总理拥抱了科尔总理。这一举动为德国与波兰的和解铺平了道路。②

在访问华沙期间，科尔和马佐维耶茨基签署了一份非常全面的文件，其中包含78个条款，旨在为双方未来的深入讨论奠定基础。该文件没有对奥得－尼斯河边界这一有争议的问题发表声明。科尔总理和雅鲁泽尔斯基总统之间的个人对话也未获成功。波兰没有从联邦德国政府那里得到最重要的问题的答案。波兰政界人士意识到，科尔受到基社盟、"被驱逐德国人联盟"及其政党右翼的强大压力。这就是为什么他避免给出明确的答复，并重复了关于欧洲所有边界不可侵犯的老生常谈。③

让步与合作

首先，联邦德国在经济问题上对波兰做出了很大的让步，并巧妙地将之与波兰的德意志少数民族的特许权联系起来。德国通过世界银行贷款和处理波兰债务来支持波兰。根据一项单独的协定，德国方面根据1975年波兰和联邦德国签订的条约发放7.6亿马克贷款。其余5.7亿德国马克资助德－波合作基金会，用于资助以下项目：青年交流、行政人员培训、德国语言和文化的传播、纪念碑的保护和跨界合作。德国政府还向德国出口行业提供总额达30亿马克的财政担保（"赫梅斯担保"），并同意向波兰货币

---

① 参阅维多尔·M. 戈拉尔斯基（Witold M. Góralski）《波兰与德国的政治关系》（Stosunki polityczne Polska – Niemcy），载迪特尔·宾根（Dieter Bingen）、克日什托夫·马利诺夫斯基（Krzysztof Malinowski）编《波兰与德国的伙伴关系．寻找平衡的十年 1989—1998》（Polacy i Niemcy na drodze do partnerskiego sąsiedztwa. Próba bilansu dziesięciolecia 1989 – 1998），波兹南：西部研究所，2000（Posen: Instytut Zachodni, 2000），第273页。

② 埃尔比塔·斯塔德米勒（Elżbieta Stadtmüller）：《恐惧和希望的边界．九十年代的波兰与德国》（Granice lęku i nadziei. Polacy wobec Niemiec w latach dziewięćdziesiątych），布雷斯劳：弗罗茨瓦夫大学出版社，1998（Breslau: Uniwersytet Wrocławski, 1998），第13页。

③ 参阅马库斯·米尔登贝格尔（Markus Mildenberger）《从和解到艰难的伙伴关系．在欧洲背景下的十年波德国系》（Od pojednania do trudnego partnerstwa. Dziesięć lat stosunków polsko – niemieckich w kontekście europejskim），载克日什托夫·马利诺夫斯基（KrzysztofMalinowski）、马库斯·米尔登贝格尔（Markus Mildenberger）编《艰难对话．欧洲一体化进程中的波兰－德国利益共同体》（Trudny dialog. Polsko – niemiecka wspólnota interesów w zjednoczonej Europie），波兹南：西部研究所，2001（Posen: Instytut Zachodni, 2001），第26页。

稳定计划提供 5 亿德国马克（占总资金的 25%）的资助。该协议的经济部分还覆盖 10 个青年交流与合作合同，在汉堡设立波兰总领事馆，在克拉科夫设立德国总领事馆以及交换军事专员。[1]

根据此宣言，波兰的德意志少数民族有权维持自己的身份、语言、教派和文化。他们获得了充分学习母语、收听德语新闻和德国电台广播的机会。他们的职责还包括在现今波兰的领土上宣传德国反法西斯抵抗运动，树立德国杰出人物纪念碑，以及守护德国烈士的墓地。[2]

波兰社会欢迎柏林墙的倒塌，认为该事件一方面受到波兰团结工联发展的影响，另一方面作为现代历史上最重要的事件之一，这标志着共产主义制度的解体。然而，没有人能够预见到关于统一问题的会谈结果。毫无疑问，波兰认为莫德罗政府的统一模式更具吸引力，它计划使德国作为联邦国家逐步统一。著名的极右政治家科尔温 – 米克写道："如果我们要建立一个统一的德国，那么在联盟的基础上这样做是至关重要的，而不是为联邦德国提供普鲁士的军国主义。"[3]

围绕边界的争吵

1989 年冬和 1990 年春，科尔坚持德波边界问题上的立场，是源于联盟内部权力斗争和对两个德国社会大局的考虑。然而，波兰政界人士和外交官怀疑科尔迅速解决边界问题的能力。科尔想要被驱逐的德国人群体也

---

[1] 参阅扬·巴尔茨（Jan Barcz）《波兰 – 德国. 达成协议与和解之路：1989 年 11 月 9 日至 14 日联邦总理赫尔穆特·科尔访问波兰系列文件》（Polska – Niemcy. Na drodze ku porozumieniu i pojednaniu. Zbiór dokumentów związanych z wizytą kanclerza federalnego Helmuta Kohla w Polsce w dniach 9 – 14 listopada 1989），波兹南：西部研究所 1990 年（Posen：Instytut Zachodni, 1990）。

[2] 参阅克日什托夫·米什恰克（Krzysztof Miszczak）《宣言与现实：德意志联邦共和国与波兰人民共和国的关系，从〈华沙条约〉到〈睦邻和友好合作协定〉（1970—1991）》（Die Beziehungen zwischen der Bundesrepublik Deutschland und der（Volks –）Republik Polen von der Unterzeichnung des Warschauer Vertrages bis zum Abkommen über die gute Nachbarschaft und freundschaftliche Zusammenarbeit（1970 – 1991）），慕尼黑：图杜夫出版社，1993（München：Tuduv, 1993），第 343—346 页。

[3] 雅努什·科尔温 – 米克（J. Korwin – Mikke）：《德国》（Niemcy），载《时报》1990 年 5 月 19 日（Najwyzszy Czas, 19. 5. 1990）。参阅博格丹·科泽尔（Bogdan Koszel）《波兰天主教和民族保守派对德国统一的观点》（Zjednoczenie Niemiec w ujęciu polskiej prasy katolickiej i narodowo – konserwatywnej），载于卡齐米尔兹·罗巴科夫斯基（Kazimierz Robakowski）编《过去近在咫尺》（Przeszłoć bliska i daleka），波兹南：UAM 出版社，2000（Posen：UAM, 2000），第 261—267 页。

能接受他的观点。这导致了德国政治舞台上的新分歧。联邦德国在世界上的形象受到了影响。

该事件导致了马佐维耶茨基总理（将最终和平解决德国问题与德波边界问题联系在一起）与科尔总理（统一不需要划定最终边界，但德国统一和波兰直接相关）在战略上的冲突。①

1990 年初数月，华沙外交攻势旨在迫使联邦德国政府在德国统一之前承认边界条约，或是获得民主德国和联邦德国两国议会就此问题发表的声明。波兰方面试图赢得美国、英国、法国和莫德罗政府的支持。斯库比谢夫斯基部长在渥太华举行的"二加四"峰会上进行一系列会谈，旨在达成这一目标——三大强国主张德波边界不可侵犯。英国，尤其是法国支持波兰参加首脑会议，并在德国统一之前就德波边界问题达成必要的协议。1990 年初，雅鲁泽尔斯基总统和马佐维耶茨基总理访问伦敦和巴黎，弗朗索瓦·密特朗总统和英国首相撒切尔夫人表示全力支持波兰。②此外，1990 年 2 月 6 日，德国外交部长汉斯－迪特里希·根舍在布鲁塞尔会见克日什托夫·斯库比谢夫斯基，试图减轻波兰对德国统一的恐惧。③

波兰的态度得到了理解。尽管有一些延迟，但主要大国和民主德国都在不同程度上支持它。另外，联邦德国否决了波兰正式参加"二加四"会议的权利。它还拒绝了波兰的提议，即恢复统一的德国起草一份和平解决

---

① 参阅耶日·苏萨克（Jerzy Sułek）《1989 年波兰对于波德关系正常化的考量》（Das polnische Konzept der Normalisierung der Beziehungen zwischen Polen und der BRD im Jahre 1989），载维多尔·M. 戈拉尔斯基（Witold M. Góralski）编《历史剧变和未来的挑战 1991 年 6 月 17 日德波睦邻友好合作条约：20 年后的回顾》（Historischer Umbruch und Herausforderung für die Zukunft. Der deutsch－polnische Vertrag über gute Nachbarschaft und freundschaftliche Zusammenarbeit vom 17. Juni 1991），华沙：ELIPSA 出版社，2011（Warschau：ELIPSA, 2011），第 21 页。

② 对科尔总理的不满，参见霍斯特·特尔奇克（Horst Teltschick）《329 天：德国统一的内部视角》（329 Tage. Innenansichten der Einigung），柏林：西德勒出版社，1991（Berlin：Siedler, 1991），第 150 页，第 164 页。

③ 参阅阿列克桑德拉·克鲁克（Aleksandra Kruk）《1969—1992 年汉斯－迪特里希·根舍在德意志联邦共和国内外政策中的作用和重要性》（Die Rolle und Bedeutung von Hans－Dietrich Genscher in der Innen－und Aussenpolitik der Bundesrepublik Deutschland in den Jahren 1969－1992）卡托维兹：UNIKAT 出版社，2010（Kattowitz：UNIKAT, 2010），第 80 页。

办法草案，并在德国统一之前由联邦德国和民主德国草签。① 德国政府最初就拒绝了这一解决方案，但科尔面临的局势并不是特别有利。社会民主党反对派的猛烈抨击、自民党的强大压力以及美国的警告迫使科尔不得不在 1990 年 2 月 28 日宣布，在 3 月 18 日举行的民主德国人民议院选举之后，两国议会将就德波边界问题发表相应的声明。

德国的荣誉承诺

最重要的是，在德意志政府内部讨论之后，联邦德国总统里夏德·冯·魏茨泽克提议，民主德国新政府及其总理洛塔尔·德梅齐埃同意，波兰外交部长将出席在波恩即将举行的"二加四"会谈，两德议会将做出期待已久的决定。1991 年 6 月 21 日，德国联邦议院以绝大多数赞成票通过德波边境的决定。联邦总理科尔在演讲中向波兰明确声明："波兰与德国的边界，就像今天一样，是最终边界。无论是现在还是将来，我们德国人在领土要求方面都不会对此提出质疑。这将在统一后的德国与波兰共和国的条约中得到国际法的确认。"他警告说，对于那些反对与波兰达成协议的人："任何人都不应被愚弄。今天，我们面对一个非常明确的选择——要么我们确认现有的边界，要么我们浪费当下德国统一的机会。"根据德国联邦议院的决议，根据民主德国与波兰共和国之间关于 1950 年 7 月 6 日已建立和现有的德波边界的标记，以及"执行和补充边界协定"，统一的德国和波兰共和国之间的边界是存在的。②

两个德国议会的决定还不是具有国际法意义上约束力的协定，而只是对早日缔结边界条约的荣誉承诺。波兰政治家未能说服德国在统一之前缔结条约。波恩的峰会也未能在此问题上取得成功，没有把边界问题作为德国和波兰之间签订新协定的一部分。

---

① 参阅耶日·苏萨克（Jerzy Sułek）《旨在结束德波边境争端的波兰外交攻势》（Die Offensive der polnischen Diplomatie mit dem Ziel, den deutsch – polnischen Grenzstreit zu beenden），载于维多尔·M. 戈拉尔斯基（Witold M. Góralski）编《历史剧变和未来的挑战》（Historischer Umbruch und Herausforderung für die Zukunft），第 77 页。
② 卡尔·凯泽（Karl Kaiser）：《德国统一：国际视角与重要文件》（Deutschlands Vereinigung. Die internationalen Aspekte. Mit den wichtigen Dokumenten），贝尔吉施格拉德巴赫：吕贝出版社，1991（Bergisch Gladbach：Lübbe, 1991），第 232 页。

波兰与统一

波兰饶有兴趣地观察了 1990 年 8 月 23 日货币和经济联盟及统一条约的初步成果。波兰媒体对统一进程的速度感到惊讶。人们认为，这样的速度可能对波兰有害，因为波兰太弱小，没有准备，并且受外国牵制。在欧洲，拥有 8000 万人口的邻居可能是一件非常艰难的事。人们常常论及联邦德国的"和平闪电战"，甚至是民主德国的无情。前文提到的政治家科尔温－米克曾写道："理论和实践证明，德国的分裂对东欧甚至德国都非常有利。此时，德国文化、艺术和科技蓬勃发展。德国的统一给欧洲带来了风暴，也导致了德国的失败。"①

1990 年 9 月 12 日在莫斯科签署的《关于最终解决德国问题的条约》打破了关于边界问题的所有讨论，因为德国的统一取决于两德"外部边界的相互尊重"（第一款第 1 条）。②在这样的政治环境下，联邦德国对进一步的会谈做好了准备，加快了谈判的步伐。与此同时，它还试图完善"总协定"中的要点。在首届全德联邦议院竞选（1990 年 12 月 2 日）中，科尔不得不施展他的外交技巧来满足波兰人的期望，从而不辜负"流离失所圈子"中的选民。1990 年 11 月 8 日，科尔和马佐维茨在奥得河畔法兰克福会面，科尔同意迅速缔结边界条约。他提出，两个条约——边界条约和主条约——应同时签署。波兰保证，在波兰的德国少数民族问题将按照欧洲准则得到解决。

1990 年 11 月 14 日，外交部长汉斯－迪特里希·根舍和克日什托夫·斯库比谢夫斯基在华沙签署了《德意志联邦共和国与波兰共和国之间的协定》，确定了双方边界。《协定》序言部分指出，双方都决定："共同为建立边界不再分离的欧洲和平秩序做出贡献。"第 1 条确认了民主德国和波兰在 1950 年 7 月 6 日关于已建立和现有德波边界的协定以及其实施和补充协定。第 2 条规定："缔约方同意，双方边界现在和将来都是不可侵犯的，

---

① 雅努什·科尔温－米克（J. Korwin－Mikke）：《德国》（Niemcy），载《时报》1990 年 5 月 19 日（Najwyzszy Czas, 19.5.1990）。

② 参见 1990 年 9 月 12 日《关于最终解决德国问题的条约》（Der Vertrag über die abschließende Regelung in bezug auf Deutschland vom 12.09.1990），卡尔·凯泽（Karl Kaiser）编《德国统一：国际视角与重要文件》（Deutschlands Vereinigung. Die internationalen Aspekte. Mit den wichtigen Dokumenten.），第 260 页。

并承诺相互充分尊重其主权和领土完整。"在第 3 条声明，双方对彼此没有领土要求，今后也不会提出这种要求。①

"边境协定"的签署对波兰政府而言是一次巨大的外交胜利。在波恩，签署的协议进行得不顺利，因为人们认为对于波兰来说，《莫斯科协议》已经足够，波兰不用担心其西部边界的未来。还有人说，1990 年 11 月 14 日的协议是多余的。因为波兰政府的执着、世界其他大国的压力，科尔政府认为这是一场高赌注的游戏，导致了解决方案长期以来一直是波兰人民共和国最重要的国家目标。

结论

事情的结果是，波兰对德国的统一非常积极，同时也不隐瞒对未来统一的德国有些恐惧的事实。米奇尼克写道："俾斯麦和希特勒用世界强国的梦想毒害了德国的鲜血，没有人知道未来会怎样……但是在 1990 年，德国在历史上第一次重新统一，德国人没有团结起来反对任何人或任何事。正是由于这一进程受到合作伙伴和邻国的欢迎。我们是第一次在独立的欧洲环境下面对一个不实行非民主和极权主义统治的德国。"②

统一后，人们立即追问德国将如何处理突然实现的自由和主权问题："什么问题应优先考虑，在哪个框架中开展工作活动以及哪些人员具有优先权？德国应该如何应对恢复的规模和权力，以免惹恼邻国，且不对欧洲和世界的巨大挑战无动于衷？"1990 年 10 月 3 日波兰总理马佐维耶茨基在给赫尔穆特·科尔的信中提出了这些问题："波兰的关切是和平合作、相互信任和伙伴关系，这是德波关系的基石。德波利益共同体是统一的欧洲和世界秩序的重要组成部分，两国人民在欧洲一体化进程中和解决不平等和分歧方面发挥着重要作用。"③

① 1990 年 11 月 14 日和 1991 年 6 月 17 日的《德波和约》（Die deutsch‐polnischen Verträge vom 14. 11. 1990 und 17. 6. 1991）。波兰外交部、德国外交部，波恩，1992 年，第 14 页。

② A. 米奇尼克（A. Michnik）：《叛乱与和平》（Bunt i spokój），载《选举报》1993 年 4 月 17—18 日（Gazeta Wyborcza, 17. ‐ 18. 4. 1993）。另参见博格丹·科泽尔（Bogdan Kos‐zel）：《统一的德国. 欧洲的希望还是威胁？》（United Germany. Hope or danger for Eu‐rope?），载约瑟夫·科莫罗夫斯基（Józef Komorowski）、雷纳塔·斯塔瓦尔斯卡（Renata Stawarska）编《波兰与欧洲共同体》（Poland and European Communities），波兹南：经济大学出版社，1994（Posen：University of Economics, 1994），第 38—47 页。

③ 引自《共和报》1990 年 10 月 3 日（Rzeczpospolita, 3. 10. 1990）。

德－波兰边界条约为波兰与德意志联邦共和国之间的睦邻友好合作条约的签署（波恩，1991 年 6 月 17 日）铺平了道路。这项条约，也称为"大条约"（Großer Vertrag），至少在二战后的德波关系中，也许也在整个历史中都是一个先例。它为未来几年的国际关系奠定了基础。1991 年 7 月 17 日的条约规定了两国政治、经济、科技合作及两国公民之间的直接接触，包括青年工作。它促进了政党、工会、教会、体育团体、基金会和其他政治和社会机构之间的经验交流。在重要的第 8 条中，统一的德国承诺，一旦条件满足，就支持波兰加入欧洲联盟。①缔约方承诺为经济创造最有价值的经济、法律和组织框架。相互合作包括金融和信贷关系正常化，特别是在欧洲复兴开发银行、国际货币基金组织、世界银行和其他金融机构的框架内的合作。还考虑了解决波兰债务问题的办法，其中大部分为拖欠巴黎和联邦德国的。②

（此文为波兹南亚当·密茨凯维奇大学教授博格丹·科泽尔博士为勃兰登堡罗莎·卢森堡基金会、米夏埃尔·舒曼基金会、《世界发展趋势》共同举办的学术会议提交的文章，会议主题为"冷战的结束和德国统一之路：欧洲邻国的视角"。宣讲时间为 2014 年 6 月 18 日）

---

① 参阅《德波和约》（Die deutsch－polnischen Verträge），第 34 页。
② 参阅兹齐斯－沃·普莱基（Zdzisław W. Puślecki）《波兰与德国经济合作的新形势》（Die neuen Bedingungen der ökonomischen Zusammenarbeit zwischen Polen und Deutschland），波兹南：TERRA 出版社，2000（Posen：TERRA，2000），第 100 页。

中转站奥地利

汉内斯·霍夫鲍尔

正因为奥地利在第二次世界大战后被盟国从一种非常特别的德意志统一形式中解放出来，在这种情况下对冷战初期的考察才具有指导意义。纳粹德国的投降使 1938 年 3 月 12 日希特勒军队入侵奥地利，以及随后奥地利在领土和行政上成为"东方马克"变得无效。然而，在经济上，德意志大空间经济圈却继续存在于由三个西方盟国管理的国家，直到 1955 年；并且在 1955 年之后扩展到在苏联长达十年管理下的该国东部。奥地利在第一共和国（1918—1938）时期与意大利、捷克斯洛伐克、匈牙利和德国的对外贸易额大致相同。1945 年以后，它主要转向德国，对它来说在战争年代没有边界存在。欧洲复兴计划——通常叫作马歇尔计划——重申了让奥地利融入西方的方法，即让奥地利加入大德意志产业结构（例如钢铁行业）并继续发展这一结构。1948 年，当马歇尔计划加强德奥轴线时，捷克斯洛伐克却在向着降低壁垒的方向发展，这些壁垒是由华盛顿强加于共产主义国家的协调委员会"巴黎统筹委员会"的，它打破了传统经济关系，而这种关系对波希米亚和摩拉维亚的工业部门尤其重要。

德奥合并改变奥地利经济及其所有制结构的程度，反映在德国对奥地利公司股权投资的概况中。这些都发生在 1938 年春天，当时国防军在造纸、纺织、化学、机械和金属工业、保险和银行业的投资只占百分之一到百分之八，到 1945 年初，对应比例达到 60% 到 83% 之间。[1] 在战争结束时，信贷和货币部门以及最重要的行业都有德国人经营，并被纳入相应的结构。这种单一的经济取向至今仍是奥地利的特征——虽然直到 1955 年在该国东部仍存在有待讨论的例外情况。在经济上，这个阿尔卑斯山区和多瑙河畔的小共和国是德国的附属国，更准确地说，是德意志联邦共和国的附属国。

---

[1] 参阅威廉·劳埃德·斯特尔曼（Stearman, William Lloyd）《苏联与奥地利占领》（The Soviet Union and the Occupation of Austria），波恩及其他城市：西格勒出版社，1961（Bonn u. a. : Siegler, 1961），第 25 页。

奥地利在波茨坦和索普朗之间的角色 （1945—1989）①

1945 年 7 月底至 8 月初，波茨坦三大国会议标志着大德意志区的终结，随之，奥地利的核心问题便是如何处理在纳粹政权期间被德国化的财产。波茨坦给出了明确的答案，使奥地利的"德国财产"得以恢复为奥地利所有；换句话说，盟国允许对所发生的战争损害做出于盟国无害的财产赔偿。苏联最初大规模侵占了德国的财产，以便在他们管理的地区——即通常人们所说的"占领区"建立自己的工业。苏联势力范围包括该国东部直到西部的恩斯河以及南部的施蒂里亚边界。维也纳市与柏林一样，分为四个"占领区"，市中心由美国人、英国人、法国人和苏联人共同控制。

苏联管制者和莫斯科对附属工业企业的拆迁从一开始就遭到其他盟国和奥地利主要政党奥地利人民党和奥地利社会民主党的拒绝。只有到 1947 年底（情况才发生了变化），隶属于集权政府的奥地利共产党被允许进入苏联企业，他们的许多干部或成员在那里找到了工作。

在 1946 年和 1947 年的两项国有化法律中，② 奥地利政府在其基督教保守党总理利奥波德·菲格尔（Leopold Figl）的指导下试图推翻德国财产的可恢复性。这个想法既透明又聪明。如果在纳粹统治下获得的德国财产其所有者的主要企业被国有化，那么维也纳就可以认为，苏联会无法侵占这些财产并进一步对企业进行拆迁。奥地利主持下的国有化应该阻止苏联接管。一直不喜欢国有化的美国立即承认这一有利于地缘政治的提案，并允许奥地利议会批准该项立法其前提是美国企业不受国有化影响的认可性保证。奥地利共产党并不热情地批准了这些法律。然而，对于莫斯科来说，重点是威胁。俄国的"拒绝"是一贯的，并制止了奥地利在苏占区国有化的努力。奥地利的苏维埃经济一直持续到 1955 年与苏联签署国家条约。并且苏联可以从它的视角来看待这种状况。在 20 世纪 50 年代早期，50000 名员工在奥地利苏联财产管理局（USIA）和苏联石油管理局（SMV）的 400 多家公司工作。苏联企业在奥地利经济总量中所占比例为

---

① 索普朗是匈牙利西北小城，邻近奥地利，作者此处意指奥地利在北与南都是苏联势力范围中的处境。——译者注

② 参见汉内斯·霍夫鲍尔（Hofbauer, Hannes）《迈向西方：重建中的奥地利经济》（Westwärts. Österreichs Wirtschaft im Wiederaufbau），维也纳：社会批判出版社，1992（Wien：Verlag für Gesellschaftskritik, 1992），第 30 及下页。

6%至7%，而在下奥地利则为27%。[①]

就我们的主题而言，奥地利核公司和能源部门国有化的斗争具有重要意义，因为它甚至在所谓的十年占领结束后仍然存在，并且后来延伸到大多数直到1955年仍受苏联影响的公司。正是国有化的工业和银行业在冷战时期成为联系东西方的经济枢纽。直到20世纪80年代中期，奥地利社会民主党和人民党的同一联盟——这次是在社会民主党总理弗朗茨·弗拉尼茨基的领导下，才开始实施私有化法，从而实现国有经济的逐渐退出。

"创造"（Novum）是一家1951年在柏林成立、由奥地利共产党运营的贸易公司，接受民主德国的指导。这一重要的公司特别有益于在两大阵营中的贸易中转，他们的业务领域包括绕过巴黎统筹委员会禁运及其黑名单，协调大量佣金订单，以及协调德意志民主共和国工业厂房的建设。以艾森许滕施塔特（1983/84）的钢厂建设为例，该工厂由国有化的林茨的沃斯特（VÖEST）公司运营，订单总金额为16亿马克。"创造"公司收取佣金和代理费。它的东西方业务进展顺利，以至于在德意志民主共和国终结后，联邦德国信托基金因退还"创造"公司财产一事还受到控告。多年法律纠纷之后的最后一次判决认定，"创造"不是奥地利共产党的公司，而属于民主德国拥有，因此联邦德国在完成德国统一之后对其拥有权利。无论如何，2.25亿德国马克已经转移进波恩预算中，而据审查，其中并非所有款项都能被追溯出来。

明确展示冷战期间奥地利中转功能的第二个例子是在冷战结束后存续下来的成功的能源合作。我们所说的是天然气管道"友谊"（Druzhba）。该管道作为西欧部分地区最大的东西方项目之一，从1968年到2005年底，不间断地把来自西伯利亚的天然气输入维也纳以东的鲍姆加滕，该地区是一个拥有大型地下存储能力的配送中心。直到乌克兰爆发橙色革命，西欧部分地区才出现天然气危机，原因是专门供应西方的天然气被基辅非法转移，导致俄罗斯方面在短时间内暂停交付。今天，俄罗斯天然气工业股份公司和半国有化的奥地利矿物油管理局（其前身为1950年代初的苏联石油管理局）在下奥地利州鲍姆加滕仍然彼此相邻。

在冷战和共产党统治的国家阵营终结时，奥地利再次担负了重要的中

---

① 参阅卡尔·奥施（Ausch, Karl）：《奥地利经济奇迹的光明与鬼火》（Licht und Irrlicht des österreichischen Wirtschaftswunders），维也纳：维也纳国民书业，1965（Wien: Wiener Volksbuchhandlung, 1965），第97页。

转功能，这次是作为东德难民的过境国。他们选择通过匈牙利和奥地利前往联邦共和国。1989 年 5 月 2 日，也就是柏林墙倒塌前六个多月，仍由社会主义工人党领导的匈牙利政府下令拆除布尔根兰州边界围栏。国家广播公司在世界各地发送了相应的图片。不久之后，1989 年 6 月 17 日，匈牙利和奥地利的外交部长霍恩·久洛和阿洛伊斯·莫克使用大型钢钳穿过前"铁幕"遗迹。对奥地利人和匈牙利人来说，这些遗迹已经在几年前失去了意义。在夏季前不久，布达佩斯预计该年将有一百万名来自东德的度假客人，他们将在普斯陶和巴拉顿之间度过假期。很明显，在 1989 年初夏的日子里，其中一些人会利用移除的边境障碍逃往西方，前往奥地利。作为准备，天主教慈善团体和马尔耳池救援组织为意图逃往西匈牙利的东德难民建立了难民营。19 世纪 20 年代中期由库登霍夫 - 卡勒吉伯爵创立的所谓泛欧洲运动，则在基督教社会联盟议员、皇室子弟奥托·哈布斯堡领导下于 1989 年 8 月 19 日在索普朗/厄登堡（Ödenburg）附近举办了一个周末训练营。该运动可追溯到 19 世纪 20 年代中期的康登霍—维卡莱吉伯爵。奥地利方面已经为民主德国公民 1989 年 8 月 19 日的首次大规模越境做好了准备。这一天有大约 500 名东德人徒步越过边境。几天之后，外交部长霍恩和总理内梅特·米克洛什对波恩的闪电访问被外界解读为向德国索取相应的回报。联邦总理赫尔穆特·科尔承诺向匈牙利迅速融入西欧提供 5 亿德国马克的贷款。1989 年 9 月 11 日，匈牙利政府——仍由社会主义工人党领导——暂停了与东德的旅行条约，允许东德公民在没有相应护照的情况下入境。奥地利对没有得到旅行许可的民主德国公民进入境内也没有严格检查，他们被认为是政治难民。东德与匈牙利及奥地利边境的大规模人口外流可能已经开始。

现在乘坐"卫星 - 瓦特堡车队"（Trabi - und Wartburg - Kolonnen，卫星和瓦特堡是东德生产的名牌汽车——译者注）向西行驶的民主德国难民，从红十字会和其他各种组织获得了燃气券和食品。当来自维也纳、下奥地利州和上奥地利州公立医院护理站的人事部门询问难民中是否有任何医生或护士可以自荐在奥地利工作时，巴伐利亚州和巴登—符腾堡州的招聘部门已经提前进行了这样的工作。许多接受过医学专业培训的民主德国难民在离开德国东部之前就已经知道他们会在联邦德国找到工作。奥地利的中转功能非常重要，它让东德人就业不再成问题。

德国统一的地理意义

随着 1990 年 10 月 3 日的德国统一，欧洲经历了 1945 年以后在种族—民族基础上的第一次边界转变。在德国，对这一真实情况的认识很淡薄。另一方面，在东欧，这一情况却造成了明显的影响。因为这是德国的统一，通过它，民族问题又非常明显地再现于欧洲版图之中。在接下来的几年里，在东欧社会主义国家解体过程中民族问题得到了很大的重视。美国经过最初的犹豫之后，在 1991 年 6 月斯洛文尼亚和克罗地亚宣布独立前几天，国务卿詹姆斯·贝克表示拒绝承认这些变化，华盛顿也进入了通过种族—民族界定国家根基的新范式。特别是，德国政府——第三届和第四届科尔内阁——以"民族自决"的口号呼吁向东欧重组的方向发展。值得注意的是，在所有涉及大规模的统一领土被分割的地方，都有基于民族立场的自愿支持。所谓民族问题的解决受到了政治和军事观点的干扰。东欧的所有三个多民族实体都成为国内民族贪欲和外部工具压力的受害者。1991年，苏联和南斯拉夫不复存在，1993 年捷克斯洛伐克崩溃。在"民族自决"时期，仅在苏联的欧洲部分，就出现了爱沙尼亚、拉脱维亚和立陶宛三个波罗的海共和国，以及白俄罗斯、乌克兰、摩尔多瓦和格鲁吉亚等。当然，碎片化还没有结束。2014 年年中，摩尔多瓦（德涅斯特河沿岸，加告兹自治区）、格鲁吉亚（阿布哈兹，南奥塞梯）、乌克兰（克里米亚）和俄罗斯飞地（加里宁格勒州）都存在领土争端。据此观点，在前南斯拉夫境内有六至八个国家单位：斯洛文尼亚、克罗地亚、波斯尼亚—黑塞哥维那（穆 - 克联邦和塞族共和国）、塞尔维亚、马其顿、黑山和只获得部分承认的科索沃。在之前存在的单一经济区域，人们现在用五种不同的货币支付：斯洛文尼亚、黑山和科索沃的欧元，克罗地亚的库纳（Kuna），塞尔维亚的第纳尔（Dinar），马其顿的代纳尔（Denar）以及波斯尼亚—黑塞哥维那的"可兑换马克"。民族问题会造成怎样的破碎，是无法由其可塑性体现出来的。

另一方面，在民族问题可能产生地理上的融合作用的地方——这当然并不意味着这是可取的——德国和欧盟正在全面对此加以利用。虽然在 20世纪 90 年代初，克罗地亚、波罗的海、斯洛伐克等的国家梦想得到了波恩（和维也纳）的支持，但基于民族问题的边界转移最近受到了谴责。这也适用于匈牙利（对特兰西瓦尼亚、伏伊伏丁那部分地区，南斯洛伐克）、罗马尼亚（对摩尔多瓦、北布科维纳）、塞尔维亚（对波黑塞族共和国、黑山）、克罗地亚（对穆克联邦在波黑提出要求的部分）和阿尔巴尼亚（对科索沃、黑山的部分地区、塞尔维亚的普雷舍沃山谷，泰托沃周围的马其顿部分地区）目前的国家梦想。在所有这些事件中，柏林和布鲁塞尔都亮出了红牌，这表明了民族主义的负面影响。在之前不存在这种批评的德国统一和 20 世纪 90 年代初东欧民族主义解放运动背景下，波恩和布鲁塞尔的这种呼吁似乎令人难以置信。他们表现出了双重标准。因此，当涉及扩大德国或粉碎多民族后共产主义结构时，边界迁移是可取的。如果是大阿尔巴尼亚、大塞尔维亚、大马扎尔、大克罗地亚或大罗马尼亚的主张，则拒绝接受。如果这种双重标准只能通过军事手段或建立保护国（科索沃，波斯尼亚—黑塞哥维那）实现，那就不足为奇了。

德国统一的经济影响

从经济角度来看，德国统一主要是西德投资者接管东德经济命脉的政治前奏。如果没有进行这样的收购，相应的公司通常会关门，并因此从西方竞争对手的市场中消失。这些收购是通过托管局进行私有化的一部分。托管局后来变成了一个为渴求资本积累的西方投资者服务的私有化机器，但情况最初并不是这样的。根据民主德国部长会议最后一任主席汉斯·莫德罗通过的《托管法》第 1 条，国营资本也可以作为财产转移给乡镇、国家和公共部门。[①] 在实践中，西方公司利用这个机会进行有利可图的投资。托管局的结构和人员已经反映出这一功能。在移交国有企业最重要的 1992 年，100 名托管局董事毫无例外地都来自德国西部各州，民主社会主义党 1994 年[②]的研究对此有着令人印象深刻的记录。同一项研究还列明了 32 次大型的私有化，这些私有化仅仅通过受托人小组的人员组成就已经能看清楚。相应的西德公司接管了来自东方的潜在竞争对手。

[①] 《国营财产私有化和重组法（托管法）》，1990 年 6 月 17 日 ［Gesetz zur Privatisierung und Reorganisation des volkseigenen Vermögens（Treuhandgesetz）vom 17. Juni 1990 ］，www. hdg. de/lemo/html/dokumente/WegeInDieGegenwart_ gesetzTreuhandgesetz（abgerufen am 19. 5. 2014）. www. hdg. de/lemo/html/dokumente/WegeInDieGegenwart_ gesetzTreuhandgesetz。

[②] 参阅民主社会主义党（PDS）编《聚焦托管局：任务、实践和后果——再改良：德国联邦议院民主社会主义党—左派名单备忘录》（Blickpunkt Treuhandanstalt. Die THA - Auftrag. Tätigkeit. Folgen. Wiedergutmachung. Denkschrift der PDS - Linke Liste im Deutschen Bundestag），柏林/波恩，1994，第 69 及下页。

对于我们的主题，这个过程非常重要，因为东德工业公司的贱卖——具有不同的国家特征和重点事项——是整个东欧私有化的模式。到处都是蜂拥而至的西欧康采恩，它们操控着已经交易得很便宜的前国营企业，因为这些国营企业都是同时被提供给它们的。斯洛文尼亚是一个例外，其政府在 2004 年加入欧盟前，通过所谓的管理层和工人收购巧妙地建立起国营资本。该程序为南斯拉夫模式下自营企业的雇员提供了以特权程序获得股份的机会。① 事实上，成千上万的人利用了这些机会，西方投资者——在第一轮私有化中——处于劣势。反过来，在俄罗斯和乌克兰，（私人）资本成长于叶利钦时代"掠夺式资本主义"的恶劣环境中，并导致了本土寡头结构的形成。

在 1989 年至 1991 年，11 个前共产党统治国家加入欧盟之后，除斯洛文尼亚外，银行业的所有权发生了根本变化——70% 至 95%（资产负债表）落入外国银行手中。比如在匈牙利，所有大企业都是如此［除了匈牙利石油公司 MOL，欧尔班·维克托在 2011 年将其重金赎回匈牙利之手］。部门结构也有重大调整。因此，西欧和其他外国公司专注于建立所谓的"扩展工作台"（verlängerten Werkbänken），在其中为世界市场缔造在科研方面相对成熟的行业。比西欧相对便宜和共产主义统治下在技术上训练有素的劳动力一直是支持这项投资的决定性理由。在捷克、斯洛伐克和匈牙利，已经在跨国公司如大众、奥迪、标致雪铁龙、起亚和铃木的支持下发展出一个汽车仪表公司。在过去的几年中，罗马尼亚的奔驰和福特工厂也已经投资建设。仅在斯洛伐克和捷克共和国，2013 年就有超过 200 万辆汽车下线，相当于每 1000 户居民有近 120 辆，这是世界上人均最高的水平。

这些数字说明了这些国家对单一产业以及国外市场的高度依赖。在匈牙利，机械和车辆建造相关出口所占的比例为 60%，捷克共和国和斯洛伐克为 40% 至 45%，波兰为 35%。② 这种大规模的依赖是国民经济处在欧洲市场边缘性的表现。从经济的角度来看，它具有殖民特征。统一后德国的大企业是主要的获利者，这既是因为其在东部的有利地理位置，也是因为

---

① 参阅汉内斯·霍夫鲍尔（Hofbauer, Hannes）：《欧盟东扩：历史基础 - 经济动力 - 社会后果》（EU - Osterweiterung. Historische Basis – ökonomische Triebkräfte – soziale Folgen），维也纳：Promedia 出版社，2007（Wien：Promedia, 2007），第 137 及下页。

② 参阅维也纳国际经济比较研究所（Wiener Institut für internationale Wirtschaftsvergleiche）编《转型中的各国》（Countries in Transition），维也纳，2001，第 384 及下页。

其生产的商品符合世界市场的需求。

（汉内斯·霍夫鲍尔，维也纳普罗米亚出版社，为勃兰登堡罗莎·卢森堡基金会、米夏埃尔·舒曼基金会以及《世界发展趋势》杂志共同举办学术会议提交的文章，会议主题为"冷战的结束和德国统一的道路：邻国的视角"。宣讲时间为 2014 年 6 月 28 日）

芬兰的和平行动

塞波·亨蒂莱

1990 年 9 月 21 日,星期五下午,赫尔辛基的阳光温暖而明媚。大约有十几名记者出现在芬兰政府的新闻发布会上。邀请函显示,政府将发布对芬兰最重要的条约的解释。总统毛诺·科伊维斯托自 1982 年任职以来,一向被称为谨慎而缜密的政治家,这次却出人意料。在内阁会议上,他在政府新闻发布会前就指出,[①] 1947 年《巴黎和约》对德国的所有限制和规定(禁止核武器除外)都失去了意义。1990 年 9 月 12 日,第二次世界大战的胜利国与两个德国在莫斯科签订《2+4 条约》,德国获得了完全的主权。在这种新形势下,芬兰政府决定单方面终止对德国的限制,因为这限制了芬兰作为联合国和欧安会成员的地位。总统科伊维斯托说,1948 年《苏芬友好合作互助条约》中所谓的德国条款,基于防范德国的军事威胁,也失去了意义。他称他的行动为"和平行动"(Operation Pax),因为芬兰现在也有可能缔结和平条约。[②]

在欧洲的巨大动荡中,从 1989 年 11 月柏林墙倒塌到 1991 年 12 月苏联解体,芬兰的行动不过是冰山一角。然而,对于在场的记者来说,芬兰政府在 1990 年 9 月 21 日的声明令人非常惊讶,因为冷战的传统和声名狼藉的"芬兰化"芬兰对其东部邻国的外交政策极为谨慎。芬兰政府采取的外交策略谨小慎微。单方面终止和平与国家条约并不常见。

芬兰只是德国统一进程中的敏锐观察者。政府在言论中非常谨慎,避免偏袒任何一方。最后,它很高兴统一进程是和平的。虽然芬兰可以说是北欧和西欧所有国家中与民主德国关系最好的国家,但它仍然为两德分裂的结束感到宽慰。在一个崭新的欧洲,芬兰看到了几乎无限的政治、经济

---

① 根据当时的《基本法》(Grundgesetz,有效期至 2000 年),芬兰总统有权单独执行外交政策(战争与和平事务除外)。

② 参见,毛诺·科伊维斯托(Mauno Koivisto):《历史的创造者:第二个时期》(Historian tekijät. Kaksi kautta Ⅱ.),赫尔辛基:WSOY 出版社,1995(Helsinki:WSOY, 1995),第 359—365 页。约尔马·卡莱奥蒂奥(Jorma Kallenautio):《世界冷和平中的芬兰》(Suomi kylmän rauhan maailmassa),赫尔辛基:SKS 出版社,2005(Helsinki:SKS, 2005),第 488 页。

和文化合作机会。统一的德国将成为芬兰在欧洲大陆最重要的伙伴，它从一开始就对这点深信不疑。①

芬兰中立的条件

芬兰曾在 1941 年 6 月至 1944 年 9 月的第二次世界大战中与德国对抗苏联。在这场战争中，芬兰扮演的角色是德国的盟友，还是"战友"？或只是发动自己特殊战争的"共同战斗者"？芬兰历史学家今天仍在争论这个问题。芬兰的未来至关重要，它在 1944 年 9 月与苏联单独缔结和平协议。直到 1945 年 4 月，芬兰人转而与德国人作战，把他们从拉普兰驱赶到挪威北部。战后的和平条件很苛刻——失去卡累利阿；需要为约 40 万难民安置新家；高额战争赔偿；1944—1947 年在赫尔辛基派驻盟军管制委员会等。尽管情况令人绝望，但芬兰仍维持了独立和民主的社会秩序。早在 1945 年 3 月，当欧洲中心地区仍在进行战争时，芬兰就举行了自由议会选举。

在外交方面，该国领导人从一开始就深信，不可能在政治上从属于苏联的安全利益。在这种情况下，应实行中立政策。然而，无可争议的是，芬兰已经落入苏联的政治和军事势力范围。1947 年 2 月 10 日的《巴黎和平条约》和 1948 年 4 月 6 日芬兰与苏联之间的友好条约确定了芬兰国际局势的框架。这些协约是旷日持久的第二次世界大战给芬兰带来的直接后果，也是芬兰与德国并肩作战对抗苏联的代价。

从盟军的角度来看，芬兰是所谓的前敌人之一，此外"前敌人"还有意大利、保加利亚、罗马尼亚和匈牙利。当然，在和平谈判中，苏联发挥了主导作用。英国也向芬兰宣战，是该条约的缔约国之一。②

在此毋庸赘述 1947 年 2 月 10 日《巴黎和平条约》的各项条款。③ 关于芬兰的国际地位及其中立政策，至关重要的是第 10 条，尽管其措辞有些

---

① 参见雅科·布隆贝格（Jaakko Blomberg）《渴望稳定：冷战与芬兰的终结》（Vakauden kaipuu. Kylmän sodan loppu ja Suomi），赫尔辛基：WSOY 出版社，2011（Helsinki：WSOY，2011），第 196—201 页。

② 与芬兰签订《巴黎和平条约》的其他缔约国为乌克兰、白俄罗斯、澳大利亚、印度、加拿大、新西兰和南非。

③ 有关和约的德文版，参见乌尔里希·瓦格纳（Ulrich Wagner）《芬兰的中立：以防御联盟为中立的政策》（Finnlands Neutralität. Eine Neutralitätspolitik mit Defensivallianz），汉堡：克里斯托弗·冯·德罗普出版社，1974（Hamburg：Verlag Christoph von der Ropp，1974），第 177—189 页。（此处的《巴黎和平条约》，指同盟国与意大利、罗马尼亚、匈牙利、保加利亚、芬兰在巴黎分别签署的有关解决战争善后问题的条约。——译者注）

神秘。根据这一条，芬兰有义务承认"盟国和协约国缔结或即将缔结的关于奥地利、德国和日本的和平条约"。除非胜利国达成一致决定，否则芬兰将有权对有争议的问题投弃权票。然而芬兰很快就意识到这一方案提供的可能性。根据这一条款，芬兰的外交领导人认为，芬兰没有必要与大国之间发生冲突。这些冲突中最重要的是悬而未决的德国问题。在德国分裂之后，芬兰可以根据《巴黎和平条约》第 10 条，不承认两个德国。在《苏芬友好合作互助条约》的序言中提出了芬兰中立政策的一个更重要的理由："……芬兰希望不受大国利益冲突的影响"。[1] 这一原则成为芬苏关系的基础。尽管在冷战期间芬兰与苏联之间的关系存在一些困难，但这一原则已维持了数十年。芬兰在冷战爆发后并未被迫进入所谓的人民民主阵营，在苏联政治和军事领域中是唯一的特例国家。芬兰没有成为苏联的卫星国，仍然是一个拥有市场经济的西方民主国家，并发展成为一个北欧福利国家，其生活水平位居世界前列。

冷战期间，由于芬兰特殊的东方关系，它比其他任何东方集团以外的国家都更接近苏联的势力范围。但在很多方面，芬兰的立场与苏联的卫星国情况不同。然而，就军事政策而言，芬兰是苏联势力范围的一部分，根据芬苏条约，在危机情况下，芬兰可以向苏联征求军事援助。更为重要的是，芬兰不受《华沙条约》的约束，因此它只有保卫自己领土的义务。

作为俄罗斯熊的邻居，自 20 世纪 60 年代末以来，芬兰经常被西方被描述为"芬兰化"。了解该术语的渊源非常重要。该词字面意思是"成为芬兰"，而不是直接针对芬兰。早在 20 世纪 50 年代，它被用作西方的隐喻，表达西欧主要国家在与苏联的关系中也在芬兰化。总体而言，"芬兰化"一词描述了一种依赖关系，即大国干涉其较小邻国的内政，遥控小国的民主。20 世纪 60 年代末 70 年代初，联邦德国非常繁荣，当时对威利·勃兰特新东方政策持批评态度的人警告说，欧洲主要国家也受到威胁，如果他们向苏联和共产主义让步太多，就会变得像芬兰一样。

芬兰人尽了最大努力否认"芬兰化"的指控，但他们无法阻止芬兰的中立政策在西方的可信度因"起名者"的偏见而大大削弱。20 世纪 70 年

---

① 乌尔里希·瓦格纳（Ulrich Wagner）：《芬兰的中立：以防御联盟为中立的政策》（Finnlands Neutralität. Eine Neutralitätspolitik mit Defensivallianz），汉堡：克里斯托弗·冯·德罗普出版社，1974（Hamburg：Verlag Christoph von der Ropp, 1974），第 201 页。

代，乌霍·吉科宁总统试图以积极的方式改变芬兰化的内容：与苏联修好，世界各国都应效仿芬兰。一段时间以来，芬兰外交部试图推销吉科宁的想法，但西方并不买账。

冷战时期，芬兰的命运被理解为苏联像一只恶狼吞掉了弱小无辜的邻居。在东方集团垮台后，芬兰化的指控销声匿迹。相反，芬兰的生存战略受到赞扬，其命运与苏联卫星国迥然不同。

德国问题与芬兰中立政策

在冷战对抗期间，芬兰身陷两大集团之间，是世界上唯一被迫在两个德国关系中寻求中立的国家。这就是为什么在冷战时期，没有哪个国际争端像德国问题那样，使芬兰在冷战时期如此坚定地保持中立。1948 年 4 月芬兰和苏联缔结的条约对德国构成了军事威胁："如果芬兰或苏联成为德国或其联盟中任何其他国家武装攻击的目标，芬兰将忠实地履行作为独立国家的义务来抵御攻击。芬兰将集中其所有可支配的部队，以捍卫其陆地、海上和空中领土的不可侵犯性，根据本条约规定的义务，必要时与苏联一起，在芬兰境内进行抵御。如果上述情况发生，苏联应在必要时向芬兰提供必要的协助，由双方商定。"[1]

1955 年、1970 年和 1983 年，条约协议三次延长，且由于苏联的愿望，每次提前延长 20 年，原始文本中的句号和逗号都没有改变。因此，德国一再被宣布为苏联和芬兰的潜在共同敌人。虽然德国自 1949 年以来一直处于分裂状态，而民主德国既是苏联的盟友，也是华沙条约的成员，但在延长条约时并没有考虑到这一事实。在后来的几年和几十年中，德国不再是"德国本身"，而是潜在的攻击者。[2]

芬苏条约作为芬兰东部关系的基础，其重要性主要基于苏联为其西北边界安全提供保障。从苏联的角度来看，条约协议首先是一份防务协议。这不难理解，因为协议中的军事条款是芬兰和苏联一千多公里边界

---

① 乌尔里希·瓦格纳（Ulrich Wagner）：《芬兰的中立：以防御联盟为中立的政策》（Finnlands Neutralität. Eine Neutralitätspolitik mit Defensivallianz），汉堡：克里斯托弗·冯·德罗普出版社，1974（Hamburg：Verlag Christoph von der Ropp, 1974），第 201 页。
② 参阅朱卡·塔尔卡（Jukka Tarkka）《熊的腋窝：冷战中的芬兰 1947—1990》（Karhun kainalossa. Suomen kylmä sota 1947—1990），赫尔辛基：北斗星出版社，2012（Helsinki：Otava, 2012），第 452—455 页。

线上唯一的防御措施。此外，还有另一个背景，即在军事危机中利用芬兰领土作为对抗北约北翼的桥头堡。芬兰蓄意以其中立政策削弱协议的军事条款。芬兰对协议的解释突出了芬—苏在政治、经济和文化层面的合作。

从芬兰的角度来看，更为重要的是，根据芬苏条约协议军事条款，芬兰只有义务保卫自己的领土。为了履行这一义务，芬兰需要建立并保持可靠的防御能力。从这个意义上说，《巴黎和平条约》对芬兰部队施加的限制是非常不利的。在第Ⅲ条第13款中，对芬兰陆军、舰队和空军的实力进行了精确限制。因此，芬兰不允许拥有超过34400人的武装部队，战舰的总吨位不得超过10000吨，空军仅限60架飞机。第17条禁止购买核武器和"任何自行推进的导弹"。在和平谈判中，英国要求实行更严格的限制，因为它充分预见到，在可能发生的军事冲突中，芬兰军队最有可能从属于苏联。①

无论如何，《巴黎和平条约》的限制赋予了苏联监督芬兰国防军的权利。从芬兰的角度来看，最困难的部分是芬苏协议的军事条款与《巴黎和平条约》之间存在着强烈的矛盾。一方面，芬兰应具有尽可能多的防御能力，以"抵御德国或与其结盟的任何其他国家"的攻击；但另一方面，其武装部队的力量受到严格限制。购买战争物资对芬兰来说也是一个非常敏感的政治问题。20世纪60年代初芬兰需要购买战斗机时，必须从苏联（米格）、瑞典（萨博）和英国（黑鹰）各购买三分之一。

德国问题在芬苏条约中至关重要，它在芬兰与苏联之间的关系中发挥了核心作用。关于德国的条款为苏联提供了理由，或者至少是一个借口，它注意到芬兰过于接近西方的外交和贸易政策。苏联在1958年所谓的"夜霜危机"（Nachtfrostkrise）和1961年的"照会危机"（Noten-

① 参阅塞波·亨蒂莱（Seppo Hentilä）《芬兰与巴黎和平协议1946/47》（Finland and the Peace of Paris 1946/47），载于朱卡·内瓦基维（Jukka Nevakivi）《芬苏关系1944—1948》（Finnish - Soviet Relations 1944—1948），赫尔辛基：赫尔辛基大学出版社，1994（Helsinki: University of Helsinki, 1994），第162—167页。佩卡·维苏里（Pekka）：《〈巴黎和平协议〉的军事条款：芬兰限制的起源和解释》研究报告8（Pariisin rauhasopimuksen sotilasartiklat: Suomea koskevien rajoitusten synty ja tulkinnat, Tutkimusselosteita No. 8），赫尔辛基：索塔科里科卢出版社，1990（Helsinki: Sotakorkeakoulu, 1990），第16页。第三部分为德文版。巴黎和平协议节选参见乌尔里希·瓦格纳（Ulrich Wagner）：《芬兰的中立：以防御联盟为中立的政策》（Finnlands Neutralität. Eine Neutralitätspolitik mit Defensivallianz），第180页。

krise）中，两次打出了它的王牌。在第一个案例中，它介入了芬兰政府的组建，因为在它看来，联盟在外交上并不可靠。① 在第二个案例中，苏联在一份声明中指出，芬兰无法抵御德帝国主义的袭击，并建议就向芬兰提供军事援助进行磋商。通过这一声明，苏联还希望确保乌霍·凯科宁总统的连任，因为只有他能够保证芬兰维持中立。在上述两个事件中，由于柏林陷入危机，国际局势都很紧张，当然这并非巧合。条约的德国条款为苏联提供了一个公开表达其观点的基础，并确定了芬兰中立的底线。②

芬兰政府其实每次都可以拒绝苏联提供的军事援助。在这种情况下，芬兰最重要的是维护其中立政策。因此，苏联会发现对芬兰施加压力的理由越来越少。还应记住，在这种局势下，芬兰当局倾向于做出不激怒其东部邻国的政治决定。这方面最敏感的是芬兰的德国政策。在1961年秋的纸币危机期间，吉科宁总统甚至将德意志联邦共和国描述为"麻烦制造者"，因其尽最大努力试图摧毁芬兰的中立政策。③

德国问题对芬兰具有特殊作用的一个具体证明是，芬兰是唯一一个在20多年中拒绝与两个德国关系正常化的国家。与西欧国家和中立国家不同，芬兰无法只与联邦德国建立外交关系，芬苏协议是其阻碍。在1955年苏联与联邦德国建立外交关系之后，才可以在这一协定的框架内承认两个德国。然而，联邦共和国不允许其他国家也与苏联建交，即不承认民主德国。联邦德国政府认为自己是德国人民的唯一合法代表。这种唯一代表权是德国政治统一的首要目标。

1955年秋，联邦德国政府表示，任何国家承认所谓的民主德国将是对联邦德国的不友好行为，将终止与该国的外交关系。这个所谓的"哈尔斯坦主义"以时任外交部国务卿沃尔特·哈尔斯坦的名字命名，它将联邦德国的唯一代表权付诸实践。芬兰为其德国政策制定了一项特殊原则，即不

① 参阅多尔特·普滕森（Dörte Putensen）《东西冲突之间：芬兰、冷战和德国问题1947—1973》（Im Konfliktfeld zwischen Ost und West. Finnland, der kalte Krieg und die deutsche Frage 1947—1973），柏林：DFG 出版社，2000（Berlin：DFG, 2000），第96—103页。
② 参阅塞波·亨蒂莱（Seppo Hentilä）《两个德国之间的中立：冷战中的芬兰和德国》（Neutral zwischen den beiden deutschen Staaten. Finnland und Deutschland im Kalten Krieg），柏林：柏林科学出版社，2006（Berlin：Berliner Wissenschaftsverlag, 2006），第39—45页。
③ 塞波·亨蒂莱（Seppo Hentilä）：《两个德国之间的中立：冷战中的芬兰和德国》（Neutral zwischen den beiden deutschen Staaten. Finnland und Deutschland im Kalten Krieg），柏林：柏林科学出版社，2006（Berlin：Berliner Wissenschaftsverlag, 2006），第48页。

承认分裂国家。这一政策也适用于其他分裂国家（韩国和越南）。

在其德国政策中，芬兰在芬苏条约和哈尔斯坦主义之间陷入了数十年的困境。直到 1972 年，芬兰是唯一与两个德国没有完全外交关系的国家，关系相当于领事级。自 1955 年以来，世界上唯一一个与波恩和东柏林建立全面外交关系的国家是苏联。直至 20 世纪 70 年代初欧洲气氛才有所缓和（德国"东方政策"和"联邦德国与民主德国基本条约"），芬兰才有机会同时承认两个德国。1973 年 1 月，赫尔辛基与波恩以及东柏林建立了全面的外交关系。①

为什么采取 "和平行动"？

"和平行动"是芬兰对德国统一的直接回应。《巴黎和平条约》和芬苏条约有关德国的条款不仅限制了芬兰的中立性，也限制了其主权。可以理解的是，芬兰政府希望尽快摆脱第二次世界大战的后遗症和冷战结构。解决德国的双重国家地位对芬兰尤其重要，因为这两个条约将德国问题永久地固定在芬兰和苏联关系中。

芬兰政府为何敢于采取类似单方面终止国际条约那样不同寻常的做法？如果邀请巴黎和会的各方重新谈判，实际上不可能实现，因为缔约方已经不复存在，其中包括苏联加盟共和国和英国曾经统治的地区。此外，作为军事联盟成员的其他前敌国（意大利，保加利亚，罗马尼亚，匈牙利）几十年前就已经拒绝了和平条约的限制。对于芬兰而言这是不可能的。这与芬苏条约的德国条款类似。最初，罗马尼亚和苏联之间以及匈牙利和苏联之间的援助协定中也有相同内容，但早已被取消。芬兰政府在行动前一周就已经了解到这一点，这就是为什么总统科伊维斯托在最终声明中宣布终止德国条款。②

当然，芬兰政府已为行动做了精心准备。1990 年夏天，德国的统一以令人难以置信的速度逼近。芬兰政府收到了令人鼓舞的幕后消息。1990 年6 月，苏联国防部长亚佐夫和阿赫罗梅耶夫元帅在访问芬兰时保证，芬苏

---

① 塞波·亨蒂莱（Seppo Hentilä）：《两个德国之间的中立：冷战中的芬兰和德国》（Neutral zwischen den beiden deutschen Staaten. Finnland und Deutschland im Kalten Krieg），柏林：柏林科学出版社，2006（Berlin：Berliner Wissenschaftsverlag, 2006），第 209 页。

② 参阅雅科·布隆贝格（Jaakko Blomberg）《渴望稳定：冷战与芬兰的终结》（Vakauden kaipuu. Kylmän sodan loppu ja Suomi），第 256 页。

条约协议中提到的军事威胁已成为历史。①

《巴黎和平条约》的两个主要缔约方，即苏联和英国，至少在原则上同时获悉芬兰的行动。在莫斯科，芬兰的提案没有遭到反对。事实上，伦敦也没有人反对，但英国民众强烈抗议芬兰的举动。他们首先从一位高级苏联外交官那里得知了这次行动。事实上，科伊维托总统是在与戈尔巴乔夫会晤时制订了这项计划的。②

大多数关于"和平行动"的评论都提到了"令人惊讶"和"勇敢"。瑞典高级外交官、芬兰问题专家克里斯特·瓦尔贝克向芬兰外交部的同事勒内·尼伯格喊道："你已经触及芬苏协议了！"③ 瓦尔贝克的惊讶很容易理解，因为芬兰对东部邻国的外交政策一直非常谨慎。一年之后，即 1991 年夏天，波罗的海国家宣布独立。与其他北欧国家的反应相比，芬兰的反应相当克制。但为什么芬兰人对他们的"和平行动"如此勇敢？一个可能的解释是——这也符合科伊维斯托总统的外交政策——他认为波罗的海国家的转型是苏联的内部事务，而科伊维斯托总是非常谨慎。另一方面，德国问题的解决是芬兰的国际事务，因为它将使芬兰的外交政策走上新的道路。

（此文系赫尔辛基大学历史学教授塞波·亨蒂莱博士为勃兰登堡罗莎·卢森堡基金会、米夏埃尔·舒曼基金会、《世界发展趋势》共同举办的学术会议提交的文章（WeltTrends），会议主题为"冷战的结束和德国统一之路：欧洲邻国的观点"。宣讲时间为 2014 年 6 月 18 日）

---

① 参阅朱卡·塔尔卡（Jukka Tarkka）《熊的腋窝：冷战中的芬兰 1947－1990》（Karhun kainalossa. Suomen kylmä sota 1947－1990），第 454 页。
② 参阅雅科·布隆贝格（Jaakko Blomberg）《渴望稳定：冷战与芬兰的终结》（Vakauden kaipuu. Kylmän sodan loppu ja Suomi），第 260 页。
③ 参阅勒内·尼贝里（RenéNyberg）《达成协议》（Olette kajonneet yya－sopimukseen），载于《渠道》2008 年第 1 期（Kanava 1/2008），第 4 页。

通往德国统一之路

汉斯·莫德罗

冷战作为两大社会制度及其军事集团之间的冲突，宣告结束是合理的。苏联解体了，现实社会主义不复存在了，华沙条约已经瓦解，现实的资本主义变得更加强大，北约向东扩展了800公里。尽管如此，在考虑冷战的基本要素时，冷战的结束仍然非常值得怀疑。它的主要元素是德国土地上可见的对峙，易北河两岸有成千上万的士兵。苏联军队于1994年撤军，西方国家军队作为北约的一部分驻扎在德国境内。统一后的德国成为北约国家，包括原民主德国地区，只是德国军队受到《2+4条约》的限制。看起来像国内的限制，不限于外国部署。在外执行任务的德国士兵中40%以上来自德国东部地区。德国军备升级仍在继续。联邦德国不仅升级了本国联邦国防军的军备，而且在武器出口方面排名世界第三。持续的军事威胁并未停止。美国总统奥巴马正前往华沙，专门代表北约发表反对俄罗斯的言论。

1991年以后，冷战的一个基本特点明显被超越了——战争不再是"冷的"，而是"热的"。德国士兵已经被用棺材从阿富汗运回国。这听起来不是讽刺，但事实是如此的讽刺。在死亡者中，德国东西部的士兵数量是一样的。然而，德国东西部的社会福利却相差很大。即使在1992年以前出生的孩子的"产妇津贴"方面，2014年做出的决定也是基于这种不平等原则。如果在法律的基础上，即使在民主德国并入联邦德国25年后，仍存在两个不同的德国，那就不能说德国统一了。虽然国家统一掩盖了社会的二元性，然而，事实上社会平等的统一仍未实现。社会力量受到社会不服从的挑战，以便改变这种状况。政府的政策并不是为了深入了解这种状况，甚至联合国对联邦德国因政治原因侵犯人权的批评也被忽视。

统一模式

现在让我们回顾德国统一的道路。在我的观察中，我想集中讨论两件事：沃伊切赫·雅鲁泽尔斯基对历史转折的思考以及美国学者玛丽·萨罗特在其著作《为创建后冷战欧洲进行的斗争》中对1989年至1990年德国统一政治模式的评论。很多事在德国统一中都发挥了作用。我只想提及那些与我的行为和工作有关的人，以及我作为时代见证人的意见。

对波兰来说，根据《波茨坦协定》对奥得－尼斯河边界的承认一直是战后的核心问题。1989年至1990年，雅鲁泽尔斯基作为波兰总统在两个德意志国家统一的过程中，对这个问题态度非常坚定，这些是我亲身感受到的。

萨罗特在其书中提出了四种模式，这些早已出现，应该在这里提道：

1. 通过雅尔塔和波茨坦会议，1945年后的四大胜利国的模式；
2. 1989年11月赫尔穆特·科尔的《十点计划构想》；
3. 1990年春，戈尔巴乔夫的"欧洲共同之家"；
4. 美国与联邦德国的获胜者模式（最终实现了）。

正如萨罗特所解释的那样，她发现有证据表明，在1989年至1990年间，西方国家的公开声明和幕后谈话之间存在根本区别。

在上述提到的四个模式之外，应再添加一个第五模式，因为它与其他模式密切相连。第一个模式是苏联大使科切马索夫设计的。在得到莫斯科的批准后，他主动找西方三国大使在西柏林前盟军控制委员会的大楼里，就共同利益问题进行了交谈。正如他本人在其撰写的《我的最后使命》一书中所赞赏的那样，四人都理解这次会晤的目的，即再次就德国问题的所有方面建立永久性联系。西方的合作伙伴表面上表示友好，但绝不想在苏联基于《波茨坦协定》的倡议下，走上寻求平等权利的道路。这是第一次会谈也是最后一次会谈。

1989年11月25日，科尔提出的《十点计划构想》本质上与阿登纳时代以来联邦德国的政策相一致，拥有西方的所有特权，然而他注意了两件事。在所有五个缔约方的支持下，民主德国政府的宣言包括了建立两个德意志国家条约共同体的建议。科尔在第四点上同意了这一点。11月中旬，在没有驻德大使尤里·克维钦斯基参与的情况下，苏联共产党中央委员会副部长、德国问题专家波图加洛夫与联邦德国总理顾问霍斯特·特尔切克在波恩举行了会谈。

第三个模式，即1990年春戈尔巴乔夫的模式，完全是概念性的。早在1988年，当我怀疑他所宣称的改革，即社会主义的转型时，我即看到戈尔巴乔夫完全没有能力制定一个解决德国问题的战略，在尊重民主德国利益的同时，为苏联的利益解决德国问题。

美国的胜者模型实现了。他们作为获胜国确保了自己的利益，并为联邦德国经济和军事实力的迅速增强提供了回旋余地和支持。

公众很清楚哪些人参与了第五种模式。在这个复杂的问题中，无论是在外交上，还是通过政治秘密会谈或情报机构的活动，有哪些人、在什么时候、以何种方式都没有透露。然而，许多事实表明了苏联外交政策缺陷和错误。或者正如现今俄罗斯所称，戈尔巴乔夫背叛了其祖国的利益，这是有道理的。

剧变

现在按先后次序讲起。当瓦尔特·乌布利希被推翻时，苏联共产党启用了埃里希·昂纳克，勃列日涅夫则通过密使维尔纳·兰贝茨发挥作用。民主德国政治局绝大多数成员在昂纳克的怂恿下要求乌布利希辞职，兰贝茨将他们联名写的信带到莫斯科，莫斯科采取了直接行动。说到昂纳克，戈尔巴乔夫来到柏林是参加民主德国成立40周年庆祝活动的。昂纳克认为这是对其地位的强化，而克伦茨利用戈尔巴乔夫的名言"谁来得太晚，谁就要受到生活的惩罚"所表达的疑虑，成为昂纳克的接班人。

1989年10月16日，按照政治局的要求，埃里希·昂纳克亲自宣布辞职，并于10月18日向统一社会党中央委员会建议埃贡·克伦茨作为他的继任者。在外部看来这不是垮台，而是认识到更换领导人的必要性。克伦茨派系的内部情况以及后来的工作是另一回事。

对于埃里希·昂纳克来说，民主德国成立40周年应该是重返世界强国之列以及获得国际认可的时刻。实际上，考虑到法国总统向科尔解释，他于1989年12月21日访问民主德国的理由是对昂纳克巴黎之行的一次公开回访，这并不完全离谱。

但40周年庆祝活动还是出现了其他迹象——如历史性的青年火炬游行。波兰统一工人党中央委员会第一书记拉科夫斯基在看台上对戈尔巴乔夫说，我们正在目睹民主德国政权的终结。新的总书记兼国务委员会主席选举引起了国际社会的关注。各国发来贺电，科尔在与克伦茨的通话中表示，如果有什么问题，我们应该打电话联系。他想由此建立起信任。

因为戈尔巴乔夫11月1日与克伦茨的谈话中对斯多夫总理表示了充分信任，他的辞职令人感到意外。在这种迫不得已的情况下，克伦茨问我，是否已准备好接任民主德国总理，他想把我推荐给统一社会党中央委员会。

政治愿望

既然当时的一般过程已是众所周知，那就多讲一点我那时的政治愿望，这与第四个模式和第五个模式有关。

自1949年1月我从苏联战俘营回国以来，德波边境问题一直伴随着我。虽然我个人受到家庭分裂的影响，但我在民主德国成立之前就采取了这一立场，《波茨坦协定》已将这一边界确定为同盟国（尤其是苏联）战胜德国法西斯主义所取得的一项成果。谁在它面前摇摆不定，谁就动摇了本应建立的和平秩序。雅鲁泽尔斯基从波兰的角度描述了这个问题的等级。我们于1990年3月1日在民主德国政府中重申这一原则，即1945年至1949年驻德苏联军事管理委员会的决定过去是，现在仍然是合法的，当时我们还认为，土地改革将继续存在，德国人不会对波兰提出领土要求。对我们来说，通过民主德国和波兰人民共和国于1950年缔结的《格尔利茨/兹戈热莱茨条约》，边界问题在国际法上对德国方面具有约束力。联邦德国一再要求恢复1937年的德国边界，这是一种沙文主义的侵略性主张，民主德国一再拒绝这种主张，对于原联邦德国来说最终只有"2+4协议"具有约束力。

1989年12月2日和3日，布什和戈尔巴乔夫在马耳他举行会议，讨论了国际形势和德国问题。12月4日，戈尔巴乔夫将会谈情况向设在莫斯科的华沙条约成员国政治协商委员会中的新成员国和其他成员国做了通报。正如戈尔巴乔夫的军事顾问、出席这次会议的苏联元帅阿赫罗梅耶夫（Achromejew）所写的那样，苏联方面没有对德国问题做充分的准备。而布什为美国的利益做好了充分的准备。会议召开前，布什让科尔提交需要在马耳会议上讨论的所有问题，美国方面会代表联邦德国的利益与苏联进行讨论。后面的事实也确实如此。戈尔巴乔夫毫无准备地去了马耳他，他对民主德国的利益几乎漠不关心。

我在莫斯科意识到，苏联在政治和军事上都对民主德国没有任何期待。可能是因为我们在莫斯科的私人谈话，尽管戈尔巴乔夫几天后在苏联共产党中央委员会全体会议上宣称，民主德国是苏联的坚定而忠实的盟友，然而没有实际行动的漂亮言辞毫无帮助。我很快就意识到了这点。

经济互助委员会于 1 月 9 日和 10 日在索非亚举行会议。苏联总理雷日科夫呼吁启动改革进程,在经济互助委员会的框架内引入美元而不是支付卢布。1990 年 7 月 1 日货币联盟成立后,民主德国经济的变化已经显现出来。现在,一体化已成为泡影,竞争取代了商品交换,联邦德国的跨国公司和零售连锁店已经获得超过 1600 万的消费者。去工业化的空间就这样打开了。

在莫斯科会议和索非亚会议之后,民主德国制定了分三阶段实现两德统一的计划。1 月 26 日,当戈尔巴乔夫与苏联最高级别代表进行磋商时,只说了一句话:"德国统一必须由德国人自己决定"。我认为通过构建条约共同体,通过邦联过渡到联邦国家的道路是正确的,科尔最初对此没有表示拒绝。其目的应该是在主权平等的基础上通过这条道路启动统一进程,以及建立一个受《波茨坦协定》约束、在军事上保持中立的德国。换言之,外国军队从德国境内撤离,德国不是北约成员国。1990 年 1 月 30 日,苏联方面在莫斯科举行的会议上同意了这一模式。迄今为止,相比档案披露的信息,在首脑会议和在东西方进行的其他对话背后发生的事情可以引起更多的猜测。当然,即使在信息充分披露的情况下,也无法改变历史的进程,但历史学家肯定会阻止对历史的不断篡改。滥用历史一直是一种政治手段。特别是在相互指责和为政治利益辩护的时候。

德国统一之路带来了什么?

25 年后,我们再思考德国统一之路以及提出这样的问题,即它带来了什么。在目前看来:苏联在战胜德国法西斯和解放欧洲过程中发挥的历史作用越来越被弱化。德国法西斯主义的罪行已经成为苦难历史的一部分,但德国不再需要自我克制,而是在各地的军事行动中承担全部责任,并准备牺牲士兵的生命。这也是联邦德国总统当前要求的一种决心。在 1989 年秋天,民主德国的许多教会提出了合理的要求,这在今天仍应适用,即"铸剑为犁"。这个标志就位于纽约联合国大楼前,它是由一位苏联雕塑家创作完成的。

这种呼吁今日再次出现,无论它曾经是由威廉·皮克还是维利·勃兰特发出的:"决不允许在德国的土地上再次发生战争!"提醒一下,民主德国国歌中的一句歌词这样唱到:"母亲不再为儿子,哭泣哀悼。"

（汉斯·莫德罗博士，1989 年 11 月至 1990 年 4 月任民主德国总理，此文为作者为勃兰登堡罗莎·卢森堡基金会、米夏埃尔·舒曼基金会以及《世界发展趋势》杂志联合举办的学术会议提交的论文，会议主题为"冷战的结束和通往德国统一之路：欧洲邻国的视角"。宣讲时间为 2014 年 6 月 18 日）

1989 年及其对俄罗斯和德国的影响

艾哈德·克罗默

历史不是实验。历史上的争斗总会揭示在当时的历史状况中已经存在的东西：物质和政治上力量、思想、方案和观点。从哲学的角度来看，将一个冲突解释为悲剧，将另一个冲突解释为闹剧，当然是有理由的。然而哲学家却没有认识到，在任何情况下，冲突都是关于胜利者和失败者、受害者和肇事者、一条历史道路的关闭和其他历史道路的开放。那些后来成为历史胜利者的人往往是下一次历史转型中败得很惨的人。

历史不仅过去是开放的，现在也是开放的。然而，有些时候这一点特别明显，即当以前的执政者不能再以旧的方式治理国家，之前的被管理者不想再像以前那样被管理时，历史就会突然变得公开可见。在德国的历史上，1989 年 11 月 4 日和 9 日就是这样的日子。

起点

即使距离 1989 年已经 30 年，官方的政治观点试图给人一种印象，就好像现实社会主义被一个来自外部的邪恶敌人取代。然而，创建一个完全不同的社会，打破资本主义生产关系的想法不是从这里产生的吗？

随着第一次世界大战的爆发，欧洲的"旧世界"开始走下坡路。这是 20 世纪的决定性事件。俄国十月革命是一个社会历史进程，它产生于第一次世界大战的大屠杀，1000 多万人在这场战争中失去了生命。早在这之前，国际工人运动中的指导思想是欧洲战争将造成的可怕动荡和破坏，这必然导致一场巨大的灾难，将资产阶级社会拖入深渊。从这个意义上讲，第一次世界大战似乎是由资本主义及帝国主义引发的预期灾难，从中只能找到一条出路，那就是社会主义。

从共产主义的角度分析得出的结论是："'大国'奉行的帝国主义政策迟早会产生冲突。很显然，所有'大国'的这种掠夺性政策都是战争的诱因。"战争"必然成为世界大战"，因为所有大国都"被共同的世界经济联系在一起"。因此，其后果便是："普遍消亡还是共产主义？出于同样的原因，帝国主义战争变成帝国主义世界大战，发展中的革命成为世界革命。"（布哈林，普列奥布拉任斯基，1921 年，第 103 页）20 世纪的历史通向了另一条道路。世界革命没有发生；现实社会主义最初只局限于苏联。俄国布尔什维克一旦执掌政权，就不愿意下野，而是尽一切努力捍卫自己的权力。在列宁的授意下，他们于1918年1月解散了当选的俄罗斯议会代表机构。苏维埃政权由此建立起来了。然后，从那时起建立的每一个共产主义类型的政权，都放弃了在"自己的"民众中获得多数席位的特征。革命党变成了无处不在的国家党。现实社会主义最终打上了斯大林的印记，并在第二次世界大战后扩展到东欧其他国家。

俄国十月革命爆发后不久，罗莎·卢森堡强调了马克思主义的"无产阶级专政"的立场，但也强调这应该是工人阶级的工作，"而不是一小撮以阶级为名处于领导地位的少数群体"的工作。这正是她指责俄国革命领导人列宁和托洛茨基的原因：废除民主，导致"全国政治生活的崩溃"，最后导致独裁，它不是无产阶级的独裁，而是"少数政客"的独裁。（卢森堡，1974年，第362页及其之后。）

在喀琅施塔得——彼得堡附近的海边要塞、港口和驻军城市，彼得堡直到1918年还是俄国首都——主要居住着工人，并驻扎着数千名自1917年以来积极支持俄国十月革命的士兵和水手。1921年3月，在这里爆发了首次反对列宁政党单方面执政的工人起义，正是因为缺乏民主参与权：如果是工人的政权，那么就应由工人自己行使权力。起义被镇压，并被宣布为"反革命"。

东欧关于现实社会主义的解释一直是意识形态式的。其核心是承诺社会主义世界将与资本主义世界有着本质上的不同，人民的自决程度更高，劳动生产率更高。在列宁及其继任者斯大林塑造的政党的领导下，前者不仅没有实现，而且组织了对个人的系统控制和压制。监狱系统中的数百万受害者就是这种情况的表现。

然而，在相当一部分民众中，相比能带来更好生活的更高劳动生产率，他们期望世界更加美好，这是早期社会主义建设的一个前提条件。自20世纪50年代以来，情况发生了逆转：对个人的直接控制减少了，但距离实现更高的劳动生产率还相距甚远。与西方发达国家的经济差距曾在20世纪60年代有所缩小，之后差距再次被拉大。现实社会主义存在的时间越久，最初承诺的可信度就越低。

民主关系的缺乏仍然是现实社会主义社会的主要问题，它受到罗莎·卢森堡的抨击。1953年6月17日，在民主德国爆发了在当时和冷战背景下被称为"社会主义阵营"建立后的第一次起义。这次动乱的主要参与者还是工人。距离战胜法西斯德国仅过去八年的时间，德国一直处于分裂和被占领的状态，这次起义遭到苏联军队的镇压，并被称为"法西斯政变"。

1956 年 6 月，波兰波兹南发生罢工和抗议活动，随后波兰政党改变了政策。1956 年 10 月底，匈牙利爆发了民众起义，苏联军队在 11 月初再次镇压了这场起义。1968 年，捷克斯洛伐克共产党领导人试图以民主方式开放社会，苏联领导人又以苏联和其他华沙条约国对其武装入侵作为回应。

20 世纪 80 年代初，当波兰各地爆发罢工和骚乱时，苏联领导层不敢再进行军事干预。它不久前入侵阿富汗已经在国际上遇到足够多的问题，而且无法确定波兰的局势将如何升级。波兰政府随后试图通过实施紧急状态来重新控制局势，但最终以失败告终。波兰强大的反对派组织受到天主教会的支持，站了党和国家的对立面。这些人无法掌权，因为另一些人拥有军队和武器；反过来，由于缺乏民众的支持，他们无法以早先的方式恢复其权力。在这种情况下，双方领导人同意达成妥协。在 1989 年的夏天，"圆桌会议"是共产主义类型的国家党将权力移交给民选政府的代名词，首先发生在波兰，随后是在其他东欧国家，最后是民主德国。

在苏联，改革和开放并没有使局势得到改善，而是改变了米哈伊尔·戈尔巴乔夫领导下的苏联领导政策。苏联军队已无法维持"兄弟政党"的权力。波兰国内局势的发展也动摇了东欧其他共产主义国家政党的权力基础。自 1988 年以来一直在匈牙利执政的改革派组织希望增加该国在欧洲政治中的活动范围，并认为德国统一将导致"俄国人"不得不离开匈牙利。

皇冠上的明珠

民主德国是苏联在欧洲控制结构中"皇冠上的明珠"（沃依切赫，1996 年，第 75 页）就这点而言，柏林墙在波兰和匈牙利发生动荡后倒塌并非巧合。然而，在那堵隔离墙倒塌后，他们"通往欧洲的道路"，即远离苏联控制之路，实际上是自由的。从这个意义上讲，1989 年秋季民主德国的发展在欧洲的进一步发展中发挥了关键作用。

1989 年 5 月 1 日之后，民主德国党和国家元首埃里希·昂纳克仍然认为，柏林群众大规模参与五一国际劳动节大游行是对其政策的支持，所以情况很快就发生了变化。1989 年 5 月 7 日，民主德国举行了地方选举，随后可以确定这次选举作弊了。这仍然是统一社会党执政体系的一个开放性伤口，它在"转型"①之前没有被缝合。

1989年夏天，大量民主德国公民通过匈牙利和联邦德国各驻外使领馆逃亡至联邦德国，对此，昂纳克亲自在10月2日的党报《新德意志报》上发表评论文章，其中的一句话这样讲道：对于逃亡者，我们"不会掉一滴眼泪"。10月2日晚，莱比锡星期一示威的呼声给予了回应："我们会留在这里"，这与呼吁言论自由和改革有关。从那时起，公众表达的意愿越来越多地体现在示威活动之中。10月4日和10月7日（国庆日），政府分别对德累斯顿中央车站和首都柏林的示威者大规模使用武力，给预计于1989年10月9日在莱比锡举行的星期一示威带去了巨大压力。尽管人们普遍担心警察使用武力，但仍有约75000人参加示威，没有发生暴力冲突。因此，示威已成为公民事实上的权利。

1989年11月4日，约70万人参加了在柏林亚历山大广场举行的和平示威和集会。柏林剧院依法登记了这一活动，律师格雷戈尔·居西对此提供了帮助。

社会中的裂痕也出现在统一社会党和民主德国其他政党之间。在这方面，来自民主德国的左派今天也在援引这些事件也就不足为奇了。他们是这些冲突中的一部分。女演员斯特菲·施皮拉以布莱希特《赞美辩证法》（Lob der Dialektik）中的名言结束了这次示威游行，她从中辩证地推断出，国旗的吸引力和公民教育应该成为过去，政治局应该辞职。在她那几天的日记中可以读到为公开声明所做的准备："人们把我当作一首终曲"，但又补充说："因为我说话有点幽默和机智。我只是有想法。"她于1931年加入德国共产党，即使在"转型"之后仍然留在民主社会主义党。她并不拒绝共产主义理想，而是批评统一社会党领导层背叛了它，不过她并不是以共产主义者的身份表达这样的看法。示威游行达到了高潮。

边境人潮

埃贡·克伦茨领导下的统一社会党领导层试图稳定局势，但国内的政治压力不断加剧。1989年11月8日至10日，统一社会党中央委员会举行会议讨论了这一情况。新的风格包括政治局委员君特·沙博夫斯基在晚间

---

① 在德语中，"转型"指代1989年至1990年民主德国政治、经济与社会的转型，其内容为德国统一社会党政权及中央计划经济的终结，恢复议会民主制和市场经济，并最终走向两德统一的一系列历史事件。

新闻发布会上报道了中央委员会会议的结果并回答了记者提问。1989 年 11 月 9 日召开了著名的新闻发布会，民主德国电视台进行了直播。下午 6 时 53 分，沙博夫斯基"顺便"宣布，统一社会党领导人决定制定一项条例，来规范"永久离境，也就是离开共和国"。然后他宣读了新的旅行条例。它什么时候生效？"立刻，马上。"

大多数民主德国公民都能看到联邦德国电视台播放的新闻节目，联邦德国方面带来了这一信息，晚上 8 点的新闻节目《每日新闻》将其作为头条新闻播出。大约 20 时 15 分，第一批柏林人开始聚集在过境关卡，8 至 10 人聚集在太阳大道，20 人聚集在因瓦利登大街，约有 50 人聚集在博恩霍姆大街。晚上 9 时左右，已经有一群人在那里了。晚上 9 点 20 分，第一批人通过检查获准进入西柏林。晚上 10 点半左右，由于出现了大量人潮，已经无法进行检查。负责博恩霍姆大街过境站的指挥官向上级报告说，"我们现在面对大量人潮"。

参加了中央委员会会议的有关政治局成员、部长和将军们并不感到震惊和不安，就像 1961 年修建隔离墙时一样，他们在繁忙的会议之后都回家休息了。现场的警察没有接到命令，选择不使用武力，就像自 10 月 9 日起对所有的示威游行不使用武力那样。不仅需要人用力推门，还需要人打开门。柏林人在没有等待当局许可的情况下，就推开了围墙。随后，示威口号从"我们是人民"变成了"我们是一个民族"。1989 年 11 月 9 日边防警察没有开枪。战后看似坚不可摧的欧洲秩序崩溃了。自 1917 年以来在欧洲发展起来的社会主义走向终结。它是对现实资本主义带来的问题的错误答案。但这些问题并没有得到解决，而是在 21 世纪以一种新的方式保持着开放性。

苏联因素

民主德国和苏联之间缔结了一项友好、合作和互助条约，其目的是（把两国关系）"永久"维持下去。① 除此之外，这两个国家（勃列日涅夫或昂纳克时代）执政的共产党试图建立一个准宗教的、超验的历史关系，

---

① 1975 年 10 月 7 日，昂纳克带领一个大型国家代表团前往莫斯科庆祝民主德国国庆节，民主德国和苏联之间签署了新的《友好合作互助条约》，该条约第 1 条指出，双方不仅要不断发展和加强"牢不可破"的关系，还要不断发展和加强"永久"的友谊和"兄弟般互助"的关系。引自 Neues Deutschland, Berlin, 8. Oktober 1975。

这是基于从"资本主义"到"社会主义"发展不可逆转的基本观点，如果政治的合法性算作共产党执政的一部分①的话，那么该条约就应该具有法律约束力。这就是为什么在1989年动荡的岁月里，无论是苏联人还是民主德国人都对此不在乎。这种不严肃的法律关系也一直受到"社会主义国际法"的影响，"社会主义国际法"从一开始就塑造了"社会主义阵营"内的国际法关系，也决定了政治参与者在转折时期的态度。这明确适用于共产主义者的代表，特别是苏联的代表。令民主德国崩溃的体制内反对派或逃离共产党国家领导的其他政党的政客，试图在1990年3月民主德国大选之后将其纳入统一的德国。共产党人制定的"法律"是不被接受的，这是不言而喻的。如果不审视民主德国产生的背景及其存在方式的特殊性，不从苏联霸权政治的角度下进行讨论，就无法阐释民主德国最终的崩溃。

尽管同盟条约中有永久条款，如果人们相信相关的著名参与者后来的自传式陈述，1987年或1988年苏联在没有与民主德国领导人协商的情况下，就已经非常具体地考虑德国统一问题了。现在有人可能会提出异议，从被苏联用于控制苏维埃帝国，主张现实社会主义国家之间建立特殊的国际和国际法关系转变到，在人权、公民自由、自由民主和资本主义市场经济的基础上承认国际法的一般准则——这种历史潮流被行为者视为文明的进步。还可以加上一点，在得知斯大林是如何迫害托洛茨基和布哈林的，或瓦尔特·乌布利希在民主德国是怎么对待保罗·默克的之后，就不要期望一些共产主义者（这里是指在戈尔巴乔夫领导下的苏联人）会特别礼貌地对待其他的共产主义者（这里是指在昂纳克周围的德国人）。特别是，因为这里不涉及谋杀和收监，恰恰相反，关于拆除柏林墙，戈尔巴乔夫不想让昂纳克开枪，而只是看到他被迫下台。戈尔巴乔夫在柏林被广泛引用的一句话是"谁迟到了，谁就会受到生活的惩罚"，简洁地表达了这样的意思。尽管如此，苏维埃帝国的运行具有权力–政治因素，这与其建立的政治因素没有质的差别：帝国只有利益，但没有朋友。

---

① 这里的"共产主义"一词专指社会概念，也指从中衍生出与类型有关的政治制度。在这里，我遵循彼得·鲁本在欧洲思想史背景下发展起来的社会主义与共产主义的理论区别：照此，共产党人是那些解决因贫富差距过大引发的社会问题的人，其所采取的措施是征收社会上所有重要生产性资产并将其社会化；另一方面，社会主义者是那些希望通过将资本置于社会控制来解决社会问题的人；他们希望通过法律和国家确保资本从属于劳动，而非相反。（Ruben, peter, Die kommunistishe Autwort auf die soziale Frage, in: *Berliner Debatte Initial*, Heft 1. 1998. *S. 5ff.*）

直到 20 世纪 80 年代中期——戈尔巴乔夫上台以及在苏联推行的改革被认为是一个转折点——苏联势力范围内各国之间出现了多形态的关系结构。华沙条约组织和经济互助委员会共同维持了这一多边结构。还有一个双边"友好条约"的关系网,其中也包括同盟条款。各国总书记、中央委员会各部门书记、总理、外交部长和各种专门部长举行的会晤似乎形成了一个密集的表决和政治协调网络。不过,这种关系并没有体现出"新的类型"或创造出"新的形式"。

自 20 世纪 50 年代以来,不知不觉地发生了一个过程,即苏联作为一个霸权国家对东欧国家的干预能力开始下降,东欧各国执政的"新阶层"①的回旋余地不断扩大。尽管苏联拥有更多的经济、军事和其他资源,但苏联共产党领导层不得不逐渐接受其他国家政党领导人实质上的平等地位——在各自的国家及国际关系中,各国拥有相同的意识形态、政治和经济权力主张。特别是,在这方面应该强调四个要点:

第一,莫斯科已经失去了意识形态的解释权。这不仅涉及与铁托和毛泽东的对抗以及社会主义共同体的内在发展,还涉及国际共产主义运动内部的冲突。因此,时任西班牙共产党总书记圣地亚哥·卡里略于 1976 年在柏林举行的欧洲共产党和工人党会议上发表讲话,将共产主义运动与早期基督教及其苦难进行了比较。他称早期的共产主义者"在我们的队伍中创造了科学共产主义与一种牺牲和宿命的神秘主义之间的联系。我们与殉道者和先知一起建立了一个新的教会。多年来,莫斯科——我们的梦想开始成为现实的地方——一直是我们的罗马。我们谈论伟大的十月社会主义革命,就好像是我们的圣诞节一样。那是我们的童年。如今我们已成年"。他明确强调,"今天我们共产党人没有领导中心,不受任何国际准则束缚"。(《欧洲共产党和工人党会议:文件和演讲》,1976,第 120 页及其之后)而埃里希·昂纳克在民主德国的演讲印在了文本中,因为他在寻求统一社会党成为"第二党"(作为马克思和恩格斯故土的政党)的过程中,向西欧的共产党人承诺了这一点。

第二,政治权力、意识形态解释权以及生产资料的所有权在各国政党手中的结合产生了后果。不仅政治制度的机构不同,而且——考虑到计划经济的引入和真正的市场关系的废除——填补计划经济体制所必需的替代

① 按照吉拉斯 1957 年的表述来使用该术语。

机构也不同。在所有东欧国家，赤字经济仍然是社会主义经济的自然模式，它使得经互会合作中出现了定期进行的对稀缺商品的讨价还价。通过多边结算的真正一体化永远无法实现。缺乏在国家框架下支配财产的权力，对计划经济和非市场经济缺乏不同的概念立场，合同约定的货币平价阻止了这种情况的发生。到了 20 世纪 80 年代中期，对于苏联势力范围内的所有国家（包括苏联本身）来说，与西方国家的合作要比同"兄弟国家"的合作更加有利可图。"有一种力量比任何敌对政府或阶级的愿望、意志和决定都更加强大；这些力量是世界经济的一般条件，迫使它们与我们建立关系。"（列宁，1971 年，第 138 页）这就是列宁 1921 年就西方对苏俄封锁政策讲的话。1985 年，情况已变得很清楚：反之亦然。

第三，苏联在外交和国防政策中的立场也越来越不具有可执行性。虽然国际阶级斗争的教条最初是共产党领导自我合法化的基本要素，但这早已在缓和时代失去了约束力。在外交政策领域，其他国家越来越多地独立表达自己的意见——自 20 世纪 80 年代以来，这也适用于民主德国，尤其是它与联邦德国之间的关系。

第四，对苏联第三世界政策的支持更加谨慎。民主德国仍然试图发出自己的声音来支持古巴、尼加拉瓜或埃塞俄比亚的"反帝国主义斗争"，波兰或匈牙利等国日益公开拒绝苏联在这一领域的政策，该政策也涉及各地区的军事冲突。

帝国开始撤退

如同俄罗斯套娃一样，苏联帝国有好几种形式。俄罗斯位于苏联帝国的内部，它总是被莫斯科领导人视为权力基础——当苏联共产党总书记尼基塔·赫鲁晓夫想要准许俄罗斯共产党组织自己的中央委员会时，就像乌克兰共产党和其他加盟共和国共产党一样，这成为其在 1964 年被取代的原因之一；对于莫斯科的某些政治力量来说，今天的论点是要求俄罗斯免除对其他苏联加盟共和国的责任，并宣布它是布尔什维克主义的第一个受害者。第二个形式是苏联直到解体前的领土 - 政治形式，即文献中所谓的内在帝国。在这里，莫斯科领导层可以直接获得所有资源和决策权。第三个形式是东欧的"外部帝国"，即与苏联绑在一起并由苏联主导的国家集团，这些国家在上述意义上是独立的。莫斯科领导层只是通过当地"新阶层"的首脑掌握有限的资源。除此之外，莫斯科还面临着这样一个问题，即它无法从这些经济上较为发达的国家中获得所希望的经济利益。即使在个别情况下有可能实行一些有利于苏联的价格，但总体而言，苏联为将这些国家保持在其控制范围内而付出的补贴或代价日益超过从它们身上获得的收入（弗兰茨克，1995 年，第 69 页）。第四种外在形式是企图在帝国主义殖民体系瓦解之后，将苏联的权力和影响力投射到第三世界，将这些实现了民族解放的国家作为与西方国家进行阵营对抗的资源。对于苏联而言，在这方面的经济成本效益分析要比东欧更成问题。最后，苏联参与了许多地区性战争。阿富汗战争或阿富汗战争的失败标志着，苏联世界强国的野心开始走向终结（同上引文，第 70 页）。

如果说 1917 年后的世界革命方针对苏联外交政策具有决定性意义（即使在 20 世纪 70 年代，共同的世界革命思想也不会与世界革命的外交政策相混淆），那么苏联在 1945 年后逐渐成为一个具有全球野心的更传统的大国则与沙皇俄国的传统密切相关。在第二次世界大战中战胜纳粹德国为其带来了相当大的声望和权力，俄罗斯（以苏联的形式）实现了其历史上政治和军事最强大的地位，其领土延伸至易北河。尽管经济存在困难，但苏联随后使自己卷入了与美国的全球对决——冷战，美国与西方所有其他大国结盟。苏联领导人的世界强国野心导致的结果是全球范围的过度介入，这与其经济先决条件完全不成比例。苏联帝国过度扩张了。[①]

戈尔巴乔夫 1985 年上任时，这是对老式、斯大林式当权者（从斯大林、赫鲁晓夫、勃列日涅夫到契尔年科）的最后清算，是其政策转型的起点。但是，他似乎与现实社会主义的意识形态密码建立了更务实的关系。没有人能像他那样掌控苏联共产主义意识形态的形象。因此，从 1985 到 1990 年，他成功地挫败了东正教为取代他而做出的所有尝试。但这并不意味着他真正了解苏联面临的问题的规模和严重程度。当前俄罗斯境内外经常提出的"背叛"指控并没有触及事情的实质。正是在斯大林式权力转变进程中的社会化塑造了他。或许是自托洛茨基以来，戈尔巴乔夫比其他任何苏联政党领导人都受过更多的教育，拥有更好的口才。而他不仅愿意结束冷战，也愿意结束共产党一党执政。这就是他的历史新意。但他显然只知道两种形式的政权：使用暴力的和利用法庭的，而不是作为统治本身，显然促成了这样一个事实，即他的改革与开放政策结合在一起，并没有像

---

① 作者在这里遵循了 1989 年肯尼迪的分析概念。

最初的意图那样巩固共产主义政权，而是导致共产主义政权的瓦解，还导致帝国的解体。

以和平的方式结束冷战很可能是戈尔巴乔夫恒久的历史成就。20 世纪80 年代初，联邦德国政治学家恩斯特－奥托·岑皮尔发展了东西方冲突的分层模型。他区分了四个层面的冲突：最低一层是原始冲突，即社会、经济和政治制度的立场差异；第二层出于对安全困境的考虑，即对方是否敢于攻击的不确定性；第三层是第三世界的权力竞争；第四层是以军备竞赛形式产生的冲突。岑皮尔最初看似令人惊讶的发现是，局势紧张程度——当然与意识形态的预期相反——恰好与分层序列相反：军备竞赛造成的紧张局势程度最高，第三世界竞争处于较高的局势紧张程度，安全困境仍然十分显著，最后，制度层面造成的紧张局势程度最低（岑皮尔，1982 年，第 29 页）。

现在值得注意的是，戈尔巴乔夫完全按照局势紧张程度的顺序采取行动：首先，通过大范围的妥协，使苏联在与美国和北约国家的裁军谈判中处于积极的外交政策地位，从而有助于开启谈判。军备负担的减少应该是对帝国过度扩张的第一次回调。其次是苏联退出第三世界的冲突。在非洲、中美洲、柬埔寨以及阿富汗，与美国和其他冲突各方达成协议。两者都明显有助于减少安全困境。与此同时，戈尔巴乔夫不仅对第三世界的盟友，而且对东欧"外部帝国"的盟友，宣布了"自由选择发展道路"，换句话说：东欧各国共产党领导人应该从其民众中获得执政合法性，苏联军队无论如何不能再被用于保护他们的政权。他的断言，即社会主义的历史性决定是不容改变的，当时在多大程度上是一种明显的误判或者是"在森林里吹口哨"的表现，今天已经无法再言说了。东方帝国解体了。《巴黎宪章》在 1990 年也解决了原始冲突：人权、自由民主和资本主义市场经济被确定为欧洲的共同价值观，社会主义的价值观被抛弃了。

幻想和冷酷的事实

从制度的意义上说，苏联帝国的解体是现实社会主义失败的第二个层面。世界经济全球化以及人权和基本民主价值的普及也决定了共产主义方案在国际关系中的命运。事实证明，在一个自己创造的"新世界"中与世隔绝是行不通的。它最终对有关国家人民的意义尚未确定。东中欧和东南欧在欧洲联盟内的持续边缘化反映出，发展上的差距不是共产主义制度的结果，而是有更深层次的根源。现实社会主义更多是扭转历史落后局面的一次失败的尝试。

20世纪80年代，戈尔巴乔夫战略中的两个要素产生了特别深远的影响。第一次世界大战后，"无产阶级国际主义"的口号是布尔什维克在俄罗斯土地集结的旗帜。正因为如此，在民族主义的冲击下，俄罗斯帝国当时并没有像哈布斯堡和奥斯曼帝国那样永久解体。第二次世界大战后，"国际主义"是以外部帝国向第三世界扩张的意识形态理由为根基的。然而，断然放弃有利于人类共同价值观的"国际主义"，使苏联的控制区域丧失了原来的基础。"国际主义"不仅是外在的"俄罗斯套娃"形式，而且还有内在形式。早在1989年，立陶宛和格鲁吉亚实现独立的努力就标志着苏联的崩溃。20世纪90年代爆发的车臣战争表明，这一进程在俄罗斯联邦建立之前都不会停滞。当然，民主地重新建立一个围绕俄罗斯的大联邦也是可以想象的。但是，历史和宪法的先决条件以及国家精英的政治意愿似乎都不复存在。

另一个因素是非暴力。结束冷战和军备竞赛以及消除安全困境的首要目标排除了对独立运动使用武力的可能性。戈尔巴乔夫认为，再次使用军队强行关闭民主德国的边境或反对立陶宛议会，不仅意味着改革的结束，而且将使1985年以来取得的所有缓和的成果被一举摧毁。作为回报，西方承诺保持克制。在1989年马耳他峰会期间，美国总统老布什承诺西方不会利用苏联虚弱的状况。1990年2月，当时的美国外长贝克向戈尔巴乔夫保证，"北约不会将其势力扩展到欧洲东部"，以换取苏联同意统一后的德国加入北约（贝施罗斯，塔尔博特，1993年，第245页）。莫斯科如今恰恰看到，北约东扩打破了这一承诺。

因此，戈尔巴乔夫的政策与两个前提相连：帝国的撤退可能仅限于某些地点，并且在撤退之后，苏联像以往一样仍被视为超级强国。两者都被证明是幻想。然而，莫斯科的执政者在1989年并没有意识到这一点，他们对"新思维"的外交政策感到高兴，这成为一种战略撤退的政策。此后，西方一直不愿承认俄罗斯是一个同等的大国。

欧洲转型的德国层面

德国再次成为欧洲乃至世界的主要政治影响因素。这种地缘政治地位变化的基础是德国的经济实力，这反映在汽车制造、机械工程和化学工业等领域具有高技术含量的重要出口货物上。2017年，德国贸易盈余再次达到 2445 亿欧元，其中与美国贸易顺差就超过 500 亿欧元。

今日，西方政客和记者声称西方只是在"扩大其价值观"，而俄罗斯总统弗拉基米尔·普京则以 19 世纪的方式，想在领土上扩大自己的影响力，这纯粹是宣传。当然，北约和欧盟正在规划空间区域。前者以美国为主导，后者以德国为主导。两者都向东延伸，最终延伸到俄罗斯边境。（在这方面，此节的题目可以是：其他的帝国再次扩张。）这里存在着合作和竞争。从美国的角度来看，考虑到苏联的解体，独立的乌克兰是东欧地缘政治重组的核心。在苏联解体后不久，美国扬名数十年的全球战略思想家兹比格涅夫·布热津斯基便强调，独立的乌克兰是"地缘政治支点"，俄罗斯的地位因此被削弱。它必须是美国和西方在欧亚大陆全面战略的一个组成部分（布热津斯基，1997 年，第 74、216 页）。

然而，在地缘政治上，乌克兰必然会受到欧盟的约束。《结盟协定》的"政治"部分于 2014 年 3 月 21 日在布鲁塞尔签署，它自 2013 年 11 月以来一直是乌克兰争论的主题，《结盟协定》的"经济"部分于 2014 年 6 月 27 日签署。欧盟与格鲁吉亚和摩尔多瓦共和国也签署了类似的协定。现在，这些国家已经通过签订条约的形式与欧盟建立了联系。它们没有获得关于未来欧盟成员资格的确切承诺。因此，它们属于欧盟帝国中心的东部外围，其定位是对抗俄罗斯。第一次世界大战后，欧洲东部、德国东部边界与苏联或俄罗斯西部边界之间以及波罗的海和黑海之间是西方对抗苏联的"防线"，第二次世界大战后，它被苏联用于对抗西方国家，这些国家今天再次成为西方对抗俄罗斯的前线。北约在波罗的海国家、波兰和黑海的扩大演习清楚地表达了这一点，并对和平构成了威胁。

德国总理安格拉·默克尔一直主张与美国建立"友谊"，但同时也增加了德国对外政策（特别是对美政策）的活动空间。她强调德国地位应该从 2008 年之后的金融和欧元危机中得到加强。如今，它在欧盟内处于主导和支配地位。它对俄罗斯一直打人权牌，但迄今也保持了战略合作。2014 年，利用当时美国政府的政策——北约在某种意义上提供了坚实的军事基础——乌克兰已被从俄罗斯的势力范围中移除并被置于欧盟，即德国的羽翼之下。而俄罗斯则拿下了克里米亚。对此，西方国家发出严重抗议，但最终人们认为俄罗斯乐于继续与西方，即德国保持关系。联邦德国总理随后坚持对俄罗斯实施制裁，这种象征性的措施旨在迫使俄罗斯最终在乌克兰纳入欧盟势力范围的问题上做出让步。

326

上述欧洲的重构是一个影响深远的历史进程。它实现了德国在两次世界大战中没能达成的目标。1914 年 8 月 11 日，第一次世界大战爆发后不久，德意志帝国总理贝特曼·霍尔维格（Bethmann Hollweg）曾就德国在东方的战争目标写道："不仅是波兰，乌克兰在我们看来也是非常重要的：1.（它可以）作为对付俄罗斯的武器；2. 如果战争结果令人满意，俄罗斯与德国或奥匈帝国之间形成若干缓冲国将是权宜之计，以减轻俄罗斯巨人对西欧的压力，并尽可能地将俄罗斯推回东方。……"但是，就其计划本身而言，德国在两次世界大战中失败了；通过依靠欧盟和美国/北约，该计划现在得以实现。在乌克兰危机的背景下，德国联邦国防部长乌尔苏拉·冯德莱恩所讲的话具有其独特的象征意义，她指出，原则上，（德国将）"始终与我们的伙伴结盟。永远不会有德国独奏"。（冯德莱恩 2014 年发表的讲话）因此，如果北约处于幕后，这就足够了。乌克兰不必成为北约的成员，就能完成新一轮欧洲重构。

唐纳德·特朗普当选美国总统后不久，作为冷战化石的政治学家克里斯蒂安·哈克宣布，与俄罗斯发生冲突，德国需要自己的"升级主导"（Eskalationsdominanz）能力；人们不知道特朗普领导下的美国是否会继续支持德国制定的外交政策。"升级主导"是什么意思？这就是传统冷战思维模式的基础：在一场冲突中，一方施压加码，另一方紧随其后，前者再次加码，依次往复。这可以通过非军事手段来实现，正如双方自 2014 年以来通过经济和贸易制裁所表明的那样，或者像美国和欧盟以及目前正在实行升级"惩罚性关税"的其他国家所表明的那样。但这也可以在军事上被认为是：北约在俄罗斯边境附近驻扎 5000 名士兵，作为回应，俄罗斯向其西部边境增派三个师。西方国家在东欧部署了"导弹防御系统"，据称是用于防御目的的，但事实上，这是进攻性核战争概念的一部分，俄罗斯在加里宁格勒地区部署了导弹，这种导弹可配备核弹头，只需几分钟便可打到华沙或柏林。

亨利·基辛格在 20 世纪 70 年代代表美国与越南就《和平协议》进行谈判，并与苏联签订了关于限制核战略武器系统的第一批条约时讲道，任何加剧紧张局势的人都必须知道如何从中脱身并缓和局势。目前北约的战略家是否也知道这一点，这是非常值得怀疑的。

在加剧局势的过程中占据优势地位使得一方能够加剧局势，而对方却无法有效地对此采取任何行动。西方国家在利比亚战争中就有过这样的情况：俄罗斯和中国不得不关注，只能以政治—外交的方式抗议违反国际法和联合国安理会决议的行为。卡扎菲政府的军事干预将意味着与美国和北约的对抗——局势升级的结束——以及引发核战争的威胁。相反，俄罗斯在叙利亚战争中拥有升级优势：西方国家无法阻止叙利亚政府军和俄罗斯的行动，不会反过来制造公开的军事对抗，因为其后果会引发核战争。

但哈克想要什么？他是否提到德国对核大国俄罗斯有哪些升级优势？他对此没有说过。《法兰克福汇报》的一名编辑贝特霍尔德·科勒说出了他的意图（2016 年 11 月 27 日）：如果特朗普坚持他的路线，美国会以 1945 年以来不为其所知的方式，将"欧洲防务"（意为欧盟 – 欧洲）交给"欧洲人"。科勒在这里将纳粹德国对苏联的战争置于"欧洲防御"的传统之中，1945 年美国接管了欧洲防御，除此之外他还得出结论，现在不仅要增加国防开支并将"恢复征兵"提上议事日程，而且"对于德国人来说，通过自身能力对俄罗斯进行核威慑是难以想象的"。法国和英国的武器库力量不足。这意味着需要德国的核弹。那么当克里斯蒂安·哈克在《世界报》重提这一要求时，事情就变得清楚了，2016 年的事件不是一时的失误，而是德国一些政治势力的想法（《世界趋势研究》，2018 年 7 月 29 日）。

在 1990 年《2 + 4 条约》第 3 条中，联邦德国政府和民主德国政府已经确认放弃制造、拥有和控制核武器、生物武器和化学武器的权力，并宣布统一后的德国也将遵守这些义务。作为回报，法国、英国、苏联和美国在《2 + 4 条约》第 7 条中宣布终止其"对柏林和整个德国有关的权利和责任"，其结果是"统一后的德国因此对其内外事务拥有完全主权"。也就是说，统一是在这样的条件下实现的。因此，作为 1945 年以来冷战和国际冲突的一部分，德国事务最终得到了解决。然而，德国的主权与放弃核武器有关，从这个意义上讲，它继续受到制约。

显然，德国的一部分政治特权阶层现在似乎又感到非常强大，以至于他们认为这些条约都是废纸，他们可以摆脱《2 + 4 条约》的限制。德国要重蹈覆辙，德国人的自负曾使世界陷入两场毁灭性的世界大战！然而，这也是一种误解。在防止德国成为核大国，第二次世界大战的战胜国又回到了同一条船上。我指的是所有四大战胜国。

（艾哈德·克罗默博士是波茨坦国际政治世界趋势研究所的政治学家和常务理事。该文章发表在欧洲网络 2019 年年鉴《转型!》）

大事年表[*]

1945 年

5 月 8 日

德国国防军在柏林的卡尔斯霍斯特无条件投降。

6 月 5 日

苏联、美国、英国和法国四大战胜国接管了德国政府的最高权力；德国被分割为四个占领区；在盟国对德管制委员会所在地柏林，在四大国的控制和军事占领下建立了四个区。

6 月 9 日

苏联对德军管会（德文缩写为 SMAD）为苏联占领区（德文缩写为 SBZ）制定宪法。

6 月 10 日

苏联占领区允许反法西斯政党和组织开展活动。

7 月 17 日—8 月 2 日

在美国总统哈里·杜鲁门、苏联领导人约瑟夫·斯大林和英国首相温斯顿·S·丘吉尔（从 7 月 28 日起由新任首相克莱门特·R·艾德礼代表英国参加）的领导下，盟国举行的首脑会议在柏林附近的波茨坦举行（达成《波茨坦协议》）。

8 月 6 日、9 日

美国分别在日本广岛和长崎投下了原子弹。

9 月 2 日

日本在投降书上签字，第二次世界大战结束。

9 月 3 日

苏联占领区开始进行土地改革：大地主土地被没收，土地分给以前没

有土地的农民或贫困的农民。

10 月 18 日

四大战胜国开始对德国主要战犯进行追捕和惩治，从 11 月 20 日起在纽伦堡开始对 24 名负有主要责任的首要战犯进行审判。

1946 年

4 月 19 日—20 日

德国共产党（德文缩写为 KPD）第十五次代表大会和德国社会民主党第四十次代表大会决定将德国共产党与德国社会民主党合并，在柏林的苏联占领区成立德国统一社会党（德文缩写为 SED）。

6 月 30 日

萨克森州就《关于无偿征用前纳粹活跃分子和战争罪犯的工商企业法》进行全民公决；苏联占领区的其他州纷纷效仿，但没有进行全民公决。

9 月 1 日、8 日和 15 日

苏联占领区各州（萨克森州、图林根州、萨克森－安哈尔特州、勃兰登堡州和梅克伦堡州）举行市政选举。

10 月 20 日

苏联占领区各州举行州议会和县议会的首次选举，柏林市举行市议会和城区议会的首次选举。

1947 年

1 月 1 日

"双占区"（英文缩写为 Bizone）建立，美国占领区和英国占领区合并为一个统一的经济区。

2 月 25 日

盟国管制委员会决定正式解散普鲁士州。

3 月 1 日

德国统一社会党呼吁，就组建一个统一的德国、建立一个德国中央管理机构和组建一个全德政府进行全民公决。

3 月 10 日—4 月 24 日

四大战胜国的第五次外长理事会在莫斯科举行。会议因在德国问题

（和平条约问题）上的分歧和东西方冲突的加剧而失败。反希特勒联盟瓦解，冷战也在德国日渐成为现实；在确认解散普鲁士州和遣返德国战俘方面仍然存在共识。

6 月 6 日—8 日

德国（所有）州和省的总理会议在慕尼黑举行。这次会议是应巴伐利亚州总理汉斯·艾哈德（基督教社会联盟，德文缩写为 CSU）5 月 7 日的邀请召开的。由于双方在议程上的不妥协态度，最终以苏联占领区代表在会议正式开始前离开而失败。争议的焦点是苏联占领区各州的总理的提议——将组建一个旨在争取建立一个统一德国的中央机构列入会议议程。西占区各州的总理没有从他们的占领国那里得到谈判这一问题的授权。

6 月 14 日

苏联对德军管会命令在苏联占领区建立德国经济委员会（德文缩写为 DWK）；把苏联占领区的各个管理机构归并成一个中央管理机构。德国经济管理委员会于 1947 年 6 月 27 日成立。它等同于苏联占领区的国家行政部门，除了其他工作之外，它还保证向苏联提供赔偿。1948 年 2 月 12 日之后，德国经济管理委员会负责经济的计划和管理。1948 年 4 月 20 日，该机构获得了对苏联占领区的所有德国机关具有约束力的立法权。1949 年 10 月 11 日—12 日德国经济委员会成为德意志民主共和国政府的一部分。

6 月 27 日—7 月 3 日

在巴黎召开的法国、英国和苏联外长参加的马歇尔计划会议上，苏联代表拒绝了马歇尔计划对东欧国家的援助。

7 月 23 日

德国统一社会党反对将西部地区纳入马歇尔计划，并要求就德国的统一举行全民公决。德国统一社会党发表声明指出，他们要"靠自己的力量"让德国人民过上"更好的生活"。

11 月 25 日—12 月 15 日

四大战胜国外长理事会第六次会议在伦敦举行。这次会议因为四大战胜国在德国问题上的分歧再也无法弥合而失败。它们在谋求一个共同的对德政策上所做的努力宣告结束。其主要争论点是赔偿问题、拆除（工厂设备）问题、马歇尔计划问题、双占区问题、奥得河－尼斯河线问题、和平条约问题、德国统一问题以及宪法问题。随着这最后一次战胜国外长会议的中断，反希特勒联盟最终瓦解，东西方对抗由此开始。

1948 年

3 月 17 日

法国、英国、比利时、荷兰和卢森堡在布鲁塞尔缔结《布鲁塞尔条约》或称为西方联盟，作为一项军事联盟。其目的是防止德国再次发动侵略。事实上，这将使西欧的军事力量捆绑在一起以对抗苏联，并为与美国达成跨大西洋的防御条约做准备。1950 年 12 月 20 日，西欧联盟成员国决定将目前的军事组织并入北大西洋公约组织（简称北约，英文缩写为 NATO）。

6 月 20 日—21 日

西部三个占领区通过金融体系重组进行货币改革，其中以德国马克（又翻译为德意志马克，德文缩写为 DM）取代帝国马克。发行钞票的权力被授予在西部三个占领区成立的"德意志国家银行"（Bank Deutscher Länder）。

6 月 21 日

德国经济委员会规定，从 6 月 24 日起在苏区实施货币兑换。苏联对德军管会禁止将西部占领区的货币引入苏联占领区和大柏林。由于苏联试图将其货币改革扩大到柏林西部地区，西占区军事管理当局也将西部占领区的货币兑换扩大到柏林西部地区。

6 月 23—24 日

苏联对柏林西部地区实行"封锁"，中断了从西部占领区到柏林西部地区的基本货物和客运交通、所有铁路运输和内河航道。从苏联占领区到西部占领区的食品供应也停止了（第一次柏林危机）。

6 月 26 日—9 月 30 日

英美飞机通过空运向柏林西部地区紧急供应食品和货物。在苏联看来，在西柏林实施德国马克和建立一个西德独立国家的努力违反了盟国在雅尔塔和波茨坦达成的协议。西方盟国只剩下三个"空中走廊"，因为它们的存在是由书面确定的。而水陆交通联系只是口头商定的。

7 月 1 日

美国、英国和法国的军事长官在美因河畔的法兰克福向德国西部地区 11 位州总理移交《伦敦议定书》。该议定书建议：在 9 月 1 日前召开制宪会议，据此建立一个联邦制国家。此外，还要为将来的西德政府与占领国之间的关系起草指导原则（《占领法规》）。

9月1日

议会委员会在波恩成立，其职责是起草《基本法》（德文缩写为GG）。《基本法》作为在现有的三个西部占领区建立的德国的临时宪法。

10月22日—24日

第一届人民委员会宪法委员会提交一份《德意志民主共和国宪法》草案。第一届德国人民委员会由德国统一社会党的代表、苏联占领区其他政党和群众组织的代表以及西部占领区的参与者组成。（它）要求就德国统一的议案进行全民公投。第一届德国人民委员会声称代表整个德国。

11月30日—12月7日

现在柏林有两个市议会和两个市长，东柏林的市长弗里德里希·艾伯特（德国统一社会党）和西柏林的市长恩斯特·罗伊特（德国社会民主党）。

1949年

1月25日

为回应马歇尔计划，苏联、波兰、捷克斯洛伐克、匈牙利、罗马尼亚和保加利亚的代表成立了经济互助委员会（德文缩写为RGW）。阿尔巴尼亚也于同年2月23日加入该组织。

3月19日

德国人民委员通过了1948年10月22提交讨论并经修订的宪法文本。一部宪法的最终的决定应交给一个新选举产生的"德国统一与和平人民代表大会"做出。

4月4日

比利时、丹麦、法国、英国、冰岛、意大利、加拿大、卢森堡、荷兰、挪威、葡萄牙和美国在华盛顿签署了迄今为止最重要的西方军事条约——北大西洋公约组织（英文缩写为NATO）。1952年2月18日，希腊和土耳其也加入了该组织。

5月4日

四个占领国在纽约达成解除柏林封锁的协议。这份通过谈判达成的协议是苏联外交政策上的严重失败。斯大林期待的在封锁的帮助下，按照苏联的利益解决柏林问题的希望落空了。

5 月 8 日

德国议会委员会通过了德意志联邦共和国（简称联邦德国或西德，德文缩写为 BRD）的《基本法》。该法从 5 月 23 日起生效。三位西部军事长官在保留《占领法规》规定的前提下批准了《基本法》，但没有把西柏林纳入德意志联邦共和国（管辖范围）。柏林（西部）只被允许以顾问身份参与联邦议院和联邦参议院，因而其议员不是选举产生的，而是由柏林市议会委派的。

5 月 15 日—16 日

在苏联占领区，根据一份由政党和群众组织构成的"民主集团"的统一名单，选举产生德国人民代表大会。

5 月 23 日—6 月 20 日

第七次也是最后一次四大战胜国外长理事会会议在巴黎举行。苏联主张重振盟国管制委员会，缔结和平条约，组建一个具有平等代表权的国务委员会（Staatsrat）。西方大国提出刚刚通过的波恩《基本法》也适用于苏联占领区的各州。会议确认了柏林封锁的结束和"德国境内的交通自由"，但由于在德国问题的其他所有方面上存在不可调和的矛盾，这次会议是失败的。

5 月 29 日—6 月 3 日

人民代表大会在柏林召开。来自苏联占领区的代表有 1400 人，来自西部占领区的代表有 610 人。这次会议通过了《德意志民主共和国宪法》，并选举了第二届德国人民委员会。

8 月 14 日

西部占领区举行第一届联邦议院的选举。

8 月 29 日

苏联第一颗原子弹在试验场成功引爆。9 月 25 日，官方对此进行报道。这打破了美国对核武器的垄断。

9 月 7 日

联邦议院和联邦参议院（联邦州的代表）的组成会议在德意志联邦共和国的首都波恩召开。9 月 12 日自由民主党人特奥多尔·豪斯当选为联邦德国总统，9 月 15 日联邦议院选举基督教民主联盟党员康拉德·阿登纳为联邦德国总理。

10 月 1 日

苏联向西方盟国占领国发出抗议照会，反对建立一个西德国家。

10 月 7 日

德意志民主共和国（简称民主德国或东德，德文缩写为 DDR）在柏林（东）成立；第二届德国人民委员会成立，作为民主德国临时人民议院。由于德国统一社会党是获得选票最多因而也是最为强大的议会团体，人民议院授权德国统一社会党人奥托·格罗提渥组建政府。民主德国宪法生效。联邦德国总理阿登纳抗议德意志民主共和国的成立。10 月 11 日威廉·皮克（德国统一社会党党员）当选为民主德国总统。

10 月 15 日

苏联根据国际法承认德意志民主共和国并与之建立外交关系。不久之后，民主德国在国际上陆续得到承认，承认其的国家有：保加利亚、捷克斯洛伐克、波兰、匈牙利、罗马尼亚、中国、朝鲜和阿尔巴尼亚；1950年，越南和蒙古国也承认了民主德国。

10 月 21 日

联邦德国总理阿登纳在联邦议院的一份政府声明中宣布德意志联邦共和国有单独代表权。在联邦政府计划中，与西方的融合优先于（德国的）重新统一。联邦德国的这一单独代表权声明意味着，只有它有权代表整个德国发言。阿登纳还拒绝承认奥得—尼斯河边界。

1950 年

5 月 9 日

法国外交部长罗伯特·舒曼提议在二战后将德国和法国的煤炭和钢铁生产进行联营（舒曼计划）。

6 月 25 日

朝鲜战争爆发。在两个德国，人们越来越担心在德国领土上也可能发生军事冲突。

7 月 6 日

在波兰的兹戈热莱茨签署了《关于将奥得河－尼斯河边界标记为德意志民主共和国和波兰之间和平边界的协议》。这样，德意志民主共和国作为与波兰接壤的德意志国家就在国际法上以具有约束力的方式承认了这条边界。

7 月 20 日—24 日

德国统一社会党第三次代表大会召开。该党将自己的特征描述为"新型政党",是"以马克思列宁主义为指导的,有意识的、有组织的工人阶级先锋队"。

9 月 29 日

德意志民主共和国加入经互会。

10 月 5 日—11 日

前国防军高级军官在埃菲尔的希默罗德修道院(Kloster Himmerod)召开秘密会议。此次会议是奉联邦德国总理阿登纳的委托召开的,会议就联邦德国武装力量将来在西欧防务体系内的任务、结构和建设提出建议。

10 月 15 日

民主德国人民议院、州议会、县议会和乡代表举行首次选举。席位是根据政党和群众组织的比例,以一份名为"民族阵线"(是为加强民主德国的社会主义民族道路而建立的)的统一名单为基础分配的。这一分配比例是由"民主集团"(民主德国政党和群众组织的联合,这些团体是在德国统一社会党领导下的民主德国人民议院的议会党团)在 1950 年 5 月 6 日的决议确定的。这种席位的分配在民主德国存续期间基本保持不变。

10 月 20 日—21 日

社会主义国家外长会议在布拉格召开。民主德国首次参加此次会议。

1951 年

1 月 15 日

联邦德国总理康拉德·阿登纳拒绝了民主德国部长会议主席奥托·格罗提渥 1950 年 11 月 30 日提出的议案。基民盟(基督教民主联盟,德文缩写为 CDU)为组建全德国民议会和全德选举设定了先决条件,其中包括解散民主德国人民警察和取消民主德国的国家身份。据此,德国的分裂已经从德意志联邦共和国开始。

3 月 6 日

西方盟国修订 1949 年 9 月 21 日生效的《占领法规》。盟军高级委员会不再管制联邦德国的立法。德国的外汇主权得到承认。联邦德国早在 1951 年 3 月 1 日,就已经宣布准备承认和接管德国的外债。为此,1953 年 2 月 27 日联邦德国在伦敦签署了一项债务协议。联邦德国与西方盟国协调了其原材料政策。

4 月 18 日

法国、意大利、比利时、荷兰、卢森堡和联邦德国在巴黎签署《欧洲煤钢联营条约》（德文缩写为 EGKS 或者 Montanunion）。这是实施舒曼计划。这种对采矿冶金业的共同监管，即对煤炭和钢铁生产以及重工业的共同监管，应该可以防止未来在欧洲发生战争。为此，《条约》提出成立一个超国家的"高级行政机构"，商定建成一个不受限制、无补贴和无歧视的煤炭、钢铁共同市场，谋求建成共同的关税以及取消这些国家之间的内部关税。该条约从 7 月 24 日、25 日起生效。1957 年，随着欧洲经济共同体（德文缩写为 EWG）的建立，煤钢共同体延伸到共同经济合作领域，到 1968 年被欧洲共同体取代。

7 月 9 日

西方三大国决定正式解除对德国的战争状态。到 1951 年 8 月 26 日，又有 46 个国家解除了与德国的战争状态。德国总共曾与 67 个国家处于战争状态。

1952 年

3 月 10 日

苏联提议四大盟国与一个统一的德国签订一个和平条约（称为"斯大林照会"）。斯大林提议西方大国与一个全德政府缔结一个和平条约，其前提是在《波茨坦协议》规定的边界内重新统一德国，德国保持中立，并撤出所有外国军队。这一方面意味着民主德国放弃社会主义发展，另一方面意味着西方放弃武装联邦德国。联邦德国总理阿登纳在 3 月 16 日拒绝了该提议，理由是统一的德国应该自己决定其联盟归属。这确认了联邦德国与西方的联系比德国的统一更重要的立场。西方大国也在 3 月 25 日拒绝了斯大林的照会。

5 月 8 日

民主德国政府宣布成立国家武装力量。

5 月 26 日

联邦德国、美国、英国和法国在波恩签署《德意志联邦共和国与西方三大国关系条约》（简称《德国条约》）。《德国条约》应该与《欧洲防务集团条约》（德文缩写为 EVG）一起生效，并取代《占领规约》。由于法国国民议会否决了《欧洲防务集团条约》，《德国条约》经过新的谈判后成为《巴黎条约》的一部分，并于 1955 年 5 月 5 日生效。

7 月 9 日—12 日

在柏林召开的德国统一社会党第二次代表大会会议决定，在民主德国"有计划地建立社会主义的基础"，并进一步使国家机构集中化。各州在 7 月 23 日由人民议院决议解散，民主德国在行政上重新划分为首都和 14 个区。在农村，第一个农业生产合作社（德文缩写为 LPG）成立。

7 月 28 日

联邦德国加入国际货币基金组织（德文缩写为 IWF）和世界银行。

1953 年

5 月 13 日—14 日

德国统一社会党中央委员会通过《关于通过引入新技术和新技术劳动定额（TAN）来提高德意志民主共和国企业劳动生产率的决议》。为缓解民主德国商品供不应求的局面，并推进"社会主义建设"，德国统一社会党中央决定"加快"工业领域的新技术引进，同时实施与新的、技术要求相配套的劳动定额，导致了企业在同一天罢工。在部长会议关于提高劳动定额的决定于 5 月 25 日生效后，这场抗议活动在 6 月 17 日升级为暴乱。

5 月 28 日—29 日

苏联在德管制委员会（德文缩写为 SKK）解散，在德苏联高级专员局设立。苏联驻民主德国大使弗拉基米尔·塞米约诺夫被任命为高级专员。他积极参加德国统一社会党中央委员会和政治局的会议。随着苏联在德管制委员会的解散，在民主德国的苏联占领军改组为"驻德苏联武装力量集群"（德文缩写为 GSSD）。

6 月 9 日

德国统一社会党政治局宣布实施"新方针"。斯大林去世后，苏联在其势力范围内进行路线方针上的修正成为可能。莫斯科敦促民主德国领导层更加"灵活"，并撤销 1952 年 11 月做出的关于"加速社会主义建设"的决定。1953 年 6 月 1 日至 5 日，德国统一社会党代表团前往莫斯科。苏联强烈建议他们不要走之前的路，并交给他们一份"错误清单"。6 月 11 日，民主德国部长会议正式公布了"新方针"，规定撤销针对个体农民、零售商、工匠和知识分子的强制措施，承诺增加消费品生产而不是重工业生产，并确保改善法律保障和促进全德和解。

6 月 17 日

从柏林（东部）开始的罢工扩大到民主德国的其他城市，发展为总罢工和暴乱，示威者占领并毁坏许多警察局和党的办公室，释放受政治迫害者，烧毁文件，接管企业。零星发生了针对党内官员的私刑。从当天下午1 点起，苏联指挥官以苏联的武装力量为后盾，先在柏林（东部）实行紧急状态和戒严令，随之将其推行到民主德国的县、乡以及镇压暴乱的中心。镇压反对占领国的起义（暴乱）是占领国自 1945 年以来在整个德国有效的占领权的一部分。就这方面而言，西方大国没有对苏联的做法提出法律上的抗议，但是它们对民主德国实施的社会主义改造却一再进行政治上的指责。

6 月 21 日

德国统一社会党领导层将 1953 年 6 月 17 日的起义定为"法西斯的政变企图"，并通过了社会政策措施，包括增加产业工人的工资。

7 月 27 日

随着《朝鲜停战协定》的达成，朝鲜战争结束。该《协定》在很大程度上恢复了战前的现状。940000 名士兵阵亡，大约 300 万平民被杀。这片土地上的几乎所有工业都被摧毁。

8 月 20 日—22 日

苏联和民主德国就稳定民主德国的措施在莫斯科进行谈判。苏联领导人宣布，免除民主德国所有将于 1954 年 1 月 1 日到期未偿还的赔偿，并将属于苏联股份公司（德文缩写为 SAG）的剩余 33 家企业归还给民主德国，铋企业（民主德国的铀矿开采）除外，将该类企业转换为苏德股份公司（德文缩写为 SDAG）。将来自于当前生产的赔偿转换为正常的对外贸易关系。免除民主德国所有战后债务，苏联驻德武装力量的驻军费用将限制在民主德国国家收入的 5% 以内，苏联并向民主德国提供一笔超过 5 亿卢布的贷款。1953 年 10 月 1 日，民主德国驻莫斯科和苏联驻柏林（东）的外交代表处改为大使馆。

9 月 6 日

联邦德国举行第二届联邦议院选举，这次选举是在 6 月 17 日反共产主义高潮之后的气氛中进行的。德国共产党（KPD）仅获得 2.5% 的选票，并且由于没达到 5% 的"门槛"不能进入联邦议院。康拉德·阿登纳再次组建起资产阶级的联合政府，德国社会民主党再次处于反对派的位置。

1954 年

1 月 25 日—2 月 18 日

四大胜利国外长会议在柏林举行。西方大国要求德国举行自由选举，然后召集国民议会，通过适用于全德国的宪法，以及与德国缔结和平条约。应该由德国自己决定其联盟归属。苏联则倾向于相反的顺序，并坚持德国的中立，要求必须将德国纳入泛欧集体安全体系。

2 月 26 日

联邦议院通过了《基本法》第七十三条的第一个国防修正案，确立了联邦德国的国防主权。该国防修正案使《德国条约》《欧洲共同体条约》与《基本法》协调一致。与德国社会民主党的反对意见不同，在国防修正案中国防和平民保护被确定为联邦的义务。凡年满十八周岁的男子，均须服义务兵役。

3 月 25 日

苏联授予民主国更广泛的主权，民主德国在未来可以独立决定其内部和外部事务，这也适用于民主德国与联邦德国的关系，安全问题除外。苏联高级专员对民主德国国家机关的监督权被取消了。

3 月 31 日

苏联提议，在满足西方国家不拒绝泛欧安全体系的先决条件下，不将《欧洲防务集团条约》付诸实施，苏联就准备加入北约。5 月 7 日，美国、英国和法国拒绝了这一提议。

5 月 8 日—7 月 21 日

随着法国军队在奠边府战役中的失败，法国重新控制印度支那的企图失败了。在日内瓦召开的印度支那会议上，战争双方和参与的大国同意立即停火，双方军队撤军，沿北纬 17 度线建立非军事缓冲区和举行全国性、有国际监督的民主选举。柬埔寨、老挝和越南双方应该独立，不属于任何军事联盟。苏联和中华人民共和国响应此呼吁，以防止美法等进一步介入印度支那。

8 月 30—31 日

法国国民议会否决《欧洲防务集团条约》。

9 月 28 日—10 月 3 日

比利时、荷兰、卢森堡、联邦德国、英国、法国、意大利、加拿大和美国在伦敦九国会议上就《欧洲防务集团条约》夭折后的替代方案进行协商。这次会议推荐联邦德国加入北约。会议主张联邦德国和意大利加入修订后的《布鲁塞尔条约》。英国、法国和美国发表声明准备尽快废除《占领法规》，但宣布继续保留在德国的驻军。联邦德国承诺遵守《联合国宪章》以及《布鲁塞尔条约》和《北大西洋公约》的原则，不以武力强制统一或改变边界，并自愿放弃生产核武器、生物武器和化学武器。

10 月 19 日—23 日

北约理事会在巴黎通过接纳联邦德国加入北约的决议（《巴黎条约》）。在巴黎举行的十五国会议（十四个北约国家和联邦德国）上，联邦德国受邀加入北约。同时，北约国家承认联邦德国政府是唯一合法的德国政府。北约宣布德国的统一是共同的目标。联邦德国完全致力于遵守《联合国宪章》的第二条，根据该条，联邦德国不得强行对其边界进行任何武力改变，因而它必须放弃通过暴力统一两个德国。联邦德国的全部武装力量必须纳入北约。伦敦九国会议的最终决议得到确认。此时，也在巴黎召开的四国会议（美国、英国、法国和联邦德国）重新制定了 1952 年 5 月 26 日通过的《德国条约》。据此，"占领制度"结束，联邦德国获得了基本的主权。然而，由于盟国部队的特殊权力，联邦德国的主权仍将受到限制。同时，九国会议对 1948 年 3 月 17 日通过的《布鲁塞尔条约》（英文简称西联，West - union）进行了修正和补充。西联转变为"西欧联盟"（德文缩写为 WEU），并决定接纳联邦德国加入西欧联盟。

11 月 29 日—12 月 2 日

在莫斯科举行的社会主义国家（苏联、波兰、捷克斯洛伐克、民主德国、匈牙利、罗马尼亚、保加利亚、阿尔巴尼亚）外长会议认为，《巴黎条约》的批准加强了德国的军国主义，因此要促使民主德国采取积极的应对措施。德国统一社会党总书记瓦尔特·乌布利希表示要建立"国家武装力量"。德国问题的解决只有在德国放弃重新武装的情况下才有可能。会议发布的声明指出，如果德国走一条和平道路，并且支持一个集体安全的欧洲体系，德国作为一个大国会发挥其历史作用。

1955 年

1 月 14 日

苏联政府发表声明，同意在（联邦德国）放弃批准《巴黎条约》的情况下进行全德自由选举。联邦德国可以选择在全德自由选举的基础上进行关于统一的谈判与批准 1954 年的《巴黎条约》之间做出决定。民主德国政府支持苏联政府的声明，阿登纳总理在 1 月 22 日断然拒绝了这一提议。

1 月 25 日

苏联解除与德国的战争状态。它保留了所有与德国有关的盟国条约所产生的所有权利和义务。与此同时，苏联宣布准备与联邦德国关系正常化，并将德国问题的解决视为纯粹德国的事情。不久之后，捷克斯洛伐克、波兰、保加利亚、罗马尼亚、匈牙利、阿尔巴尼亚和中国也结束了与德国的战争状态。

4 月 18 日—24 日

"不结盟国家运动"在万隆（印度尼西亚）成立。该运动的成立是试图通过联合那些在东西方冲突中不属于任何军事集团并希望保持中立的国家，从而使这些国家有统一的声音。该运动由 23 个亚洲国家和 9 个非洲国家发起。到 1994 年已增加了 80 个国家。南斯拉夫是唯一加入"不结盟"的欧洲国家。不结盟运动的倡议主要来自贾瓦哈拉尔·尼赫鲁（印度）、贾迈勒·阿卜杜勒·纳赛尔（埃及）和艾哈迈德·苏加诺（印度尼西亚）。该运动的目标是世界和平、遵守《联合国宪章》和全面裁军，以及反对种族歧视、殖民主义和日益增长的核武器威胁。

5 月 5 日

《巴黎条约》生效。联邦德国于 5 月 7 日加入西欧联盟，于 5 月 9 日加入北约。

5 月 14 日

阿尔巴尼亚（保留成员身份至 1968 年）、保加利亚、波兰、罗马尼亚、匈牙利、捷克斯洛伐克、民主德国和苏联的代表在华沙签署《友好合作互助条约》（简称《华沙条约》）。这形成了欧洲冷战的军事政治力量态势，这种态势一直持续到 1989 至 1990 年之交。

5 月 15 日

英国、法国、奥地利、美国以及苏联外长在维也纳签署《奥地利国家条约》。根据该条约，在 1945 年同样被四大国占领的奥地利获得了完全的独立。战胜国从这个国家撤出。奥地利有义务保持永久中立。联邦德国国内的反对派也将这种解决方案视为实现德国统一的一种方式。对于阿登纳（CDU）来说，德国的中立绝不是一种选择。

6 月 1 日—6 日

欧洲煤钢联营国家的外交部长达成一致，同意将联营扩展到所有经济部门以及建立《欧洲原子能共同体》（德文缩写为 EURATOM）。

7 月 18 日—23 日

四大战胜国外长会议再次讨论了德国统一的可能性和构建泛欧洲安全体系的可能性。这次会议以失败告终。

7 月 26 日

苏共第一书记尼基塔·赫鲁晓夫在柏林（东）宣布苏联的"两国理论"。两国理论的依据是德国的分裂。据此，德国统一是德国人自己的事情，消除民主德国的社会成就是不可能的。

9 月 9 日—13 日

联邦德国总理康拉德·阿登纳前往莫斯科，缔结了苏联和联邦德国之间建立外交关系的协议。

9 月 20 日

民主德国与苏联在莫斯科签署《民主德国与苏联友好关系条约》（《国家条约》）。

9 月 21 日

联邦德国总理康拉德·阿登纳（基督教民主联盟）宣布建设西德武装力量的时间表：陆军到 1959 年 1 月 1 日，空军和海军到 1960 年 1 月 1 日应该完全建立起来，装备齐全，可投入使用。

9 月 22 日

阿登纳在联邦议院发表声明，联邦德国是整个德国的唯一代表（哈尔斯坦主义）。在苏联授予民主德国主权的过程中，自 1951 年起担任联邦德国外交部国务秘书的瓦尔特·哈尔斯坦设计了哈尔斯坦主义。根据该主义，联邦德国将与那些承认民主德国并与它保持外交关系的国家断绝所有外交关系，苏联作为主要的胜利大国之一除外。哈尔斯坦主义一直持续到20 世纪 60 年代末新东方政策出台为止，其实施包括 1957 年对南斯拉夫、1963 年对古巴。此外，联邦德国没有与其他《华沙条约》缔约国建立外交关系，（因为）这些国家已经承认了民主德国。

10 月 27 日—11 月 16 日

四大战胜国外交部长会议再一次在日内瓦召开，又一次讨论德国问题。这次会议围绕在两个德国都加入两个相互对立的军事条约的情况下，其长期共存的后果问题展开。形式上，谈论的是以后德国的统一问题，但为此没有达成任何一致意见。

1956 年

1 月 18 日

民主德国人民议院通过了《民主德国人民军和国防部组建法》（人民军德文缩写为 NVA）。此前驻扎的人民警察部队于 3 月 1 日转为正规武装力量，配备新制服和徽章。1956 年 3 月 1 日，民主德国国防部和各县、乡的军事行政部门开始工作。

1 月 28 日

《华沙条约》组织的政治协商委员会在布拉格设立的联合高级指挥部的通过决议，将民主德国人民军纳入《华沙条约》联合武装部队。

3 月 6 日

联邦议院通过《基本法》第二个国防修正案。该法为联邦德国所有男性的普遍性兵役规定了宪法先决条件，因而也为联邦议院在同一天通过的《士兵法》创造了先决条件。联邦议院于 7 月 6 日通过《义务兵役法》。

6 月 26 日

民主德国放弃实施普遍性兵役制。在联邦德国建立联邦国防军并实行普遍性兵役制之后，民主德国最初在招募士兵时保留了自愿原则。由于招募新兵遇到很大困难，1962 年民主德国开始实行普遍性兵役制。

8 月 17 日

联邦德国联邦宪法法院禁止德国共产党在联邦德国存在。

1957 年

3 月 12 日

民主德国与苏联签署《民主德国与苏联关于在德国驻扎苏联武装力量的条约》（德文缩写为 GSSD）

3 月 25 日

《欧洲煤钢联营条约》成员国签署《罗马条约》，成立欧洲经济共同体和欧洲原子能共同体。

7 月 29 日

西方三国大使与联邦德国外长签署《柏林声明》。随着该声明的发布，这些西方大国确定了自己的立场，即德国统一的问题只是四个战胜国的事情，以此反对苏联提出的德国统一的问题只是德国人的事情。

10 月 2 日

波兰外交部长亚当·拉帕茨基在联合国大会上提出在中欧建立无核武器区的提案（拉帕奇计划），该地区应包括波兰、捷克斯洛伐克和德国全境。

10 月 4 日

苏联第一颗人造地球卫星"1 号人造地球卫星"（德文缩写为 Sputnik 1）发射成功。它在美国引发了"人造地球卫星冲击波"，因为其相应的运载火箭现在也会使美国领土在核战争中受到损害。

10 月 16 日—19 日

北约国家决定为北约部队配备中程导弹和核弹头。

1958 年

10 月 20 日

联邦德国国防部长弗朗茨·约瑟夫·施特劳斯（基督教社会主义联盟）宣布，联邦国防军将装备美国导弹，这些导弹可以配备常规导弹和核弹头。不过，核弹头仍由美国拥有并由美国指挥。

10 月 27 日

瓦尔特·乌布利希宣布，柏林全境属于民主德国的领土。

11 月 27 日

苏联发出柏林最后通牒（第二次柏林危机）。苏联在给西方大国、联邦德国和民主德国的通牒中宣布，苏联认为 1945 年的盟国协定不再有效，因为它们已被现实取代，《波茨坦协定》已被西方国家破坏。苏联要求西方盟军在六个月内从柏林撤出，并要求给予这座当时非军事化的城市一个独立政治实体的地位。12 月 31 日，西方国家政府在给苏联的照会中以不可接受为由拒绝接受其最后通牒，但宣布原则上准备就此问题举行会谈。

联邦德国则在 1959 年 1 月 5 日以建立一个独立的政治实体等同于第三个德国国家为由，从根本上拒绝了该最后通牒。

1959 年

1 月 7 日

民主德国领导人支持苏联 1958 年 11 月 27 日的柏林最后通牒。他向苏联强调，柏林全境都是民主德国的一部分，因此最好的解决办法是将柏林（西部）并入民主德国。

1 月 10 日

苏联部长会议主席赫鲁晓夫呼吁，前反希特勒联盟的所有国家召开有两个德国参加的和平会议，并由苏联提交一个和平条约草案。该草案应该由民主德国和联邦德国签署，并与 1952 年的斯大林照会相关联，其中包含作为德国统一的过渡解决方案，在截至 1959 年 1 月 1 日的边界内建立一个两德邦联，并授予其完全主权。至于柏林（西部），该计划规定了其"自由和非军事化城市"的地位，它将作为第三国加入计划中的邦联。这些德国国家不应属于任何军事联盟，应减少现有武装力量，应放弃部署核武器、火箭武器、轰炸机和潜艇。此外，和平条约生效后，所有外国武装部队都应该撤出德国。民主德国在 1 月 19 日的答复中支持苏联的提议。联邦德国政府在 1 月 12 日拒绝了赫鲁晓夫的提议，因为它将德国的统一视为结果，而不是看作和平条约谈判的先决条件。1 月 27 日，美国国务卿约翰·福斯特·杜勒斯拒绝了苏联的提议。

2 月 16 日

西方国家和联邦德国提议，召开一次有苏联和民主德国参加的外长联席会议，讨论德国问题。西方大国拒绝了苏联 1 月 10 日的倡议，但宣布他们原则上做了谈判的准备，不过（这种谈判准备）不是在其最后通牒的压力之下进行。与苏联呼吁召开首脑会议相反，该提议呼吁盟国外交部长应该与两个德国的外交部长一起谈判（解决问题）。

2 月 17 日

赫鲁晓夫宣布，如果盟国之间没能进行谈判，民主德国和苏联准备单独缔结和平条约。

3 月 5 日

赫鲁晓夫宣布，在其 1959 年 3 月 4 日至 12 日对民主德国进行国事访问之际，1958 年 11 月 27 日的柏林通牒不是最后通牒。如果西方国家表现出认真进行谈判准备的态度，通牒的最后期限是可以延长的。四大胜利国最终达成一致，同意在 1959 年 5 月 11 日至 6 月 20 日和 1959 年 7 月 13 日至 8 月 5 日在日内瓦举行外交部长会议，而不是苏联所要求的首脑会议。

3 月 19 日

苏联承认西方盟国在柏林（西部）的权利。通过这一步骤，苏联强调了赫鲁晓夫所表达的态度，即苏联 1958 年 11 月 27 日的柏林通牒并不是最后通牒。柏林最后通牒于 1959 年 5 月 27 日到期，没有任何成果。

7 月 13 日—8 月 5 日

日内瓦外长会议第二次会议召开。西方国家坚持根据所谓的伊甸园计划，统一两个德国（任命四大国委员会为自由选举做准备；选举全德议会以起草宪法；组建一个全德政府，与之缔结和平条约）。苏联坚持成立两个德国的邦联，并坚持承认柏林（西部）是一个自由、独立和非军事化的政治实体。（相关国家）将与两个德国缔结和平条约。尽管外长们就将柏林问题与德国问题脱钩达成了一致，但美国总统艾森豪威尔与苏联部长会议主席赫鲁晓夫于 1959 年 4 月 26 日至 27 日在戴维营举行的首脑会晤没有取得突破。1959 年 9 月，美苏首脑在戴维营的会晤也没有取得突破。这次外长会议就 1960 年 5 月在巴黎举行另一次胜利国首脑会议达成了一致。

12 月 22 日

北约理事会决定在西欧和中欧设立 30 个师，其中在联邦德国设立的师应该配备战术核武器。

1960 年

12 月 28 日

联邦德国与苏联在波恩缔结第一个贸易协定。

1961 年

3 月 28 日—29 日

《华沙条约》组织的政治协商委员会会议在莫斯科举行。会议讨论了关于如何控制柏林（西部）的不同措施方案。在关于是否应该对空中联系实行强制控制，或者是否对柏林（西部）进行陆上封锁更有效的问题上，未达成一致，瓦尔特·乌布利希对此提出了建议。会议公报强调，《华沙条约》缔约国支持采取措施进一步加强其防务能力。为了确保和平，通过与两个德国缔结和平条约来清除第二次世界大战的残余是有效的。此外，通过把柏林（西部）转变为非军事化的自由城市来消除危险地点是必要的。《华沙条约》缔约国致力于和平共处的政策。

5 月 8 日—10 日

北约理事会会议在奥斯陆召开。会议的一份公报对《华沙条约》组织提出的签署单独和平条约所造成的威胁进行了驳斥。北约重申其"维护西柏林及其人民的自由"的决心。在北约公报中以"西柏林"替代"柏林"，这一术语创新表明，西柏林人在整个柏林自由行动的范围。

6 月 3 日—4 日

苏联共产党和政府领导人尼基塔·赫鲁晓夫与美国新任总统约翰·肯尼迪在维也纳举行首脑会议。赫鲁晓夫多次延长柏林最后通牒，但都没有成果。现在他坚持与民主德国单独缔结和平条约，并提出一份苏联关于德国问题的备忘录。根据该备忘录，（盟国）在柏林的所有占领权，不仅是在苏联占领部分，也就是民主德国的首都的占领权，都将失效。所有关于使用经过民主德国领土的陆上、水上和空中连接路线的问题，只能在与民主德国达成协议的基础上解决。肯尼迪拒绝了苏联的提议。

6 月 15 日

瓦尔特·乌布利希在柏林举行的新闻发布会上，回答了民主德国是否打算围绕柏林西部地区修建围墙的问题。他说，可能有西德人希望"我们动员民主德国首都的建筑工人修筑一堵墙。我不知道有任何此类意图。……没有人打算修筑一堵墙"。当被问及谋求对航空安全进行的控制是否还包括对乘客的控制的问题时，乌布利希回答说，民主德国会像在伦敦那样做。人民无论是从陆路、水上还是空中来到民主德国，都将受到民主德国的管控。6 月底，民主德国正式通知，从 1961 年 8 月 1 日起，所有进出民主德国的飞机都必须通知民主德国的无线电安全管理机关。在民主德国境内飞行时，这些飞机只使用民主德国当局为空中交通管制和飞行控制事项设定的频率。

7 月 25 日

美国总统约翰·肯尼迪发表美国决心保卫柏林（西部）的声明。在美国看来，只剩下三个基本方面（要素）：西方国家在西柏林的存在、西方国家不受干扰的进出权和西柏林人的独立权利。

8 月 3 日—5 日

《华沙条约》缔约国的国家元首和政府首脑在莫斯科举行首脑会议。赫鲁晓夫在全体大会上还宣布了乌布利希曾提出的在西柏林周围修建隔离墙的要求，这让乌布利希感到惊讶。在美苏维也纳首脑会晤失败后，美国威胁苏联，如果发生空中禁行，为了加强对通往西柏林的通道的控制，（美国）将向驻扎在民主德国的苏联军事训练区投掷原子弹。在美国特使约翰·麦克洛伊与赫鲁晓夫于 7 月 26 日—27 日在克里米亚会谈之后，两大超级大国的威胁愈演愈烈，这在欧洲引发巨大的战争恐惧情绪。旨在封锁边境的空中管制被取消后，剩下的只有地面管制了，即通过建造隔离墙以封锁边境。

8 月 13 日

民主德国开始建造柏林墙，封锁民主德国边境。民主德国公民逃往柏林（西部）和逃往联邦德国的行为被阻止。在 8 月 13 日之前的最后几个月里，逃离潮对民主德国已经构成威胁，主要是技术工人和受过大学教育的专业人员的离去对民主德国的经济造成的威胁。随着强制性中断逃离潮措施的实施，民主德国的经济政治进入一个稳固期。最终，8 月 13 日成为美国和苏联之间历史性的一次妥协。美苏双方都不想因为柏林、因为德国人而陷入巨大的冲突中。这件在柏林（西部）引发的震惊事件主要招致的是口头抗议。这些抗议不仅仅针对民主德国当局，也针对美国占领当局。在该事件上西柏林人感到他们被遗弃了，作为应对措施他们也仅限于口头抗议。西方国家在 1961 年 8 月 17 日的一份照会中抗议（修筑柏林墙）损害了四大国在柏林的现状。联邦德国对柏林（西部）的支持起初也是含糊的。联邦总理康纳德·阿登纳最早于 1961 年 8 月 22 日对柏林进行了短暂访问。在 1961 年 8 月 18 日联邦议院召集的特别会议上，阿登纳谴责了民主德国当局，但是实际上他在 1961 年 8 月 16 日已经做出保证，联邦德国政府不会采取"使联邦德国和苏联之间关系困难"的措施。

8 月 23 日

柏林（西部）与民主德国之间的 12 个过境检查点中的 5 个被关闭。因为西柏林当局拒绝了民主德国建立通行处的要求，并于 1961 年 8 月 26日关闭了由东德当局在德国国家铁路地段上设立的通行处，西柏林公民到柏林（东部）的所有旅行（访问）都中断了。这样，这座城市的东西两个部分之间的交通实际上中断了。

1962 年

1 月 24 日

民主德国人民议院通过了《义务兵役法》(《征兵法》)。

3 月 11 日—15 日

美国、英国和苏联外交部长会议在日内瓦举行。会议议程上列有"德国问题"、柏林问题和裁军方面。美国国务卿腊斯克和英国外交大臣道格拉斯·霍姆宣布,苏联破坏通往柏林的"空中走廊"的企图将加剧国际紧张局势,这与苏联努力缓解紧张局势的保证不相符。在 3 月 12 日和 3 月 15 日的会议上,谈判代表团成员就停止核武器试验和进一步谈判停止核武器试验的程序问题进行了讨论。

9 月 2 日

"古巴危机"爆发。生活在美国的古巴流亡者于 1961 年 4 月 20 日发动入侵古巴的行动挫败后,古巴再次陷入两大强国的"炮火"之中。在围绕柏林墙的修筑产生的事件之后,1960 年代第二次真正的战争危险出现。然而,美国对古巴并不像以前对柏林那样宽容。在美国于 1962 年 9 月 4 日抗议苏联(向古巴)提供武器之后,赫鲁晓夫于 1962 年 9 月 11 日做出反应,威胁说如果美国对古巴采取行动,将发动全面战争。由于苏联在岛屿上部署了带有核弹头的导弹并继续向古巴运送武器,肯尼迪于 1962 年 9 月 22 日宣布对古巴实施部分封锁,并控制苏联在加勒比地区的船只。在不结盟国家通过联合国向美国、苏联和古巴政府提出调解建议以及教宗也在 1962 年 10 月 25 日向全世界发出和平呼吁之后,赫鲁晓夫接受了联合国秘书长吴丹的调解建议。他命令苏联船只撤离加勒比海地区,并同意在联合国的监控下拆除苏联部署在古巴的导弹。美国总统保证不会入侵古巴。这场危机于 1963 年 1 月 7 日正式结束。

9 月 17 日

苏联最终结束了四大国在柏林的现状。1962 年 8 月 22 日,苏联解散了其在柏林(东部)的指挥部,并早在 1962 年 4 月 30 日就已宣布,柏林(西部)与联邦德国之间联系的控制权由民主德国当局全权负责。这样,苏联拒绝了美国提出的由一个国际机构控制通往柏林(西部)的过境路线的提议。

1963 年

1 月 12 日

古巴与民主德国建立外交关系。联邦德国援引其单独代表权的主张和哈尔斯坦主义，于 1963 年 1 月 14 日断绝了与古巴的外交关系。

1 月 15 日—21 日

德国统一社会党第六次代表大会通过新的党纲和新的章程。新党纲宣布"从资本主义向社会主义过渡"是"这个时代发展的基本规律"。在"民主德国的社会主义生产条件取得胜利"之后，现在应该把"全面建设社会主义"作为主要任务。在经济领域，新党纲宣布进行深刻的改革。

1 月 22 日

法国总统夏尔·戴高乐和联邦德国总理康拉德·阿登纳在巴黎签署了《法德友好条约》（又称《爱丽舍条约》）。

3 月 7 日

联邦德国和波兰签署第一个贸易和航运协议。由于两国没有建交（对波兰来说，与联邦德国建立外交关系取决于后者承认奥得河－尼斯河边界；而对联邦德国来说，与波兰建立外交关系则取决于波兰与民主德国断交），利益的实现通过（设在）两国的商务代表处签订的为期三年的贸易协定来实施。联邦德国于 1963 年 11 月 9 至 10 日与匈牙利，1964 年 3 月 6 日与保加利亚签订了类似的协议。1963 年 10 月 17 日，联邦德国和罗马尼亚就设立商务代表处达成一致，并于 1964 年 3 月 6 日达成贸易协定。与捷克斯洛伐克缔结这样的条约失败了，原因在于捷克斯洛伐克（CSSR）要求联邦德国宣布 1938 年的《慕尼黑协定》无效。

3 月 22 日

苏联和民主德国签署迄今为止最大的贸易协定，民主德国成为苏联最大的贸易伙伴。

7 月 15 日

埃贡·巴尔在图青福音派学院（Evangelical Academy in Tutzing）就重新定位德国社会民主党的东方政策（即"通过接近促进改变"）发表演讲。这个概念后来成为维利·勃兰特的"新东方政策"的基础。

8 月 5 日

美国、英国和苏联签署了《禁止在大气层进行核武器试验条约》（又称《禁止大气层试验协议》）。该条约的签字国也禁止所有地面上的核武器试验。民主德国于 8 月 8 日，联邦德国于 8 月 19 日加入该条约。该条约由另外 120 个国家签署，于 10 月 10 日生效。

10 月 15 日

康拉德·阿登纳辞去联邦德国总理职务，路德维希·艾哈德（基督教民主联盟）成为新的联邦总理。

12 月 17 日

柏林（西部）议会和民主德国政府之间达成第一个《通行协议》，使西柏林人能够访问柏林（东部）。随后双方达成了进一步的协议。在 1971 年 9 月 3 日的《四国柏林协定》之后，此类访问在任何时候都是可能的。

12 月 18 日

苏联和民主德国之间的"友谊"石油管道试运行。

1964 年

6 月 12 日

苏联和民主德国在莫斯科签署《友好、合作和互助条约》。该条约的基础是苏联保证民主德国的边界不受侵犯。民主德国和联邦德国都是独立的、享有平等权利的国家，柏林（西部）是"独立的政治实体"。双方同意扩大两国之间的经济、科技、文化、社会和体育关系。对此，联邦德国政府重申了其对整个德国的单独代表权的主张。

6 月 26 日

法国、英国和美国发表了《德国宣言》。这是西方国家对苏联与民主德国 6 月 12 日缔结《友好、合作和互助条约》的回应。宣言声明，该条约在实质内容上无效，因为它与四大国为全德负责的原则不相符。此外，宣言强调了联邦德国是整个德国的单一代表权原则，并声明柏林（西部）不是一个"独立的政治实体"。

8 月 4 日—5 日

美国介入越南内战，越南战争爆发。早在 8 月 2 日，美国就报道了三艘北越巡逻艇在东京湾袭击一艘美国驱逐舰的事件。8 月 4 日，美国宣布北越军队再次袭击美军，导致美国对北越阵地进行大规模报复性打击。8 月 7 日，美国国会授权美国总统林登·约翰逊在越南大规模部署军队。美国干预了 1963 年 11 月 2 日开始的推翻南越吴庭艳政府、反对共产主义革命的战争，南越的革命者在北越的支持下控制了南越大部分地区。结果是，美国向越南派遣了超过 500000 名士兵和更多空军和海军部队。美国空军实施大规模轰炸，其中包括使用凝固汽油弹和脱叶剂（主要是含有剧毒二噁英的橙剂），布雷封锁越南港口以及试图中断老挝和柬埔寨的补给路线，这些被证明是无效的。由于世界公众和美国民众的批评越来越多，加上军事上的失败，美国领导人被迫于 1968 年 5 月 13 日开始进行和平谈判，最终于 1973 年 1 月 27 日在巴黎达成和平协议，随后所有美国军队从越南撤出。1975 年 7 月 2 日，越南两部分重新统一。总体上，这场战争夺去了数百万人的生命，其中 200 万受害者是来自越南的平民。随着美国对越南的干预，德国问题转移到了美国外交政策的"幕后"，美国外交政策主要关注点是越南战争。美国在越南的战争推动了世界各地的和平运动。

9 月 9 日

民主德国部长会议批准民主德国的退休人员前往联邦德国和柏林（西部）的旅行。民主德国的退休人员可以每年到西方探亲一次。

1965 年

1 月 8 日

维利·勃兰特宣布，如果德国社会民主党在 1965 年 9 月 19 日的联邦议院选举中获胜，它将实施新的东方政策。

1 月 19 日—20 日

《华沙条约》组织的政治协商委员会要求召开泛欧会议以确保欧洲的集体安全。这标志着一个进程的开始，该进程随着 1975 年 8 月 1 日《赫尔辛基最后文件》的签署而结束。

2 月 24 日—3 月 2 日

德国统一社会党中央委员会第一书记、民主德国国务委员会主席瓦尔特·乌布利希对埃及进行友好访问。乌布利希接受了纳赛尔总统领导下的以社会主义为导向的埃及政府的邀请，这次邀请是埃及对联邦德国支持以色列的回应。在民主德国与伊拉克于 1962 年 5 月 24 日、与阿拉伯也门共和国（北也门）于 1963 年 10 月 28 日就设立总领事馆达成一致后，在与埃及建立外交承认方面有了推进。随后民主德国与叙利亚在 1965 年 9 月 15 日、与锡兰（斯里兰卡）在 1964 年 2 月 12 日、与坦桑尼亚在 1964 年 5 月 17 日就设立总领事馆达成一致。

1966 年

2 月 17 日—18 日

联邦德国参加核计划小组和北约核委员会工作组的第一次会议。

2 月 28 日

民主德国申请加入联合国。该申请提案是为了寻求在国际法上承认民主德国，申请需获得联合国大会的批准，但因安理会中的西方大国的否决而失败。

7 月 4 日—6 日

《华沙条约》组织的政治协商委员会通过了《布加勒斯特宣言》。宣言要求承认欧洲目前的边界并根据国际法承认民主德国。此外，宣言指出，1938 年 9 月 29 日的《慕尼黑协定》必须从一开始就被认定是无效的。为了巩固世界和平和保障欧洲安全，欧洲各国应该在和平共处的基础上建立睦邻友好关系，并发展科技、经济、文化等方面的合作。为此，应该召开一次泛欧洲安全与合作会议。

11 月 26 日

基督教民主联盟/基督教社会联盟与德国社会民主党就建立联邦层面的大联盟达成协议。在自由民主党于 10 月 27 日退出联邦政府以及与基民盟/基社盟就联合协议的重新谈判于 11 月 25 日最终失败后，联邦议院的这两大议会团体同意组成大联盟。路德维希·艾哈德辞去联邦总理职务。新的联邦总理库尔特·格奥尔格·基辛格（基督教民主联盟）将于 12 月 1 日就职，外交部长将由维利·勃兰特（德国社会民主党）担任。这是自联邦德国成立以来，德国社会民主党首次参与联邦政府。在外交政策方面，基辛格希望以一贯的和平政策取代目前实施的针对《华沙条约》缔约国的对抗政策，这项政策主要通过结束军备竞赛来实现。然而，他依然坚持单一表权的主张。

1967 年

1 月 27 日

《和平利用外层空间条约》得以签署。民主德国和联邦德国均是签署国。

1 月 31 日

在罗马尼亚从一开始就与民主德国建立了外交关系的情况下，联邦德国与罗马尼亚建立外交关系。这实际上是哈尔斯坦主义的终结。

3 月 15 日

波兰与民主德国在华沙缔结《友好、合作和互助条约》。在民主德国与苏联于 1964 年 6 月 12 日签署了这类条约之后，民主德国与其他社会主义国家的紧密合作相继通过条约来规定：与捷克斯洛伐克在 1967 年 3 月 17 日，与匈牙利在 1967 年 5 月 18 日，与捷克斯洛伐克在 1967 年 3 月 7 日，与保加利亚在 1967 年 9 月，与罗马尼亚在 1972 年 5 月 12 日缔结了这类条约。

4 月 17 日—22 日

德国统一社会党第七次代表大会在柏林举行，会议决定在民主德国"建立发达的社会主义社会制度"。

7 月 1 日

关于合并欧洲经济共同体欧洲煤钢联营条约（EKGS）和 1965 年 4 月 8 日的欧洲原子能共同体执行机构的协议生效，欧洲共同体（德文缩写为 EG）正式成立。

10 月 12 日

苏联要求联邦德国政府就放弃对民主德国使用武力的具体措施发表一个声明。联邦德国尽管准备发表一个抽象的放弃武力的声明，但不想放弃其单独代表权的主张。对此，苏联要求联邦德国对放弃对民主德国使用武力进行具体定义。

11 月 21 日

苏联强调，根据《联合国宪章》的"敌国条款"它可以行使对联邦德国的干预权。

1968 年

1 月 31 日

联邦德国恢复与南斯拉夫的外交关系，双方关系在 1957 年因为哈尔斯坦主义中断。

4 月 6 日

民主德国就新宪法举行全民投票。

4 月 9 日

联邦德国向苏联提出相互放弃使用武力的提案。苏联曾在 1967 年 10 月 12 日要求联邦德国发表具体的放弃使用武力的声明。联邦德国的提案包括与民主德国在内的其他《华沙条约》缔约国交换放弃使用武力声明的可能性。苏联在 1968 年 7 月 5 日对此再次做出回应，要求承认欧洲现有边界，要求联邦德国放弃生产和部署核武器，要求联邦德国发表声明宣布 1938 年的《慕尼黑协定》无效。

6 月 24 日—25 日

在雷克雅未克召开的北约部长理事会会议提议，就关于在中欧相互削减部队进行谈判。苏联在 1971 年 5 月 14 日对该提议做了回应。直到 1973 年 10 月 30 日，关于此议题的谈判才开始，原因是苏联提出优先考虑召开欧洲安全会议。两个德国支持各自所属集团的提议。

7 月 1 日

民主德国加入《不扩散核武器条约》。该条约于 1968 年 6 月 12 日由联合国大会以多数票通过，由核大国美国、英国和苏联以及近 100 个其他国家在华盛顿、伦敦和莫斯科签署，条约禁止将核武器转让给非核武器国家。联邦德国于 1969 年 11 月 28 日在有保留的情况下签署了该条约。条约于 1970 年 3 月 5 日生效。

7 月 1 日

欧洲共同体关税同盟在工商业领域生效。这消除了欧共体成员国之间的内部关税。欧共体对第三国实行共同的对外关税。农产品的关税同盟于 1970 年 1 月 1 日生效。

8 月 21 日

在苏联领导下对捷克斯洛伐克进行军事干预，"布拉格之春"结束。

1969 年

3 月 5 日

古斯塔夫·海涅曼（德国社会民主党）当选联邦德国总统。

3 月 17 日

《华沙条约》组织的政治协商委员会通过《布达佩斯宣言》。该宣言再次呼吁召开泛欧会议，以在没有任何先决条件的情况下保证欧洲的安全与合作。

5 月 8 日

非社会主义国家开始在国际法上承认民主德国。1969 年 5 月 8 日，柬埔寨在国际法上承认民主德国。更多国家与民主德国建立外交关系，于是伊拉克在 1969 年 5 月 10 日，苏丹在 1969 年 6 月 3 日，叙利亚在 1969 年 6 月 5 日，南越在 1969 年 6 月 20 日，埃及和南也门在 1969 年 7 月 10 日，刚果在 1970 年 1 月 8 日，索马里在 1970 年 4 月 8 日，中非共和国在 1970 年 4 月 18 日，阿尔及利亚在 1970 年 5 月 20 日，马尔代夫在 1970 年 5 月 22 日，锡兰（斯里兰卡）在 1970 年 6 月 16 日，几内亚在 1970 年 9 月 9 日，智利在 1971 年 3 月 16 日，赤道几内亚在 1971 年 4 月 14 日，乍得在 1971 年 6 月 6 日，孟加拉国在 1972 年 1 月 15 日，印度在 1972 年 10 月 8 日，瑞士在 1972 年 12 月 20 日与民主德国建立了外交关系。民主德国这些外交政策上的成果迫使联邦德国政府在 1969 年 5 月 30 日修正了哈尔斯坦主义，以便使自己在外交政策上不被非洲和亚洲国家孤立。哈尔斯坦主义有了"松动"。此后，联邦德国政府在根据国际法承认民主德国的问题上有了灵活的决定空间，也就是依据承认民主德国的国家的重要性来决定是否与该国断交，承认民主德国继续被视为一种对联邦德国不友好的行为。据此，联邦德国在 1969 年 6 月 4 日"冻结"了与柬埔寨的外交关系，但并未完全断绝与之的关系。1971 年 3 月 10 日之后，哈尔斯坦主义被联邦德国完全废除。

7 月 22 日

联邦议院通过决议，有条件地允许播放民主德国国歌和升起民主德国国旗。尤其是在体育赛事中，不会再禁止民主德国的国歌和国旗的使用。联邦德国希望以此消除国际奥委会的担忧，即联邦德国会阻止民主德国参加筹划中的 1972 年慕尼黑奥运会。

9 月 16 日

联邦德国与民主德国交通部长之间举行第一次直接谈判。双方就恢复用于运输特定产品的联邦德国与柏林（西部）之间经过民主德国领土的铁路运输达成一致。该铁路运输系统在 1967 年中断了。与此同时，双方就改善基础设施（道路建设和铁路运输）的未来联合项目进行谈判。

9 月 19 日

联邦德国和民主德国的邮政管理部门之间举行第一次谈判。双方就规范联邦德国和民主德国之间的邮电系统（业）补偿金问题进行了商讨。双方邮政管理部门于 1970 年 4 月 29 日在波恩就补偿金的数额达成一致，即到 1973 年联邦德国支付给民主德国的补偿金的数额是 3000 万德国马克。这样，1971 年 1 月 31 日东西柏林之间的电话联系恢复了。

1970 年

1 月 30 日

苏联和联邦德国就缓和（关系）开始进行谈判。谈判涉及在欧洲本着和平共处原则建立持久的安全和合作体系、相互放弃使用武力以及更密切地合作，以实现互利。这次谈判主要由德国方面的埃贡·巴尔（德国社会民主党）和苏联方面的外交部长安德烈·葛罗米柯领导，在 1970 年 8 月 12 日以《莫斯科条约》的签署告终。

2 月 1 日

联邦德国和苏联签署一项贸易协定。该协定包括联邦德国为苏联境内的天然气管道的建设提供大型管道。这些管道将在以后 20 年向联邦德国输送天然气。联邦德国政府曾在 1962 年 12 月 18 日发布禁令，禁止向苏联运送大型管道。

2 月 5 日—6 日

联邦德国和波兰就边界、放弃使用武力和关系正常化的协议开始进行谈判。这场谈判以波兰和联邦德国在 1970 年 12 月 7 日在华沙签署《相互关系正常化的基础条约》结束。

3 月 19 日

联邦德国总理维利·勃兰特与民主德国部长会议主席维利·斯多夫在埃尔福特举行首次会晤。这场两个德国政府首脑的首次会晤预示着联邦德国与其东方邻国之间的缓和进程开始，这一进程随着 1970 年 8 月 12 日《莫斯科条约》的签署和 1970 年 12 月 7 日《华沙条约》的签署继续进行。勃兰特和斯多夫重申了他们各自关于建立德国内部关系的立场。斯多夫再次要求联邦德国根据国际法承认民主德国。勃兰特主张建立德国内部特殊关系，因为他认为共同的德意志民族将继续存在，目前它被分为两个不同的国家。两德政府首脑之间的会谈将于 1970 年 5 月 21 日在卡塞尔继续进行。

3 月 26 日

西方盟国和苏联在柏林（西）就关于柏林的地位达成一项四大国协议

问题开始进行谈判。作为这次谈判的第一个成果，盟军旅行办公室被解散了，（此前）民主德国公民前往北约国家旅行时必须向该机构申请旅行证件。经过多轮谈判之后，《四国协定》于 1971 年 9 月 3 日签署。

4 月 5 日—11 日

美国总统理查德·尼克松在联邦总理维利·勃兰特对美国进行国事访问期间宣布，支持"新东方政策"。

4 月 16 日

美国和苏联之间就限制战略武器问题开始谈判（英文缩写为 SALT）。

5 月 7 日

民主德国驻巴黎的常驻商务代表处设立，这是民主德国在西方国家设立的第一家此类机构。

5 月 21 日

联邦德国总理维利·勃兰特与民主德国部长会议主席维利·斯多夫在卡塞尔会晤。这次会晤作为 3 月 19 日进行的埃尔福特会谈和关于建立德－德关系的谈判的延续，勃兰特提出了一系列旨在通过条约规范两个德国之间关系的建议。尽管根据国际法承认民主德国最终将是联邦德国政府不能排除的一个长期正常化进程，但双方同意实行"思考性休会"。勃兰特提出的"20 点文件"为 1972 年 12 月 21 日签署的《基础条约》建立了框架。会谈延期至另行通知。

5 月 22 日

联邦总理府国务秘书埃贡·巴尔和苏联外交部长安德烈·格罗米科签署了《关于德苏放弃使用武力的谅解备忘录》。该谅解备忘录包含具有约束力的放弃使用武力（的规定）和双方承认欧洲当前的领土现状的规定。然而，在联邦德国方面，盟国的保留权为其拒绝这样一个在国际法上具有约束力的条约提供了理由。这份原本处于保密状态的备忘录于 6 月 12 日被联邦德国的报纸刊印出来后，在反对派中爆发了激烈的讨论，在这场讨论中，政府的"新东方政策"的反对者与在"放弃领土"的基础上实现和解的支持者之间处于对立。

5 月 27 日

北约理事会宣布准备开始就泛欧安全会议进行谈判，前提是双方就相互削减武装力量问题同时进行谈判。《华沙条约》缔约国在 6 月 22 日对此表示同意。

5 月 30 日

欧盟成员国在罗马就实施共同货币达成协议。

7 月 10 日

《关于在莫斯科设立经互会国际投资银行协议》签订。

8 月 12

苏联和联邦德国在莫斯科签署关于维护和平、放弃武力、和平合作、完全尊重欧洲所有国家在其现有边界内的领土完整、缓和、改善和扩大它们之间合作的《苏联和联邦德国之间条约》（简称《莫斯科条约》）。该条约是结束欧洲冷战时代、迎来缓和阶段的《欧洲条约》的核心要素。《莫斯科条约》及其附属的《谅解备忘录》包含了超越两国双边范围、进一步发展欧洲和平关系的中心原则。双方都声明（联邦德国注意到，苏联没有领土要求），"它们对任何人没有领土要求，将来也不会提出此类要求"。条约确定了"奥得河－尼斯河线形成波兰共和国的西部边界"并定义了联邦德国与民主德国之间的边界。《谅解备忘录》强调，该条约和联邦德国与民主德国、与波兰、与捷克斯洛伐克之间的仍有待缔结的条约"构成一个整体"。这使得其他国家各自与联邦德国进行的谈判更加容易，因为联邦德国已经同意了基本的关键点。这涉及一项原则，即与民主德国签订的条约在国际法上应具有与（联邦德国的）其他条约相同地位。关于（联邦德国）与捷克斯洛伐克签订的条约，联邦德国承认它也将"以双方都能接受的形式"规定 1938 年的《慕尼黑协定》无效。此外，苏联和联邦德国就推动联邦德国和民主德国都加入联合国及其专门组织达成一致。这两个德国国家当时还不是联合国的会员，因为在联合国安理会西方国家阻止民主德国加入（联合国），苏联则阻止联邦德国加入（联合国）。

11 月 27 日

联邦德国与民主德国开始国务秘书级别的定期谈判。

12 月 7 日

波兰与联邦德国在华沙签署《波兰与联邦德国关系正常化的基础条约》（简称《华沙条约》）。根据该条约，缔约双方接受奥得河－尼斯河线为波兰西部边界，从根本上放弃领土的变更。双方同意全面放弃使用武力，全面实现相互关系正常化以及进一步扩大经济、科学、技术和文化领域的合作。

1971 年

2 月 11 日

美国、英国和苏联签署《关于禁止在海底和洋底部署核武器和其他大规模杀伤性武器的条约》。民主德国在同日加入该条约，并于 1971 年 6 月 30 日批准该条约。联邦德国于 1971 年 6 月 8 日签署该条约。该条约从 1972 年 5 月 18 日起生效。

3 月 16 日

联邦德国政府最后一次正式实施哈尔斯坦主义是针对智利。智利与民主德国建立外交关系后，联邦德国政府以正式抗议作为回应，但并未与智利断交。此后，联邦德国政府避免实施哈尔斯坦主义。

3 月 31 日

联邦德国与捷克斯洛伐克就《相互关系条约》开始谈判。在与社会主义国家缔结条约的过程中，继与苏联和波兰之后，联邦德国也试图与捷克斯洛伐克谈判达成关系正常化的协议。这里决定性的争论点是，就像捷克斯洛伐克所主张的那样，《慕尼黑协定》"从一开始"就无效的问题。由于联邦德国政府担心捷克斯洛伐克对苏台德地区德裔人的责任缺失，并对其驱逐苏台德地区德裔人的行为进行谴责，两国间的谈判拖延了下去。《相互关系条约》直到 1973 年 12 月 11 日才签署。

5 月 3 日

瓦尔特·乌布利希辞去德国统一社会党中央委员会第一书记的职务，埃里希·昂纳克当选为继任者。

6 月 15 日—17 日

德国统一社会党第八次代表大会在柏林召开。瓦尔特·乌布利希没有参加这次党代会，在其被代为宣读的贺词中，他坚持其将社会主义看作"独立的社会形态"的路线。与此相反，埃里希·昂纳克与莫斯科的路线一致，将社会主义视为"从资本主义到共产主义的过渡阶段"。在与西方国家的关系方面，尤其与联邦德国的关系方面，强调"两种不同社会制度之间的和平共处"，反对德意志民族统一的观点。

7 月 27 日—29 日

经互会成员国在布加勒斯特通过了《经互会成员国进一步深化国际分工的综合计划》，其目的在于加强经互会国家之间的科学和技术合作。其长期目标是实现经济水平的均等化和成员国在某些工业产品上的专业化。

8 月 7 日

经互会决定在结算俄国卢布的基础上采用可兑换的卢布。此举旨在促进经互会内部的多边贸易，但它并不是真正可兑换的。

9 月 3 日

美国、英国、法国和苏联在柏林签订了《四国柏林协定》。该协定作为东西方缓和的核心要素，规范了围绕柏林长期存在的争议问题，但并未消除关于整个柏林的不同法律立场。事实上，西方国家接受了苏联和民主德国将柏林（东）视为民主德国的一部分（的主张）。该协定的主要部分包括涉及"柏林西部地区"的具体规定。协定规定，西柏林不是联邦德国的组成部分，但在外交上由联邦德国代表，西柏林公民接受其领事服务。因此，西柏林的特殊地位是在谨慎平衡的妥协基础上确立的。协定保证了西柏林的现状，并否认民主德国和联邦德国都将西柏林视为其领土一部分的权力。9 月 16 日—17 日德国统一社会党领导层评估了该协定，认为这是西方国家以国际法的形式首次承认民主德国是一个主权国家的存在。此外，该协定及其后续协议规定了东柏林与民主德国和西柏林的周边地区之间、西柏林与联邦德国之间交通的实际问题。协定促进了联邦德国与民主德国之间、西柏林议会与民主德国之间双边条约和协议的签订。协定在签署国批准后从 1972 年 6 月 3 日起生效。

9 月 16 日—18 日

联邦德国总理维利·勃兰特对苏联进行非正式访问。在克里米亚会议上，勃兰特和苏共总书记列昂尼德·勃列日涅夫强调了在 1970 年 8 月 12 日缔结《莫斯科条约》和 1971 年 9 月 3 日缔结《柏林协定》之后改善两国关系和新的政治前景。

11 月 25 日

在民主德国和波兰两国之间的边境交通中，两国实施针对两国公民的护照和签证豁免政策。

12 月 10 日

联邦德国总理维利·勃兰特被授予诺贝尔和平奖，以表彰他对缓和政策的贡献。

12 月 17 日

联邦德国与民主德国签署《过境协议》。该协议实际上是 9 月 3 日签署的《四国柏林协定》的执行协议，但事实上它是联邦德国与民主德国之间达成的第一个具有国际法约束力的条约。它是联邦德国国务秘书埃贡·巴尔和民主德国国务秘书米歇尔·柯尔自 1970 年 11 月 27 日以来谈判的结果。协议并规范了联邦德国与西柏林之间的客运和货运交通。联邦德国每年一次性支付年度费用，作为对民主德国通过过境交通产生的费用的补偿。

12 月 20 日

民主德国政府与西柏林议会就西柏林与民主德国之间的旅行和访客的交通规定达成协议。根据 1971 年 3 月 6 日谈判达成的协议，西柏林公民获得了每年 30 天前往民主德国和东柏林的一般许可。这样，自 1966 年 6 月 5 日达成的最后一次通行协议以来，西柏林的男女公民首次可以进入这座城市的另一部分和民主德国。这以前只有在紧急家庭事务的特殊情况下才有可能。该协议从 1972 年 3 月 29 日起生效。

12 月 29 日

民主德国与联邦德国着手改善彼此之间的电信联系。根据两国邮政管理部门在 1971 年 9 月 30 日达成的协议，两国接通了电话线。人们可以半自动地处理长途电话。

1972 年

1 月 15 日

在与捷克斯洛伐克的交往联系中，实施针对民主德国公民的护照和签证豁免政策。

4 月 7 日

联邦德国与苏联在莫斯科签署了一项长期贸易协议。这是联邦德国与苏联之间达成的第一个协议。该协议根据 1971 年的《四国柏林协定》，将西柏林纳入其适用范围。

4 月 10 日

美国、英国、苏联和另外 70 个国家在华盛顿、伦敦和莫斯科签署了《禁止发展、生产和储存生物和化学武器公约》。联邦德国和民主德国于当天也加入该公约。

4 月 19 日—20 日

德苏经济与科学技术合作委员会在波恩举行会议。

5 月 10 日

德国社会民主党、自由民主党（FDP）和基督教民主联盟/基督教社会联盟的一项关于东方条约的共同决议得以通过。4 月 27 日，一项针对勃兰特总理的建设性不信任投票失败。之后，执政联盟未能在批准东方条约方面获得自己的多数席位，因此与反对派基民盟/基社盟进行了谈判，双方达成了一致，执政联盟同意 1970 年 8 月 12 日缔结的《莫斯科条约》不能替代战胜国与德国之间签署的具有约束力的和平条约，并且德国人的自决权要得到保护。作为对执政联盟对反对派的这些要求做出让步的回报，基民盟和基社盟同意在联邦议院举行的关于批准（东方）条约的投票时以多数票弃权。苏联接受这项共同决议中的双方观点。

5 月 17 日

联邦议院批准了 1970 年 8 月 12 日签署的《莫斯科条约》和 1970 年 12 月 7 日签署的《华沙条约》。这些条约不是无条件批准的。根据联邦议院同时通过的一项声明，这些条约只是缓和与东方邻国紧张关系的暂时（措施），但绝不是对悬而未决问题，尤其不是对与德国东部边界有关的问题的最终的、具有法律约束力的解决方案。这些条约并不排除两个德国国家和平统一的可能性。苏联在 1972 年 5 月 31 日批准了《莫斯科条约》，波兰在 1972 年 5 月 26 日批准了《华沙条约》。不过，波兰议会拒绝了联邦德国联邦议院政党于 1972 年 5 月 10 日通过的共同决议。

5 月 26 日

民主德国与联邦德国签署《交通条约》。条约对“联邦德国与民主德国之间，更确切地说对联邦德国与西柏林之间通过民主德国领土的公路、铁路和水路的过境和转换交通进行了具有约束力的规定。据此，两国承诺在尊重各自领土的情况下，按照国际标准处理交通和通关事宜”。该条约还对联邦德国公民访问民主德国做了规定。这样，以后“联邦德国公民应亲属和友人的邀请，每年可多次前往民主德国”。正常的旅游以及诸如出于商业的、文化的、宗教的和体育的原因的旅行都获得允许。民主德国当局也允许民主德国公民因紧急家庭事务前往联邦德国。该条约从 1972 年 10 月 16 日起生效。

5 月 26 日

美国和苏联签署了《第一阶段削减战略武器条约》。

7 月 5 日

联邦德国与苏联签署《德国－苏联贸易与合作协定》。

8 月 16 日

关于《民主德国与联邦德国之间关系的基础条约》的正式谈判开始。在埃贡·巴尔代表联邦德国、米歇尔·柯尔代表民主德国在东柏林已经就两国之间的条约关系交换了意见之后，1972 年 6 月 15 日，双方关于《基础条约》的正式谈判在位于东柏林的民主德国部长会议大厦里开始了。双方进一步的试探性会谈于 6 月 2—11 日和 8 月 2—3 日在波恩进行。

9 月 13 日—14 日

联邦德国与波兰建立外交关系。波兰是继罗马尼亚之后第二个与联邦德国建立外交关系的社会主义国家（除苏联外）。与此同时，波兰承诺允许数千名波兰的德裔离开波兰前往联邦德国。

10 月 19 日—20 日

欧共体国家的元首和政府首脑在巴黎召开会议并达成协议，到 1980 年建立欧洲联盟。

11 月 16 日

联邦德国与波兰签署了一项协议，联邦德国为在德国集中营中进行的纳粹伪医学实验的波兰受害者提供经济补偿。

11 月 19 日

联邦德国举行第七届联邦议院选举。德国社会民主党在联邦德国历史上第一次成为最强大的政党，德国社会民主党与自由民主党结成联盟，维利·勃兰特再次成为联邦总理。这一选举结果显示，联邦总理维利·勃兰特的新东方政策获得了大多数人的支持。另一方面这也导致了联邦德国历史上到当时为止最高的选民投票率。

11 月 21 日

民主德国加入联合国教科文组织。

11 月 21 日

美国和苏联在日内瓦开始《第二阶段削减战略武器条约》的谈判。

11 月 22 日

计划的欧洲安全与合作会议的筹备会议在赫尔辛基开始举行。

12 月 20 日

瑞士与民主德国建立外交关系。瑞士是第一个与民主德国建立外交关系的西方国家。一天之后，除了印度尼西亚、塞浦路斯、坦桑尼亚、北也门和塞拉利昂之外，奥地利和瑞典紧随其后与民主德国建立了外交关系。

12 月 21 日

民主德国与联邦德国在东柏林签署《关于德意志民主共和国和德意志联邦共和国之间关系的基础条约》（简称《基础条约》）。在这份代表联邦总理维利·勃兰特的东方政策的高峰的《基础条约》中，两个德国同意在平等和《联合国宪章》规定的基础上建立睦邻友好关系。虽然联邦德国在其附加的《关于德国统一的信》中没有考虑解决民主德国的国家身份问题，但是由于该信函是以在德意志民族分裂为两个国家的情况下实现德意志民族的统一为出发点的，联邦德国在国际法上承认民主德国是一个自主的、独立的国家，并且放弃了其"单独代表权"的主张。两德均放弃以武力相威胁或使用武力，并规定德国内部边界不可侵犯。同时，两国同意互设常驻代表处（而不是大使馆）。在《基础条约》的《附加议定书》中，双方就简化家庭团聚形式和设立联合边界标记委员会达成一致。《基础条约》于 1973 年月 5 月 11 日由联邦议院批准，于 1973 年 6 月 13 日由人民议院批准，自 1973 年 6 月 21 日起生效。

12 月 27 日

比利时与民主德国建立外交关系。这是第一个根据国际法承认民主德国的北约成员国。12 月 21 日签署的两德《基础条约》使这成为可能。在此后的几个月里，世界上大多数国家根据国际法承认了民主德国，其中包括荷兰、法国、英国和意大利这些北约国家。

1973 年

1 月 15 日

美国停止其在越南的战争。

1 月 27 日

美国、越南民主共和国、越南南方共和临时革命政府、越南共和国在巴黎签署《停战条约》。1973 年 3 月 29 日，最后一批美军撤离越南。南越持续的内战直到 1975 年 4 月 30 日随着北越军队占领西贡才结束。

2 月 2 日

民主德国加入 1961 年 4 月 18 日的《维也纳外交关系公约》。民主德国于 1973 年 2 月 2 日在纽约向联合国秘书长交存批准文件后，该公约对民主德国从 1973 年 3 月 4 日起生效。《维也纳外交关系公约》根据国际法以及与两国之间建立和维持外交关系有关的所有规定，来规范外交代表的接待和派遣。

5 月 8 日

基督教民主联盟/基督教社会联盟的议会党团拒绝联邦德国加入联合国。申请加入联合国的决定是由联邦议院中德国社会民主党和自由民主党的议会党团大多数通过的。基民盟/基社盟拒绝（联邦德国加入联合国的）理由是，敌国条款没有从《联合国宪章》中删除，西柏林的代表权没有得到保证，与民主德国同时加入联合国将加深德国的分裂。

5 月 12 日

民主德国和苏联通过了《关于西柏林地位的联合公报》。在列昂尼德·勃列日涅夫访问民主德国期间通过的这份联合公报中，双方重申了对《四国柏林协定》的承诺，该协定给予西柏林特殊地位。西柏林不属于联邦德国，因而也不受其管辖。访问民主德国之后，勃列日涅夫继续其前往联邦德国和美国的旅程。

5 月 18 日—22 日

苏共总书记列昂尼德·勃列日涅夫作为苏联国家最高领导人对联邦德国进行首次国事访问。勃列日涅夫谈话的主要目的是为欧洲安全与合作会议做准备。此外，5 月 19 日，两国签署了一份科学、技术和合作协议，其中也包括西柏林。

7 月 3 日—7 日

欧洲安全与合作会议（德文缩写为 KSZE）在赫尔辛基开始第一次谈判。谈判将于 1973 年 9 月 19 日在日内瓦继续进行，除了 33 个欧洲国家之外，加拿大和美国也将参加的这次谈判。

9 月 4 日

两德联合边界委员会开始在联邦德国与民主德国的边界之间划界。该委员会由联邦德国内政部和民主德国外交部的官员组成，成立于 1973 年 1 月 31 日。

9 月 18 日

民主德国和联邦德国成为联合国会员国。民主德国于 1973 年 6 月 13 日申请加入联合国，联邦德国于 1973 年 6 月 15 日申请加入联合国。联合国大会接受两个德国成为这个世界组织的成员。这样，《联合国宪章》对民主德国生效，海牙国际法院规约也是如此。在此之前，民主德国就已经加入了各种国际组织和条约，例如 1973 年 2 月 22 日加入联合国贸易和发展会议，3 月 2 日加入《防止及惩治种族灭绝罪公约》和《消除一切形式种族歧视国际公约》，1973 年 3 月 4 日加入《维也纳外交关系公约》，1973 年 5 月 8 日加入世界卫生组织，1973 年 6 月 1 日加入万国邮政联盟，1973 年 7 月 7 日加入《反对教育歧视公约》和《世界版权公约》。1973 年 5 月 11 日，联邦议院通过一项法律，使《联合国宪章》对联邦德国生效。早在 1972 年 11 月 9 日，英国、法国、美国和苏联在达成《四国柏林协定》时发表声明，宣布支持两个德国加入联合国，同时强调其联合国成员资格不能触及盟国的权力、责任和协议的有效性。

10 月 30 日

关于在欧洲"共同减少军队和军备以及有关措施"的谈判（简称为"共同均衡裁军"，英文简称 MBFR）开始在维也纳进行，联邦德国和民主德国参加了此次谈判。它们也同时参与欧洲安会与合作委员会举行的谈判。

12 月 11 日

《德意志联邦共和国与捷克斯洛伐克之间相互关系条约》（简称《布拉格条约》）在布拉格缔结。先前双方关于 1938 年的《慕尼黑协定》无效的争议问题已经解决，在该争议中，联邦德国虽然承认该协定无效，但时常保留这样的问题：其无效应该从该协定"一开始"（ex tunc）算，还是从《布拉格条约》签署之时起算（ex nunc）。争论的焦点是苏台德地区的德国人可能面临的法律后果。关于二战后德国国籍公民重新安置的第二个有争议的问题是作为条约一部分的两国政府间的换文问题。此外，捷克斯洛伐克政府停止了对 1938 年至 1945 年间发生的犯罪行为的追究。这不包括战争罪和反人类罪。条约签订后，两国建立起外交关系。该条约将在两国批准后从 1974 年 7 月 19 起日生效。

12 月 21 日

联邦德国与匈牙利和保加利亚建立外交关系。

1974 年

3 月 14 日

民主德国和联邦德国之间就民主德国在波恩和联邦德国在东柏林设立

常驻代表处事宜达成协议。代表处不是传统意义上的国际法主体的大使馆，而是被认为是两个德国之间的特殊外交使团。由于联邦德国宪法法院判决民主德国不是外国，而"德国内部边界"无异于各个联邦州之间的边界，因此民主德国在波恩的常设代表处不由联邦德国外交部管辖，而是由联邦总理办公厅管辖。由于民主德国将联邦德国视为外国，联邦德国在民主德国的常设代表处由民主德国外教部管辖。

3月22日

波罗的海沿岸七国在赫尔辛基签署《保护海洋环境协定》。

4月25日

民主德国与联邦德国达成《卫生合作协议》。

5月6日

维利·勃兰特在间谍事件之后辞去了联邦总理的职务。他的继任者是赫尔穆特·施密特（德国社会民主党）、外交部长是汉斯—迪特里希·根舍（自由民主党）。

5月8日

联邦德国与民主德国签署《联邦德国的德国体育协会与民主德国的德国体操和体育协会之间关于规范体育关系的协议》。

6月29日

民主德国与联邦德国达成《关于管理吕贝克湾边界和捕鱼权的协议》。

8月20日

日内瓦裁军会议决定扩大参会者群体。从1975年1月1日起，参会者将从26个国家扩大到31个国家。第一次会议将于1975年3月4日举行，两个德国都将参加这次会议。

9月4日

美国与民主德国建立外交关系。

9月5日

联邦德国与苏联签署《关于苏联在2000年之前向联邦德国供应天然气的协议》。

10月29日

联邦德国与苏联缔结《关于苏联提供铀以供应联邦德国核电站的条约》。

12 月 9 日—10 日

欧洲理事会由欧共体国家元首和政府首脑在巴黎举行的欧共体首脑峰会上成立。

12 月 12 日

《联邦德国与民主德国之间的内部贸易协定》延长至 1981 年年底。同时，联邦德国给民主德国的信用摆动额（Swing – Kredit）也得以延长，但限于 8.5 亿个核算单位（实际上是联邦德国的德国马克）。作为回应，民主德国承诺使两德之间的访问和旅行更加便利。陆上的过境路线将得到更新和扩建，柏林和汉堡之间将新建一条高速公路，这些费用由联邦德国承担。

1975 年

1 月 22 日

联邦德国与捷克斯洛伐克缔结《经济和技术合作协定》。

1 月 22 日

联邦德国恢复与古巴的外交关系。由于古巴在 1963 年 1 月 12 日与民主德国建立了关系，联邦德国在 1963 年 1 月 14 日根据哈尔斯坦主义断绝了与古巴的外交关系。

2 月 7 日—9 日

联合国秘书长库尔特·瓦尔德海姆对民主德国进行正式访问。

3 月 26 日

奥地利与民主德国签署《奥地利和民主德国之间的领事条约》。奥地利是第一个承认民主德国公民身份的西方国家。

5 月 14 日

联邦德国与保加利亚缔结《经济和技术合作条约》。

8 月 1 日

欧洲国家以及美国和加拿大在赫尔辛基签署《欧洲安全与合作会议最终文件》。这些文件是 35 个欧洲国家以及美国和加拿大经过两年的谈判后签署的。第一次，所有签署国都致力于发展在欧洲政治行为准则意义上的多边行为规则，跨越国家和制度的边界，并据此采取行动。其主要目的是防止欧洲发生战争。签署国在十项原则上达成了一致，将其作为参加国相互关系的指导，包括尊重国家主权和平等、不使用或威胁使用武力、边界不可侵犯和不干涉内政、尊重人权以及平等和人民自决权。在"四个篮子"中，不仅在欧洲安全和裁军的各个方面以及建立信任措施方面达成了一致（第一个篮子），而且在经济、科学和技术、环境和贸易领域的合作问题上也达成了一致（第二个篮子）。在人道领域，就便利人与人之间的联系达成一致，这包括出于旅游或商业原因开展的国家与国家之间的旅行、记者工作条件的改善以及文化和体育合作的促进（第三个篮子）。此外，各参加国同意召开后续会议，以使最终文件具体化并审查其实施情况（第四个篮子）。联邦德国总理赫尔穆特·施密特与民主德国国务委员会主席埃里希·昂纳克在欧安会期间举行了会谈。

9 月 23 日

联邦德国与越南建立外交关系。

10 月 3 日

民主德国与西班牙断绝外交关系，以抗议佛朗哥政权执行死刑。1977 年 4 月 4 日双方恢复外交关系。

10 月 7 日

民主德国与苏联签订新的《德意志民主共和国与苏联友好、合作与互助条约》。该条约取代了 1964 年 6 月 12 日签订的《友好、合作和互助条约》，并"在社会主义的国际主义的基础上，深化了民主德国融入社会主义的国家联盟"。与之前的条约相反，在新条约中德国问题被认为已经解决了，因为不再有一个德意志民族，而是两个德意志国家，因而有两个德意志民族。

10 月 9 日

联邦德国和波兰在华沙签署一项《德－波协议》。联邦德国同意向波兰一次性支付 13 亿德国马克，以偿付波兰对其境内的德国人的养老支出和意外保险的支付。同时，波兰获得一笔高达 10 亿德国马克的金融贷款。作为回报，波兰承诺允许另外 125000 名德国人离境。波兰最初要求的对集中营受害者和强迫劳动者的赔偿要求被联邦德国拒绝。

10 月 29 日

民主德国政府与西柏林议会就柏林及其周边的边境水域的救援措施达成协议。

10 月 29 日—11 月 2 日

联邦德国总理赫尔穆特·施密特访问中国，他是第一位访问中华人民共和国的联邦德国政府首脑。

10 月 30 日

苏联驻民主德国大使发表声明，宣布在柏林不存在苏联部门。他是在回应西方盟国和西柏林议会的批评，即在关于边界水域救援措施的条约中，东柏林的边界被称为国界。

11 月 13 日

摩洛哥与民主德国断绝外交关系。其原因是民主德国支持西撒哈拉解放阵线，而西撒哈拉解放阵线在争取从摩洛哥独立。1976 年 3 月 5 日双方恢复关系。

11 月 15 日—17 日

西方工业国家首届世界经济峰会在巴黎附近的朗布依埃举行。这次所谓 G6 国家（美国、英国、日本、意大利、法国、联邦德国）的峰会讨论了如何共同应对当时的全球经济危机。从 1976 年开始，由于有加拿大参加，G6 峰会称为 G7 峰会。

12 月 19 日

联邦德国与民主德国之间就改善联邦德国与西柏林之间的交通联系达成协议。

1976 年

3 月 30 日

民主德国与联邦德国签订《关于规范联邦德国、西柏林和民主德国之间邮件和电信联系的协议》。

5 月 18 日—22 日

德国统一社会党第九次代表大会在柏林召开。会议通过了新的党纲和新的党章。埃里希·昂纳克再次当选德国统一社会党中央委员会总书记。新党纲定义"当今时代是从资本主义向社会主义过渡的时代"，并强调"社会主义国家有规律地接近、资本主义总危机的深化以及在和平共处原则的基础上民主德国与联邦德国分离进程的继续"。此外，会议还通过了1976 年至 1980 年的五年计划，指出"经济活动的基础仍然是经济政策和社会政策的统一"，而住房建设项目是"社会政策的核心"。会议确定的进一步的国内政治目标是"青年的共产主义教育和社会主义的德意志民族在民主德国的进一步发展"。在外交政策上，加强与苏联以及其他社会主义国家的关系是重点。

6 月 29 日—30 日

欧洲共产党和工人党国际会议在柏林举行。29 个共产党和工人党的代表在"为了欧洲的和平、安全、合作和社会进步"的口号下参加了会议。由于《欧洲安全与合作会议的最终文件》（KSZE – Schlussakte）标志着冷战的结束，共产党和工人党之间密切的合作不仅应该为整个欧洲开启和平，而且也应该有进步的前景。会议讨论的内容之一是关于苏共声称在共产主义运动中的领导权问题。意大利、法国和西班牙共产党自称"欧洲共产主义"，拒绝接受苏共的领导权主张。在这次会议的最终文件中，各政党的独立性被加以强调。德国统一社会党没有质疑苏共的领导权，但有一个协议，可以发表所有文本和演讲。

7 月 1 日—4 日

印度总理英迪拉·甘地对民主德国进行正式访问。

7 月 7 日—9 日

经互会会议在柏林举行。来自安哥拉、老挝、越南和朝鲜的观察员首次参加此次会议。这次会议还涉及加强联合寻找矿产资源以及加强经互会与欧共体的关系等议题。

9 月 20 日

西方大国禁止西柏林参与欧洲议会的选举。

10 月 21 日

联合国大会选举联邦德国为联合国安理会非常任理事国。

11 月 5 日

联合国社会理事会谴责联邦德国与南非在核与军事领域进行的合作。

11 月 25 日—26 日

《华沙条约》组织的政治协商委员会在布加勒斯特提出关于不使用核武器的提案，相应的条约草案将提交给其他欧安会参加国。

12 月 30 日

民主德国政府对外国人从西柏林进入东柏林实行一般签证。此前，外国人从柏林市西部前往东柏林的旅行需要持停留一天、只有一次有效的护照。

1977 年

1 月 1 日

东柏林和民主德国之间主干道上的所有检查站被关闭。这凸显出东柏林是民主德国不可分割的一部分。在《四国柏林协定》中，西方大国给予整个柏林特殊的地位。

3 月 24 日

匈牙利与民主德国在柏林签署《匈牙利与民主德国之间的友好、合作和互助条约》。1975 年 10 月 7 日民主德国与苏联签署了这样一个为期 25 年的协议后，其他社会主义国家也纷纷效仿。除了匈牙利之外，其党的领导人卡达尔·亚诺什在 3 月 22 日至 25 日访问民主德国期间签署了该条约，民主德国在 5 月 6 日与蒙古国、5 月 28 日与波兰、9 月 14 日与捷克斯洛伐克、10 月 3 日与保加利亚达成协议以及 1977 年 12 月 4 日与越南缔结了这类条约。

6 月 15 日—16 日

美国和民主德国在华盛顿举行首次经济谈判。

10 月 4 日

第一次欧洲安全与合作会议后续会议在贝尔格莱德召开。

11 月 21 日—25 日

联邦德国总理赫尔穆特·施密特承认奥得河 - 尼斯河边界。施密特对波兰的访问被认为主要是为了德波和解。这还包括承认德国对第二次世界大战承担罪责和承认奥得 - 尼斯河边界，施密特在联邦德国遭到了激烈的国内政治批评。

1978 年

3 月 30 日—4 月 1 日

奥地利总理布鲁诺·克赖斯基访问民主德国，他是第一个对民主德国进行正式访问的西欧国家领导人。

4 月 4 日

联邦德国政府同意北约武装力量装备中子弹。

5 月 6 日

联邦德国与苏联签订了一项长期贸易协定。这项在 1978 年 5 月 4 日至

7 日列昂尼德·勃列日涅夫访问联邦德国期间达成的协定最初期限是为 10
年，并可多次选择每五年延长一次。该协定规定，联邦德国提供工业设备
以换取苏联提供的原材料。在访问期间，勃列日涅夫未能与联邦德国政府
就减少潜在的大规模杀伤性武器达成一致。不过，双方就遏制军备竞赛的
必要性达成了谅解。勃列日涅夫抗议联邦德国在西柏林建立联邦机构，这
违反了《四国柏林协定》。

5 月 30 日—31 日

北约部长理事会在华盛顿举行的北约首脑会议上决定进一步长期升级
北约武装力量。

7 月 6 日—7 日

欧洲理事会决定，建立欧洲货币体系（德文缩写为 EWS）和欧洲共同
货币单位。

7 月 16 日—17 日

G7 峰会在波恩召开。

8 月 26 日—9 月 3 日

第一位进入太空的德国人，民主德国的宇航员西格蒙德·雅恩与他的
苏联同事瓦莱里·比科夫斯基乘坐苏联宇宙飞船"联盟 31 号"进入太空。

11 月 29 日

联邦德国与民主德国签署《联邦德国与民主德国关于标记、检查、修
正和充实德—德边界的政府间协议》。该政府间协议确认了双方在 1978 年
10 月 26 日达成的关于两德之间边界的确定和标记上的一致。

1979 年

1 月 5 日—6 日

西方大国和联邦德国的国家元首和政府首脑峰会在瓜德罗普岛举行。
法国总统瓦列里·吉斯卡尔·德斯坦、美国总统吉米·卡特以及英国首相
詹姆斯·卡拉汉和联邦德国总理赫尔穆特·施密特一致同意，给北约武装
力量装备先进的常规和中程武器，以取代被停止实施的装备中子弹的计
划；为了对抗苏联在该地区的军备优势以及苏联在该地区部署 SS-20 导
弹，北约将建立一个平衡力量。与此同时，与苏联进行裁军谈判以掩护
（北约）的扩军。这次首脑峰会的决议构成了 1979 年 12 月 12 日通过的
《北约双重决议》的基础。

2 月 19 日

安哥拉与民主德国在罗安达签署《安哥拉与民主德国友好与合作条约》。随着社会主义国家与一些亚非国家缔结友好条约，这些条约应与社会主义国家共同体联系在一起。除了越南已于 1977 年 12 月 4 日与民主德国签订这样的条约之外，现在正在扩大到其他国家。在安哥拉之后，民主德国于 1979 年 2 月 24 日在马普托与莫桑比克，于 1979 年 11 月 15 日在亚的斯亚贝巴与埃塞俄比亚，于 1979 年 11 月 17 日在亚丁与南也门，于 1980 年 3 月 18 日在金边与柬埔寨签订了进一步的友好条约。

6 月 7 日—10 日

欧洲议会举行第一次普选和直接选举。

6 月 18 日

美国总统吉米·卡特和列昂尼德·勃列日涅夫在维也纳签署了《美国和苏联之间第二阶段削减战略武器条约》（又称为《战略武器限制谈判》）。1972 年 5 月 26 日签署的《美国和苏联之间第一阶段削减战略武器条约》涉及限制进攻性战略武器和减少导弹防御系统。作为对该条约的延续，新条约计划限制且减少了核运载工具系统的数量。新条约不涉及部署在中欧的短程和中程武器。

7 月 20 日

尼加拉瓜与民主德国建立外交关系。民主德国正式承认丹尼尔·奥尔特加领导下的尼加拉瓜桑地诺民族解放阵线政府。

9 月 4 日

美国与民主德国签署《领事协议》。

10 月 6 日

列昂尼德·勃列日涅夫宣布削减苏联在中欧的驻军。列昂尼德·勃列日涅夫在柏林参加了民主德国成立 30 周年的庆祝活动，他宣布苏联准备在未来 12 个月内从民主德国撤出 20000 名苏联士兵和 1000 辆坦克。实际上，苏联从 1979 年 12 月 5 日就已开始从民主德国撤出军队和军事装备，第一批有 1500 名苏联士兵撤离民主德国。这次撤军和撤离军备行动在 1980 年 7 月 25 日结束。列昂尼德·勃列日涅夫宣布，如果西方大国也准备实施这样的行动的话，苏联将进一步削减在民主德国的驻军人数。

10 月 26 日

联合国大会选举民主德国为联合国安理会非常任理事国。

12 月 12 日

北约理事会在布鲁塞尔通过了《北约双重决议》。《北约双重决议》是基于《华沙条约》组织在该地区的常规武器和中程武器装备领域的军备优势以及追溯到 1971 年 1 月 4 日的西方大国与联邦德国的首脑峰会上的决议，北约国家规划了大范围的重整军备项目。其核心是在联邦德国和西欧部署美国先进的中程导弹潘兴 Ⅱ（Pershing‐Ⅱ）和巡航导弹。与此同时，将与苏联就双方削减军备进行谈判。在 1979 年 12 月 5 日苏联开始削减驻军人数后，《北约双重决议》的通过遭到《华沙条约》组织国家的激烈批评，也激起了联邦德国和西欧民众的大规模抗议。

12 月 27 日

苏联军队开进阿富汗。

1980 年

4 月 30 日

联邦德国与民主德国就扩展联邦德国和西柏林之间的过境路线达成协议。

6 月 30 日—7 月 1 日

联邦德国总理赫尔穆特·施密特与苏共总书记列昂尼德·勃列日涅夫在莫斯科举行会谈。会谈特别涉及苏联对阿富汗的军事干预和 1979 年 12 月 12 日北约理事会通过《北约双重决议》的问题。双方未能达成协议，但同意继续进行裁军谈判。

7 月 21 日

西欧联盟部长理事会废除 1954 年 10 月 23 日通过的《巴黎条约》中对德国军舰的吨位和型号的所有限制。

9 月 17 日

联邦德国驻联合国大使吕迪格·冯·韦希马尔当选为 1981 年的联合国大会主席。

10 月 5 日

联邦德国举行第九届联邦议院的选举。德国社会民主党和自由民主党再次结成联盟，赫尔穆特·施密特（德国社会民主党）担任联邦总理，汉斯‐迪特里希·根舍（自由民主党）担任外交部长兼副总理。

11 月 10 日—13 日

民主德国国务委员会主席埃里希·昂纳克对奥地利进行首次正式访问。

11 月 11 日

欧洲安全与合作会议的第二次后续会议在马德里开始。会议分几个阶段举行，直到 1983 年 9 月 9 日才结束。

1981 年

3 月 9 日—11 日

联邦德国和苏联决定联邦德国外交部长汉斯－迪特里希·根舍与苏共总书记列昂尼德·勃列日涅夫将于 1981 年 4 月 2—3 日在莫斯科举行会谈。勃列日涅夫撤回启动裁军谈判的先决条件。他此前曾在一份备忘录中要求，在与美国就双方削减中程武器进行会谈之前，美国应停止根据《北约双重决议》部署中程武器的准备工作。

4 月 11 日—16 日

德国统一社会党第十次代表大会在柏林召开。会议将"进一步促进和扩大民主德国经济"作为国内主要政治任务，这可以通过持续和加速科学技术革命，通过生产过程的进一步集约化和合理化，通过提高生产的质量来实现"。这次党的代表大会通过了 1981—1985 年的五年计划的指导。外交政策的主要目标被确定为"确保和平，防止核灾难"，而"美国和北约的军备政策导致国际局势恶化"。会议指出，需要做出更多努力，以使陷入停滞不前的缓和进程向前继续，并在 1980 年代实现"裁军的转折"。此外，德国统一社会党明确支持赫尔穆特·施密特反复发表的声明，即在德国土地上不允许发动新的战争。昂纳克对此解释说，这"不是一个敲击整个德国格言的问题"，而是承认一个事实，即"有两个德国国家存在，它们相互之间早就已经自己证明，它们是国际法上的主体"。

5 月 20 日—23 日

美国总统罗纳德·里根同意与苏联开始裁军会谈。在赫尔穆特·施密特总理访问华盛顿期间，他和里根都重申了北约的战略，其核心是威慑，并辅以军控和裁军会谈。

11 月 30 日

美国和苏联之间关于限制在欧洲部署美国和苏联的中程导弹（又称中程核武装力量，英文缩写为 INF）的谈判在日内瓦开始举行。

12 月 11 日—13 日

联邦德国总理赫尔穆特·施密特与民主德国国务委员会主席埃里希·昂纳克在民主德国的柏林北部举行了 11 年来的首次德－德首脑会晤。这次会晤是在冷淡的气氛中进行的，但他们最终达成了一份会议公报，其中表达了两国之间继续对话以及为维护和平、建立睦邻友好关系进行努力的愿望。

12 月 17 日

《联邦德国与民主德国之间贸易领域的免息透支协议》（Swing - verein-barung）延期。

1982 年

3 月 15 日

欧共体成员国经济部长和财政部长会议决定限制来自苏联的进口。他们这是对波兰境内事态发展做出的反应（波兰于 1981 年 12 月 13 日实施戒严以及禁止反对派的工会）并追随美国对苏联实施的制裁。首当其冲是奢侈品，来自苏联的进口将减少一半左右。

3 月 16 日

列昂尼德·勃列日涅夫提议与美国就暂停在欧洲部署中程核武器达成协议，并宣布苏联将放弃在苏联的欧洲部分进一步部署中程核武器。（美苏）已经部署在那里的核武器系统应该在质量和数量上保持（冻结）在当前的水平，并可选择部分拆除这些武器，这样国际局势就不应该进一步恶化。与此同时，恢复《美国和苏联之间削减战略武器条约》的谈判，而且美国应该限制其海军力量的部署范围。

4 月 15 日

联邦德国外交部长汉斯－迪特里希·根舍和美国驻联邦德国大使阿瑟·F. 伯恩斯在波恩签署了一项《关于支持处于危机或战争中的美国武装力量的政府协议》（又称《战时东道国支持协议》）。协议规划，在发生危机或战争时，联邦德国提供人员和设施以支持美国武装力量，这些武装力量安置在联邦德国。协议提出，将成立一个联合委员会来执行该协议。该联合委员会将负责监督所需的 93000 名预备役人员的训练和装备，以支持美国武装力量的运输、供应、机场维护、后勤和美国军事设施的安全。该规划应于 1987 年完成，其投资费用为 5.7 亿美元，连同运营费用，由联邦德国和美国均摊。美国士兵的武器和军事装备应该储存在仓库中，以便在紧急情况下只有人员必须通过空运跨越大西洋。在发生战争时，德国人对美军的支持将扩展到确保空军和陆军设施安全、运输和补给服务以及联合作战机场的维修和后勤保障方面。

5月21日

民主德国与阿富汗在柏林签署《友好合作条约》。

6月8日—10日

经互会理事会在布达佩斯召开会议，会议批准了《1986—1990 年国家经济计划协调方案》。

6月9日

美国总统罗纳德·里根在联邦德国联邦议院发表演讲。他积极评价了联邦德国与美国之间的密切关系，并肯定了美国武装力量在西欧，特别是在联邦德国的持续存在。

6月10日

北约国家元首和政府首脑峰会在波恩举行，会议对《北约双重决议》再次进行了确认。同时，会议宣布在非北约成员国的安全和独立受到威胁时，将给予它们安全保障。与此同时，超过 350000 人在波恩举行和平与裁军示威游行。

6月11日

美国总统里根在西柏林重申维护《北约双重决议》。80000 名抗议者在西柏林组织了反对里根访问和北约重整军备的示威活动，并与警方发生暴力冲突。

6月18日

联邦德国和民主德国之间的《免息透支协议》延长至 1985 年底，免息透支延长并从当前的 8.5 亿德国马克逐渐减少到 5 亿德国马克。到 1983 年，民主德国的非商业汇兑将从 5000 万德国马克增加到 6000 万德国马克。民主德国承诺进一步取消对德 – 德之间的旅行限制。

6月29日

苏联和美国就削减战略武器在日内瓦开始谈判。因为先前已经达成了《美苏之间第一阶段削减战略武器条约》和《美苏之间第二阶段削减战略武器条约》，这些条约主要涉及限制战略武器，现在开始就削减这些武器进行谈判。

7 月 13 日

联邦德国和苏联于 1981 年 11 月 20 日在列宁格勒（今天的圣彼得堡）签署了一项为天然气业务融资的贷款协议。该协议由于波兰局势和对苏联实施经济制裁而受到美国的严厉批评，这笔贷款协议的金额为 39 亿德国马克。

9 月 17 日

德国社会民主党 – 自由民主党的联盟结束。在自由民主党的联邦部长辞职后，德国社会民主党组建起少数派政府。德国社会民主党与自由民主党双方争论的焦点是两党如何解决在联邦德国的经济问题上存在分歧。

10 月 1 日

联邦议院对联邦总理赫尔穆特·施密特（德国社会民主党）进行建设性的不信任投票，并选举赫尔穆特·科尔（基督教民主联盟）为新的联邦总理。基督教民主联盟/基督教社会联盟和自由民主党组成政府联盟，自由民主党的汉斯–迪特里希·根舍继续担任外交部长兼联邦副总理。

11 月 10 日

苏共总书记列昂尼德·勃列日涅夫去世。继任者尤里·安德罗波夫在 11 月 12 日就职，在 1984 年 2 月 9 日去世。其继任者康斯坦丁·契尔年科在上任仅 13 个月后于 1985 年 3 月 10 日去世。1985 年 3 月 11 日，米哈伊尔·戈尔巴乔夫成为苏共中央总书记。

11 月 14 日

联邦德国总统卡尔·卡斯滕斯正式邀请民主德国国务委员会主席埃里希·昂纳克访问联邦德国。他在莫斯科参加列昂尼德·勃列日涅夫葬礼的间隙里，代表联邦德国总理赫尔穆特·科尔（基督教民主联盟）向昂纳克发出了邀请。联邦总理赫尔穆特·施密特于 1981 年 12 月 11 日至 13 日访问民主德国后，科尔邀请昂纳克回访联邦德国。

11 月 20 日

柏林–汉堡的跨境高速公路开通。

1983 年

1 月 4 日—5 日

在布拉格举行的《华沙条约》组织缔约国首脑会议提议，与北约相互放弃军事力量，并放弃在中欧部署中程核武器。

1月16日—18日

苏联外长安德烈·葛罗米柯在波恩主导了关于苏德双边关系和裁军的会谈。他探讨了在波恩政府更迭后苏联和联邦德国继续缓和政策的先决条件。联邦德国外交部长汉斯－迪特里希·根舍和联邦德国总理赫尔穆特·科尔都向他保证，建设性的裁军对话和谈判将继续进行，这将导致双方缓和。科尔和根舍还强调遵守1979年12月12日通过的《北约双重决议》，并在联邦德国领土上部署美国中程核武器。

2月1日

联邦德国和民主德国就环境保护问题在波恩进行首次德－德磋商。

2月4日

埃里希·昂纳克向赫尔穆特·科尔提议，双方支持瑞典政府的倡议，即在欧洲建立一个无核武器区。早在1983年1月27日，民主德国政府已经向瑞典政府表示，它支持其提交的倡议，并且支持在民主德国的领土上建立这样一个无核武器区。昂纳克提出，必须维护平等和平等安全的原则，这就要求联邦德国加入这样一个区域。昂纳克的提议在1983年2月16日被赫尔穆特·科尔拒绝。

3月6日

联邦德国第十届联邦议院的举行。基督教民主联盟/基督教社会联盟和自由民主党继续它们之间的联盟，赫尔穆特·科尔仍然是联邦总理，汉斯－迪特里希·根舍也依然是外交部长和联邦副总理。

3月23日

美国总统里根决定发展一项部署在太空的战略防御计划（也称为"战略防御倡议"、星球大战计划，英文缩写为SDI。）。

3月30日

鲁尔天然气股份公司（Ruhrgas AG）与苏联天然气出口公司（Sojus－Gaz－Export）在西柏林签订了第二份天然气供应长期协议。该协议将持续到2008年，规定从1985年起苏联每年向西柏林输送6.5亿立方米天然气，直到1988年才能实现全部交付量。

4月11日—16日

在卡尔·马克思逝世100周年之际，来自111个国家的总共145个共产主义政党、社会主义政党、民族革命政党和工人政党代表团在"卡尔·马克思与我们的时代——为和平与社会进步而斗争"的口号下相聚一堂，参加在柏林举行的共产党和工人党举办的"国际卡尔·马克思会议"。

4 月 28 日

昂纳克取消其 1983 年访问联邦德国的计划，给出的理由是联邦德国的报纸对两起联邦德国公民在德国内陆边境死亡事件的报道。事实上，昂纳克此次访问并未得到莫斯科的许可。

6 月 17 日—19 日

欧洲理事会在斯图加特会议上签署了《关于欧洲联盟的庄严宣言》。欧共体成员国宣布了建立一个欧洲联盟（EU）的意图，但没有就建立一个政治联盟达成一致。这方面的谈判将于 1983 年 12 月 4 日至 6 日在雅典（希腊）开始，但是由于在共同的农业市场和财政问题上的意见分歧没有解决，谈判被推迟。经过多年的谈判，建立欧盟的条约于 1992 年 2 月 7 日在马斯特里赫特（荷兰）签署。

6 月 29 日

联邦德国（中央）银行向民主德国银行提供一笔 10 亿德国马克的贷款。这笔贷款协议是基督教社会联盟主席弗朗茨·约瑟夫·施特劳斯在 1983 年 7 月 24 日访问民主德国期间协调达成的。民主德国试图用这笔贷款稳定其处于困难中的经济形势。联邦德国政府为这笔贷款提供 100% 的保证。

7 月 4 日—6 日

联邦德国政府和苏联政府就双边关系和裁军谈判问题在莫斯科进行讨论。双方在安全政策问题上没有达成一致，联邦德国总理科尔和外交部长根舍都坚持美国在联邦德国领土上部署美国产的中程核武器，拒绝了苏共总书记尤里·安德罗波夫的裁军建议。不过，尽管双方在安全政策领域存在分歧，双方都希望推进经济领域的合作。

7 月 24 日

埃里希·昂纳克和基督教社会联盟主席弗朗茨·约瑟夫·施特劳斯在民主德国的韦伯林湖畔的胡伯图斯托克城堡会面。

9 月 9 日

欧洲安全与合作委员会的第二次后续会议结束。

9 月 15 日

理夏德·冯·魏茨泽克（基督教民主联盟）访问民主德国，这是第一位访问民主德国的西柏林市长。埃里希·昂纳克接见了他。

10 月 5 日

埃里希·昂纳克向赫尔穆特·科尔提议组建"理性联盟"。鉴于美国即将在联邦德国部署中程核导弹,昂纳克在致科尔的一封信中提议,每个人都应该联合起来组建这样一个联盟,以防止因新一轮的核军备竞赛"使人类滑入核灾难",并对"镇静"国际局势产生作用。

10 月 12 日

民主德国和巴伐利亚州在慕尼黑签署《民主德国和巴伐利亚州之间关于边界水域水保护措施的条约》。

10 月 16 日—22 日

联邦德国举行"维护和平、反对在联邦德国领土上部署美国中程核武器的全国行动周"活动。超过 130 万人参加了许多城市举行的众多示威和集会。行动周最后的高潮是在波恩有 30 万人参加的和平示威,以及在斯图加特和乌尔姆之间形成有 20 多万人参加的 110 公里长的人链。

10 月 20 日

《华沙条约》缔约国国防部长委员会在柏林召开的特别会议上宣布了增加自身军备的决定。会议强调,由于北约的军备和美国在联邦德国和荷兰部署中程核武器,北约取得了军事上的优势。如果北约重整军备得以实施,《华沙条约》缔约国就必须通过增加自身军备来弥补这一差距,尽管北约声称它们并不拥有军事上的优势。

10 月 25 日

苏联、捷克斯洛伐克和民主德国政府就开始在捷克斯洛伐克和民主德国部署苏联中程核武器的准备工作达成协议。

11 月 15 日

联邦德国、西柏林和民主德国之间缔结了《邮政和电信联系管理协议》。

11 月 20 日—21 日

波恩进行大规模游行示威,反对联邦议院批准《北约双重决议》。

11 月 22 日

联邦议院批准执行 1979 年 12 月 12 日的《北约双重决议》。

11 月 23 日

联邦德国的领土上开始部署美国中程核武器。联邦德国国防部长曼弗雷德·沃纳宣布,潘兴Ⅱ(Pershing - Ⅱ)型导弹的部署将于年底完成。事实上，在 1984 年 1 月 1 日，9 个潘兴 II 导弹蓄电池中的第一个就已经准备就绪。

11 月 23 日

苏联中断了 1981 年 11 月 30 日在日内瓦开始的中程导弹（INF）谈判。这是苏联对联邦德国联邦议院批准在联邦德国部署美国中程武器做出的反应。苏联宣布在民主德国、捷克斯洛伐克和苏联的欧洲部分部署中程武器以及在美国海岸附近部署舰载战略导弹，并宣布废除 1982 年 3 月 16 日的暂停裁军协议。

11 月 28 日—12 月 9 日

联邦德国宇航员、物理学家乌尔夫·默博尔德乘坐美国航天飞机"哥伦比亚号"在太空飞行。

12 月 8 日

苏联中断了与美国于 1982 年 6 月 29 日开始的《美苏之间削减战略武器谈判》。

12 月 12 日

民主德国文化中心在法国巴黎落成。这是民主德国在西欧国家建立的第一家此类机构。位于东柏林的法国文化中心于 1984 年 1 月 27 日落成。

12 月 15 日

苏联中断了在维也纳举行的多边平衡武装力量削减（共同均衡裁军，英文缩写为 MBFR）谈判。苏联在 1983 年 11 月 23 日中断了中程导弹谈判以及在 1983 年 12 月 8 日中断了《美苏之间削减战略武器谈判》，以抗议联邦德国联邦议院批准在联邦德国部署美国中程武器之后，又无限期推迟了于 1973 年 10 月 30 开始的关于在中欧削减陆空常规武装力量的谈判（MB-FR）。这些谈判于 1984 年 3 月 16 日恢复。

1984 年

1 月 6 日

美国总统里根发布指令，加速发展美国的太空武器部署系统（SDI）。为实施 1983 年 3 月 23 日宣布的武器系统，到 1989 年将提供 270 亿美元的资金支持。该系统的核心是在北约国家领土上部署一个大规模的防御系统，以防御来袭的敌方导弹。它将以部署在地面和太空的各种具有辐射和电磁感应的防御武器和反火箭弹导弹的部件为基础，提前防御导弹袭击。

（直到今天，该系统在武器技术和物理学上都还不能起作用。）

1 月 10 日

《华沙条约》缔约国就在欧洲消除化学武器起草致北约国家备忘录。

1 月 17 日

关于建立信任与安全措施和裁军的会议（英文缩写为 KVAE）在斯德哥尔摩开始进行。该会议在 1986 年 9 月 22 日前分几个阶段进行。

2 月 13 日

埃里希·昂纳克和赫尔穆特·科尔在莫斯科参加尤里·安德罗波夫的葬礼期间会面。

3 月 11 日

关于埃里希·昂纳克在 1984 年访问联邦德国的公告发布。

3 月 16 日

美国和苏联在维也纳恢复关于多边平衡武装力量削减的谈判。

5 月 15 日

苏联宣布部署更多、射程更远的战术和战略导弹，以应对《北约双重决议》的实施。

6 月 12 日—14 日

在莫斯科举行的经互会成员国党和国家领导人参加的经济会议，不仅就未来 15 至 20 年在经互会层面的合作计划达成一致，而且还就为各个成员国的协会、公司和组织之间建立直接关系创造机会达成一致（这直到经互会解散也没有实现，因为这些与各个国家的规划和对国民经济的指导有逻辑上的矛盾，而且经互会的经济条件也不允许这样做）。

6 月 17 日

一项关于在联邦德国部署美国中程核武器的非官方全民调查显示：在与欧洲议会的选举同时进行的由和平运动发起的全民调查中，大约 500 万受访者中有 80% 以上的人拒绝在联邦德国部署导弹系统。

7 月 4 日—6 日

希腊与民主德国在柏林签署了《经济、工业和科学技术合作协议》以及《民事法律援助协议》。意大利和民主德国于 1984 年 7 月 9—10 日签署了类似的协议。联邦德国政府对此表示抗议，因为这也触及公民身份问题。

7 月 13 日

法国和联邦德国缔结关于到 1986 年逐步解除相互边境管制的协议。

7 月 25 日

德意志银行向民主德国提供一笔 9.5 亿德国马克的贷款。这是联邦德国向民主德国提供的第二笔大额贷款，同样由联邦德国政府对之提供担保。

8 月 2 日

苏联的党报《真理报》对德－德关系的"强度"进行批评。其中最重要的是对联邦德国向民主德国提供的数十亿美元贷款的事进行抨击，指出这样有使民主德国在政治上依赖联邦德国的危险。在 1984 年 8 月 17 日在莫斯科举行的内部会晤上，昂纳克受到苏共总书记契尔年科的严厉批评。

8 月 14 日

在布达佩斯，联邦德国和匈牙利将 1974 年 11 月 11 日签订的《经济、工业和技术合作协议》再延长十年。自该协议签订以来，联邦德国已成为匈牙利最重要的西方贸易伙伴。

9 月 4 日

埃里希·昂纳克取消了 1984 年对联邦德国的访问计划。这是他在 1984 年 8 月 17 日受苏共总书记契尔年科逼迫之后做出的决定。取消这次访问的官方理由是，针对这次计划中的访问在"联邦德国发生的有失尊严的争论"，其中主要是昂纳克批评基督教民主联盟/基督教社会联盟的议会党团主席阿尔弗雷德·德雷格，后者在联邦议院发表了贬低昂纳克访问的必要性的言论。

10 月 6 日

苏联和民主德国在柏林达成关于《苏联和民主德国之间直到 2000 年的科学、技术和生产合作的计划》这一长期协议。

1985 年

1 月 30 日

德国统一社会党的报纸《新德国》对民主德国在公民身份问题上的立场进行了澄清，指出：它"属于每个国家的主权，通过其国内立法来规定获得、拥有或丧失其公民身份的条件。…… 同时，每个国家都有权要求所有其他国家和国际组织承认该规定。……尊重一词的概念包含有一个国家的公民必须被其他国家这样视为和这样对待"。联邦德国这样对待民主德国公民权是违反国际法的。

3 月 11 日

米哈伊尔·戈尔巴乔夫当选为苏共中央总书记。他接替了 1985 年 3 月 10 日去世的康斯坦丁·契尔年科的职务。1988 年 10 月 1 日，戈尔巴乔夫又当选为苏联最高领导人。这样，戈尔巴乔夫除了是党的最高领导人之外，还是苏联国家的最高领导人。

3 月 12 日

赫尔穆特·科尔和埃里希·昂纳克在莫斯科出席康斯坦丁·契尔年科的葬礼间隙会面。在他们的联合声明中，双方重申欧洲边界的不可侵犯性以及对欧洲所有国家在其现有边界内的领土完整和主权的尊重，这是欧洲和平的基本条件。双方宣布，战争绝不能再从德国的土地上开始，但和平必须（从德国的土地上）开始。在声明中，双方都表示希望在经历停滞阶段之后，东西方之间的关系将再次得到加强，尤其是通过在同一天恢复的苏联和美国之间的裁军谈判得以加强。

3 月 12 日

美国和苏联之间关于核武器和太空武器的谈判在日内瓦开始。在两国于 1985 年 1 月 8 日达成一致同意的谈判中，苏联关心的是防止在太空部署任何武器系统。与此同时，双方就限制和削减战略核武器和中程核武器进行谈判。

3 月 15 日

联邦德国与民主德国之间就铺设穿越民主德国领土的电缆，以改善联邦德国与西柏林之间的电话联系达成协议。

4 月 7 日

苏联放弃按照 1983 年 10 月的协议，在民主德国和捷克斯洛伐克领土上部署苏联中程武器。该动议是为配合苏联对美国的一项提议，即同时冻结当前水平的战略进攻性武器，并放弃在欧洲进一步部署中程核武器。米哈伊尔·戈尔巴乔夫还向美国提议，在日内瓦裁军谈判期间暂停发展和部署太空武器。

4 月 18 日

联邦德国政府批准美国军备研究项目。联邦德国政府愿意对此计划提供有条件的支持，并希望在直接参与的决定上保持公开性。

4 月 24 日

埃里希·昂纳克在梵蒂冈会见教宗约翰·保罗二世。自 1985 年 4 月 23 日以来，昂纳克对意大利进行了首次正式国事访问。

4 月 25 日

自 1945 年在易北河畔的托尔高（民主德国境内）首次会面 40 周年之后，美国和苏联的二战老兵会面。在第二次世界大战的最后几天，在 1945 年 4 月 25 日，美国和苏联军队的士兵在托尔高附近的易北河大桥与德国军队作战后首次会面。

4 月 26 日

关于延长 1955 年 5 月 14 日的《华沙条约》的议定书在华沙签署。最初商定的延长期限是 20 年，如果成员国未提前告知终止条约，则可以选择自动延期。该议定书从 1985 年 5 月 31 日起生效。

5 月 1 日—6 日

美国总统罗纳德·里根在第二次世界大战结束 40 周年之际访问联邦德国。

5 月 2 日—4 日

世界经济峰会在波恩举行。这是自 1978 年以来，七个居于领先地位的西方工业国家的国家元首和政府首脑在欧共体委员会的参与下，第二次讨论扩大自由世界贸易、对抗失业和通货膨胀、加强经济增长的措施以及协调跨境环境政策问题。

5 月 5 日

米哈伊尔·戈尔巴乔夫和埃里希·昂纳克在莫斯科会晤。两者都宣称资本主义的唯一选择是"马克思－列宁主义的社会主义模式"。昂纳克还谈到了两国贸易不平衡的问题，并指出民主德国还可以向西方国家出售一些产品，诸如机床制造产品。戈尔巴乔夫表示，在苏联，科学技术的发展以后将不受宣传的影响而进行。戈尔巴乔夫告知昂纳克，他打算与美国总统在一个中立国家会晤，就裁军问题进行谈判。

5 月 7 日—8 日

民主德国举办庆祝"战胜希特勒法西斯主义和解放德国人民 40 周年"活动。

5 月 8 日

在联邦德国，联邦总统理夏德·冯·魏茨泽克在二战结束 40 周年之际在联邦议院发表演讲。他强调，尽管 5 月 8 日是德国从法西斯主义中解放出来的日子，但这仍然不是值得庆祝的日子，因为对许多人来说，苦难是从 1945 年 5 月 8 日开始的。但是，不能把战争的结束看作是逃亡、驱逐和限制自由的原因，而必须从导致这场战争的原因中去寻找。因此，1945 年 5 月 8 日不能与 1933 年 1 月 30 日阿道夫·希特勒上台的那一天分开。

6 月 8 日

埃里希·昂纳克就拆除柏林墙的先决条件发表声明。他要求消除导致修建柏林墙的原因。对此，"充分承认存在两个不同社会制度和属于不同联盟的德国国家的存在"是必要的。这还包括联邦德国承认民主德国的国家身份。

6 月 10 日—11 日

法国总理洛朗·法比尤斯访问民主德国，他是访问民主德国的首位西方盟国政府首脑。

6 月 14 日

关于在比利时、卢森堡、荷兰、法国和联邦德国之间的过境点取消旅客检查的《申根协定》签订。

6 月 19 日

德国社会民主党和德国统一社会党提出一个在中欧建立无化学武器区的框架协议的联合草案。1985 年 9 月 12 日，埃里希·昂纳克在致赫尔穆特·科尔的信中正式提议在中欧建立一个无化学武器区。

7 月 3 日

350 多名联邦德国科学家在给科尔总理的一封公开信中呼吁，拒绝美国将军备竞赛扩大到太空的太空防御计划，因为这会使最新的裁军努力付之东流。

7 月 5 日

联邦德国与民主德国达成将德－德贸易领域的免息透支贷款协议延长至 1986—1990 年期间。信贷额度再次从 6 亿德国马克增加到 8.5 亿德国马克。

7 月 29 日

米哈伊尔·戈尔巴乔夫宣布从 1985 年 8 月 6 日起苏联单方面停止所有核试验和核爆炸。苏联实施的临时性的、有限的单方面暂停在 1986 年 1 月 15 日延长至 1986 年 3 月 31 日，同时提议在世界范围内逐步拆除所有核武器。美国没有回应苏联的"进攻"。苏联在 1986 年 8 月 18 日再次将暂停期延长至 1987 年 2 月 3 日,之后又恢复了核试验。

9 月 18 日—20 日

德国社会民主党主席维利·勃兰特访问民主德国。9 月 19 日,勃兰特会见了德国统一社会党总书记埃里希·昂纳克,双方进行了一对一的会谈。双方对联邦德国与民主德国之间、德国社会民主党与德国统一社会党之间的政治关系发展进行了积极的总结,并大声呼吁支持继续推进裁军和缓和的进程。他们提倡人民议院和联邦议院之间进行正式的议会之间的接触。

10 月 22 日—23 日

在索菲亚举行的《华沙条约》缔约国的政治协商委员会会议呼吁禁止在太空部署武器。这样做是支持苏联关于全面禁止在太空部署进攻性武器的提议,会议并强烈批评了美国关于军备研究项目的太空防御计划。

11 月 13 日

萨尔州总理奥斯卡·拉方丹(德国社会民主党)在东柏林拜见了埃里希·昂纳克,拉方丹并呼吁联邦德国承认民主德国的公民身份。

11 月 19 日—21 日

罗纳德·里根和米哈伊尔·戈尔巴乔夫在日内瓦举行美苏首脑会议。双方都声明永远不应发动核战争。因此,任何一方任何时候都不寻求军事上的优势。然而,里根不允许自己放弃其雄心勃勃的星球大战计划项目。

12 月 1 日—2 日

在卢森堡举行的欧洲理事会会议批准了《单一欧洲法案》(英文缩写为 EEA)。该法案在 1986 年 2 月 17 日至 28 日的欧洲共同体会议上由其 12 个成员国签署。《单一欧洲法案》对《罗马条约》进行了补充和修改。欧共体的权限在某些领域扩大,其决策程序也发生了改变。例如,取消在欧洲理事会做某些决定时所需的一致投票通过,而是实行一种规定的多数票。法案制定的目标是到 1992 年 12 月 31 日完全建成欧共体内部市场,并建成欧洲联盟。欧盟将实施统一的欧洲外交政策。欧洲议会在决定法律方面获得附加的权限。未来,它将参与欧洲理事会的决策,并在新成员加入和缔结相关协议时获得共同决策权。《单一欧洲法案》从 1987 年 7 月 1 日起生效。

12 月 6 日

德国社会民主党和德国统一社会党在东柏林就在中欧建立无核武器区议题进行会谈。

12 月 17 日—18 日

在莫斯科举行的经互会成员国特别会议通过了"到 2000 年科学和技术进步的综合计划"的决定。该计划规定在未来 15 年以集约化生产为目标加快科学和技术进步。到 2000 年，生产力翻一番，从而决定性地减少能源和原材料的支出。计划包含创建和使用全新技术和工艺技术的措施。其核心领域主要是生产的电子化和自动化，核能利用的增加，新材料和新工艺的使用以及增强生物技术的研究和应用。

12 月 18 日

联邦德国政府决定联邦德国不参加美国的太空防御计划的军备研究项目。

1986 年

1 月 11 日

联邦德国经济部长马丁·班格曼在美国就联邦德国的公司和机构参与美国太空防御计划的军备研究项目进行谈判。班格曼在谈判结束之后发表声明，联邦德国将在政治上支持美国太空防御计划的军备研究项目的研究和实施，但不会在财务、技术上或科学上参与其中。

1 月 15 日

苏共总书记米哈伊尔·戈尔巴乔夫提议，到 2000 年分三个阶段彻底销毁华约和北约的大规模杀伤性核武器和化学武器。

2 月 19 日—22 日

民主德国人民议院主席霍斯特·辛德曼应德国社会民主党议会党团的邀请访问联邦德国，他是迄今为止访问联邦德国的民主德国的最高代表。辛德曼会见了联邦总理赫尔穆特·科尔、联邦议院主席菲利普·詹宁格、联邦议院议会团体主席和德国社会民主党的联邦总理候选人约翰内斯·劳。

2 月 27 日

戈尔巴乔夫和昂纳克在苏共第二十七次全国代表大会召开期间在莫斯科会面。戈尔巴乔夫在会谈中提到，无论是国内发展还是国际发展都处于一个"特殊的历史阶段"。每个社会主义国家都有其社会发展的特殊性。

苏联采取的一些措施"可能会引起朋友的某些想法和反应"。昂纳克感谢这次谈话的"开放性"。他没想到苏联的问题会像这次党代会上所表述的那样"严重"。

3 月 15 日

赫尔穆特·科尔和埃里希·昂纳克在参加瑞典首相奥洛夫·帕尔梅的葬礼期间在斯德哥尔摩会面。帕尔梅在 1986 年 2 月 27 日被谋杀。

3 月 27 日

联邦德国经济部长马丁·班格曼与美国国防部长卡斯帕·温伯格在华盛顿签署《美国太空防御计划的军备研究项目实施协议》和《联邦德国与美国之间的技术转让协议》。这些协议是由联邦总理赫尔穆特·科尔和温伯格在 1986 年 3 月 19 日在联邦德国会面期间谈判达成的。协议确保了联邦德国的公司参与美国太空防御计划的军备研究项目的开发,但排除了联邦德国国家参与该项目。

4 月 3 日

民主德国与西柏林签署《相互交换因战争搬迁的文化资产协议》。

4 月 17 日—21 日

德国统一社会党第十一次代表大会在柏林召开。尽管世界局势经过一段时间的缓和后,处于"最激烈的国际对抗"的状况,但德国统一社会党总书记埃里希·昂纳克断言,"民主德国取得了富有成效的发展";"经济政策和社会政策的统一"仍是(发展的)主战场;生产作为"效率的决定性基础应该提高";德国统一社会党外交政策的主要任务是"确保和平。为此,它坚决支持苏联的裁军建议,以达到在 2000 年时消除核武器,因为在核战争中既没有失败者也没有胜利者,在军备竞赛中没有任何一方是胜利者。这就是为什么应该继续推进与北约国家进行以结果为导向的事实对话"。而且,确保和平的问题仍然是与联邦德国关系的主要问题。德国统一社会党的这次党代会着眼社会主义国家的共同体,将改善对华关系作为其进一步的任务。1986 年 4 月 18 日,苏共总书记米哈伊尔·戈尔巴乔夫在贺信中表示,社会主义正处于一个变革的时代,面对当前时代的挑战,其回应将"在具体表现上有所不同"。

4 月 26 日

苏联切尔诺贝利(位于乌克兰)核电站发生核反应堆事故。

5 月 4 日—6 日

联邦德国与美国之间就从联邦德国完全撤出所有化学武器达成协议。这项在东京世界经济峰会期间达成的协议规定，到 1992 年，全部撤出存放在联邦德国的化学武器。此后，化学武器只能在获得联邦德国政府同意的情况下才能部署。美国发表声明，自 1979 年起已经停止生产化学武器。美国参议院制定了一个新版的化学武器计划，根据该计划化学武器的部署取决于盟国的明确同意。联邦德国各方认为该协议在安全政策方面取得了成功，是北约在裁军方面迈出的具有深远意义的一步。

5 月 6 日

经过超过十二年的谈判，民主德国与联邦德国在柏林缔结了《德－德文化协定》。联邦德国与民主德国就文化、艺术、教育以及科学领域的合作达成一致。

5 月 27 日

美国总统罗纳德·里根宣布，美国不再遵守未被批准的《美苏之间第一阶段削减战略武器条约》。实际上，在 1986 年 11 月 27 日美国装有 B－52 核弹头的"巡航导弹"已经服役。

5 月 30 日

北约的哈利法克斯（位于加拿大）会议呼吁，北约和华约之间在常规武器的装备上保持平衡。1986 年 6 月 11 日，华沙条约组织对此做出回应，向北约提出双方都削减陆、空、海武装力量大约 100 万士兵。

5 月 31 日

中国与民主德国在北京签署《领事协议》。

7 月 22 日

联邦德国与苏联在莫斯科签署《科学技术合作协议》。双方之间的谈判自 1973 年以来一直在进行，很长一段时间由于围绕西柏林的加入问题发生的争吵致使谈判没有成功。

9 月 19 日

萨尔路易斯（位于萨尔州）和艾森胡滕施塔特市（位于勃兰登堡州）之间的第一个德－德城市伙伴关系协议达成。

9 月 22 日

在斯德哥尔摩举行的"建立信任和安全措施与裁军会议"（KVAE）通过决议。这次会议的最终文件是自欧洲安全与合作会议最终文件达成以来的第一份多边军备控制协议。与会国同意，授予所有签署国在任何其他签署国进行地面和空中检视的权利。苏联领土直到乌拉尔的部分（欧洲部分）包括在（被检视的范围）内。每次超过 40000 人的军事演习必须提前一年宣布，每次超过 75000 人的军事演习必须提前两年宣布。原则上，在举行此类演习时，有义务邀请所有其他签署国派遣观察员参加。这是为了防止由于误解或误判引发武装冲突。这次会议的最终文件从 1987 年 1 月 1 日起生效。

10 月 11 日—12 日

罗纳德·里根和米哈伊尔·戈尔巴乔夫在雷克雅未克（冰岛）举行美苏首脑峰会。在双方都提出了慷慨而深远的裁军建议，几乎要达成协议之际，这次峰会最终因美国太空防御计划的军备研究项目问题而失败。苏联只允许进行实验室规模的测试，但美国希望能够对防御系统自由地进行全面的测试。

10 月 20 日

联邦德国总理赫尔穆特·科尔在接受美国《新闻周刊》的采访时，将米哈伊尔·戈尔巴乔夫与国家社会主义（纳粹）的宣传部长约瑟夫·戈培尔进行了比较。科尔的言论在国际社会引发激烈的抗议。戈尔巴乔夫取消了他对联邦德国的访问计划。

10 月 21 日

德国社会民主党和德国统一社会党提出的关于在中欧建立无核武器走廊的《共同原则》在波恩公布。两党的这一计划由埃贡·巴尔（德国社会民主党）和赫尔曼·阿克森（德国统一社会党）签署，该计划规定在中欧地区沿德－德边界建立一条宽 300 公里的无核武器走廊。捷克斯洛伐克在 1986 年 10 月 23 日加入了这一倡议。

10 月 21 日—26 日

中国与民主德国在北京签订《中国与民主德国长期经济与科技合作发展协议》。

11 月 4 日

欧洲安全与合作会议第三次后续会议在维也纳开始举行。会议直到 1989 年 1 月 15 日将分几个阶段进行。一方面，会议就欧洲裁减常规武装力量问题进行谈判，这将取代多变平衡武装力量削减谈判（共同均衡裁军，MBFR，该谈判从 1973 年 10 月 30 日开始，是关于在中欧消减常规武器和武装力量问题的谈判）；另一方面，在这些会议期间，从 1989 年 3 月 24 日，关于建立信任和安全措施的谈判开始了。

11 月 12 日

联邦德国与民主德国签署《关于相互交换因战争搬迁的文化资产的协议》。该协议是 1986 年 5 月 6 日签订的德 – 德文化协议的一部分。这些协议规定，第二次世界大战期间和之后搬迁的文化资产将归还给最初拥有这些资产的博物馆。

1987 年

1 月 1 日

自加入联合国以来，联邦德国第二次成为联合国安理会非常任理事国。

1 月 25 日

联邦德国举行第十一届联邦议院的选举。基督教民主联盟/基督教社会联盟与自由民主党的联盟将继续存在，赫尔穆特·科尔将继续担任联邦总理，汉斯 – 迪特里希·根舍继续担任外交部长。

2 月 6 日

苏联取消从 1985 年 7 月 29 日开始实施的单方面暂停核试验的决定。苏联在多次延长暂停核试验的决定，以期美国能够采取类似的举措后，现在终于取消了该决定。美国并没有接受这一提议，而是在 1987 年 2 月 3 日进行了当年的第一次核试验。1987 年 2 月 26 日，苏联在中断近两年之后又恢复了核试验。

3 月 11 日

西柏林市长埃伯哈德·迪普根（基督教民主联盟）邀请国务委员会主席埃里希·昂纳克参加在西柏林举办的柏林建市 750 周年庆祝活动。然而，昂纳克在 1987 年 4 月 13 日取消了（对这次活动的）访问，理由是迪普根已要求联邦德国联邦州的总理不要参加在东柏林举办的国家级的柏林建市 750 周年庆典活动。由于苏联和民主德国对迪普根和赫尔穆特·科尔总理的讲话进行了强烈批评，迪普根拒绝参加 1987 年 10 月 23 日在东柏林举行的官方的、国家级的柏林建市 750 周年庆祝活动。

5 月 23 日—30 日

联邦德国国防军官员首次作为观察员参加民主德国国家人民军

（NVA）和苏联驻德部队集群（GSSD）举行的联合演习。

5 月 28 日—29 日

《华沙条约》组织的政治协商委员会在柏林举行的会议上通过了一个新的军事理论。该理论强调华沙条约组织的非进攻性和防御性。鉴于在一场涉及使用大规模杀伤性核武器的战争中既没有胜利者也没有失败者，华沙条约缔约国永远不会首先使用核武器。

6 月 12 日

美国总统罗纳德·里根在柏林建市 750 周年庆典之际访问西柏林时，呼吁苏共总书记米哈伊尔·戈尔巴乔夫拆除柏林墙。

8 月 26 日

联邦德国政府宣布放弃德国现有的中程导弹。德国政府决定放弃对 72 枚德国现有的潘兴 IA 导弹进行现代化改造，与此相关的核爆炸装置由驻德美军控制。通过这一决定，联邦德国政府希望为美苏裁军谈判的成功做出贡献。早在 1987 年 6 月 1 日，联邦德国政府就已经同意支持美苏寻求的零点方案。

8 月 27 日

德国统一社会党和德国社会民主党提出的"共同原则"文件——《关于意识形态的争论和共同的安全》在波恩和东柏林出版。这份由德国社会民主党基本价值观委员会和德国统一社会党社会科学院起草的共同文件提出，在保卫和平的名义和和平竞赛的背景下，两种社会制度必须发展一种政治争端和系统性开放对话的文化。双方都以两个德国国家的长期存在为出发点，两个国家必须承认对方国家的存在权。这两种制度都被认为具有改革能力。

9 月 7 日—11 日

民主德国国务委员会主席、德国统一社会党总书记埃里希·昂纳克访问联邦德国。在经过多次推迟和取消后，昂纳克应联邦德国总理赫尔穆特·科尔的邀请，对联邦德国进行正式国事访问。昂纳克获得了所有外交礼节上的尊重，包括升起民主德国国旗和奏响民主德国的国歌。在基本立场上，双方并没有走得更近。1987 年 9 月 8 日，昂纳克和科尔通过了一份联合公报，在公报中强调尽管"在包括民族问题在内的基本问题上存在意见分歧"，但两国的愿望是"相互在平等的基础上发展正常的睦邻友好关系"。双方签署了三项协议，即《关于科技领域合作协议》《关于联合环境保护特别是跨境环境污染、废物处理和保持水、空气和土壤清洁的协议》，以及《关于在辐射防护和核设施领域，特别是在放射性污染增加的情况下相互交流信息的协议》。

9 月 15 日

民主德国驻联合国大使彼得·弗洛林当选 1988 年联合国大会主席。

10 月 21 日

东柏林和西柏林市长在柏林 – 勃兰登堡福音派教会庆祝柏林建市 750 周年的庆典活动上首次会面。

10 月 30 日

作为 1986 年 11 月 12 日联邦德国与民主德国之间达成的《关于相互交换因战争搬迁的文化资产的协议》的准备工作，两国政府交换了此类艺术品的清单。

11 月 10 日—11 日

美国副国务卿约翰·怀特黑德访问民主德国。约翰·怀特黑德是迄今为止访问民主德国的职位最高的美国政府代表，他约见了埃里希·昂纳克。

11 月 11 日—13 日

民主德国国家人民军军官首次作为观察员参加联邦德国国防军和美国武装部队的联合演习。

12 月 7 日—10 日

1987 年 12 月 8 日，罗纳德·里根和米哈伊尔·戈尔巴乔夫在华盛顿特区举行的美苏首脑峰会上签署了《美苏消除两国中程和短程导弹条约》（简称《中程导弹条约》，INF – Vertrag），即所谓的双零点方案。根据此条约，所有部署在欧洲的射程在 500 至 5500 公里之间的陆基中、短程核武器将在三年内登记注册并销毁。为监督该条约的执行，双方同意对导弹基地、导弹储存设施和导弹工厂进行相互检视。该条约还规定消除联邦德国拥有的潘兴 IA 导弹和所属的 72 个核爆炸装置。这些弹头和装置由美国封存。随着该条约的签订，北约和华沙条约这两个军事集团之间的真正裁军进程首次启动。美苏双方同意，1972 年 5 月 26 日的《限制反弹道导弹系统条约》（简称《反导条约》，英文、德文混合简写为 ABM – Vertrag）规定并允许对太空、空中、海上或陆基导弹防御系统进行的研究应该坚持，但仍禁止对其进行试验和部署。该条约从 1988 年 6 月 1 日起生效。

12 月 9 日

北约外长会议提名联邦德国国防部长曼弗雷德·沃纳为北约秘书长。沃纳在 1988 年 5 月 18 日辞去联邦德国国防部长职务，并于 1988 年 7 月 1 日接任北约秘书长。

12 月 11 日

苏联、民主德国和捷克斯洛伐克在柏林签署了与《中程导弹条约》有关的视察协议。

1988 年

1 月 7 日—9 日

埃里希·昂纳克应雅克·希拉克总理的邀请对法国进行正式国事访问。这是民主德国领导人对一个"西方盟国"国家的首次正式国事访问。

1 月 23 日

苏联、民主德国和捷克斯洛伐克之间就关于提前从中欧撤出苏联中程核武器达成协议。苏联从 1988 年 2 月 25 日开始从民主德国撤出其中程武器。这样在交换《中程导弹条约》批准文书之前，该条约在美苏于 1988 年 5 月 29 日至 6 月 2 日在莫斯科举行首脑会议期间已经生效了。

2 月 15 日—19 日

苏联、波兰、芬兰、联邦德国、民主德国、丹麦和瑞典在赫尔辛基通过了《保护波罗的海地区海洋环境宣言》。

3 月 2 日—3 日

法国自 1966 年 7 月 1 日退出北约军事组织以来首次派代表参加在布鲁塞尔召开的北约理事会会议。北约理事会欢迎《中程导弹条约》的签订，将其视为朝着保卫和平和降低军备水平方向迈出的一步，并讨论了其影响。在一份声明中，北约国家元首和政府首脑表示支持与东欧的建设性合作，支持裁军和抑制欧洲的分裂。

3 月 7 日

民主德国与联邦德国（包括西柏林）就关于建设电力网络达成协议，包括在联邦德国与西柏林之间建设电力线。

3 月 10 日

联邦德国文化中心在匈牙利落成，联邦德国外交部长汉斯－迪特里希·根舍主持落成典礼。

4月5日

德国社会民主党、德国统一社会党和捷克斯洛伐克共产党的联合提案公布。该提案提议建立一个无化学武器区,包括联邦德国、民主德国和捷克斯洛伐克的全部领土。该提案是德国社会民主党和德国统一社会党于1987年1月27日至28日、5月17日至5月18日在波恩,以及1988年3月30日—31日在东柏林进行紧密磋商的成果。1988年4月19日,该提案作为民主德国和捷克斯洛伐克建立无化学武器区的联合提案递交给了联邦德国政府。

6月20日—22日

关于建立中欧无核武器区的国际会议在东柏林举行,来自100个国家的不同政党和组织的约1000名代表参加了会议,其中包括一些来自联邦德国的代表。

6月25日

欧洲共同体与经济互助委员会《关于建立正式关系的声明》在卢森堡签署。但是,这两个经济集团之间的关系限于在建立的联合委员会的框架内交流信息。

6月27日—28日

欧洲理事会、欧共体国家元首和政府首脑会议在汉诺威举行。会议决定成立一个专家组,为建立经济和货币联盟准备具体步骤。

7月4日—7日

作为执行1987年12月7日至10日达成的裁军协议的一部分,苏联对联邦德国境内的美国军事基地进行了第一次视察。

7月7日

德国社会民主党和德国统一社会党联合提议建立一个"中欧信任和安全区"。该提案建议欧洲安全与合作委员会会议的最终文件的签字国政府,进一步减少参加演习的武装力量,并不再实行关于演习的范围在联盟边界两侧50公里的规定。此外,提案还建议欧安会最终文件的签字国之间扩大相互信息交流。

7月18日—20日

作为执行1987年12月7日至10日达成的裁军协议的一部分,美国专家对民主德国境内的苏联军事基地进行了第一次视察。

8 月 9 日

民主德国国防部长海因茨·凯斯勒（Heinz Keßler）提议民主德国国家人民军（NVA）和联邦德国国防军的专家之间建立直接对话。

8 月 15 日

欧共体与民主德国建立外交关系。

9 月 14 日

民主德国与联邦德国就改善联邦德国与西柏林之间的过境交通达成协议。

10 月 24 日—27 日

联邦德国总理赫尔穆特·科尔对苏联进行正式访问。在一份联合声明中，科尔总理与苏联总统、苏共总书记戈尔巴乔夫同意结束"冰冻时代"，改善两国之间的国家间对话和睦邻友好关系。双方在德国政治问题上有一个趋同。双方之间的各种协议规定了在环境和辐射保护、航天、核能以及农业领域开展更好的合作。在苏联外交部长爱德华·谢瓦尔德纳泽于 1988 年 1 月 17 日至 19 日访问联邦德国期间，提出将西柏林纳入未来条约和对《四国柏林协定》进行新解释之后，西柏林被包括在条约之内。

11 月 8 日

里根的副总统乔治·布什当选美国总统。布什将继续里根政府时期的内、外政策。

12 月 7 日

美苏"小型峰会"在纽约举行。在纽约进行的长达数小时的对话中，米哈伊尔·戈尔巴乔夫与罗纳德·里根和乔治·布什讨论了军备控制和地区冲突。在回应戈尔巴乔夫的裁军建议时，里根强调西方也愿意在考虑现有的不对称的情况下"减少军队"。华盛顿准备朝这个方向迈出"又一个"重大步伐。里根重申美国愿意与苏联就削减常规军备进行谈判。但他不认为苏联宣布的裁员足以使美国开始限制美国军事人员和军费开支。

1989 年

1 月 15 日

欧洲安全与合作委员会会议的第三次后续会议在维也纳结束。在自 1986 年 11 月 4 日开始以来的谈判中，谈判的参与国同意限制中欧的常规武装力量。与会国还就在整个欧洲范围内扩大常规武装力量的削减问题进

行谈判并达成了一致。该谈判将从 1989 年 3 月 6 日起在维也纳开始。这次
会议的第三个成果是，与会国就关于在欧洲建立信任和安全措施进行谈判
并达成一致。该谈判将从 1989 年 3 月 24 日起在维也纳开始。

1 月 19 日

埃里希·昂纳克声明，只要建造（柏林墙）的条件没有改变，这堵墙
就会屹立不倒，如果需要的话，它"在五十年或一百年后仍然存在"。这
一立场在 1989 年 8 月 13 日柏林墙建造 28 周年之际在《新德国》被再次强
调。

1 月 23 日

在瑞典首相英格瓦·卡尔松访问民主德国期间，埃里希·昂纳克宣布
将逐步对国家人民军进行人员和技术上的削减。

1 月 30 日

《华沙条约》组织公布了有关华沙和北约在欧洲的武装力量和军备的
数量，这些数字在联邦德国也被认为是"基本正确的"。它们显示出在坦
克的数量上，华约具有 2：1 的优势，在装甲车的数量上华约具有 3：1 的
优势。

4 月 11 日—12 日

在柏林举行的《华沙条约》缔约国外交部长委员会的例会通过了一个
宣言，即"建立一个没有战争的世界"宣言，以及一个关于欧洲战略核武
器的声明。

4 月 12 日

随着《联邦德国和民主德国政府之间关于德－德边界线议定书》的签
署，经过 16 年时间，德－德边界的划定（工作）结束。

5 月 22 日

波兰外长与民主德国外长在柏林签署《关于奥得湾海域划界条约》。
该条约在两国批准后于 1989 年 6 月 13 日生效。这意味着奥得河－尼斯河
边界的所有地段都以双边条约的形式得以确认。这极大地促进了 1990 年的
《2 + 4 条约》的签订。

6 月 12 日—15 日

苏共总书记米哈伊尔·戈尔巴乔夫对联邦德国进行国事访问。双方签
订了 11 项双边协议，其中包括深化两国在科学领域的合作协议、促进资本
投资协议、建立文化中心协议、相互通报核事故协议以及建立两国政府之

间的直接联系（热线）协议。此外，还有关于青年旅游交流、师生交流、联合教育项目以及联合打击药物滥用等领域的协议。戈尔巴乔夫和科尔签署了一项联合声明，在声明中双方承诺维护人类尊严、维护人民自决权、进行裁减军备和保护少数群体。

6 月 15 日—18 日

欧洲议会举行第三次选举。

6 月 26 日—27 日

在马德里举行的欧洲理事会会议上通过了实现欧共体的经济和货币联盟的三阶段计划。该计划是由欧共体成员国的中央银行行长在欧洲委员会主席雅克·德洛尔的领导下制订的，计划规定到 1990 年 7 月 1 日在欧共体内部实现资本流动自由化，并要求加强成员国之间的协调。第二阶段，从 1994 年 1 月 1 日开始，将实现欧共体成员国的经济政策的共同协调，并在美因茨河畔的法兰克福成立共同的欧洲中央银行（英文缩写为 EZB）。第三阶段规定，从 1999 年 1 月 1 日起欧共体成员国货币的汇率不可撤销地确定下来，并实行单一的共同货币。

7 月 7 日—8 日

《华沙条约》组织的政治协商委员会会议在布加勒斯特召开。戈尔巴乔夫宣称，每一个社会主义国家都要为自己的发展负责，至少苏联不会干涉别国内部事务。在这次会议的最终声明中指出，任何一个《华沙条约》缔约国都不得主宰另一个国家内的事件的进程。任何人都不得妄自担任法官或裁判员的角色。每个国家都有权根据自己的需要制定自己的政治路线和战略。这样，1968 年 11 月提出的所谓"勃列日涅夫主义"失去了效力。10 月 25 日，戈尔巴乔夫在对芬兰进行正式访问期间重申了这一立场：无论是军事－政治联盟之间、这些联盟内部，还是对待中立国家，都不应该使用武力。

8 月 7 日

民主德国外交部抗议联邦德国驻社会主义国家的大使馆接纳来自民主德国的逃离者。

8 月 14 日

联邦德国总理赫尔穆特·科尔呼吁民主德国政府，解决滞留在联邦德国驻东柏林、布达佩斯、布拉格和华沙的外交使团中的逃离者问题。

8 月 19 日

数百名民主德国公民从匈牙利逃往奥地利。

8 月 24 日

匈牙利政府给滞留在联邦德国驻布达佩斯大使馆的民主德国公民提供出境许可证。

8 月 30 日

联邦德国政府决定派遣 50 名联邦边防官员参加联合国和平任务前往纳米比亚,以协助那里的非殖民化与和平进程。1989 年 10 月 11 日,民主德国也向联合国驻纳米比亚特派团派出了 30 名警察。

9 月 10 日—11 日

匈牙利政府批准民主德国公民离开匈牙利,并开放匈牙利西部边境。

9 月 29 日

民主德国政府为滞留在联邦德国驻布拉格和华沙大使馆的难民提供出境许可证。

10 月 7 日

民主德国成立 40 周年庆祝活动在柏林举行。苏共总书记米哈伊尔·戈尔巴乔夫与德国统一社会党总书记埃里希·昂纳克以及德国统一社会党政治局成员举行了会谈。米哈伊尔·戈尔巴乔夫在与昂纳克的谈话中,非常随意地说着这样的话:"谁来得太晚,谁会终生受罚。"这句话可理解为(戈尔巴乔夫)批评民主德国不愿进行改革和拒绝推行和实施改革。不愿像苏联一样,通过进行改革对困难局势做出建设性反应。

10 月 18 日

埃里希·昂纳克辞去所有党和国家职务,埃贡·克伦茨当选德国统一社会党总书记。10 月 24 日克伦茨又当选国务委员会主席。

11 月 3 日

德国统一社会党政治局提出《民主德国政治、经济和社会改革行动纲领》,但不再能发挥效力。

11 月 9 日

德国统一社会党政治局成员君特·沙博夫斯基在新闻发布会上宣布开放民主德国与联邦德国之间或者民主德国与西柏林之间的边界。边境从第二天晚上开始开放。

11 月 12 日

德国统一社会党政治局召集德国统一社会党特别党代会。党代表大会将于 12 月 8 日至 9 日举行。

11 月 13 日

汉斯·莫德罗（德国统一社会党）当选民主德国部长会议新主席。

11 月 17 日

民主德国部长会议新主席汉斯·莫德罗发表政府声明。莫德罗宣布对民主德国的政治、经济和教育制度进行根本性改革，其目标是建立新的社会主义社会，这是由公民的自决和自负责任决定的。与联邦德国的关系将扩大到目前的框架之外，但他拒绝了两个德国国家的统一。莫德罗向联邦德国提出了一个"条约共同体"提议。

11 月 20 日

德国统一社会党总书记埃贡·克伦茨和部长会议主席总理汉斯·莫德罗与联邦德国总理办公厅主任鲁道夫·塞特斯在东柏林举行会谈。塞特斯主张民主德国的改革进程不可逆转，并要求民主德国政府允许成立新政党和实行自由选举。联邦德国政府将在一定条件下支持民主德国的改革进程。人们正在离开民主德国，这不是谣言，而是一个前景。克伦茨宣布他准备进行全面的经济改革和进一步放宽相互旅行。塞特斯主任强调了他的立场，即民主德国引入的市场经济成分越多，其经济问题就越能快地得到解决。

11 月 23 日

民主德国基督教民主联盟（1949 年以来民主德国政府只是偶然说到它）现在成了莫德罗政府的一部分，该党致力于德国的统一，主张通过尽快组建一个德-德邦联来实现两个德国的统一。关于德国统一的讨论后来成为 1990 年 3 月 18 日人民议院选举时竞选活动中的决定性问题之一。

11 月 28 日

联邦德国总理赫尔穆特·科尔在联邦议院提出了联邦德国政府关于消除德国和欧洲分裂的十点计划。该计划规划了逐步建立德国统一的步骤。第一步，民主德国应该立即接受财政援助。第二步，目前与民主德国的关系将在已达成的协议的基础上继续。第三步，随着民主德国改革的巩固，应该深化与民主德国的合作。为此，应该首先考虑把社会市场经济引入民主德国作为对此的基本要求。第四步，将汉斯·莫德罗在 11 月 17 日的政府声明中提出的"德－德条约共同体"具体化。第五步，在两个德国之间建立一个邦联结构（组织），作为一个联邦制国家秩序（包括民主德国）的过渡阶段。为此，应该在联邦德国和民主德国举行自由和秘密选举，从中产生共同的机构。民主德国地区应该被纳入欧共体，这样在继续推进欧洲安全与合作的进程中，在两个德国将能够实现进一步的裁军。在这个过程结束时，两个德国的统一应该在中期实现。十点计划于 1989 年 12 月 1日在基督教民主联盟/基督教社会联盟投票支持下由联邦议院通过。

12 月 1 日

民主德国人民议院通过关于修改民主德国宪法的法律，其中删除了关于德国统一社会党领导权的规定。

12 月 2 日—3 日

米哈伊尔·戈尔巴乔夫与美国总统乔治·布什在马耳他会晤。这次会晤是在柏林墙倒塌仅几周之后进行的，双方就局势交换了意见。戈尔巴乔夫满怀希望地说："世界正在离开一个时代，进入另一个时代。我们正处在通往和平时代的漫长道路的开端。暴力威胁、不信任、心理的和意识形态的斗争应该成为过去式。"布什承诺西方不会利用苏联的虚弱的局面。

12 月 3 日

政治局和德国统一社会党中央委员会集体辞职，埃贡·克伦茨辞去德国统一社会党总书记的职务。12 月 6 日，克伦茨又辞去了国务委员会主席职务。

12 月 5 日

联邦德国与民主德国之间达成《免签证旅行协议》以及建立联合外汇基金以资助私人旅行。

12 月 5 日

在莫斯科举行的《华沙条约》缔约国特别峰会期间，苏联部长会议主席尼古拉·雷日科夫告诉民主德国部长会议主席汉斯·莫德罗，苏联坚决拒绝德－德邦联的提议。

12 月 5 日

西柏林市长沃尔特·莫姆珀与东柏林市长艾哈德·克拉克就柏林市两部分之间的地方政治合作进行谈判。

12 月 6 日

曼弗雷德·格拉赫（德国自由民主党，德文缩写为 LDPD）被选为民主德国国务委员会代理主席（国家代理元首）。

12 月 6 日

联邦德国政府决定从 1995 年起将联邦国防军的人数减少 75000 人。从 1995 年起，联邦德国国防军的人数将减少到 420000 人。

12 月 8 日—9 日、16 日—17 日

德国统一社会党在柏林召开特别党代表会议。德国统一社会主义党 – 民主社会主义党（德文缩写为 SED – PDS）成立，格雷戈尔·居西当选党主席。

12 月 10 日

苏共总书记米哈伊尔·戈尔巴乔夫在与格雷戈尔·居西（统一社会主义党 – 民主社会主义党）的电话交谈中，强调了苏联对民主德国继续存在的利害关系，因而明确拒绝了联邦德国政府在 1989 年 11 月 28 日提出的关于建立德国统一的令苏联难以采纳的建议。

12 月 11 日

在位于柏林的盟军管制委员会的大楼里，苏联、法国、英国和美国的大使讨论了德 – 德边境开放后德国的现状。大使们同意继续谈判。

12 月 15 日—16 日

民主德国基民盟在特别党代表大会上，通过了新的章程，强调"民族的统一"，即以迅速建立两个德国的统一为目标。新章程明确与社会主义的愿景保持距离，主张在民主德国进行社会转型，最终使社会市场经济建立起来。民主德国基民盟代主席洛塔尔·德梅齐埃得到党代表大会的确认。

12 月 18 日—20 日

德国社会民主党在西柏林的党代会上通过了一项新的基本纲领。

12 月 19 日—20 日

联邦德国总理赫尔穆特·科尔对民主德国进行国事访问。19 日在德累斯顿与民主德国部长会议主席汉斯·莫德罗举行会谈。

12 月 20 日—22 日

法国总统弗朗索瓦·密特朗对民主德国进行国事访问。在建立德国统一的问题上，就像联邦德国政府和部分民主德国人民所要求的那样，密特朗坚持无论如何都必须尊重欧洲现有的国家边界。

1990 年

1 月 11 日

民主德国人民议院决定，第九届人民议院的任期将于 1990 年 5 月 5 日提前结束。这为原定于 1990 年 5 月 6 日举行的新选举扫清了道路。

1 月 20 日—21 日

德国统一社会党 – 民主社会主义党（SED – PDS）执委会决定该党以"民主社会主义党"（德文缩写为 PDS）的名称继续存在。

1 月 22 日—24 日

英国外交大臣道格拉斯·赫德访问民主德国，并与该国最高领导人举行会谈。

2 月 1 日

民主德国部长会议主席汉斯·莫德罗（民主社会主义党）提出了一个统一两个德国的四阶段计划。

2 月 9 日

米哈伊尔·戈尔巴乔夫和苏联外交部长爱德华·谢瓦尔德纳泽在莫斯科会见了美国国务卿詹姆斯·贝克，双方就解决与德国统一相关的外交政策问题进行了会谈。苏联接受美国提出的"2 + 4 会谈"。四大战胜国压在德国人头上的条约已经不符合时势，拥有 35 个成员国的欧洲安全与合作委员会太迟缓了。贝克受美国总统布什委托，呼吁未来的德国加入北约。从长远来看，像统一后的德国那么大体量的国家不可能保持中立，因此它将继续处于北约和驻德美军的控制之下。戈尔巴乔夫和谢瓦尔德纳泽表示同意贝克的观点。与此同时，贝克保证，作为苏联同意统一后的德国加入北约的回报，"保证北约不会向东扩展一厘米的领土"。

2 月 10 日—11 日

苏联关于两个德国的统一问题对联邦德国政府做出基本承诺。在联邦德国总理科尔和外交部长根舍访问莫斯科期间，米哈伊尔·戈尔巴乔夫解释说，决定何时、如何以及德国国家统一的条件是德国人自己的事情，在这方面欧洲国家的安全利益和目前的边界必须得到保证。对于统一后的德国的联盟归属问题，苏联官方的立场仍然是反对的，科尔坚持统一后的德国也留在北约，但提出不在民主德国的领土上部署任何北约部队或武器。

2 月 11 日—14 日

在渥太华举行的北约成员国和《华沙条约》缔约国的外长会议上，外长们讨论了作为建立信任的措施，对北约国家和华约缔约国的领空进行大规模视察的可能性（"开放天空"议案）。该《开放天空条约》在 1992 年 3 月 24 日由北约成员国和《华沙条约》的前缔约国以及苏联的后继加盟共和国签署。在本次会议期间，英国、法国、美国、苏联四国外长以及联邦德国和民主德国的外长就关于两德统一的联合谈判（称为"2 + 4 谈判"）的形式问题达成一致。

2 月 13 日—14 日

联邦德国总理赫尔穆特·科尔和民主德国部长会议主席汉斯·莫德罗达成协议，成立一个德—德委员会，为建立货币联盟做准备。

2 月 24 日—25 日

在美国总统乔治·布什与联邦德国总理赫尔穆特·科尔的会晤中，双方都拒绝统一后的德国保持中立的立场，主张德国应留在北约。欧洲现存边界的保证和联邦德国对欧洲邻国的安全保证应该得到维护。

3 月 2 日

联邦德国总理赫尔穆特·科尔将承认奥得河 - 尼斯河边界与波兰放弃赔偿联系起来。科尔将承认奥得河 - 尼斯河边界作为最终的德国东部边界与波兰放弃赔偿要求和保护在波兰的德裔少数群体联系起来的观点，在国内外遭到不理解和拒绝。1990 年 3 月 8 日联邦议院通过决议，无条件承认奥得河 - 尼斯河边界是德国东部边界。最终，德国保证奥得 - 尼斯河边界为最终边界并放弃对任何一块领土的权力要求的意见，固定在 1990 年 9 月 12 日签订的《2 + 4 条约》和 1990 年 11 月 14 日的《德国 - 波兰边界条约》（以下简称《德 - 波边界条约》）中。

3 月 7 日

宣布完全撤出储存在联邦德国的美国化学武器。

3 月 17 日

《华沙条约》缔约国关于两个德国统一问题的外交部长会议在布拉格举行。《华沙条约》缔约国共同重申苏联国家元首、党的领导人戈尔巴乔夫在 1990 年 2 月 10—11 日宣布的路线，即两个德国的统一是德国人自己的事情，他们必须自己决定是否、如何以及何时统一。据此，东部邻国也基本同意两个德国的统一，但他们要求保证邻国的安全利益。与苏联的立

409

场相反，即统一后的德国应该是中立的，其他《华沙条约》缔约国认为有可能使统一后的德国留在北约。

3 月 18 日

民主德国人民议院提前举行选举。以基督教民主联盟为中心的选举联盟——"德国联盟"显然决定了这次选举。4 月 5 日，人民议院选举洛塔尔·德梅齐埃（基督教民主联盟）为民主德国新部长会议主席，并于 4 月 12 日组成新政府。

3 月 20 日

联邦德国政府向民主德国政府提议，在两个德国之间建立经济、货币和社会联盟。双方关于该提议的谈判将于 4 月 27 日开始。

3 月 21 日

德–德政府间磋商在波恩举行。洛塔尔·德梅齐埃（基督教民主联盟）和"德国联盟"的其他代表向联邦德国总理赫尔穆特·科尔通报了在 3 月 18 日人民议院的选举中获胜后组建民主德国政府情况。

4 月 28 日

欧共体国家和政府领导人特别峰会在爱尔兰首都都柏林举行。会议的目的是讨论德国统一对欧共体的影响以及欧共体与中欧和东欧具有改革意愿的国家的未来关系。

5 月 2 日

联邦德国政府与民主德国政府就民主德国马克与德国马克之间的汇率达成协议。

5 月 5 日

"2 + 4 外长会议"在波恩开始举行。

5 月 18 日

联邦德国与民主德国签署《关于建立共同的经济、货币和社会联盟的德–德国家条约》。

6 月 25 日—26 日

在都柏林召开的欧洲理事会会议达成关于实现欧盟的基本决议。（欧洲理事会）将召开两次欧共体所有成员国都参加的政府间会议。这些会议应就欧共体合并为政治联盟以及经济和货币联盟进行协商，并起草和通过相应的条约。

7月1日

1990 年 5 月 18 日两德签署的《国家条约》生效，联邦德国与民主德国之间的经济、货币和社会联盟开始实施。从当日起，德国内部边境的护照和海关管制将停止。此外，欧共体与民主德国之间的关税同盟同时生效。这将使该地区成为欧共体的关税区。民主德国的货币失去其效力，德国马克成为唯一的支付方式。

7月5日—6日

在伦敦举行的北约国家首脑峰会讨论一个新的军事理论。该理论提出，应摒弃先前有效的"灵活反应"理论，核武器只应作为最后的手段使用。此外，峰会还宣布北约永远不会首先对另一个国家使用武力。这种全面放弃武力将伴随着建设性对话和密切合作，特别是与《华沙条约》缔约国的建设性对话和密切合作进行。

7月6日

联邦德国政府和民主德国政府在柏林就《统一条约》（称为《第二个国家条约》）开始进行谈判。谈判的目的是民主德国加入联邦德国。

7月15日—16日

赫尔穆特·科尔总理和米哈伊尔·戈尔巴乔夫在高加索进行双边磋商。科尔与戈尔巴乔夫在莫斯科、斯塔夫罗波尔和高加索举行双边谈判期间，在目前有争议的两德统一的外部方面取得突破。双方一致认为，统一后的德国将立即获得全部主权，并且将能够独立决定其联盟归属。苏联军队最迟至 1994 年从德国完全撤出，不得在民主德国区域内设立任何北约组织。并入北约的联邦国防军的部队也不得驻扎在民主德国区域内。苏联军队撤出后，可以在那里驻扎联邦德国军队，但不能驻扎属于外国的北约军队。仍然从根本上禁止在民主德国区域内部署任何种类的核武器。此外，不得在德国研发或部署化学和生物武器。统一后的德国联邦国防军的兵力将限制在 370000 人以内。这意味着民主德国加入联邦德国在很大程度上在外交政策方面是得到保障的。

7月22日

民主德国人民议院批准《州引进法》（ Ländereinführungsgesetz）。这部《州引进法》修改了宪法，使民主德国恢复到行政改革前和 1952 年实施行政区划之前的旧行政结构。据此，民主德国被定义为一个由五个州组成的联邦国家，这五个州是，梅克伦堡 - 西波美拉尼亚、勃兰登堡、萨克森 -

安哈尔特、图林根和萨克森。东柏林同时获得民主德国一个州的地位，但可以选择与西柏林合并，成为联邦德国内一个共同的联邦州。

8 月 31 日

联邦德国与民主德国在柏林签署了《建立德国统一的条约》。

9 月 12 日

《2+4 最终协议》（又称为《关于最终解决德国问题的条约》）在莫斯科签署。在该条约中，统一后的德国的最终边界首先受到具有约束力的规定，规定它由联邦德国、民主德国和柏林的两部分的领土组成。据此，德国不会对任何国家提出领土要求，并将从《基本法》中删除相应的提法。作为德国东部边界的奥得－尼斯河边界由《德波双边条约》确定。德国承诺，参与联合国的人类和平生活（倡议），不从其领土上发动侵略战争。根据《联合国宪章》的规定，只有在防御的情况下才可能使用武器。统一后的德国可以自由决定其联盟归属。德国放弃拥有、部署和发展核武器、生物武器以及化学武器。它将武装部队减少到最多有 370000 人。苏联最迟在 1994 年年底前撤出其武装力量。在此之前，北约的任何联盟组织（机构）包括驻扎的军事单位（部队），都不得扩展到民主德国的领土上。只有没有并入北约的联盟组织的德国军队才能驻扎在那里。苏联军队撤出德国之后，只允许德国的北约军队驻扎在德国领土上。随着该条约的生效，盟军胜利国将结束其对整个德国的权利和责任，胜利国之间的所有协议都将失效，盟军机构和组织也将解散。这样德国就获得其完全的主权。

9 月 24 日

民主德国退出《华沙条约》组织。

9 月 28 日

人民议院选举民主德国参加第一届全德联邦议院的议员。由于第一届全德联邦议院的选举将在民主德国加入联邦德国之后举行，因此有必要从人民议院的议员中选举参加第一届全德联邦议院的议员。来自民主德国的议员数量应该与其人口数量的比例相对应。因此，在人民议院当选的 400 名议员中有 144 名议员参加第一届全德联邦议院，其组成与人民议院中各团体的"实力"相符。

10 月 1 日

英国、法国、美国和苏联暂时停止盟军在德国的保留权。随着这几国关于这一权力提前停止的《纽约声明》的宣布，根据 9 月 12 日签署的《2 + 4 条约》的规定，在民主德国加入联邦德国之前，德国就已重新获得其全部主权。

10 月 3 日

德意志民主共和国各州根据《基本法》第 23 条加入德意志联邦共和国。随着民主德国各州加入《基本法》的适用范围，民主德国的正式存在宣告结束。这意味着《基本法》和联邦德国的大部分法律、法规以及欧共体的规则和方针也在民主德国区域生效。

10 月 4 日

全德联邦议院成立大会在柏林国会大厦举行。

10 月 5 日

全德联邦议院批准了 1990 年 9 月 12 日签署的《2 + 4 条约》。

10 月 9 日

德国和苏联签署《苏联和德国之间的过渡条约》。该协议是在联邦德国政府和苏联政府于 1990 年 9 月 12 日签署《2 + 4 条约》之前达成的。该条约规定了苏联驻德军队的资金筹措及其撤军问题。根据该条约，联邦德国将提供 135 亿德国马克用于支付苏联的欧洲部分的社会住房建设、过渡资金、苏联军队从德国撤出的运输费用以及用于被裁撤的军事人员的再培训和教育费用。苏联承诺最迟至 1994 年年底从德国撤出其全部军队。

10 月 12 日

德国和苏联之间签订了《苏联军队驻军条约》。该条约在 1990 年 9 月 12 日联邦德国政府与苏联政府签署《2 + 4 条约》之前达成。该条约规定了苏联军队驻留的条件和苏联军队从德国撤出的计划。

10 月 14 日

1990 年 7 月 22 日的《州引进法》生效。这样，民主德国区域内的 14 个区再次组成 5 个州，它们现在是联邦德国的联邦州。与此同时，在这些联邦州首次举行州议会选举。

11 月 9 日

联邦德国与苏联在波恩签署了《德意志联邦共和国与苏联之间的睦邻、伙伴和合作条约》（简称《德 - 苏伙伴关系条约》）。《德 - 苏伙伴关系条约》是在德国政府与苏联政府 1990 年 9 月 12 日签署《2 + 4 条约》之前达成的，条约规定了睦邻关系以及联邦德国与苏联之间的合作。这份由联邦德国总理赫尔穆特·科尔和米哈伊尔·戈尔巴乔夫签署的条约，规定尊重条约伙伴国的领土完整和主权、普遍放弃领土要求、放弃使用武力或威胁使用武力以及履行《欧洲削减常规武器条约》（德文缩略为 KSE - Vertrag）规定的裁军义务。条约规定，德苏两国之间合作的加强应该主要集中在经济、工业、文化、新闻和法律领域。条约规定了条约伙伴国在其领土上保存和维护反法西斯纪念碑和战争牺牲者的墓碑。条约在双方批准后从 1991 年 7 月 5 日起生效。

11 月 14 日

德意志联邦共和国与波兰在华沙签署关于它们之间现有边界的条约（即《德 - 波边界条约》）。该条约确定了德国最终承认奥得河 - 尼斯河边界为德国东部边界。随着《德 - 波边界条约》的签署，根据 1990 年 9 月 12 日签订的《2 + 4 条约》的规定，统一后的德国最终并明确地承认奥得河 - 尼斯河边界为国际法规定的德国东部边界，并放弃了将来对波兰的任何形式的领土要求。该条约采纳了波兰和民主德国之间以前的边界规定。《德 - 波边界条约》一经批准，将从 1992 年 1 月 16 日起生效。

11 月 17 日

《欧洲安全与合作委员会的最终文件》的签署国在维也纳通过了《关于削减欧洲常规武器的谈判的最终文件》（即《欧洲削减常规武器条约》，KSE - Vertrag）。

11 月 19 日—21 日

欧洲安全与合作委员会国家的首脑峰会在巴黎举行。北约成员国和《华沙条约》缔约国签署了《关于在大西洋与乌拉尔之间削减常规武器条约》（即 1990 年 11 月 17 日的《欧洲削减常规武器条约》），并同意发表两个军事集团之间互不侵犯的联合声明。1990 年 11 月 21 日，《新欧洲巴黎宪章》获得通过。宪章强调对抗和欧洲分裂的结束，并对前社会主义国家的转变表示欢迎。欧洲安全与合作委员会的《赫尔辛基最终文件》的签署国重申冷战的最终结束。欧洲安全与合作委员会应当有一个坚实的体制组织结构。1992 年 3 月 24 日至 7 月 8 日在赫尔辛基举行的欧洲安全与合作委员会的第四次后续会议将对此做出明确规定，并为该组织在 1994 年 12 月 5 日过渡到"安全与合作组织"（简称欧安组织，德文缩写为 OSZE）奠定了基础。

12 月 2 日

第一届全德联邦议院或第十二届德国联邦议院举行选举。基督教民主联盟/基督教社会联盟和自由民主党又获得了大多数席位，赫尔穆特·科尔再次当选联邦总理，汉斯－迪特里希·根舍（自由民主党）再次担任外交部长和联邦副总理。

参考文献

01. 贝施罗斯（迈克尔·R.）、塔尔博特（斯特罗布）：《最高层：冷战的结束和超级大国的秘密外交 1989—1991》，杜塞尔多夫，1993 年

Beschloss, Michael R. , Talbott, Strobe. Auf höchster Ebene. Das Ende des KaltenKrieges und die Geheimdiplomatie der Supermächte 1989 – 1991, Düsseldorf, 1993

02. 布哈林、普列奥布拉任斯基：《共产主义基础知识：对俄罗斯共产党（布尔什维克）纲领的通俗解释》，汉堡，1921

Bucharin, N. Preobraschensky, E. Das ABC des Kommunismus. PopuläreErläuterung des Programms der KommunistischenParteiRusslands（Bolschewiki）, Hamburg, 1921

03. 布热津斯基（兹比格涅夫）：《唯一的超级大国：美国的霸权战略》，美茵河畔法兰克福，1997 年

Brzeziński, Zbigniew. Die einzige Weltmacht. AmerikasStrategie der Vorherrschaft, Frankfurt a. M. 1997

04. 岑皮尔（恩斯特–奥托）：《改造和体制转变：关于北约双重决定讨论的文稿》，《国会周报副刊·来自政治与当代史》第 5 号，1982 年 2 月 6 日

Czempiel, Ernst – Otto. Nachrüstung und Systemwandel. Ein BeitragzurDiskussion um den Doppelbeschluss der NATO, Aus Politik und Zeitgeschichte – Beilage zur Wochenzeitung Das Parlament, Nr. 5 vom 6. Februar 1982

05. 冯德莱恩部长接受《时代周报》的采访，www. bmvg. de，2014 年 8 月 21 日

von der Leyen Interview, www. bmvg. de, August 21

06. 弗兰茨克（约亨）：《红色旗帜下的帝国：对苏联终结的反思》，《世界趋势研究》第 6 期，波茨坦/柏林，1995 年

Franzke, Jochen. Imperium unter dem roten Banner. Überlegungen zum Ende der Sowjetunion, WeltTrends, Nummer 6, Potsdam/ Berlin, 1995

07. 肯尼迪（保罗）：《大国的兴衰：1500 年到 2000 年的经济变化和军事冲突》，美茵河畔法兰克福，1989 年

Kennedy, Paul. Aufstieg und Fall der großen Mächte. Ökonomischer Wandel und militärischer Konflikt von 1500 bis 2000, Frankfurt a. M. , 1989

08. 吉拉斯（米洛万）：《新阶级：对共产主义体系的分析》，慕尼黑，1957 年

Djilas, Milovan. Die neue Klasse. Eine Analyse des kommunistischen Systems, München, 1957

09. 《列宁全集》第 33 卷，柏林，1971 年

Lenin, W. I. Werke, Band 33, Berlin, 1971

10. 卢森堡（罗莎）：《论俄国革命》，《罗莎·卢森堡全集》第 4 卷，柏林 Berlin，1974 年

Luxemburg, Rosa. Zur russischen Revolution, Gesammelte Werke, Band 4, Berlin, 1974

11. 鲁本（彼得）：《共产党对社会问题的回答》，《柏林评论倡议》1998 年第 1 期

Ruben, Peter. Die kommunistische Antwort auf die soziale Frage, Berliner Debatte Initial, Heft 1

12. 马尔肖（比尔吉特）：《最后关灯的人：民主德国外交官 1990 年在国外的经历》，柏林，1999 年

Malchow, Birgit. Der Letzte macht das Licht aus. Wie DDR – Diplomaten das Jahr 1990 im Ausland erlebten, Berlin, 1999

13. 《欧洲共产党和工人党会议：文件和演讲》，柏林，1976 年

Konferenzder kommunistischen und Arbeiterparteien Europas. Dokumente und Reden, Berlin, 1976

14. 舒曼（沃尔夫冈）、内斯特勒（路德维希）编：《见证世界霸权：关于从世纪之交到 1945 年 5 月德国帝国主义统治欧洲和世界的计划文件》，柏林，1975 年

Schumann, Wolfgang. Nestler, Ludwig. Weltherrschaft im Visier. Dokumente zu den Europa – und Weltherrschaftsplänen des deutschen Imperialismus von der Jahrhundertwende bis Mai 1945, Berlin, 1975

　　15. 雅鲁泽尔斯基（沃伊切赫）：《权力之门的背后：政权结束的开端》，莱比锡，1996 年

Jaruzelski, Wojciech. Hinter den Türen der Macht. Der Anfang vom Ende einer Herrschaft, Leipzig, 1996

人名表[*]

阿巴尔金（列昂尼德，Leonid Abalkin）

阿登纳（康纳德，Konrad Adenauer）

阿赫罗梅耶夫（谢尔盖，Sergej Ahromejew）

阿克森（赫尔曼，Hermann Axen）

阿克斯沃西（劳埃德，Lloyd Axworthy）

阿什（提莫西，Timothy Ash）

埃尔森汉斯（哈特穆特，Hartmut Elsenhans）

埃利亚斯（诺贝特，Norbert Elias）

埃佩尔曼（莱纳，Rainer Eppelmann）

艾德礼（克莱门特，Clement Attlee）

艾哈德（汉斯，Hans Ehard）

艾哈德（路德维希，Ludwig Erhard）

安德烈奥蒂（朱利奥，Giulio Andreotti）

安德烈耶娃（尼娜，Nina Andrejewa）

安德罗波夫（尤里，Juri Andropow）

昂纳克（埃里希，Erich Honecker）

奥巴马（贝拉克，Barack Obama）

奥布赖恩（康纳，Conor O'Brien）

奥尔特加（丹尼尔，Daniel Ortega）

奥斯曼奇克（埃德蒙德，Edmund Osmanczyk）

巴尔（埃贡，Egon Bahr）

巴克利（理查德，Richard Barkley）

巴林（阿努尔夫，Arnulf Baring）

巴托舍夫斯基（瓦迪斯瓦夫，Wladyslaw Bartoszewski）

拜尔（格哈德，Gerhard Beil）

班格曼（马丁，Martin Bangemann）

邦达连科（亚历山大，Alexander Bondarenko）

保罗二世教皇（Papst Johannes Paul II）

鲍威尔（查尔斯，Charles Powell）

贝克（詹姆斯，James Baker）

贝特曼-霍尔维格（特奥巴登·冯，Theobald von Bethmann-Hollweg）

本德尔（彼得，Peter Bender）

比科夫斯基（瓦莱里，Valeri Bykowski）

别斯梅尔特内赫（亚历山大，Alexander Besmeltnech）

波尔图加洛夫（尼古拉，Nikolai

---

[*] 为便利读者查考书中的人名、地名和专有名词，译者编制了人名、地名和专有名词表，包括全书正文和注释中出现的人名、地名和专有名词，但不包括注释引用文献中的人名（及作者名）、地名和专有名词。人名表以中文译名姓氏的汉语拼音排序，并附其名，但略去中间名，另附原文；少数人名只有姓氏，未查得其名。地名表（包括国家名）以中文译名的汉语拼音排序，另附原文；专有名词表选取书中的主要专有名词，以中文译名的汉语拼音排序，译名采通行译法。

哈塞尔曼（赫尔穆特，Helmut Haussmann）

哈维尔（瓦茨拉夫，Vaclav Havel）

哈伊尼奇（阿图尔，Artur Hajnicz）

海涅曼（古斯塔夫，Gustav Heinemann）

海因贝克（保罗，Paul Heinbecker）

豪斯（特奥多尔，Theodor Heuss）

赫德（道格拉斯，Douglas Hurd）

赫鲁晓夫（尼基塔，Nikita Chruschtschow）

侯赛因（萨达姆，Saddam Hussein）

怀特黑德（约翰，John Whitehead）

霍恩（久洛，Horn Gyula）

霍尔瓦（伊斯特万，István Horváth）

基希勒（伊格纳茨，Ignaz Kiechle）

基辛格（亨利，Henry Kissinger）

基辛格（库尔特，Kurt Kissinger）

吉古（伊丽莎白，Elisabeth Guigou）

吉科宁（乌霍，Urho Kekkonen）

吉拉斯（米洛万，Milovan Djilas）

季诺维也夫（格里哥里，Grigori Sinowjew）

加加林（尤里，Juri Gagarin）

加米涅夫（列夫，Lew Kamenew）

居西（格雷戈尔，Gregor Gysi）

卡达尔（亚诺什，Kádár János）

卡尔松（英格瓦，Ingvar Carlsson）

卡拉汉（詹姆斯，James Callaghan）

卡里略（圣地亚哥，Santiago Carrillo）

卡什纳扎罗夫（Kashnazarow）

卡斯特鲁普（迪特，Dieter Kastrup）

卡斯特罗（菲德尔，Fidel Castro）

卡斯滕斯（卡尔，Karl Carstens）

卡特（吉米，Jimmy Carter）

卡图谢夫（康斯坦丁，Konstantin
　Katuschew）

凯斯勒（海因茨，Heinz Keßler）

康德（伊曼纽尔，Immanuel Kant）

柯尔（米歇尔，Michael Kohl）

柯尼希（格尔德，Gerd König）

科恩布鲁姆（约翰，John Kornblum）

科尔（赫尔穆特，Helmut Kohl）

科尔温－米克（雅努什，Janusz
　Korwin－Mikke）

科勒（贝特霍尔德，Berthold Kohler）

科普采夫（Koptelzew）

科切马索夫（维亚切斯拉夫，Wjatscheslaw
　Kotschemassow）

科瓦列夫（阿纳托利，Anatoli Kowaljow）

科伊维斯托（毛诺，Mauno Koivisto）

克雷格（戈登，Gordon Craig）

克拉巴奇（Krabatsch）

克拉克（艾哈德，Erhard Krack）

克拉克（乔，Joe Clark）

克拉辛（J. Krasin）

克雷蒂安（让，Jean Chrétien）

克留奇科夫（弗拉基米尔，Vladimir
　Krjutschkow）

克伦茨（埃贡，Egon Krenz）

克诺普申斯基（瓦迪斯瓦夫，Wladyslaw
　konopczynski）

克瓦希涅夫斯基（亚历山大，Aleksander
　Kwasniewski）

克维钦斯基（尤里，Juli Kvizinskij）

肯尼迪（约翰，John F. Kennedy）

库登霍夫－卡勒吉（海因里希·冯，
　Heinrich von Coudenhove－Kalergi）

拉方丹（奥斯卡，Oskar Lafontaine）

拉科夫斯基（米奇斯瓦，Mieczyslaw
　Rakowski）

拉帕茨基（亚当，Adam Rapacki）

莱昂哈德（沃尔夫冈，Wolfgang Leonhard）

赖斯（康多莉扎，Condoleezza Rice）

赖希（延斯，Jeans Reich）

兰贝茨（维尔纳，Werner Lamberz）

雷克（托马斯，Thomas Raeck）

雷日科夫（尼古拉，Nikolai Ryshkow）

李卜克内西（卡尔，Karl Liebknecht）

里德利（尼古拉斯，Nicholas Ridley）

里根（罗纳德，Ronald Reagan）

里森胡贝尔（海因茨，Heinz Riesenhuber）

利加乔夫（叶戈尔，Jegor Ligatschow）

列宁（弗拉基米尔，Wladimir Lenin）

卢卡奇（约翰，John Lukacs）

卢森堡（罗莎，Rosa Luxemburg）

鲁本（彼得，Peter Ruben）

罗卡尔（米歇尔，Michel Rocard）

罗斯滕科夫斯基（丹，Den Rostenkowski）

洛梅伊科（弗拉基米尔，Vladimir Lomejko）

马尔罗尼（布赖恩，Brian Mulroney）

马克西米切夫（伊戈尔，Igor
   Maximytschew）

马拉比（克里斯托弗，Christopher Mallaby）

马洛（布鲁诺，Bruno Mahlow）

马佐维耶斯基（塔德乌什，Tadeusz
   Mazowiecki）

迈耶（Meyer）

毛尔（汉斯，Hanns Maull）

梅德韦杰夫（瓦迪姆，Wadim
   Medwedjew）

梅克尔（马库斯，Markus Meckel）

蒙佩尔（沃尔特，Walter Momper）

蒙塔格（克劳斯，Claus Montag）

米科拉伊奇克（斯坦尼斯瓦夫，Stanislaw
   Mikolajczyk）

米勒（文岑茨，Vincenz Müller）

米奇尼克（亚当，Adam Michnik）

米塔格（京特，Günter Mittag）

密特朗（弗朗索瓦，Francois Mitterand）

莫德罗（汉斯，Hans Modrow）

莫里亚克（弗朗索瓦，François Mauriac）

莫克（阿洛伊斯，Alois Mock）

莫姆珀（沃尔特，Walter Momper）

默博尔德（乌尔夫，Ulf Merbold）

默克（保罗，Paul Merker）

默克尔（安格拉，Angela Merkel）

默特斯（阿洛伊斯，Alois Mertes）

穆萨托夫（W. Musatow）

纳吉（伊姆雷，Imre Nagy）

纳林斯基（米哈伊尔，Michail Narinskij）

纳赛尔（加麦尔，Gamal Nasser）

内梅特（米克洛什，Németh Miklós）

尼伯格（勒内，Réne Nyberg）

尼格迈尔（Niggemeier）

尼赫鲁（贾瓦哈拉尔，Jawaharlal Nehru）

尼克松（理查德，Richard Nixon）

诺布尔（约翰，John Noble）

诺塔兹（迪特玛，Dietmar Neutatz）

欧尔班（维克托，Orbán Viktor）

帕尔梅（奥洛夫，Olof Palme）

帕夫洛夫（瓦连京，Walenkin Pawlow）

佩奇（西里尔，Cyrill Pech）

皮克（威廉，Wilhelm Pieck）

普夫卢格拜尔（Pflugbeil）

普戈（鲍里斯，Boris Pugo）

普京（弗拉基米尔，Wladimir Putin）

普拉泽克（M. Platzeck）

普列奥布拉任斯基（叶夫根尼，Jewgeni
   Preobraschinski）

普松（米卡，Michal Pszon）

齐奥塞斯库（尼古拉，Nikolae Ceauescu）

齐默尔曼（哈特穆特，Hartmut Zimmer-
mann）

奇雷克（约瑟夫，Jozef Czyrek）

契尔年科（康斯坦丁，Konstantin Tschernenko）

切尔尼亚耶夫（阿纳托利，Anatoli Tschernjajew）

切尔诺梅尔金（维克托，Viktor Tschernomyrdin）

丘吉尔（温斯顿，Winston Churchill）

屈兴迈斯特（丹尼尔，Daniel Küchenmeister）

萨格拉丁（瓦迪姆，Wadim Sagladin）

萨罗特（玛丽，Mary Sarotte）

撒切尔（玛格丽特，Margaret Thatcher）

塞米约诺夫（弗拉基米尔，Wladimir Semjonow）

赛特斯（鲁道夫，Rudolf Seiters）

森哈斯（迪特，Dieter Senghaas）

沙博夫斯基（君特，Günter Schabowski）

沙赫纳扎罗夫（格奥尔基，Georgi Schachnasarow）

沙特罗夫（米哈伊尔，Michail Schatrow）

舍恩胡贝尔（弗朗茨，Franz Schönhuber）

什奇皮奥斯基（安杰伊，Andrzej Szczypiorski）

施罗德（格哈德，Gerhard Schröder）

施吕特尔（Schlüter）

施密特（卡洛，Carlo Schmidt）

施密特（赫尔穆特，Helmut Schmidt）

施皮拉（斯特菲，Steffe Spira）

施特恩（弗里茨，Fritz Stern）

施特劳斯（弗朗茨，Franz Strauß）

施托尔佩（曼弗雷德，Manfred Stolpe）

施维绍（赫尔曼，Hermann Schwiesau）

舒马赫（库尔特，Kurt Schumacher）

朔伊布勒（沃尔夫冈，Wolfgang Schäuble）

斯大林（约瑟夫，Josef Stalin）

斯蒂勒（海因茨，Heinz Stiller）

斯多夫（维利，Willi Stoph）

斯金纳（丹尼斯，Dennis Skinner）

斯考克罗夫特（布伦特，Brent Scowcroft）

斯库比谢夫斯基（克日什托夫，Krzysztof Skubiszewski）

斯柳尼科夫（尼古拉，Nikolai Sljunkow）

斯塔尔夫人（Madame de Staël）

斯通（诺曼，Norman Stone）

斯托伊贝（埃德蒙德，Edmund Stoiber）

苏加诺（艾哈迈德，Ahmed Sukarno）

塔拉索夫（安德烈，Andrej Tarassow）

泰勒（艾伦，Alan Taylor）

特尔奇克（霍斯特，Horst Teltschik）

特朗普（唐纳德，Donald Trump）

特鲁多（皮埃尔，Pierre Trudeau）

特纳（伊恩，Ian Turner）

特普费尔（克劳斯，Klaus Töpfer）

铁托（约瑟夫，Josip Tito）

托洛茨基（列夫，Leo Trotzki）

瓦尔贝克（克里斯特，Krister Wahlbück）

瓦尔德海姆（库尔特，Kurt Waldheim）

瓦文萨（莱赫，Lech Walesa）

韦德里纳（于贝尔，Hubert Védrine）

韦希马尔（吕迪格·冯，Rüdiger von Wechmar）

维岑（迪特·冯，Dieter von Würzen）

魏茨泽克（里夏德·冯，Richard von Weizsäcker）

魏格尔（西奥多，Theodor Waigel）

魏纳（Wehner）

温伯格（卡斯帕，Caspar Weinberger）

温舍（Wünsche）

温特（Winter）

维勒丁（汉斯－约阿希姆，Hans－Joachim Willerding）

沃尔夫（Wolf）

沃尔默（安杰，Antje Vollmer）

沃尔特斯（弗农，Vernon Walters）

沃格尔（沃尔夫冈，Wolfgang Vogel）

沃勒斯坦（伊曼纽尔，Immanuel Wallerstein）

沃纳（曼弗雷德，Manfred Werner）

乌布利希（瓦尔特，Walter Ulbricht）

乌尔班（乔治，George Urban）

乌尔曼（W. Ullmann）

乌里茨基（伊塞，Isai Uritsky）

吴庭艳（Ngo Dinh Diem）

西贝尔（京特，Günter Sieber）

希拉克（雅克，Jacques Chirac）

希特勒（阿道夫，Adolf Hitler）

肖尔茨（赫尔穆特，Helmut Scholz）

谢瓦尔德纳泽（爱德华，Eduard Schewardnadse）

雅恩（西格蒙德，Siegmund Jähn）

雅科夫列夫（亚历山大，Alexander Jakowlew）

雅鲁泽尔斯基（沃伊切赫，Wojciech Jaruzelski）

亚纳耶夫（根纳季，Gennadi Janajew）

亚佐夫（德米特里，Dmitri Jasow）

叶夫图申科（叶夫根尼，Jewgeni Jewtuschenko）

叶利钦（鲍里斯，Boris Jelzin）

伊格尔伯格（劳伦斯，Lawrence Eagleburger）

伊斯梅（洛德，Lord Ismay）

约翰逊（林登，Lyndon Johnson）

扎格拉金（瓦季姆，Wadim Sagladin）

佐利克（罗伯特，Bobert Zoellick）

地名表

阿布哈兹（Abchasien）

阿尔巴尼亚（Albanien）

阿尔萨斯－洛林（Elsass－Lothringen）

阿富汗（Afghanistan）

阿奇斯（Archys）

埃及（Ägypten）

埃塞俄比亚（Äthiopien）

艾森许滕施塔特（Eisenhüttenstadt）

爱尔兰（Irland）

爱沙尼亚（Estland）

安哥拉（Angola）

奥得－尼斯河（Oder－Neiße）

奥地利（Österreich）

奥斯陆（Oslo）

奥斯威辛（Auschwitz）

巴伐利亚（Bayern）

巴登符腾堡（Baden－Württemberg）

巴库（Baku）

巴拉顿（Balaton）

巴黎（Paris）

巴西（Brasilien）

白俄罗斯（Weißrußland）

保加利亚（Bulgarien）

鲍姆加滕（Baumgarten）

北布科维纳（Nordbukowina）

北莱茵－威斯特法伦（Nordrhein－
  Westfalen）

贝尔格莱德（Belgrad）

比利时（Belgien）

彼得堡（Petersburg）

冰岛（Island）

波茨坦（Potsdam）

波恩（Bonn）

波兰（Polen）

波罗的海（Baltisches Meer）

波美拉尼亚（Pommern）

波斯尼亚－黑塞哥维那（波黑，Bosnien－
  Herzegowina）

波兹南（Poznan）

伯尔默森林（Böhmerwald）

柏林（Berlin）

勃兰登堡（Brandenburg）

不来梅（Bremen）

布达佩斯（Budapest）

布尔根兰（Burgenland）

布加勒斯特（Bukarest）

布拉格（Prag）

布鲁塞尔（Brüssel）

朝鲜（Korea）

达尔斯半岛（HalbinselDarß）

丹麦（Dänemark）

德累斯顿（Dresden）

德涅斯特（Transnistrien）

德意志联邦共和国（Bundesrepublik

Deutschland，BRD）

德意志民主共和国（Deutsche Demokra-
  tische Republik，DDR）

迪波利（Dipoli）

东柏林（Ost – Berlin）

东京湾（Golf von Tonking）

杜尚别（Duschanbe）

杜伊斯堡（Duisburg）

顿涅茨克（Donezk）

多特蒙德（Dortmund）

俄罗斯（Russland）

厄登堡（Ödenburg）

法国（Frankreich）

梵蒂冈（Vatikan）

菲律宾（Philippine）

非洲之角（Horn von Afrika）

芬兰（Finnland）

伏尔加格勒（Wolgograd）

伏伊伏丁那（Vojvodina）

盖泽尔（Geisel）

高加索地区（Kaukasus – Raum）

哥本哈根（Kopenhagen）

格尔利茨（Görlitz）

格尔尼卡（Guernica）

格拉（Gera）

格鲁吉亚（Georgien）

古比雪夫（Kuibyschew）

古巴（Kuba）

瓜德罗普（Guadeloup）

哈萨克斯坦（Kasachstan）

汉堡（Hamburg）

汉诺威（Hannover）

荷兰（Niederlande）

赫尔辛基（Helsinki）

黑森（Hessen）

黑山（Montenegro）

胡伯图斯托克城堡（Schloss Hubertuss-
  tock）

华沙（Warschau）

华盛顿（Washington D. C. ）

基辅（Kiew）

加告兹（Gagausien）

加里宁格勒（Kaliningrader）

加拿大（Kanada）

柬埔寨（Kampuchea）

捷克（Tschechien）

捷克斯洛伐克（Tschechoslowakei，CSSR）

金边（Phnom Penh）

喀琅施塔得（Kronstadt）

卡尔·马克思城（Karl – Marx – Stadt）

卡尔斯霍斯特（Karlshorst）

卡尔斯鲁厄（Karlsruhe）

卡累利阿（Karelien）

凯尔（Kehl）

柯尼西斯温特（Königswinter）

科拉半岛（Halbinsel Kola）

科索沃（Kosovo）

科威特（Kuweit）

克拉科夫（Krakau）

克里米亚（Krim）

克罗地亚（Kroatien）

克什舍瓦（KrŻyzowa）

拉普兰（Lappland）

拉奇（Latche）

拉脱维亚（Litauisch）

老挝（Laos）

莱茵金色大厅（Rheingoldhalle）

莱茵兰 – 普法尔茨（Rheinland – Pfalz）

雷克雅未克（Reykjavik）

里斯本（Lissabon）

立陶宛（Litauens）

利比亚（Libyen）

列宁格勒（Leningrad）

林茨（Linz）

卢森堡（Luxemburg）

伦敦（London）

罗安达（Luanda）

罗马（Rom）

罗马尼亚（Rumänien）

吕贝克（Lübeck）

马德里（Madrid）

马耳他（Malta）

马普托（Maputo）

马其顿（Mazedonien）

马斯特里赫特（Maastricht）

马扎尔（Magyar）

美国（美利坚合众国，Vereinigte Staaten von Amerika）

美因茨（Mainz）

梅克伦堡－西波美拉尼亚（Mecklenburg－Vorpommern）

摩尔多瓦（Moldawien）

莫桑比克（Moçambique）

莫斯科（Moskau）

慕尼黑（München）

纳戈尔诺－卡拉巴赫（Nagorny－Karabach）

纳米比亚（Namibia）

南奥塞梯（Südossetien）

南斯拉夫（Jugoslawien）

尼加拉瓜（Nikaragua）

挪威（Norwegen）

葡萄牙（Portugal）

普雷舍沃山谷（Presevo－Tal）

普斯陶（Puszta）

契克斯（Chequers）

切尔尼戈夫（Tschernigow）

切尔诺贝利（Tschomobyl）

日本（Japan）

日内瓦（Genf）

瑞典（Schweden）

萨尔（Saarland）

萨尔斯基特尔（Salzgitter）

萨克森（Sachsen）

萨克森－安哈尔特（Sachsen－Anhalt）

什切青（Szezecin）

什未林（Schwerin）

塞尔维亚（Serbien）

塞浦路斯（Zypern）

圣彼得堡（St. Petersburg）

石勒苏益格－荷尔斯泰因（Schleswig－Holstein）

施蒂里亚边界（Steirischen Grenze）

施特劳斯贝格（Strausberg）

斯大林格勒（Stalingrad）

斯德哥尔摩（Stockholm）

斯里兰卡（Sri Lanka）

斯洛伐克（Slowakei）

斯洛文尼亚（Slowenien）

斯特拉斯堡（Straßburg）

斯图加特（Stuttgart）

斯维尔德洛夫斯克（Swerdlowsk）

苏联（苏维埃社会主义共和国联盟，Union der Sozialistischen Sowjetrepubliken，简称苏联，Sowjetunion，SU）

索非亚（Sofia）

泰托沃（Tetovo）

坦桑尼亚（Tansania）

特兰西瓦尼亚（Transsylvanien）

特雷普托（Treptow）

图林根（Thüringen）

土耳其（Türkei）

托尔高（Torgo）

托基（Torquay）

万隆（Bandung）

韦伯林湖（Werbellinsee）

韦拉河（Werra）

维也纳（Wien）

渥太华（Ottawa）

乌尔姆（Ulm）

乌克兰（Ukraine）

西班牙（Spanien）

西柏林（West – Berlin）

西里西亚（Schlesien）

希腊（Griechenland）

希维诺乌伊希切（Swinoujscie）

锡兰（Ceylon）

下萨克森（Niedersachsen）

匈牙利（Ungarn）

叙利亚（Syrien）

雅典（Athen）

雅尔塔（Yalta）

雅罗斯拉夫尔（Jaroslawl）

亚的斯亚贝巴（Addis Abeba）

亚丁（Aden）

耶拿（Jena）

也门（Jemen）

伊拉克（Irak）

以色列（Israel）

意大利（Italien）

易北河（Elbe）

印度（Indien）

印度尼西亚（Indonesien）

英国（Großbritannien）

越南（Vietnam）

兹戈热莱茨（Zgorzelec）

专有名词表

2+4条约（2+4-Vertrag）

阿伦纲领（Ahlener Programm）

奥地利人民党（Österreichische Volks-
spartei, ÖVP）

奥地利社会民主党（Sozialdemokratische
Partei Österreichs, SPÖ）

巴黎统筹委员会（Coordinating Committee
for Multilateral Export Controls, COCOM）

巴黎宪章（Charta von Paris）

白点（Weiße Flecken）

北大西洋公约组织（North Atlantic Treaty
Organization, NATO）

北大西洋联盟（Die Nordatlantische Alli-
anz）

北美自由贸易协定（North American Free
Trade Agreement, NAFTA）

边界条约（Grenzvertrag）

波茨坦协定（Potsdamer Abkommen）

波兰统一工人党（Polnischen Vereinigten
Arbeiterpartei, PVAP）

勃列日涅夫主义（Breshnew-Doktrin）

柏林墙（Die Berliner Mauer）

布达佩斯呼吁（Budapester Appell）

布加勒斯特宣言（Bukarester Erklärung）

不扩散核武器条约（Vertrag über das Ver-
bot der Nichtweiterverbreitung von Atom-
waffen）

车臣战争（Tschetschenien-Krieg）

单极世界（unipolare Welt）

德国共产党（联邦德国，Deutsche Kom-
munistische Partei, DKP）

德国共产党（民主德国，Kommunistische
Partei Deutschlands, KPD）

德国社会民主党（Sozialdemokratische Par-
tie Deutschlands, SPD）

德国统一社会党（Sozislistische Einhe-
itspartei Deutschlands, SED）

德意志联邦共和国基本法（Grundgesetz
für die Bundesrepublik Deutschland, 简
称"基本法"，Grundgesetz, GG）

电视桥（Fernsehbrücke）

法国共产党（Parti communiste français,
PCF）

法国民主联盟（Union pour la Démocratie
Française, UDF）

法兰克福汇报（*Frankfurter Allgemeine Zei-
tung*）

反弹道导弹条约（Vertrag zur Abwehr bal-
listischer Raketen）

泛斯拉夫（Panslawisch）

芬兰化（Finnlandisierung）

弗里茨·黑克特联合企业（Fritz Heckert
Joint Venture）

格尔利茨协定（Görlitz Abkommen）

德国统一的左翼观点：文献与研究

工人士兵代表苏维埃（Rätemacht）

观察家（The Spectator）

国家人民军（Nationale Volksarmee, NVA）

国民议会（Nationalversammlung）

国民阵线（Front National）

国营农场（Sowchos）

哈尔斯坦主义（Hallstein - Doktrin）

哈默尔报告（Harmel - Bericht）

赫尔辛基最后文件（Schlußakte von Helsinki）

赫梅斯担保（Hermes Bürgschaften）

华沙条约（Warschauer Vertrag）

基督教民主联盟 - 基督教社会联盟（Christlich - Demokratische Union - Christlich - Soziale Union，基民盟 - 基社盟，CDU - CSU）

集体农庄（Kolchos）

加勒比危机（Karibische Krise）

捷克斯洛伐克与联邦德国相互关系条约（Vertragüber diegegenseitigen Beziehungenzwischen der Tschechoslowakei und der BRD）

经济互助委员会（Rat für gegenseitige Wirtschaftshilfe, RGW）

卡尔·蔡司公司（Carl Zeiss）

拉巴洛条约（Vertrag von Rapallo）

联邦德国 - 民主德国关系基础条约（Vertragüber die Grundlagen der Beziehungen DDR - BRD）

联合国宪章（Charta der Vereinten Nationen）

零解决方案（Null - Lösung）

伦敦宣言（Londoner Erklärung）

罗马和平与合作宣言（Erklärung von Rom über Frieden und Zusammenarbeit））

绿党（grüne Partei）

马耳他救援组织（Malteser - Hilfsdienst）

马斯特里赫特条约（Vertrag von Maastricht）

美国国家安全局（National Security Agency, NSA）

美国国家安全委员会（National Security Council, NSC）

民主社会主义党（Partei des Demokratischen Sozialismus, PDS）

莫斯科条约（Der Moskauer Vertrag）

慕尼黑协定（Münchner Abkommens）

纳粹（Nazi）

南斯拉夫战争（Jugoslawien - Krieg）

欧元（Euro）

欧洲邦联（Konföderation Europa）

欧洲常规武装力量条约（KSE - Vertrag）

欧洲大厦（Haus Europa）

欧洲安全委员会（Europäische Sicherheitskommission）

欧洲安全与合作会议（Der Konferenz über Sicherheit und Zusammenarbeit in Europa, KSZE）

欧洲安全与合作会议最后文件（KSZE - Schlussakte）

欧洲安全与合作组织（Die Organisation für Sicherheit und Zusammenarbeit in Europa, OSZE）

欧洲共同家园（Gemeinsames Haus Europa）

欧洲经济共同体（Europäische Wirtschaftsgemeinschaft, EWG, 简称"欧共体"，EG）

欧洲联盟（Europäische Union, 简称欧盟，EU）

欧洲煤钢联营（Europäische Gemeinschaft für Kohle und Stahl, EGKS；又称 Montanunion）

欧洲委员会（Europäische Kommission）

潘兴导弹（Pershing - Raketen）

普特尼克公司（Putnik - Firma）

七七宪章（Charta 77）

人民议院（Volkskammer）

社会主义工人党（Sozialistischen Arbeiterpartei）

十点计划（Zehn - Punkte - Plan）

世界报（*Die Welt*）

双重决议（Doppelbeschluss）

斯大林照会（Stalin - Noten）

四方协定（Vierseitige Abkommen）

四项原则（die Vier Prinzipien）

苏联芬兰友好合作互助条约（Vertrag über Freundschaft, Zusammenarbeit und gegenseitige Beistand zwischen der Sowjetunion und Finnland, FZB - Pakt）

苏联共产党（Kommunistische Partei der Sowjetunion, KPdSU）

苏联占领区（苏占区，Sowjetisch Besetzten Zone, SBZ）

索菲亚协议（Beratung von Sofia）

塔利班（Taliban）

图片报（*Bild - Zeitung*）

团结工会（Solidarnosc）

外汇马克（Valuta - Mark）

威廉主义（Wilhelminismus）

威斯特伐利亚和平条约（Westfälischer Frieden）

魏玛共和国（Weimarer Republik）

文明国家（Zivilmacht）

文明六边形（zivilisatorisches Hexagon）

消除德国和欧洲分裂的十点计划（Zehn - Punkte - Programmzur Überwindung der Teilung Deutschlands und Europas）

消息报（*Iswestija*）

星期四事件（*L' événement dujeudi*）

新德意志报（*Neues Deutschland*）

新东方政策（neue Ostpolitik）

新论坛（Neuen Forums）

新欧洲巴黎宪章（Charta von Paris für ein neues Europa）

新战略概念（neue Strategiekonzept）

星期日泰晤士报（*Sunday Times*）

削减战略武器条约（Strategic Arms Reduction Treaty, START）

伊拉克战争（Irak - Krieg）

英国独立党（UK Independence Party, UKIP）

永久和平论（*Zum ewigen Frieden*）

赞美辩证法（*Lob der Dialektik*）

占领法（Besatzungsrecht）

指导与会国之间关系的原则宣言（Erklärungüber die Prinzipien, die die Beziehungen der Teilnehmerstaatenleiten）

中导条约（INF - Vertrag）

自由民主党（Freie Demokratische Partei, FDP）

第一卷出版后记

本卷是中国社会科学院世界历史研究所和德国罗莎·卢森堡基金会合作进行的翻译出版项目《德国统一的左翼观点》的第一卷《外交与安全政策》。2018 年本卷开始启动翻译、审校工作，2020 年底完成，交付社会科学文献出版社。

世界历史研究所负责组织本卷的翻译、审校工作，并提供了必要的人力、物力支持。本卷翻译者为：中国社会科学院世界历史研究所王超副研究员、华中师范大学历史文化学院岳伟副教授、华中师范大学教育学院王莹副教授；本卷审校者为：华中师范大学历史文化学院邢来顺教授、中国地质大学（武汉）马克思主义学院副院长孙文沛教授。本卷所附大事年表由中国社会科学院世界历史研究所王宏波研究员翻译，邸文研究员审校。

中国驻联邦德国原大使、中国人民外交学会原会长、中国国际问题研究所特聘研究员梅兆荣先生，中国驻联邦德国大使馆原政务参赞、驻柏林办事处主任刘祺宝先生，中国社会科学院荣誉学部委员、世界历史研究所原副所长陈之骅研究员，担任本卷学术顾问，出席历次学术讨论会和工作坊，并随时回复翻译、审校者提出的各种问题，为本卷的最终完成及出版贡献良多。

中国社会科学院世界历史研究所原所长张顺洪研究员从本翻译出版项目的最初策划到实际执行辛勤操劳。世界历史研究所王超副研究员担任本卷的学术统筹处理，综合处刘巍副处长担任项目的协调联络。汪朝光研究员通读全卷并做了必要的文字订正处理。

中国社会科学院国际合作局为项目进行，科研局为本卷获创新工程学术出版资助，均给予了大力支持。

社会科学文献出版社慨然应允出版本项目各卷，该社历史学分社宋荣欣总编辑、石岩编辑在本卷交付后亲力亲为，认真审阅、编辑、校正书稿。

罗莎·卢森堡基金会（德国）北京代表处首席代表扬·图洛弗斯基博士，高级项目经理孙巍女士，以及德国方面负责本项目工作的学者专家，认真负责，一丝不苟，提供了经过认真编辑处理的德文文稿，便于后续翻译工作的进行。在本卷的编辑出版过程中，他们也尽心尽力地回复并解决了译者、审校者和出版者提出的文稿有关问题。

德国罗莎·卢森堡基金会为本卷的翻译审校提供经费支持，中国社会科学院哲学社会科学创新工程为本卷出版提供经费支持。

值本卷出版之际，世界历史研究所谨对所有为本卷出版和本项目进行予以大力支持并有卓越贡献的单位和个人表示衷心的感谢！同时也期待本项目后续各卷的陆续出版，以嘉惠学林，有益学术。

汪朝光

世界历史研究所研究员

2021 年 12 月 18 日

图书在版编目（CIP）数据

德国统一的左翼观点：文献与研究．第一卷，外交
与安全政策／（德）艾哈德·克罗默主编；王超，岳伟，
王莹译．-- 北京：社会科学文献出版社，2023.5
ISBN 978 - 7 - 5201 - 9464 - 8

Ⅰ.①德⋯　Ⅱ.①艾⋯ ②王⋯ ③岳⋯ ④王⋯　Ⅲ.
①国家统一 - 研究 - 德国 ②对外政策 - 研究 - 德国 ③国家
安全 - 政策 - 研究 - 德国　Ⅳ.①D751.6②D851.60

中国版本图书馆 CIP 数据核字（2021）第 265371 号

德国统一的左翼观点：文献与研究（第一卷　外交与安全政策）

主　　编／［德］艾哈德·克罗默（Erhard Crome）
译　　者／王　超　岳　伟　王　莹
审　　校／邢来顺　孙文沛

出 版 人／王利民
组稿编辑／宋荣欣
责任编辑／梁艳玲　石　岩
责任印制／王京美

出　　版／社会科学文献出版社·历史学分社（010）59367256
　　　　　　地址：北京市北三环中路甲 29 号院华龙大厦　邮编：100029
　　　　　　网址：www.ssap.com.cn
发　　行／社会科学文献出版社（010）59367028
印　　装／三河市龙林印务有限公司

规　　格／开本：787mm × 1092mm　1/16
　　　　　　印张：28.75　字数：482 千字
版　　次／2023 年 5 月第 1 版　2023 年 5 月第 1 次印刷
书　　号／ISBN 978 - 7 - 5201 - 9464 - 8
定　　价／158.00 元

读者服务电话：4008918866